한국영화사총서 2
동아시아 지식인의 대화

김소영 편

현실문화

동아시아 지식인의 대화

영화 이론/비평의 감정 어린 시간

②

일러두기

- 본문의 [ ]는 원문의 이해를 돕기 위해 옮긴이가 보충한 내용이다. 단 ( ) 안의 [ ]는 ( )의 중복을 피하기 위한 사용이다.
- 영화작품의 경우 영화 감독과 개봉/제작 연도는 원문에 없더라도 ( )로 처리했다.
- 외국 인명과 외래어의 표기는 국립국어원에서 펴낸 외래어표기법을 원칙으로 하되, 국내 또는 학계에서 널리 사용되는 것은 관행을 따르기도 했다.

서문

세계 속의 한국영화사 제1권 『한국영화, 세계와 마주치다: 한국과 세계의 극단적 협상, 위협적 미래』는 트랜스/내셔널한 프레임 속에서 한국영화사를 보고, 또한 역으로 한국영화가 글로벌 시네마의 형세를 조각해나가는 것을 역사적·이론적으로 횡단한다. 제2권은 주름 접힌 조선영화사의 이념적·역사적 핵으로서의 사건들, 10월혁명(1917)과 3·1만세운동(1919)의 파동을 대화와 정동적 이론으로 전환시키는 작업이다. 『동아시아 지식인의 대화: 영화 이론/비평의 감정 어린 시간』은 일제강점기 실제적·가상적 교류와 대화, 이동과 이주가 펼쳐낸 조선 영화인들의 일본·상하이·러시아와의 네트워크를 발견하고 기술한다.

제목이 가리키는 '감정 어린 시간'은 손이레가 「도래(해야)하는 식민지 조선영화의 고유성: 임화의 조선영화론 재고」에서 재닛 풀을 인용하며, "식민지 후기 조선의 근대주의자들이 '미래가 사라지던 시대'에 미래를 상상해야 했던 조건들을 탐구"하는 것과 임화가 '고유성' 개념을 통해 구상하던 아직 오지 않은 조선영화의 미래, 시간의 급진적 정치성과 맞닿아 있다.

서사로 보자면 모험담이기도 하다. 일제강점기 조선('한국')영화사라는 모험담은 조선키네마에서 만든 나운규의 〈풍운아〉(1926)와 마주친다.[1]

---

1 나운규의 〈풍운아〉와 자전적 이야기―"나운규의 자전과 그리 멀지 않은 니콜라이 박의 이런 방황이 하위주체, 비체(서발턴) 남성의 것에 가까운 것이라면 당시 『조선일보』 기자 홍양명이 보여주는 궤적은 그와 유사하면서도 명백하게 지식인의 것이다. 홍양명은 『조선일보』 상하이 특파원으로 4개 외국어에 능통했으며 10월혁명 이후 소비에트의 실상을 알기 위해 17세의 나이로 1922년 러시아로 밀항해 시베리아 등지를 오가며 3년여를 보냈다. 일본 와세다대학 재학 중 카프(KAPF, 조선프롤레타리아예술가동맹) 중앙집행위원을 지냈으며 1928년에는 조선공산당운동에 연루되어 구속되기도 했다.

"조선서 낳고 만주서 자라나 러시아 용병으로 구주전쟁에 출전하였다가 독일에 잡혀가 세탁점의 일급 생활도 하다 지금은 굶주린 채 상하이를 돌아다니는 니콜라이 박. (…) 러시아 의용군으로 유럽 전선에 참전했던 니콜라이 박은 그리운 조국에 왔지만 며칠씩 굶주리고 거리를 헤매다가 우연히 만난 창호의 하숙집에 머물게 된다. (…) 니콜라이 박은 다시 방랑의 길로 떠난다."

이 모험담이 환기하는 나운규의 현실과 상상이 결합된 영화적 지리는 주은우의 「식민지도시와 근대성의 영화적 재현: 기록영화 〈경성〉과 식민권력의 자기재현」에서 상세히 기술되는 이후 대동아공영권의 '상상적 지리(imaginative geography)'와 경합하고 중첩되면서, 또한 한상언의 「주인규와 적색노조영화운동」과 「서광제의 초기 영화 활동에 관한 연구(1927~1932)」에서 강조하는 주인규·나운규·서광제를 비롯한 당시 주요 영화인들의 소비에트로의 경사의 단면을 보여준다. 위의 인용이 〈풍운아〉의 개요라면, 한상언은 나운규를 이렇게 설명한다.

"나운규는 1919년 3·1운동 이후 시베리아를 유랑하면서 러시아 적군과 백군의 전투에 백군의 용병으로 참여하며 러시아혁명의 기운을 몸으로 느꼈다. 시베리아에서 북간도로 온 그는 그곳에서 윤봉춘과 함께 홍범도 부대에 참여했다. 당시 간도와 연해주의 독립군은 러시아 적군을 지지하면서 사회주의혁명을 조선 독립운동의 방편으로 삼으려 했다."

나운규와 그의 페르소나인 〈풍운아〉의 니콜라이 박(나운규 분) 그리고 홍양명에 이르는 제국 일본의 식민지 남성들의 방랑, 그 행보는 냉전 시기에 성장한 사람들의 지리적 봉쇄 감각을 뛰어넘는 것이다. 물론 자발적인 것이라기보다는 궁핍과 탄압에 의한 월경과 망명·이주지만 시나리오·개요만 남은 당시의 영화들이 시사하는 서사와 지리의 네트워크는 조선영화의 지리적 탈경계, 노마드적 이동을 보여준다." 김소영, 『파국의 지도: 한국이라는 영화적 사태』(서울: 현실문화, 2014), 145~146쪽 수정·요약.

일제강점기 영화사, 분단 이후의 냉전 그리고 포스트 냉전 시대 한국영화사의 주요 참조체계가 여전히 일본과 미국에 경사되어 있어, 『동아시아 지식인의 대화: 영화 이론/비평의 감정 어린 시간』은 기존 참조체계를 변경·확장하고자 하는 글들을 담고 있다. 카프 영화운동의 주변으로 인식되어 남북한 영화 연구에서 간과되었던 적색노조영화운동, 노동자영화에 대한 기술(한상언) 역시 민족주의 중심의 영화사 서술에 대한 수정·심화 작업이다.

이러한 배경에서 하승우의 「1920년대 후반~1930년대 초반 조선영화비평사 검토」는 카프로 온전히 환원되지 않는 프롤레타리아 영화운동과 〈아리랑 후편〉(이구영, 1930)을 중심으로 벌어진 영화 이론/비평과 제작의 인지적 간극과 차이를 다룬다.

정충실의 「프로키노 영사회에서 저항적 영화보기」는 일본 프로키노의 비상설 영화 공간에서 형성되었던 노동자 관객성의 중요성을 강조하면서, 프로키노 영사회에서 이루어졌던 식민지 조선으로부터 이주한 핍박받는 조선 노동자와 일본 노동자가 인터내셔널가의 공명 속에서 서로 연대하는 현장을 찾아낸다. 이러한 역사적 탐구는 한국영화사총서 3권 『경성과 도쿄에서 영화를 본다는 것: 관객성 연구로 본 제국과 식민지의 문화사』에서 보다 두텁게 전개된다.

한상언의 「서광제의 초기 영화 활동에 관한 연구(1927~1932)」는 이후 친일 행적으로 프롤레타리아 영화비평가로서의 초기 활동이 삭제된 채 소개되는 서광제를 통해 조선 영화문화의 국제적 지형을 살핀다. 소비에트의 영화 제작 환경이나 각국의 프롤레타리아 영화운동에 대한 관심, 특히 이와사키 아키라(岩崎昶)의 『영화와 자본주의(映画と資本主義)』(1931)에 대한 서평을 쓰고, 「國際푸로映畫運動 展望」, 「受難期의 日本映畫界」와 같은 글을 쓴 서광제의 영화 활동을 소개하면서 일본 프롤레타리아 영화운동을 조선의 영화운동의 자극제로 간주한다.

영화를 중심에 둔 동아시아 지식인의 대화는 이렇게 서광제, 이와사키 아키라 그리고 루쉰으로 이어진다. 빅터 판은 「사유의 영화: 이와사키 아키라와 1930~1935년 상하이 마르크시스트 영화이론에서의 목적의식」에서 루쉰이 이와사키 아키라의 글을 번역하자 상하이 영화 창작자들과 비평가들은 이와사키 아키라의 용어들을 재구성하게 되었다고 지적하면서, 특히 '의식'(중국말로는 '이시'로서 일본어 단어인 '이시키'에서 왔다)은 유럽-미국권에서 이해하는 의식과 완전히 일치하지 않는다고 지적한다. 이와사키 아키라(1903~1981)의 글과 루쉰(1881~1936)의 그 중국어 번역을 통해 다시 따져보면, 이와사키 아키라의 개념을 바탕으로 '이시키/이시/의식(意識いしき/意识/consciousness)'이란 초-기호(super-sign)는 인식과 의식 사이의 구별이 쉽지 않은 독특한 지점을 뜻하게 되고 불투명한 이 지점은 영화 이미지와 그것을 구현하는 사유 사이의 복잡한 관계를 더 밀어붙일 수 있는 흥미로운 열쇠를 제공한다는 번역, 기호의 정치성을 제시한다.

제국(일본), 식민(조선), 반식민(상하이)의 공간을 가로지르는 번역의 과정을 통해 이와사키 아키라의 『영화와 자본주의』(이 책에 번역·게재됨)와 서광제·루쉰의 동아시아인 영화담론의 궤적을 가리키면서, 이론이 인종·젠더·계급의 위계를 잠정적으로 유예하고 어떻게 대화, 일종의 사회성을 가능하게 하는지를 비교 영화연구 방법론의 모색을 통해 기술하고 이를 〈청춘의 십자로〉(안종화, 1934)로 예시하는 것이 김소영의 「비교 영화연구: 우회, 비교의 악마, 장소 치환의 판타지」다.

역시 이와사키 아키라와의 이론적 대화를 모색하는 천우의 「중국영화의 길(中国电影之路)」(『명성월보明星月報』, 1933년 5·6월), 일본의 저명한 영화사가 사토 다다오(佐藤忠男)의 「이와사키 아키라, 상하이에 가

다(岩崎昶が上海に行く)」(『영화와 포성: 일중영화전사キネマと砲聲:日中映畵前史』, 29~46쪽) 등을 부록으로 함께 실으려고 번역을 마쳤으나 저작권 문제 등으로 함께 싣지 못했다. 그동안 트랜스: 아시아영상문화연구소의 2012년도 선정 토대연구지원사업(NRF-2012S1A5B4A01035829)에 참여해주신 연구자 선생님들, 기고와 번역을 맡아주신 필자·역자 여러분, 현실문화연구의 김수기 대표님, 좌세훈 편집자께 감사드린다.

『한국영화, 세계와 마주치다』를 시작으로 총 10권의 총서를 다음과 같이 기획하고 있다.

총서 1.『한국영화, 세계와 마주치다: 한국과 세계의 극단적 협상, 위협적 미래』(김소영 편)

총서 2.『동아시아 지식인의 대화: 영화 이론/비평의 감정 어린 시간』(김소영 편)

총서 3.『경성과 도쿄에서 영화를 본다는 것: 관객성 연구로 본 제국과 식민지의 문화사』(정충실 지음)

총서 4.『한국영화와 번역의 정치』(하승우 지음)

총서 5.『한국 다큐멘터리의 역사와 쟁점』(김정구 편)

총서 6.『한중영화 커넥션: 장률』(김소영 편)

총서 7.『한국의 대안적 세계주의의 궤적: 최국인, 송 라브렌티, 고려인 영화인』(김소영·강진석 지음)

총서 8.『한국영화배우사』(김종원 지음)

총서 9.『한국영화, 삶의 경계, 정치』(이광일 지음)

총서 10.『한국영화산업사』(조준형 지음)

트랜스: 아시아영상문화연구소 소장 김소영

차례

제2부 식민지 시기 조선 영화비평

제1부

동아시아 영화비평사

비교 영화연구: 우회, 비교의 악마, 장소 치환의 판타지

김소영

우회하기

1996년 처음 발표되었으며 2002년 출판된 폴 윌먼(Paul Willemen)
의 후기작 「한국영화를 통한 우회(Detouring through Korean cinema)」[1]
는 남한영화에 관한 초창기 이론적 저작 중 하나다.[2] 당시는 남한의 영
화나 대중문화는 물론, 남한 자체가 글로벌 지형도에서 고립되어 있
던 때였다. 한류와 강남 스타일이 대유행할 것이라고는 아무도 예상하
지 못했으나, 김기덕 감독이 첫 영화를 막 완성했던 시점이었다. 그럼에

---

* 이 글은 "Issue 1. Considering comparative film studies: in memory of Paul Willemen," *In-
ter-Asia Cultural Studies*, Volume 14(2013)에 실린 글을 번역(장준안 번역)한 것이다. 아쉬쉬 라
자디약샤(Ashish Rajadhyaksha)와 김소영이 공동 책임편집을 맡았다.

1 (번역 주) "Detouring through Korean cinema"의 원문은 Paul Willemen, *Inter-Asia Cultural
Studies*, Vol. 3, No. 2(2002), pp. 167~186에 실렸으며, 한국어 번역문은 『트랜스: 아시아 영상문화』
(김소영 편저, 서울: 현실문화연구, 2006)에 「한국영화를 통해 우회하기」라는 제목으로 실려 있다.

2 (원주 1) 폴 윌먼(1944~2012)은 1996년 필자가 한국예술종합학교 영상원 영상이론과를 만들고 있
을 때 초빙교수로 한국에 방문했다. 나는 NYU 영화학과 박사과정에서 공부하던 1992년 초빙교수이
던 그를 처음 만났다. "제3의 영화(Third Cinema)"라는 그의 가르침은 당시 새롭게 부상하던 대만
뉴웨이브영화 등 내가 관심을 가지고 있던 비서구영화를 사유하는 데 길잡이가 되었다. 수업 시간에
영화 〈타이페이 스토리(靑梅竹馬)〉를 함께 보았던 그날이 아직도 기억난다. 2000년 영화평론가 정성
일과 함께 초대 프로그래머로 전주국제영화제를 처음 준비할 때에도 그는 자문을 맡아주었다. 또한
얼스터대학의 초빙교수로 나를 초청해주기도 했다. 감사의 기억이 많다. 이 자리를 빌려 다시 한 번
고인의 명복을 빌고 싶다. 당신의 웃음을 영원히 잊지 않으리라. 훌륭한 스승이자 학문적 동료, 친구
를 만난 것은 깨달음의 계기이자 축복이었다.

도 윌먼은 글로벌 상징 질서와의 상당한 거리로 인해, 남한영화는 오히려 우발적으로 "[유럽과 미국 중심으로 형성된] 영화의 이해 양식을 시험하는" 방식을 제기한다고 주장한다. 그의 글은 남한영화가 국제적인 예술영화의 장에서 "실패"할 수밖에 없었던 이유를 진단하고, 이를 대화주의적으로 이해할 수 있도록 "주체성(subjectivity)"과 "봉쇄(blockage)"라는 개념을 제시하는 것으로 이어진다. 그는 다음과 같이 주장한다 (Willemen, 2002: 175).

사실상 주체성이란 개념이 특히 내레이션의 과정 안에서 서사태(narrative voice)들의 조율로 재현된 것이라는 측면으로 보자면, 그것은 근대성이 문화 생산 안에서 개인성의 개념과 협상하는 방식과 불가분 관계 되어 있다. 한국 영화문화 속에서 이러한 봉쇄는 서사태의 조작과 기입에 관련된 "문제들"로 나타날 수 있다. 전형적으로 "누가 이야기하는가?"(이장호의 〈나그네는 길에서도 쉬지 않는다〉), 또 "공간들 속에서 사태를 어떻게 서술하는가?"로 말하자면 서사태의 내레이션 축을 도는 영화의 시공간적 측면을 어떻게 다루는가 하는 점이다.

한국영화를 통한 우회는 영화 그 자체가 그 내부에서 발생한 역사들이 영화 텍스트 내부에 어떻게 기입되는가에 관한 질문을 제기하는 것이다.

어떻게 특정 사회적·역사적 조건 내에서 형성된 문화 생산물이 다른 사회적·역사적 배열 속에서 '감상'될 수 있는가. 다시 말해, 21세기 유럽인들이 한국영화나 다른 비유럽영화를 감상하는 것이 어떻게 가능할까?(Willemen, 2002: 181).[3]

---

3   (번역 주) 김소영 편저, 『트랜스: 아시아 영상문화』, 595쪽.

나는 월먼과의 대화와 토론을 통해 위 논문에 응답했으며, 나의 두 논문 「유예된 모더니티: 한국영화들 속에서의 페티시즘의 논리(Modernity in Suspense: The Logic of Fetishism in Korean Cinema)」(Kim, 2001),[4] 「글로벌 시대의 지역 페미니스트 장의 탄생: '트랜스 시네마'와 여성장(The Birth of the Local Feminist Sphere in the Global Era: 'Trans-cinema' and Yosongjang)」(Kim, 2003)[5] 역시 그 연장선상에 있다. 두 글 모두 남한영화에서 나타나는 봉쇄라는 특정한 구성물이 근대화와 세계화의 지속적 유예와 비상 상태가 지속되는 남한 사회의 전화적 수단(transformative vehicle)으로 작동하고 있다는 점을 부분적으로 다루고 있다. 이미 언급한 대로, 『흔적』과 『인터아시아 문화연구(Inter-Asia Cultural Studies)』를 통해 출간된 이 글들은 비교 영화연구를 위한 새로운 시도를 하고 있다. 더불어 비교 영화연구 관점에서 쓴 다른 논문들은 「콘택트 존들로서의 장르: 홍콩 액션과 한국 활극(Genre as Contact Zone: Hong Kong Action and Korean Hwalkuk)」(Kim, 2008a)[6]이며, 다른 하나는 「대만과 남한의 포스트 식민 영화 역사 쓰기(Postcolonial Film Historiography in Taiwan and South Korea)」(Kim, 2008b)[7]다.

나는 「주체성과 판타지의 작동: 비교 영화연구를 위하여(Comparative film studies: detour, demon of comparison and dislocative fantasy)」(이 글이 처음 실린 2013년 『인터아시아 문화연구』 월먼 특집호에 실림)라는 제목으로 출간될 예정이었던 월먼의 책 서문에서 이 대화를 더 진전시킬 수 있는 이론에 대한 정의를 발견했다. 서문에는 월먼의 작업이

---

4 (번역 주) 한국어판은 『흔적』 1호(다언어 문화이론 및 번역 총서, 서울: 문화과학사, 2001)에 같은 제목으로 실려 있다.
5 (번역 주) 한국어판은 『트랜스: 아시아 영상문화』(김소영 편저, 서울: 현실문화연구, 2006)에 같은 제목으로 실려 있다.
6 (원주 2) 한국어판은 『근대의 원초경: 보이지 않는 영화를 보다』(김소영, 서울: 현실문화, 2010)에 같은 제목으로 실려 있다.
7 (번역 주) 한국어판 미출간.

다루지만, 사실 그가 처음 제안했던 것보다 확장된 방식으로 다룰 수 있는 문제들이 포함되어 있다. 나는 식민주의 안에서 자본주의가 작동되던 시점으로 프레임을 이동하고자 한다. 자본주의와의 상이한 조우들에 주목하면서 영화이론을 보다 정교화하기 위한 비교 영화연구의 한 사례로 이것을 제시하고자 한다. 특히 두 단위, 제국과 식민지 예컨대 일본과 조선 사이의 비교 영화연구를 어떻게 할 수 있는지에 주목하고자 한다. 월먼이 강조한 대로 영화사와 영화이론은 유럽과 미국을 중심으로 구성되었기 때문에, 그 프레임워크를 통해 비유럽, 비미국 영화의 작동 방식을 이해하는 것은 필연적으로 어려운 일이다. 월먼은 비교 영화연구의 더 나은 모델을 위해 대안적 프레임을 제시하기보다는 "우회"라는 용어를 선택한다. 그는 해리 하루투니언(Harry Harootunian)이 사카이 나오키(酒井直樹, Sakai Naoki)와의 대화 속에서 전개시킨 이론의 정치학(the politics of theory)을 인용한다.

> 이론은 인종·언어·계급·젠더 등 다양한 사회적 차이에도 사람들이 서로 잠재적으로 동등한 존재로서 이야기를 나누도록 만드는 사회성(sociability)의 한 형식이다. (…) 질문·비판·반박을 하고자 하는 모든 이들은 다른 이들과 관계를 맺게 된다. (…) 이론은 사람들로 하여금 주어진 사회적 관계를 재고찰하고, 그것을 전화시키는 행태 때문에 자본(capital)과 매우 유사하다고 할 수 있다. 이것이 우리가 이론에 관심을 가져야 하는 지점이다. 바로 이론의 정치학을 찾을 수 있는 영역이기 때문이다(Harootunian, 1999: 610).

이론의 정치학은 유토피아적인 동시에 자본주의적일 수 있지만, 나는 이것이 식민지 시기 영화를 이론화하고자 할 때 유용할 수 있다고 생각한다. 여기서 질문은 다음과 같다. 식민지 지식인은 제국 일본의 좌파 지식인과 어떤 형태의 사회성은 차치하고, 이론의 정치의 복합성에 어떻게 참여할 수 있을까?

나는 조선 카프(KAPF: Korea Artista Proleta Federatio, 조선프롤레타리아예술가동맹)의 일원이었던 서광제와 일본의 좌파 영화평론가였던 이와사키 아키라(岩崎昶)를 염두에 두고 있다. 1931년 식민지 조선에서는 이와사키 아키라의 『영화와 자본주의(映畫と資本主義)』(1931)의 서평이 나왔다. 루쉰은 이와사키의 「선전·선동 수단으로서의 영화(宣傳·煽動手段としての映畫)」를 중국어로 번역「현대영화와 유산계급(現代電影與有産階級)」]했는데, 이와사키의 이 글은 이후 『영화와 자본주의』에도 실렸다. 반(半)식민지 상태의 중국에서 번역되고 식민지 조선의 신문(『동아일보』) 서평으로 이어지는 이 책의 궤적은 아시아 간 비교 연구에서 매우 흥미로운 부분이다. 저자(일본, 이와사키 아키라)와 저자이자 번역가(중국, 루쉰)와 비평가(조선, 서광제)라는 세 좌파 지식인으로 구성된 연합(coalition)이다. 이와 같은 인터아시아적 공동작업 방식에 관해서는 이후 다른 글에서 자세히 다루기로 하고, 여기서는 대칭이 아니라 비대칭적으로 기울어진 비교 영화연구를 통해 식민지적 지식 생산 방식의 문제뿐만 아니라 단순하게 환원할 수 없는 권력의 불균형 속에서 일어나는 사회성의 한 형식으로서 이론을 사유해보고자 한다. 우리가 이전의 지식 생산에 변화를 일으키기 위해 이론의 네트워크에 접속하고자 한다면, 이는 완전히 불가능한 임무는 아니라는 점을 덧붙인다.

영화 현존/부재의 영화연구
나는 비교 영화연구가 실제 영화가 거의 남아 있지 않는 식민지 시기의 영화를 이론화할 수 있는 역설적 우회로(detour)가 될 수 있다고 믿는다. 이를 궁핍한 아카이브에 남아 있는 궁핍한 영화(a poor cinema of a poor archive)를 위한 비교의 양식이라고 불러보자. 지금까지 아카이브에 남아 있는 영화가 절대적으로 부족한 문제로 인해 연구에 두 경향이 있는데, 둘 다 쾡한 아카이브(hollow archive)로 야기된 탈식민지적 질문과 모색을 위한 이론화와 역사 쓰기였다. 첫 번째는 우리가 잘 아는 대로 진정한 한국영화의 기원을 찾는 것이다. 1세대와 2세대 한국영화비평가와 역사가들이 했던 것이 바로 이 작업이었다.

그 뒤를 이은 두 번째 경향은 검열 문제에 무게 중심을 두어 1930년대 후반부터 1940년대 중반 선전영화를 주로 다루는 최근의 연구(대략 2007년부터 2012년 사이)에서 찾을 수 있다(김려실, 2006).[8] 이러한 연구들은 그 시기의 영화적 장치를 되돌아본다. 또한 일부는 영화 기법이 문학적 표현에 끼친 영향이나 당시 큰 비중을 차지했던 영화소설(신문 연재물의 한 장르) 등 1920년대와 1930년대 영화와 문학의 관계에 주목하기도 하고, 관객성, 규제들을 다루기도 한다. 이러한 논문들은 연구의 완성도가 높고 초점이 명확하지만, 영화가 남아 있지 않거나 혹은 극소수의 영화만으로 이루어진 매우 파편적이고 흩어져 있는 아카이브라는 탈식민적 지식 생산의 조건을 드러내지 않은 채 매끈하게 봉합되어 있다는 한계가 있다.

이와 같은 봉합적 행위는 자신이 다루는 주제(subject)에 대한 이론화와 역사 쓰기를 두려워하는 학자들의 불안(anxiety)으로 볼 수 있다. 즉 팬텀 시네마, "환영적 통일성(fantasmatic unity)"인 〈아리랑〉(나운규, 1926)을 중심에 두고서, 사라진 릴(reel)들을 부인(disavowal)하고 정전(canon, 正典)의 영속성(persistence)을 주장하는 것이다. 영화 대신

---

8   (원주 3) 김려실의 책은 현재 남아 있는 12편의 식민지 영화 중 10편을 다루고 있다. 이는 냉전시대의 정서가 깊이 박혀 있거나 민족주의로 무장된 기존 연구에서 벗어난 최초의 식민지 영화 관련 연구서라고 할 수 있다.

에, 영화를 재료로 다룬 문학 텍스트가 연구 주제로 선호되는 것은 당연한 일이다. 이런 연구들 또한 여전히 필요하며, 그 자체로 영화 현존/부재의 영화연구(film studies with/out films)의 흥미로운 궤적을 이루고 있지만, 문제는 영화 자체의 망실을 연구의 출발점이나 장애물로 간주하지 않는다는 점이다. '본 적 없는 것(the unseen)'과 기록으로 존재하는 "만들어지지 않은(unmade)" 영화, 현존하는 몇몇 식민지 시기 영화를 이론화하고 역사화한다는 것은 다른 형식의 투사를 가져온다. 문자 텍스트에 의존해 영화문화를 복원하는 것처럼 말이다. 절시증(竊視症, scopophilia)이 전치(轉置)된 문자 중심의 인식욕(epistemophilia)은 문자 기록과 시놉시스, 그리고 우발적으로 출현해 아카이브로 향하는 소규모 필름의 조합에 의존하게 된다. 이것은 영화이론은 "지표적(indexical) 차원으로 드러나는 내용과 표현의 실체(substances) 및 형식(forms)"을 다뤄야 하며, 이는 "사회적·역사적 동학과 텍스트의 작동에 따른 미학적 구성 방식들의 절합관계를 보여준다"는 윌먼의 주장에 또 다른 복잡성의 차원을 더한다.

영화 없이 영화이론을 구성하는 것은 불가능하지 않더라도 어려운 일이다. 이는 식민지적 과거로부터 영화이론을 구성하는 것 이상을 요구하며 이때의 식민지적 과거란 "지식 생산이 제국주의의 권력이 작동·실행되는 주요한 장"이며, 그 "권력"은 현재의 지식 생산 조건에도 영향을 끼치고 있다(Chen, 2010: 211).[9]

그럼으로 조선영화의 이론화는 영화 현존/부재 상태의 영화이론, 탈식민적 지식 생산의 조건이라는 두 양식을 요구하게 된다. 친밀하면서 낯선 방식으로, 쾡한 아카이브라는 현재의 곤궁은 조선영화의 제작 결핍을 통탄하던 식민지 시기를 불러오고 비춘다. 이러한 통탄은 "영화

---

9 (원주 4) Chen(2010)을 참조하시오.

제작을 못한다면 과연 무엇을 할 수 있을까!"로 되풀이된다. 과연 텅 빈 아카이브는 군부 독재와 더불어 고통받았던 식민지 역사의 징후이자 지표다. 카프의 중요 성원이었던 서광제와 임화는 이 문제를 자주 지적했다. 서광제는 이와사키 아키라의 『영화와 자본주의』 서평에서 조선의 영화이론은 "공허한 이야기(empty talk)" 또는 "탁상공론(卓上空論)"이라 지칭했다. 나는 이를 문자 그대로 '책상 위의 공허한 이론'으로 풀어서 부동성과 위치성의 감각을 강조하고자 한다. 이는, 이 글 후반에 다시 언급하겠지만, 20세기 초 『황성신문』의 필자가 지적한 활동사진(활화 活畵)의 과학적 물활론(物活論, hylozoism)과 대비되는 것이다. 이와 비슷한 시기 서광제는 〈아리랑 속편〉(이구영, 1930)을 공격했다. 그는 이 영화를 성장도 발전도 없는 불구의 작업이라고 표현한다. 카프의 멤버들(윤기정·서광제)과 나운규·이필우 사이에 불붙은 일련의 논쟁에서 나운규(〈아리랑〉 속편의 프로듀서)는 문제의 영화에 대한 논설을 오론공론(吳論空論)이라고 칭했다. 나운규는 공허한 이론 용어를 비평가 집단에 되돌려준 것이다. 서광제의 자기모순적 입장이 암시하는 바 있다. 그는 한편으로 충분히 많은 영화가 제작되지 않는 상황에서 조선의 영화이론이 처한 현실을 한탄하면서도, 다른 한편 대중영화 즉 전설적 영화 〈아리랑〉의 속편을 혹독하게 질책하는 것으로 글을 마무리한다. 1926년 〈아리랑〉의 흥행 성공 이후 1930년대 초반은 조선영화의 전성기였다는 점을 고려해보면, 그의 비판은 사실 제작 편수의 부족보다 영화의 이데올로기 문제를 향해 있었던 것으로 보인다.

　　논쟁은 또 다른 영화 〈노래하는 시절〉(안종화, 1930)로 이어진다. 이 논쟁에서 윤기정(카프 멤버)과 함춘하는 서로를 비판한다. 함춘하는 윤기정의 글을 탁상공론이라고 부르고, 윤기정은 〈노래하는 시절〉을 반동영화라고 칭한다. 이론과 비평은 19세기 후반과 20세기 초반에 소개된 이후 급증했던 공개 연설 활동과 스크린 활동(공공장소에 영화의 스크린이 내려와 영화 상영과 담론이 발생하는 실천)이 하나로 절합된 뜨거운 논쟁의 장이었다(Kim, 2011). 이론과 비평 모두 주장과 설득의 형식으로 신문 지면에 등장했다. 이는 지식인의 공적 개입이 이루어지는 영역이었다. 영화 비평과 이론 역시 비슷한 기능을 했지만, 서광제와 같은 사람들은 그의 이론을 폄하하는 사람들의 역공이나 그의 이론이 영화가 민중들의 지지를 받는 철저하게 산업화된 형식이라는 점을 이해하지 못한다는 식의 비난에는 취약했다.

이와 같은 이중 구속이자 공명—식민 시기와 현재가 기이한 방식으로 서로 비추고 반향된다는 의미에서—은 단지 식민지의 아포리아(aporia)가 아니라 이론화와 역사화의 역설적 기반이다. 또한 영화 없이 영화를 이론화하고 역사화하는 것은 비단 조선만의 문제가 아니라는 점을 덧붙일 필요가 있다. 이는 탈/식민 아카이브 전체가 공유하는 문제이기도 하다.

비교의 악마를 우회하기

부재를 부인하는 과정 속에서 더욱 공고히 정전화된 팬텀 시네마 혹은 "본 적 없는(unseen)" 영화에 관한 일련의 글들을 살펴보면, 조선영화의 기원을 찾는 궤적은 몇 가지 현상을 간과하고 있다. "지표적(indexical) 차원으로 드러나는 표현의 실체(substances)와 형식(forms)"(Willemen, 2012), 시네필리아의 특권적 순간, 참조체계(the system of reference)를 왜곡하는 인식적 폭력 등 말이다. 따라서 식민지 영화를 이론화하고자 한다면 반드시 아카이브의 문제를 고려해야 한다. 그것은 애초부터 역설적 상황이다. 이 상황은 탈식민지적 아카이브를 이론화하는 방법, 그리고 팬텀 시네마를 이론적으로 가시화하는 방법을 생각하도록 강제한다. 이는 "쓰여 있지 않은 것을 읽기(to read what was never written)"라는 발터 벤야민(Walter Benjamin)의 언명(injunction)과 다르지 않다. "과거가 구원되는 것은 바로 이 순간이다. 그러나 예전에 존재했던 대로 되돌아오는 것이 아니라, 정확히 한 번도 존재한 적 없었던 무언가로 변형되어 나타난다. 후고 폰 호프만슈탈(Hugo von Hofmannstha)의 말대로, 쓰여 있지 않은 것을 읽는 과정 속에서 말이다."[10] 따라서 영화 부재/현존의 영화이론은 조선영화의 존재론 복원이 목적이 아니라 조선영화를 존재하지 않았던 다른 무언가로 변형(transform)하는 시도가 되어야 한다.

영화를 근대성의 장치라고 할 때, 식민화된 조선에서 식민지적 근대성의 장치였던 영화에 대한 글을 쓴다는 것은 어떤 의미였을까? 식민지적 근대성은 서구의 중재자인 일본에 의해 조선에 들어왔다. 다음은 제국주의 열강뿐만 아니라 조선 왕조의 부패한 봉건제로 인해 국가 정체성이 심각한 위기에 봉착했을 때, 한 비판적 지식인이 영화적 근대성의 전야에 쓴 「瀉眞活動勝於生人活動(사진활동승어생인활동)」이라는 글이다. "사진의 활동이 산 사람의 활동보다 낫다"라는 내용의 이 논설은 1901년 9월 14일 『황성신문』에 실렸다. 글의 필자는 활동사진을 "촬영한 그림인 사진이 배열되어 움직이는 것"이라고 소개한다. 그는 활동사진이란 촬영한 그림에 지나지 않는데도 그것이 배열되어 움직이는 것이 마치 사람이 살아서 움직이는 것과 같아 가히 움직이는 그림(活畵)이라 할 만하다고 덧붙인다.

이 필자는 영화를 이루는 요소로 "그림, 시네마토그래프 (이 두 개가 활화活畵-움직이는 영상을 구성한다), 사진, 배열, 움직임"을 들고 있으

---

10 (원주 5) 『잠재성들: 아감벤 철학 선집(Potentialities: Collected Essays in Philosophy)』(미번역)에서 조르조 아감벤(Giorgio Agamben)은 벤야민의 후기 저작 「역사철학테제(또는 역사의 개념에 관하여(Über den Begriff der Geschichte)」(1940)를 상기시킨다.

며, "촬영한 그림이 몸체가 되고 전기가 그것을 움직임으로써 활동하게 되는 것"이라고 부연하고 있다. 거기에 초창기 영화 관객의 반응을 "사람들이 활동사진을 보고 신기함에 정신이 팔려 입을 다물지 못하고 참으로 묘하다고 찬탄하여 마지 않는다"라며 그 경이감을 묘사하고 있다. 활화 즉 움직이는 그림에 대한 관심은 특히 영화의 움직임(活動), 생동감에 집중되는데, 이것은 수동적인 선비들과 사람들이 본받아야 하는 것처럼 이야기된다. 이는 후에 폴란드 태생의 프랑스 영화 감독·평론가 장 엡스탱(Jean Epstein)의 글 「기계의 지성(L'intelligence d'une machine)」(1935)에서 정교화되는 과학적 물활론과 다르지 않으며, 이미지를 재현(representation)이 아닌 현전(presence)의 개념으로 보는 전통과 맞닿아 있다.

초기 영화 관람 문화와 관련해 이 기사에서 주목할 부분은 다음과 같다. 조선 관객들이 활동사진의 작동 원리를 이해한 순간, 그들은 조선인들도 언제쯤 이런 기술을 습득할 수 있을지를 궁금해한다.[11] 이를 듣고 글의 필자는 활동사진 속 사람이 아니라 실제 사람들의 활동을 원한다고 지적한다. 외세의 위협 아래 놓인 대한제국은 미래는 불확실했고, 사람들은 수동적이었다. 활동사진 속 사람(화인, 畵人)들의 활동이 실제 사람들(生民)들의 활동보다 더 활기차 보였던 것이다. 따라서 글쓴이가 바라던 것은 활동사진의 발전이 아니라 사람들의 활동이었다. 이 기사는 글쓴이가 당시 활동사진이 위치하는 정치적 의미의 장을 이해하고 있음을 보여준다. 활동사진이 경이로운 점은 움직이고 앞으로 나아가는 능력 때문이고, 그를 통해 사람들에게 활기(vitality)를 가득 부여하기 때문이다(활기의 "活"은 활동사진의 "활"과 같은 한자다).

---

11 (원주 6) 당시 사람들은 왕이 무기력하고 타락했다고 이해했기 때문에 조선 왕조의 구습이 존속되는 것에 별 관심이 없었다고 한다. 대신 제국주의적 권력에 의해 국가의 지위가 흔들리는 상황에서 민족(nation) 개념은 확고해졌다. 그래서 그들은 영화가 근대적인 민족의 매체가 되기를 원했다.

조선과 조선인은, 활동사진이 생동감 넘치는 사람들과 활기를 재현할 수 있다는 가능성과는 대조적으로, 그러한 에너지가 결여된 것으로 인식되었다. 조선은 일본, 러시아, 독일, 미국, 영국과 같은 열강들에 속수무책으로 노출되어 있었고, 사람들에게서는 활기를 찾아 볼 수 없었다. 글쓴이는 활동사진의 활기가 영화 속 배우에서 실제 사람들 즉 역사의 행위자에게로 옮겨가기를 원했던 것이다.

1931년 8월 24일 『동아일보』에는 앞서 언급한 『영화와 자본주의』 책의 서평이 실렸다. 당시는 이와사키 아키라가 쓴 이 책이 이미 일본에서 주목받고 있었다. 서평에 따르면, 이 책은 영화가 사회적으로 중요하지만, 자본주의는 영화라는 예술 형식을 산업으로 만들었을 뿐만 아니라 파시스트의 선전 수단으로 바꿔버렸다고 주장한다. 『영화와 자본주의』는 영화와 자본주의 체제 사이의 공모적·적대적 관계 모두를 밝혔다는 점에서 큰 반향을 일으켰다. 그러나 엉뚱하게도 서평의 필자는 '비교의 악마'를 작동시킨다. 즉 이와사키 아키라의 이론적 성과는 그가 일본 프롤레타리아 영화운동 진영의 일원으로서 또한 평론가로서 보여준 실질적 활동과 실천의 결과로서 칭송받아 마땅하지만, "조선 시네아스트"의 이론적 노력은 "탁상"에 머물러 있으며, 게으른 이상주의이자의 무관심한 이론일 뿐이라고 개탄한다. 여기서 우리는 조선의 프롤레타리아 영화운동이 일본과 대등한 수준으로 일어나야 한다는 열망을 듣는다. 식민지 조선에서 이론과 실천 사이의 거리, 부동성(immobility)의 감각은 "탁상"이라는 표현에 응축되어 있다. 탁상의 표면은 조선 영화이론의 지리학이 머무는 협소한 공간이다. 사실 일본과 조선을 비교하는 이런 '비교의 악마'는 이론과 현실의 간극을 연결할 수 있는 조선의 이론에 대한 감춰진 갈망(yearning)이며, 영화의 이론화 또는 제작되지 않는 영화의 이론화를 바라는 갈망으로 볼 수 있다. 이는 지역적 고전

영화이론을 모색하기 위해 이 시기를 돌아보는 동시대 영화이론가와 영화역사가를 긴장하게 한다. 벤야민의 "쓰여 있지 않은 것을 읽기"라는 말과 공명하면서 말이다. 식민지 시기의 영화이론은 "잠재성들"로 존재한다. 식민주의의 인식적 폭력이 기존의 참조체계를 파괴했지만, 우리에게는 갈망에 기반 하여 실천으로 나아가는 이론이 있다.

쾽한 아카이브의 팬텀 시네마에 관한 이론적·역사적 고군분투(더는 텅 빈 아카이브라고 할 수 없는데, 2008년 이후 1930년대 73편의 영화 중 5편이, 1940년대 영화 중 일부가 발굴되었다), "탁상공론"을 우회해 나는 우발적으로 아카이브로 돌아오는 1930년대 영화들을 읽는 하나의 방식을 제안했다. 지금의 영화만으로 체계적 연구를 정교하게 하는 일은 어렵지만, 이러한 조건을 탈식민연구의 방법론을 사유하고 전화하는 계기로 삼을 수 있다. 이런 조건은 여성, 서발턴, 소수자의 역사 쓰기에서도 드문 일 아니며, 유사한 궤적을 볼 수 있기 때문이다.

고현학과 장소 치환의 판타지

고현학(古現學, modernology)은 1930년대 일본에서 생겨난 문화연구의 부류다. 고현학은 처음 등장했을 때 역사와 인류학의 일부라는 자기규정을 하게 된다. 고현학이 출현한 시기는 벤야민이 활동했을 때와 거의 일치한다. 당시는 일본 제국이 확장되던 시기였지만 고현학은 그 사실을 거의 의식하지 않았으며, 간토대지진 이후 도쿄라는 도시를 관찰하기 위한 것이라고 주장한다. 이후 고현학은 아방가르드 운동의 일부로서 "긴자 헤게모니"라고 불렸다.

이시다 사에코(石田佐惠子)는 일본 문화연구의 역사를 소개하면서, 19세기 말부터 20세기 초(메이지 중기부터 다이쇼)까지 거슬러 올라갈 수 있는 일본 풍속과 대중문화 연구의 선구자로 고현학의 계보를 그린다.

에스페란토어의 Modernologio에서 기원한 고현학은 일상성(ev-erydayness)을 관찰의 대상이자 방법론으로 삼는다. 고현학이라는 말속에는 이미 근대(modern, 現)가 분명하게 지시되어 있지만, 동시에 과거(古)에 대한 향수 또한 포함되어 있다. 조선의 지식인에게 고현학은 이중의 번역 과정을 거치지 않는 몇 안 되는 식민지 근대 장치다. 식민지시기의 지식인은 일본어로 번역된 보들레르, 하이데거, 예이젠시테인, 푸돕킨을 읽었다. 유명 작가 박태원은 단편 「소설가 구보씨의 일일」에서 고현학을 실험하는데, 만보객(漫步客)이 주인공인 텍스트라는 점에서 비평적 관심을 받은 이 작품은 한국문학의 정전이 되었다. 직업이 없는 26세 소설가 구보 씨(仇甫氏)는 식민지 경성의 도시를 배회한다. 구보는 박태원의 일본식 별명이다.

만보객이자 소설가인 박태원은 다방, 약국, 골동품 상점, 경성 기차역을 거닌다. 경성역 부분에서, 고독을 느낀 구보는 사람들의 삶, 숨결과 정동이 있는 곳을 찾으려 경성역으로 걸어간다. 많은 비평가가 구보가 영화적 몽타주를 방법론적 진행 방식으로 사용했음을 지적한다. 여기서 초기 영화와 문학 형식 사이 상호 차용의 의미를 찾는 것은 크게 도움이 되지 않는다. 그러나 고현학을 통해 1930년대 조선의 영화문화(the cine-matic culture)를 생각해보는 일은 중요하다. 고현학은 동시대 일본 소설가의 글들을 뛰어넘을 수 있다는 확신을 가진 박태원에 의해 사용된다. 그러나 고현학에는 소위 "조선인 사냥(Korean hunt)"이라는, 1923년 9월 1일 간토대지진 이후 재일조선인 대량학살의 망령이 깃들어있다.

미리엄 실버버그(Miriam Silverberg)는 『에로틱 그로테스크 난센스 (Erotic Grotesque Nonsense: The Mass Culture Of Japanese Modern Times)』(2009)[12]에 간토대지진으로 10만 명이 사망했고, 50만 명 이상

---

12 (번역 주) 한국어판은 『에로틱 그로테스크 넌센스: 근대 일본의 대중문화』(강진석·강현정·서미석 옮김, 현실문화, 2014)로 출간되었다.

이 부상당했으며, 70만 채에 가까운 가옥이 붕괴되었고, 600명 이상이 색출·고문·처형당했다고 쓴다. 그녀는 고현학의 창시자 곧 와지로(今和次郎)가 조선인 대량학살에 관해 알고 있었을 것이라는 의혹을 제기하며, "그가 문화혁신의 계기들을 찬양하면서도, 식민지나 인종주의라는 근대의 어두운 면을 인정하지 않는다"는 사실을 지적한다(Silverberg, 2009: 40).

〈청춘의 십자로〉(안종화, 1934, 현존하는 가장 오래된 한국영화)는 고현학과 "에로-그로-난센스", 그리고 모던걸과 모던보이 현상으로 극대화된 계급[13]과 성정치의 이슈와 관련하여 카프를 결합하는 영화다.

영화는 오프닝 크레디트를 포함해 9개 릴로 이루어져 있다(이 중 한 릴은 복원되지 못했다). 2008년 한국영상자료원의 발굴 기념행사에서는 변사(조희봉)의 해설로 영화가 상영되었다. 오프닝 시퀀스는 터널을 통과해 기차역으로 진입한다. 기차가 도착하면 커다란 원형 시계 컷이 이어진다. 카메라는 경성 기차역을 파노라마로 보여준다. 플랫폼에 모여 있던 사람들은 그림자 속으로 흩어진다. 이 기차역은 도쿄제국대학 교수 쓰카모토 야스시(塚本靖)가 설계하여 1925년 건설된 근대의 기념물이다. 역과 기차, 바쁜 승객들이 소개된 후 주인공 영복(이원용 분)의 미디엄숏이 불현듯 등장한다.

영화는 구(舊)서울역에서 열심히 일을 하는 짐꾼의 삶을 포착한다. 그의 시선은 도시와 농촌 사이를 오가는 영화적 전환의 수단이 된다. 1930년대 식민지 문화에 관한 언급이 대개 그렇듯, 식민지 근대성의 묘사하기 어려운 복합성을 보여준다. 농촌의 서정성이 압축된 조선 전통의 로컬리티의 아름다움을 보여주는 한편, 고현학에 대한 매료 또한 영화적으로 자세히 묘사한다.

---

13 (원주 7) 카프는 1925년 8월에 조직되었으며, 1934~1935년 주요 구성원이 체포된 이후 위기를 맞는다.

〈청춘의 십자로〉는 전 세계적 경제대공황(1929~1932)과 (1931년 9월 만주사변을 기점으로, 중일전쟁과 일본이 태평양전쟁으로 항복하게 되는 1945년까지의) 15년전쟁으로 특징지을 수 있는 1930년대의 일본 및 조선과 관련을 맺고 있는 작품이다. 중일전쟁(1937) 발발 이후, 일본은 1937년까지 전쟁의 영향으로부터 스스로를 보호했다. 당시는 대공황과 전쟁의 시기일 뿐만 아니라 대중 영화에서 고현학과 "에로-그로-난센스"를 보다 뼈저리게 느낄 수 있는 시기다. 〈청춘의 십자로〉로 돌아가보면, 영화에는 도착적인 로컬리즘과 기이한 고현학이 복잡하게 얽혀 있다. 식민지 근대의 매혹은 건축적으로 아름다운 실루엣 곡선이 도드라지는 새로 지은 기차역으로 드러난다. 기차 승객들은 한복과 양복을 입고 있다. 남자 캐릭터는 무거운 짐을 들고 있는 여성과 그의 딸을 도와주는데, 이 행동은 그의 고향 집을 회상하는 플래시백 시퀀스의 출발점이 된다. 이후 농촌은 더는 마냥 목가적인 곳이 아니라는 것이 점차 드러나는데, 영복은 자신의 약혼녀 가족을 부양하기 위해 노예처럼 일했지만 약혼녀를 부자에게 빼앗긴다.

영화는 식민지 근대의 매혹과 트라우마를 모두 담고 있다. 그것은 외부(전통, 농촌)와 외부(근대, 도시) 사이의 복잡한 작동(play)을 보여주며, 동시에 사이 공간(in/between-ness)을 드러내는데 그것이 바로 식민지 근대의 공간이다. 영화에서 주목할 것은 농촌과 도시 양쪽에서 아름다움과 그로테스크, 퇴폐적인 것의 발화 불가능한 복합성이 드러난다는 점이다. 두 장소 모두 모빌 (카메라가 움직이는) 미장센을 보여준다. 이렇게 해서 영화는 고정된 전통과 움직이는 근대라는 흔한 이분법적 모델을 뒤집는다. 1934년 9월 영화가 개봉했을 때, 평단은 영화의 기술적 완성도가 진전된 점을 언급한다(「가작佳作의 조선영화, 청춘의 십자로」, 『동아일보』, 1934. 9. 21). 영화는 기차역 오프닝 장면과 비슷하게, 소의 힘으로 돌아가는 맷돌과 같은 농촌 지역의 민속지적 장면을 길게 보여준다. 트래킹숏과 패닝숏을 통해 표현되는 모바일 시퀀스는 힘든 노동의 과정을 보여준다. 남자들은 담배를 피우고 여자들은 우물가에서 빨래를 하는 장면 또한 삽입된다. 그 후 도시 장면으로 돌아온다. 이때 도시 부자 남성들이 면도 도구를 얼마나 완벽하게 갖추고 자신들의 삶을 즐기는지를 대조적으로 보여준다. 동시에 전설적 여배우 신일선이 연기하는 모던걸은 바에 앉아 관객 쪽으로 담배 연기를 대담하게 내뿜는다. 김연실이 연기하는 "가솔린걸"은 차에 기름을 넣고 있다. 차 안에는 모던걸과 부유한 도시 남성, 시골 소녀, 이렇게 셋이 타고 있다. 영화의 후반에 가면 바걸은 영복의 여동생임이 밝혀진다. 1930년대는 진정 "에로-그로-난센스"의 시대다. 여기서 "에로"는 포르노그래피적 의미에서 에로틱한 것이고, "그로"는 그로테스크하고 기형적인 것, "난센스"는 어처구니없고 의미 없는 것이다. 이것이 전형적 방식의 이해라면 실버버그는 에로틱을 적극적이고 다채로운 활기(vitality)로, 그로테스크를 홈리스와 거지들이 직면하는 결핍(deprivation)으로, 난센스를 정말 말이 되는 것(sense)로 재해석한다.

박태원이 「소설가 구보씨의 일일」을 통해 고현학을 전유하는 것은 긴자 헤게모니로 대표되는 도쿄의 근대성을 식민지 도시 경성으로 이식하는 것이라는 비판을 받는다. 이식(transplantation)이라는 개념은 일본 제국의 영토 점령 정책과 대비되는 이주정책과 유사하다. 굴욕적 동화 과정을 연상시키는 식민지 이식론 등 자주 사용되는 분석틀 대신, 나는 "장소 치환의 판타지(dislocative fantasy)"라는 틀을 제시하고자 한다. 얼 잭슨 주니어(Earl Jackson Jr.)는 인터아시아, 트랜스아시아적 맥락에서 일어나는 문화 교류 시 대화의 양식을 조망하려는 노력의 일환으로 이 장소 치환의 판타지를 제안한다. "장소 치환(dislocative)"이란,

판타지가 원래 발생된 장소에서 벗어나 다른 곳에서 작동될 때의 효과를 일컫는다. 차용된 판타지(borrowed fantasy)가 새로운 맥락 속으로 들어가면 텍스트가 속해 있던 원래 문화와 텍스트를 받아들인 문화 양쪽 모두에 독특한 개입이 발생한다(Jackson, 2012: 58). 잭슨은 이 틀을 매우 소수의 영화에 한정하지만,[14] 나는 일본 제국과 식민지 조선을 횡단하면서 변이를 생성시키는 고현학을 이 개념으로 보고자 한다. 「소설가 구보씨의 일일」과 〈청춘의 십자로〉는 사실 도쿄의 긴자에서 발생한 고현학의 장소 치환의 판타지라고 할 수 있다. 장소 치환의 판타지는 다른 담론(discourse) 형식에서도 발생한다. 우선 서광제는 이와사키 아키라의 『영화와 자본주의』 서평에서 조선과 일본 영화계를 비교하며 탄식했으나, 식민지 검열 등을 통한 표현의 자유 제한 부분이 조선 영화계의 평론의 장을 위축시키는 것에 대해선 쓰지 않았다.

둘째, 만보객 소설 「소설가 구보씨의 일일」은 메이지 시대 작가들이 프랑스의 데카당 미학을 변형시켰던 것을 매개로 보들레르의 언어로 경성을 재발견한다. 아이러니하게도 메이지 시대의 작가들과 그들 버전의 19세기 유럽 모더니즘은 (그리고 외래 개념의 등가물로 만들어낸 수많은 한자식 조어까지) 도쿄에서 유학 생활을 하다 중국으로 돌아간 루쉰의 자원이 되기도 했다. 이처럼 장소 치환은 다양한 층위에서 이루어지는데, 조선에서는 식민지적 모더니즘의 사이트로서의 실제 도시 경관에서 재연된 것이다.

고현학의 경우, 조선 관객에게 소구된 판타지의 새로운 공간은 일본 제국에 의해 구축된 식민지 근대성의 공간으로 실제로 지각되었다.

조선에서의 고현학은, 영화 〈올드보이〉(박찬욱, 2003)가 일본 망가(만화) 「올드보이(オールド·ボーイ)」(1996~1998)를 인터아시아적으로 차

---

14 (원주 8) Jackson(2012)를 참조하시오.

용하는 과정에서 탈식민지적 질문에 사로잡히듯이 고현학의 주요 관심사를 변화시켰다. 변형 과정은 서사 구성 효율성(an economy of a narrative construction)의 차이를 비교해보면 알 수 있다. 곧 와지로의 제안은 기록 수집을 통한 고현학이 확장과 축적을 통해 자국의 민속지학을 향해 나아간다면, 〈청춘의 십자로〉의 고현학은 구원 판타지로 나간다. 영복의 여동생과 여자 친구(가솔린걸)는 부유한 남성에게 농락당한다. 영복에게 도시는 결핍과 착취의 공간이며, 이내 복수의 공간으로 변한다. 결국 영복은 자신의 여동생 및 여자 친구와 관계를 맺었던 두 남자를 처벌한다. 흥미롭게도 모던걸(바걸과 가솔린걸)이 된 두 여자의 위태로운 정체성은 도시 남성 부르주아와 시골 출신 부자에게 착취당했다가 영복을 통해 구원받는다. 필름 릴 하나가 사라지고 없어서 영화의 '실제' 엔딩을 추측하기 어렵다는 점은 다시 한 번 아카이브의 문제가 강조되는 지점이다. 하지만 영화에서 처음으로 모던걸이 등장하는 이전 장면으로 판단해보건대, 그녀를 구원 판타지에 온전히 귀속시키기란 불가능해 보인다.

〈청춘의 십자로〉는 기차, 도시의 군중, 모던보이와 모던걸 등 도회적인 대상과 주체들이 등장하는 경축적인 오프닝 시퀀스에도 불구하고, 동일한 태도로 그들을 다시 묘사하지 않는다. 구보씨와 〈청춘의 십자로〉의 영복이 배회하는 장소 치환의 판타지 속에서는 담론이 더는 빈 책상에 머물지 않는다. 갈망으로 가득 찬 정동(affect)의 차원에 멈추지 않는 것이다. 치환의 판타지는 그 인지적 지도를 도시를 배회하고 기차역에서의 노동으로부터 획득한다. 식민지 도시의 만보객이자 고현학자인 구보씨와 영복은 모던보이이자 도시 프롤레타리아트라는 이중의식과 더불어 식민지인으로서의 형용할 수 없는 독특한 이중의식, 감각을 갖는다.

결론적으로 내가 말하고 싶은 바는, 비교 영화연구는 비교의 악마에 의해 인도되기도 하고, 우회로와 장소 치환의 판타지에 의해 밝혀지는 십자로라는 점이다. 그것은 아직 고도의 미지의, 기울어진 윌먼이 예견한 대로 전화(transformation)을 요구하고 기다리고 있는 사이트다.

참고문헌

Agamben, Giorgio(2000), *Potentialities: Collected Essays in Philosophy*, Daniel Heller-Roazen(ed. & trans.), Stanford: Stanford University Press.

Benjamin, Walter(1969), "Thesis on the Philosophy of History," Hannah Arendt(ed.), Harry Zohn(trans.), *In Illuminations: Essays and Reflections*, New York: Schocken Book, pp. 253~264.

Chen, Kuan-Hsing(2010), *Asia as Method: Toward Deimperialization*, Durham: Duke University Press.

Harootunian, Harry(1999), "Japan Studies and Cultural Studies," *Positions* 7(2), pp. 593~647.

Jackson, Earl Jr.(2012), "Borrowing Trouble: Oldboy as Adaptation and Intervention," *Transnational Cinemas* 3(1), pp. 53~65.

Kim, Soyoung(2001)," Modernity in Suspense: The Logic of Fetishism in Korean Cinema," *Traces* 1: pp. 301~317.

_____(2003), "The Birth of the Local Feminist Sphere in the Global Era: 'Trans-cinema' and Yosongjang," *Inter-Asia Cultural Studies* 4(1), pp. 10~24.

_____(2008a)," Genre as Contact Zone: Hong Kong Action and Korean Hwalkuk," Meaghan Morris, Siu Leung Li and Stephen Chan Ching-kiu(eds.), *Hong Kong Connections: Transnational Imagination in Action Cinema*, Durham: Duke University Press, pp. 97~110.

_____(2008b), "Postcolonial Film Historiography in Taiwan

and South Korea," *Inter-Asia Cultural Studies* 9(2), pp. 195~210.

_____(2011), "Cartography of Catastrophe: Pre-Colonial Surveys, Post-Colonial Vampires, and the Plight of Korean Modernity," *Journal of Korean Studies* 16(2), pp. 285~301.

Saeko Iahita(2002), "Media and Cultural Studies in japanese Sociology: An Introduction", *International Journal of Japanese Sociology*, No 11, pp. 1~5

Silverberg, Miriam(2009), *Erotic, Grotesque, Nonsense: The Mass Culture of Japanese Modern Times*, Berkeley: University of California Press. *미리엄 실버버그, 강진석·강현정·서미석 옮김, 『에로틱 그로테스크 넌센스: 근대 일본의 대중문화』, 서울: 현실문화, 2014.

Willemen, Paul(2002), "Detouring Korean Cinema," *Inter-Asia Cultural Studies* 3(2), pp. 167~186.

_____(2012), "Preliminary Conclusions: Cultural Labour-Cultural Value in a Comparative Frame," *Inter-Asia Cultural Studies* 14(1).

김려실(2006), 『투사하는 제국 투영하는 식민지: 1901~1945년의 한국영화사를 되짚다』, 서울: 삼인.

사유의 영화

: 이와사키 아키라와 1930~1935년 상하이 마르크시스트 영화이론에서의 목적의식[1]

빅터 판

강진석 옮김

영화가 사유할 수 있는가? 이 질문은 1920년대부터 유럽 영화이론에서 활발히 논의되어왔으며, 질 들뢰즈가 『시네마 2: 시간-이미지(Cinéma 2: L'Image-temps)』(1985)의 「사유와 영화」 장에서 세르게이 예이젠시테인(Sergei Eisenstein, 1898~1948)의 몽타주 이론을 재해석해 형식화한 것이 널리 알려지게 되었다. 여기에서 소비에트와의 연결고리가 중요하다. 들뢰즈가 「사유와 영화」 마지막에서 논의하듯이, 영화 이미지가 능동적으로 사유한다는 생각에는 정치적인 차원이 있다. "영화 이미지가 능동적으로 사유한다는 생각"은 영화이론가들로 하여금 영화가 어떻게 관객들의 정치적 의식을 다시 쓰고, 영화감독들이 어떻게 영화를 정치운동의 도구로 전유하는지를 이해할 수 있게 했다.[2] 역사적으

---

1 이 글은 필자의 *Cinema Approaching Reality: Locating Chinese Film Theory*(Minneapolis: University of Minnesota Press, 2015), 제2장을 발췌한 글이다.
2 Gilles Deleuze, *Cinema 2: The Time-Image*(1985), trans. Hugh Tomlinson and Robert Galeta(1989; repr., Minneapolis: University of Minnesota Press, 2001), pp. 159~160.

로, 들뢰즈의 사유는 마르크스주의와 레닌주의가 어떻게 1920년대와 1930년대 영화 감독 및 비평가들로 하여금 영화 이미지 그 자체가 의식이라고 생각하게 했는지를 질문하게 만든다. 그들은 영화가 사유하고, 느끼고, 자신의 고유한 의식을 관객들의 감각적 신체에 능동적으로 주입한다고 여겼던 것이다.

이 문제는 1930년대 상하이에서 활동한 좌파 영화감독들과 지식인들이 쓴 이론적 사유들을 통해서도 검토할 수 있다. 자신들의 집합적 의식 안에 반식민적(semicolonial) 어조가 깃들어 있음을 자각한 이들 평론가들과 지식인들에게는 관객들의 감각과 그들이 함께 즐겨온 영화적 경험을 규정짓고 그에 영향을 미치는 정치적 진실을 드러내는 일을 해야 할 사회적 의무가 있었다. 하지만 중국어로 意识, 일본어로 意識いしき라 쓰는 "의식"은 서구의 의식(consciousness) 개념과 완전히 일치하지는 않는다. 그보다는 이와사키 아키라(岩崎昶, 1903~1981)의 글과 루쉰(魯迅, 1881~1936)이 이와사키의 글을 번역하면서 이 개념을 재구성한 것을 토대로, 의식(意识/意識いしき/consciousness)이라는 이 초-기호(super-sign)는 인식과 의식 사이의 특정한 비식별역(zone of indistinction)을 가리킨다고 할 수 있다.[3] 이 비식별역이 바로 영화 이미지와 그것을 구현하는 사유 사이의 복잡한 관계를 좀 더 규명해주는 흥미로운 열쇠가 될 것이다.

모던 시네마와 부르주아

영화비평 내에서 의식(意识/意識いしき/consciousness)이라는 초-기호가 구축된 것은 루쉰이 이와사키 아키라의 글을 번역한 「현대영화와

---

3 초-기호라는 개념은 리디아 류의 연구에서 가져온 것이다. Lydia H. Liu, *The Clash of Empire: The Invention of China in Modern World Making*(Cambridge, MA: Harvard University Press, 2004), pp. 12~13.

유산계급(現代電影與有産階級)」⁴으로 거슬러 올라갈 수 있다. 이 글의 원제는 「선전·선동 수단으로서의 영화(宣傳·煽動手段としての映畵)」로 마르크시스트 잡지 『신흥예술(新興藝術)』(1929. 10)에 처음 실렸으며, 이와사키 아키라의 책 『영화와 자본주의(映畵と資本主義)』(1931)⁵에도 실렸다. 1920년대 초반 이와사키 아키라는 마르크시스트 영화 제작 및 이론 운동인 일본프롤레타리아영화동맹(日本プロレタリア映畵同盟, 프로키노, プロキノ) 창립 회원이자 의장이 되었지만, 이 운동은 1925년 일본 정부가 치안유지법을 공포하며 해산되었다.⁶

일본 내에서 영향력을 키워나가던 군부는 프로키노의 영화감독들이 지지자들에게 사회주의 사상을 선동하고 있다는 혐의를 제기했고, 이와사키 아키라는 이에 대한 응답으로 이 글을 집필했다. 이와사키 아키라는 할리우드영화와 일본영화가 역사적으로 부르주아 의식의 대중 선전선동 도구로 이용되어왔다고 논한다.⁷ 그 영화들이 부르주아의 가치와 생각을 설파하며 선동하는 것은 아니었다. 오히려 그 영화들은 부, 섹스, 개인의 자유에 대한 부르주아적 욕망과 국가, 민족, 종교에 대한 복종을 불러일으키는 대중오락을 제공했다. 부르주아적 욕망들을 추구하고 충족하는 쾌락에 익숙해지면서 관객들은 더 많은 영화를 영화산업에 요구하게 된다. 그럼으로써 그들은 자신들도 모르는 새 이러한 쾌락을 전파하는 생산 기계를 확립시키고, 그것을 뒷받침하는 부르주아

---

4 Iwasaki Akira, "Xiandai dianying yu youchan jieji"(Modern cinema and the bourgeoisie), trans. Lu Xun, *Mengya yuekan*(Seeding monthly) 1, no. 3(March 1930), pp. 1~33. [岩崎昶, 「現代電影與有産階級」, 魯迅 譯, 『萌芽月刊』 第一卷 第三期(1930. 3), 1~33쪽.]
5 Iwasaki Akira, *Eiga to shihon shugi*(Cinema and capitalism), Tokyo: Ōraisha, 1931), pp. 97~124. [岩崎昶, 『映画と資本主義』(東京: 往來社, 1931), 97~124쪽.]
6 Aaron Gerow, *A Page of Madness: Cinema and Modernity in 1920s Japan*(Ann Arbor: Center for Japanese Studies, University of Michigan, 2008), pp. 100~101; Marcus Nornes, *Japanese Documentary Film: The Meiji Era through Hiroshima*(Minneapolis: University of Minnesota Press, 2003), pp. 19~47, 125~130.
7 Iwasaki Akira, "Xiandai dianying yu youchan jieji," p. 1; Iwasaki Akira, *Eiga to shihon shugi*, p. 97. [岩崎昶, 「宣傳·煽動手段としての映畵」 1쪽; 岩崎昶, 『映画と資本主義』, 97쪽.]

적 사회관계 전반은 계속 번창하게 된다.[8]

이와사키 아키라는 프로키노의 영화들같이 공회당이나 학교 강당 같은 곳에서 무료로 영사되던 교육용 영화를 선전(宣傳)영화(혹은 프로파간다영화)라고 부른다. 무료로 볼 수 있었던 만큼 이런 영화들의 '목적의식(目的意識, directed consciousness)'은 명백했다. 한편, 전쟁으로 외아들을 잃은 늙은 어머니에 관한 비극 같은 영화들은 보통의 상설관에서만 상영되었고, 어떠한 정치적 목적도 없는 듯 보였다. 이러한 영화들은 교육용 다큐멘터리와 달리 입장료를 받고 상영되었기 때문이다. 하지만 이와사키 아키라는 이러한 영화를 본 관객들은 자신들이 "정당한 관람료를 지불했다"는 사실로 인하여, "교묘하게 꾸며진 선전에 부채질 당했음"을 자각하지 못한다고 주장한다.[9] 따라서 이와사키 아키라는 영화비평가가 해야 할 일에 대해 이처럼 언급한다.

현재 제작되고 있는 모든 영화에 대해 우리는 그 숨겨진 목적—의식적으로 그 목적을 끝까지 파고들지 않을 경우, 어떤 영화들은 아직 경향 내지 취미의 정도만 드러내고 그치는 듯 보인다. 하지만 이 경향 내지 취미라는 것도 결과적으로는 하나의 중요한 선전가치다—을 적발해낼 수 있다.[10]

루쉰은 '목적의식'이라는 용어를 일본어에서 중국어로 그대로 번역했다. 이와사키 아키라는 아오노 스에키치(青野季吉, 1890~1961)가 1926년과 1927년 사이 잡지[프롤레타리아 문학지] 『문예전선(文芸戦線)』

---

8 Iwasak Akirai, "Xiandai dianying yu youchan jieji," p. 5~7; Iwasaki Akira, *Eiga to shihon shugi*, pp. 102~103.

9 Iwasaki Akira, "Xiandai dianying yu youchan jieji," pp. 6~7; Iwasaki Akira, *Eiga to shihon shugi*, pp. 102~103.

10 Iwasaki Akira, "Xiandai dianying yu youchan jieji," p. 7; Iwasaki, *Eiga to shihon shugi*, p. 103.

에 실은 프롤레타리아 문학에 관한 이론적 논의에서 이 용어를 인용했다.[11] 이 용어는 레닌의 소평론 「무엇을 할 것인가?(Chto delat'?/ What is to be Done?」, 1901년 저술, 1902년 발행)에서 유래한 것이다. 레닌은 1895년에서 1896년 사이 상트페테르부르크에서 일어난 노동계급 운동이 "자생적으로" 형성된 계급의식 다시 말해 노동자들의 정치적 실존을 규정하던 기존의 사회관계들에 대한 어렴풋한 자각이 있었기에 가능했다고 논한다.[12] 레닌에 따르면 "이러한 파업들은 (…) 노동자와 고용자 사이에서 일어나고 있는 적대를 보여준다. 하지만 노동자들은 현대의 정치적 그리고 사회적 구조 전체와 자신들의 이익 사이 해소 불가능한 적대를 자각하지도, 할 수도 없다."[13]

아오노 스에키치는 「자연생장과 목적의식(自然生長と目的意識)」에서 레닌의 논의를 이어 노동자와 농민이 자신들의 "불만, 분노 그리고 좌절"을 만들어내는 일련의 사회관계들을 인식할 때, 그와 같은 의식은 '자연생장'의 형태를 갖는다고 주장한다. 즉 그것은 노동자들의 공통된 정서에 의해 추동된 자연스러우면서 모호한 인식에서 만들어진 의식으로, 설명하고 합리화될 필요가 있는 감각을 만들어낸다.[14] 아오노 스에키치는 지식인, 작가와 비평가가 자연적으로 만들어진 그러한 의식을 "정리, 관리, 체계화, 비판하고" 목적의식의 형태로, 노동자들의 일상적 삶의 과정에 영향을 주는 사회정치적 관계들과 역사적 조건들에 대한

11 Aono Suekichi, "Shizen seichō to mokudeki ishiki"(Naturally generated and directed consciousness), pts. 1, 2, *Bungi sensen*(Frontline of art and literature)(September 1926 and January 1927), no page. [青野季吉, 「自然生長と目的意識」, 『文芸戦線』 1926年 9月 号; 青野季吉, 「自然生長と目的意識再論」, 『文芸戦線』 1927年 1月 号.]

12 Vladimir Lenin, *What Is to Be Done?*(1902), trans. Joe Fineberg and George Hanna(New York: The Lenin Internet Archive, 1999), pp. 16~31.

13 같은 책, p. 7.

14 Aono Suekichi, "Shizen seichō to mokudeki ishiki," pt. 1, no page. [青野季吉, 「自然生長と目的意識」, 『文芸戦線』 1926年 9月 号.]

일종의 지적 이해의 형태로 재구성해야 한다고 말한다.[15] 그렇게 함으로써 이들 노동자의 삶에 보다 체계화된 정치적 양식을 "주입(注入)"할 수 있다는 것이다.

의식

초-기호 의식(意識いしき/consciousness)이 중국어 의식(意识)과 함께 묶일 때 두 복잡한 층위가 생성된다. 하나는 언어적 층위다.

중국어 의식(意识)이라는 말은 일반적으로 감각적인 포착과 완전한 이해 사이에 있는 양식으로 이해할 수 있다. 그런 의미에서 보면, 의식(意识)하는 이는 자신의 마음 속에 특정 도식이 있고, 신체를 통해 감각하고 있지만, 그 대상이 무엇인지 정확하게 규명하지 못한다. 정치적으로 말하자면, 개개인이 인식하게는 되었으나 일상의 실존과 사회관계에 영향을 주는 특정한 기저의 원리를 인지하지 못하고 있음을 의미한다. 이처럼 불명확한 사회적 자각은 개개인이 적절한 교육을 받은 후에야 이성적인 지식이 된다. 이 경우 중국어 의식(意识)이라는 용어는 레닌의 자생적 의식과 아오노 스에키치의 자연적으로 발생한 의식에 부합한다. 사실 1930년대의 마르크시스트 작가들은 의식(意识)을 동사로는 "무언가를 자각하다"는 의미로, 명사로는 "의식(consciousness)"을 의미하는 것으로 사용함으로써, 용법에 따라 자각과 의식 사이에 척도가 달라지도록 했다.

두 번째는 사회정치적 층위다. 루쉰은 이와사키 아키라가 한 가지 문제를 완전히 간과했다고 비평했다. 바로 상하이의 반식민지적 상황에서, 의식은 부르주아뿐 아니라 식민화를 진행하고 있는 제국주의자들이 개인의 감각적 신체에 이식하고 있는 보철물이라는 것이다. 루쉰은 번역

---

15 Aono Suekichi,, "Shizen seichō to mokudeki ishiki," pt. 2, no page. [青野季吉,「自然生長と目的意識再論」,『文芸戦線』1927年 1月 号.]

자의 언급에서, 상하이 신문에서 본 영화 광고를 보고 이와사키의 글을 번역하기로 처음 마음을 먹었다고 언급한다.

> 상하이 일간지엔 영화광고가 대략 두면을 채우는 듯싶다. 하나같이 영화의 배우들이 몇만 명인지 제작비가 몇백만 달러인지, '화려한 풍경, 낭만, 화려함(혹은 애절함), 관능, 유머, 연애, 열정, 모험, 용감함, 무협, 요괴, …… 전례 없는 대형 영화' 등등을 과장해대기 태반이다. 이러한 영화들에는 신과 악마들에 대항해서 싸우는 강하고, 모험심 있고, 용감하며, 정중한 전사들이 등장한다.[16]

　　루쉰은 이와사키가 부르주아 의식과 영화적 스펙터클을 동일시하고 있다고 생각했다. 하지만 할리우드의 생산물들은 제국주의적 야심의 수출품이기도 하기에 중국 관객들에게 또 다른 영향을 미쳤다. 하위 주체로서는 근본적으로 도달 불가능한 자본주의적 쾌락을 소비하도록 관객들의 욕망을 부채질하는 것이었다. 루쉰은 할리우드가 만든 "육체적인[肉感]" 이미지는 식민화된 남성 관객들을 "스스로 초라하고 남루하게[自慚形穢]" 느끼도록 하고 결국 무기력하게 만든다고 설명한다. 이들은 영화에서 재현된 성적 쾌락을 자신들도 물질적으로 소비할 수 있음을 증명하기 위해 "백계러시아 매춘부[白俄妓女]"를 고용함으로써 그 무기력감에서 벗어나려 한다.[17]

　　이러한 관점에서, 식민지 관객들에게는 허락되지 않은 식민 지배자

16　Lu Xun, "Yizhe fuji"[Translator's notes, *Mengya yuekan* 1, no. 3(March 1930), p. 28. [魯迅, 「譯者附記」, 『萌芽月刊』 第一卷 第三期(1930. 3), 28쪽.]
　　[참고로 루쉰의 번역문은 아래와 같다.]
　　上海的日報上, 電影的廣告每天大槪總有兩大張, 紛紛然競夸其演員幾萬人, 費用幾百萬, 「非常的風情, 浪漫, 香艷(或哀艷), 肉感, 滑稽, 戀愛, 熱情, 冒險, 勇壯, 武俠, 神怪 …… 空前巨片」, 眞令人覺得倘不前去一看, 怕要死不瞑目似的.
17　같은 글, p. 29.

들의 기쁨을 관찰하고 즐기도록 하는 할리우드영화들은 중국 관객들에게 오히려 불쾌감, 수치, 절망의 감정을 불러일으킨다. 이 불쾌감은, 이들 영화가 오락이라는 믿음과 대치된다. 관객들이 보았을 때 이들 영화가 오락이 되지 않는다면 그것은 무언가 잘못된 것이다. 그것은 영화 때문이 아니라 관객들 자신이 느끼는 거세의 감각 때문이다. 따라서 상하이에서 할리우드영화는 식민화된 개인들이 수치와 실패와 같은 감정들이 전적으로 타고난 감각-확실성(sense-certainty)에 의거하는 것인 양, 그러한 수치와 실패를 내면화하고 잘못 인지하고 또 수행하도록 부채질한다.

루쉰이 식민자들의 거세 폭력을 비판한다고만 해석하는 데 그칠 수도 있다. 하지만 루쉰은 한 발자국 나아가 의문을 던진다. 애초에 제국주의자들의 의식에 동의하지 않았다면, 중국 남성 관객들이 자신의 성적 무능함을 느끼거나 누군가의 응시 아래 그것을 극복해야 한다고 느낄 것인가? 다시 말해 중국 남성 관객들은 자신들도 할리우드영화에 재현된 성적 쾌락을 즐길 수 있음을 증명해 보임으로써, 자신들 또한 식민 지배자들과 동등함을 증명해 보였다고 여하튼 믿었다. 할리우드영화는 다음의 방식으로 상하이 남성 관객들에게 목적의식을 주입한다. "나의 식민자들의 의식이 곧 나의 것이기에, 나의 의식을 새롭게 구성하면 식민자의 의식 또한 필연적으로 변할 것이다. 또한 나의 의식은 언제나 식민자의 응시하에 있기에, 내가 무능하지 않다는 사실을 스스로에게 증명하기 위해서는 내가 식민자의 쾌락뿐만 아니라 내 자신의 불쾌를 느끼고 있음을 식민자에게 보여주어야 한다. 그것은 보편적 오락의 형태로서 영화적 경험 속에 기입되어 있는 것이다. 다시 말해 나는 남자로서 나의 무기력함을 향유할 것이다!"

루쉰은 1929년 12월 19일 상하이 『신보(申報)』에 실린 기사를 언급하면서 논의를 이어나간다.[18] 이 기사에 따르면, 더글라스 페어뱅크스 (Douglas Fairbanks, 1883~1939)는 중국을 방문하는 동안 중국 영화계의 환영을 거부했다. 하지만 1주일 뒤 그는 자신의 일본 일정을 일본 스튜디오 책임자들에게 짜게끔 했는데, 이는 상하이 영화계에 모욕으로 받아들여졌다. 게다가 영화비평가들은 페어뱅크스가 제작한 『바그다드의 도적(The Thief of Bagdad)』(라울 월시, 1924, 유나이티드아티스트 배급)에 재현된 몽골 왕자에 몹시 불쾌해했다. 영화의 문학 원작인 『천일야화(One Thousand and One Nights)』에서는 이 몽골 왕자가 달에 올라가 공주와 결혼한다. 하지만 영화에서는 왕자가 사다리를 타고 하늘로 올라가다가 떨어지고, 페어뱅크스가 연기한 백인 캐릭터 아흐메드가 아라비아 공주와 결혼하게 된다. 결국, 상하이영화조합(上海電影公會)은 페어뱅크스 앞으로 서한을 보내어 "세계 모든 인류가 서로 사랑하고 존중하는" 영화를 만들고, "4,000여 년의 역사문화의 훈련과 정신을 지닌 [四千余年歷史文化所訓練的精神]" 중국 인민들의 예절과 미덕을 이해해 줄 것을 촉구했다.[19] 이에 대한 응답으로 루쉰은 다음과 같이 썼다.

이는 침략당한 고대 제국의 정신이며, 특히 조계에서 그러하다. 식민지가 되었기에 스스로를 무력하게 바라보게 되고, 다른 이에게 세계에 선전해 주기를 부탁할 수밖에 없으며 비위를 맞출 수밖에 없는 것이다. 그러나 또한 자신을 "4,000여 년의 역사문화 훈련을 가지고 있는" 것으로 여기기 때문에, 다른 이에게 부탁하여 세계에 선전하도록 할 수 있는 것이다. 그러니 여전히 자만하는 것이라 할 수 있다. 자만과 아첨은 서로 결탁하여 있는 것이다. 이것은 아직 몰락하지 않은 고국(古國) 인민정신의 특색이다.[20]

18 같은 글, pp. 30~31.
19 "Dianying gonghui zhi Fan Pengke han"(Letter to Douglas Fairbanks by the Shanghai Film Union), in *Shen bao*(Shanghai News), December 19, 1929, 15면.
20 Lu Xun, "Yizhe fuji", p. 33. [魯迅, 「譯者附記」, 33쪽.]

사유의 영화

루쉰의 번역은 상하이 영화 감독들과 비평가들이 이와사키 아키라의 영화비평 용어를 적용하는 동시에 재구성하는 데 영향을 주었다. 예를 들어, 1932년 시나리오 작가 선시링(沈西笭, 1904~1940)은 잡지 『영화예술(電影藝術)』에 「중국영화의 위기와 새로운 길」을 게재했다. 여기에서 신서링은 다음과 같이 논하였다.

> 예술이 인간 감정, 이성과 의지의 진상(眞相)을 표현하는 도구라면, 그것은 사회적 조건(즉 사회의 위험과 안전)과 사람들의 감정(즉 그들의 슬픔과 행복)이 가지는 진실이 스스로를 사실적으로 드러내 보이는 과정을 통해 구체화되어야 한다. (…) 하지만 예술은 또한 단순히 사회를 비추는 거울이 아니다. 우리 사회에서 생산성이 증가하고 객관적인 정치의식이 스스로의 족쇄가 될 때, 새로운 사회력이 부상함을 우리는 명백하게 확인할 수 있다. 사회의 발전 과정에서 나타나는 이러한 종류의 내적 변증법은 우리의 문화운동에도 반드시 반영되어야 한다. 문화운동이 부상하는 시기에 이러한 새로운 사회력은 그것의 변증법적 교환을 통하여 긍정적 사회변화를 필연적으로 촉발시킨다. (…) [그러므로] 예술은 고유한 사회적 임무와 의식을 지녀야 하며, 이는 영화 역시 마찬가지다.[21]

신서링은, 영화평론가이자 시나리오 작가 무스잉(穆時英, 1912~1940)이 관찰한 것과 같이, 모든 영화가 의식을 가지고 있고, 스스로의 의식을 자각하고 있는 영화는 그것이 다루는 진실에 영향을 미치는 사

[참고로 루쉰의 번역문은 아래와 같다.]
這正是被壓服的古國人民的精神, 尤其是在租界上. 因爲被壓服了, 所以自視無力, 只好托人向世界去宣傳, 而不免有些詔; 但又因爲自以爲是「經過四千余年歷史文化訓練」的, 還可以托人向世界去宣傳, 所以仍然有些驕. 驕和詔相糾結的, 是沒落的古國人民的精神的特色.

21 Shen Xiling, "Zhongguo dianying zhi weiji yu xin lujing"(The crisis and new path of Chinese cinema), *Dianying yishu*(Film art) 1, no. 1(1932), pp. 1~2.

회적 관계들을 명확하게 만든다고 설명한다. 다른 한편으로, 스스로의 의식을 자각하지 못하는 영화는 총체성과 직접성처럼 보이는 부르주아적 세계관을 꾸며내는 역사적 과정을 감춤으로써 영화적 이미지와 현실 사이의 복잡한 차이를 은폐한다. 이런 점에서, 영화는 보고, 냄새를 맡고, 느끼고, 사고하고, 행동한다. 다시 말해, 그것은 고유한 의식을 관객의 신체에 보충물로 접목해 능동적 행위성을 발휘하는 것이다.[22]

최근, 자크 오몽(Jacques Aumont)의 저서 『영화는 무엇을 생각하는가(À quoi pensent les films?)』가 발표되면서 영화가 사유한다는 생각을 영화학자들이 다시 다루기 시작했다. 사실 오몽의 논문은 영화와 사유는 프세볼로트 푸돕킨(Vsevolod Pudovkin, 1893~1953)과 예이젠시테인의 영화이론으로 거슬러 올라갈 수 있다는 들뢰즈의 개념에 기초하고 있다. 그럼에도 들뢰즈는 푸돕킨의 사유의 영화가 한계를 지니고 있다고 보았다. 푸돕킨은 그저 영화가 어떻게 감각적인 충격을 생산함으로써 사유를 촉발시키는지에만 관심을 가졌다는 것이다. 반면 예이젠시테인은 (단순히 영화가 재현하는 것만이 아니라, 어떻게 이미지가 생산되는가의 측면에서) "대립"이 "이미지의 폭력"의 원천이라는 것을 밝힘으로써 이 개념을 더욱 발전시킨다.[23]

들뢰즈는 이 개념을 더욱 밀어붙여서 운동-이미지(공간적으로 펼쳐지는 운동으로서 시간을 간접적으로 재현하는 이미지의 형태로, 차례대로 시간의 척도로 감각되고 지각된다)에서 영화 이미지 즉 의식으로서의 영화 전체는 **"오직 사유될 수 있는"** 혹은 **"전체"**로 개념화될 수 있다고 설명한다.[24] 하지만 예이젠시테인이 제시한 운동-이미지는 운동과 움직임의

---

22 Mu Shiying, "Dangjin dianying piping jiantao(yingping)"(Contemporary film criticisms: a reevaluation(film criticism)), *Furen huabao*(Women pictorial), no. 31(August 1935), p. 7. [穆時英, 「當今電影批評檢討」, 『婦人畫報』(1935年 8月), 7쪽.]

23 Gilles Deleuze, *Cinema 2: The Time-Image*(1985), trans. Hugh Tomlinson and Robert Galeta, p. 158.

24 같은 책, p. 163

부분들이 논리적인 인과관계에 속에서 유출되는 것이 아니라, "'두뇌 피질 전체'에 대한 이미지의 역동적인 효과로서 종합적으로" 유출된다. 다시 말해, 운동-이미지의 이러한 부분들은 이미지-의식으로 여겨지는 것들을 쌓아올리는 것이 아니라 "변증법의 법칙에 따라 거대한 나선구조로 구성된다." 음악의 청자가 화음의 배열을 감각하고 그것에 자극을 받으면서도 그것들이 종합적으로 구축하는 음율만을 지각할 수 있는 것처럼, 각각의 부분들은 감각적인 "주조음"을 동반하는 일련의 "화성적 배음들"을 생산한다. 따라서 충격은 단순히 이미지의 차이를 순간적으로 경험하는 것이 아니다. 그보다는 관객의 "총체적으로 생리학적인 감각"에 영향을 미치는 "신경의 진동"을 보내는 일련의 "초-감각적 관계들"이라고 할 수 있다. "사유, 영화적인 나는 **생각한다**, 즉 주체로서의 전체가 태어나도록 하는" 것은 이 두뇌 피질에 작용하는 화성적 배음들 전체다. (영화 이미지의) 감각적 신체가 "나는 본다, 듣는다" 대신 "나는 **느낀다**"라고 분명하게 말할 수 있도록 하는 것은 이 두뇌 피질에서 기인한다. 들뢰즈가 말하듯이, 신체는 이미지와 사유 사이에 방해물이 아니라 사유를 담아내는 필수적인 용기로서 개입한다.[25]

결론

이상의 비교는 단순히 1930년대 상하이 영화비평가들이 들뢰즈보다 앞서 있었음을 보여주고자 하는 것이 아니다. 그보다는 의식에 대해 몰두한 마르크스주의자들의 논의가 예이젠시테인과 푸돕킨, 상하이 영화비평가들과 소비에트 이론가들, 들뢰즈와 신체로서의 영화가 사유할 수 있으며 정치적 사고를 만들어 낼 수 있다고 믿은 마르크시스트 영화이론가들 사이의 공명을 생산해냄을 보여주고자 했다. 상하이 영화비

25　같은 책, p. 158.

평은 우리가 영화적 이미지의 역치성(liminality)에 관한 불명확한 문제를 좀 더 생각할 수 있도록 해준다. 즉 상하이 지식인들은 영화적 이미지를 초-기호 의식(意識いしき/consciousness)이 예시하는 복잡하고 난해한 의미론적 영역을 통해 협상되는, 자각과 의식 사이의 중간적 상태로 이해했다. 나는 이 개념이 1930년대 상하이의 마르크시스트 영화비평과 들뢰즈의 영화-사유 개념을 새롭게 비교할 수 있는 기회를 제공한다고 생각한다. 『시네마 2』에서 들뢰즈는 영화적 이미지를 앙리 베르그송의 감각-운동 도식 혹은 매개-이미지(mediating image)와 비교한다. 그것은 과거의 유사한 감각에 대한 신체의 감각-운동 기억으로부터 길어낸 이미지로, 일련의 외부적 자극과 그것들을 생산하는 대상과 연관된다. 따라서 그것은 "볼 수 있다는 점에서 물질에 가까우며, 더 이상 만질 수 없다는 점에서 마음에 가까운 이미지"로 이해할 수 있다[26]라고 이해할 수 있다. 데이비드 로드윅이 설명하듯이, "들뢰즈는 베르그송의 정의가 영화적 이미지를 정확하게 기술하고 있다"라고 보았다. 그것만이 아니라, 베르그송은 이러한 감각-운동 도식이 종합을 통하여 인간의 지각을 재생산한다고 논했다. 그것은 "대상과 동일하거나 유사하게 그 윤곽들을 따르는 이미지를 능동적으로 창조하여 외적으로 투사하는" 일종의 "주의적 지각(attentive perception)"이다.[27] 다시 말해, 영화적 이미지는 기억의 재생산과 인간의 신체가 다가오는 현실을 자각하는 과정인 완전한 지각 사이에서 시간을 차지하고 있는 의식이라고 할 수 있다.

---

26 Henri Bergson, *The Creative Mind: An Introduction to Metaphysics*, trans. Ma-belle L. Adison(New York: Carol Publishing Group, 1992), p. 118, qtd. David Rodowick, *Gilles Deleuze's Time Machine*(1997; repr., Durham, NC: Duke University Press, 2003), p. 124.

27 David Rodowick, *Gilles Deleuze's Time Machine*, p. 124.

참고문헌

Iwasaki Akira, "Xiandai dianying yu youchan jieji"(Modern cinema and the bourgeoisie), trans. Lu Xun, *Mengya yuekan*(Seeding monthly) 1, no. 3, March 1930.

Aaron Gerow, *A Page of Madness: Cinema and Modernity in 1920s Japan*, Ann Arbor: Center for Japanese Studies, University of Michigan, 2008, pp. 100~101.

Aono Suekichi, "Shizen seichō to mokudeki ishiki"(Naturally generated and directed consciousness), pts. 1, 2, *Bungi sensen*(Frontline of art and literature), September 1926 and January 1927, no page.

Gilles Deleuze, *Cinema 2: The Time-Image*(1985), trans. Hugh Tomlinson and Robert Galeta, 1989; repr., Minneapolis: University of Minnesota Press, 2001.

Henri Bergson, *The Creative Mind: An Introduction to Metaphysics*, trans. Ma-belle L. Adison, New York: Carol Publishing Group, 1992, p. 118, qtd. David Rodowick, *Gilles Deleuze's Time Machine*, 1997; repr., Durham, NC: Duke University Press, 2003, p. 124.

Iwasaki Akira, *Eiga to shihon shugi*(Cinema and capitalism), Tokyo: Ōraisha, 1931.

Lydia H. Liu, *The Clash of Empire: The Invention of China in Modern World Making*, Cambridge, MA: Harvard University Press, 2004.

Marcus Nornes, *Japanese Documentary Film: The Meiji Era through Hiroshima*, Minneapolis: University of Minnesota Press, 2003, pp. 19~47, 125~130.

Mu Shiying, "Dangjin dianying piping jiantao(yingping)"(Contemporary film criticisms: a reevaluation(film criticism)), *Furen huabao* (Women pictorial), no. 31, August 1935, p. 7.

Shen Xiling, "Zhongguo dianying zhi weiji yu xin lujing"(The crisis and new path of Chinese cinema), *Dianying yishu*(Film art) 1, no. 1(1932), pp. 1~2.

Vladimir Lenin, *What Is to Be Done?*(1902), trans. Joe Fineberg and George Hanna, New York: The Lenin Internet Archive, 1999, pp. 16~31.

" Dianying gonghui zhi Fan Pengke han"(Letter to Douglas Fairbanks by the Shanghai Film Union), in *Shen bao*(Shanghai News), December 19, 1929, 15면.

프로키노 영사회에서 저항적 영화보기

정충실

1. 노동자 영화관람 연구의 의미

초기 영화사 시기 관객은 산만한 영화 구성, 열악한 상영 환경 등으로 인해 영화에 집중하지 않은 채 자유롭고 산만하게 행동할 수 있었다. 특히 비상설관의 상영/관람 환경은 상설영화관에 비해 더욱 열악했기 때문에, 이곳 관객은 상설영화관 관객보다 더욱 자유롭고 소란스럽게 행동할 가능성이 컸다. 이러한 관람 양상은 조용하고 동질적인 현재의 상업영화관에서의 관람 양상과는 큰 차이가 있는 것이다.

이 글은 초기 영화사 시기 비상설관에서의 상영/관람 양상 중에서도 일본의 프롤레타리아 영화 상영/제작 집단인 프로키노 영사회의 특별한 상영/관람 환경을 살펴보고, 이러한 상영/관람 환경으로 인해 관객은 영화를 현재의 일반적인 방식과는 다르게 수용했다는 것을 알아보려 한다. 이는 일본의 초기 영화사 시기 다양한 방식으로 폭넓게 존재했으나 상업영화나 상설영화관 연구에서는 별달리 언급되지 않은

* 이 글은 「프로키노 영사회 관람공간의 성격과 〈연돌실 페로(煙突室ペロー)〉」(『대중서사연구』 29, 대중서사학회, 2013. 6)와 「프로키노 영사회에서 영화 상영과 관객의 관람 양상」('2014 트랜스: 아시아영상문화연구소 국제학술심포지엄: 세계 속의 한국영화', 한국예술종합학교 영상원 부설 트랜스: 아시아영상문화연구소)을 수정·보완한 것이다.

비상설관에서의 상영/관람 양상에 대한 설명을 시도한다는 점에서 의미가 있다 하겠다. 프로키노 영사회에서 상영 주체 및 제작자와 관객은 같은 노동자계급으로 연결되어 있고 관객은 같은 공장의 노동자·조합원으로만 구성되는 경우가 많았기 때문에 관람 양상의 분석을 통해 당시 일본의 노동자 문화, 그들의 저항의 문제를 알 수 있다는 점에서도 의미가 있다.

프로키노에 관한 기존의 연구는 프로키노 멤버와 그들의 활동에 대한 분석이 대부분이다. 대표적 연구로서 당시 프로키노 멤버였던 나미키 신사쿠가 쓴『일본프롤레타리아영화동맹 전사』는 멤버의 영사 활동을 중심으로 서술한 프로키노 통사 연구라는 점에서 큰 의미가 있다.[1] 그러나 이 연구는 프로키노 멤버의 활동이 중점적 대상이기 때문에 프로키노 영사회장의 관객, 그들의 관람 양상에 관해서는 상세한 설명을 하지 않는다는 점에서 한계가 있다. 프로키노 영사회에서 상영된 필름이 별달리 남아 있지 않고, 남아 있다고 하더라도 관람이 최근까지 어려웠으며, 프로키노에 관한 문헌 자료도 풍부하게 남아 있지 않기 때문에, 이후 후속 연구가 활발하게 행해지고 있다고는 보기 어렵다. 그럼에도 최근에는 프로키노에 관한 연구가 약간이나마 발표되었는데, 그 연구들은 프로키노 멤버의 활동을 서술하는 것이 아니라, 프로키노가 제작한 한 영화가 검열이나 일부 소실 등에 의해 다양한 버전으로 존재할 수 있었던 것의 의미를 밝히고 프로키노 영사회에서 상영된 영화를 분석하는 등 연구의 범위를 확장했다는 점에서 의미가 있다.[2] 그러나 이들 연구 역시 이 글이 관심을 갖고 있는 관객, 관람 양상 등의 문제에 관해서는 특별한 설명을 하고 있지는 않다.

---

1 並木晋作,『日本プロレタリア映画同盟(プロキノ)全史』(東京: 合同出版, 1986).
2 雨宮幸明,「プロキノ映画〈山宣渡政労農葬〉フィルムヴァリエーションに関する考察」,『立命館言語文化研究』22-3(京都: 立命館大學校, 2011); 禧美智章,「影繪アニメーション〈煙突屋ペロー〉とプロキノ: 1930年代の自主制作アニメーションの一考察」,『立命館言語文化研究』22-3(京都: 立命館大學校, 2011).

이후에서는 지금까지의 선행 연구들을 참고하면서 프로키노의 상영 활동에 관해 간략히 살펴보고 영사회의 구체적인 관람 환경, 관객의 관람 양상을 설명할 것이다. 프로키노 영사회에서 상영된 〈연돌옥 페로〉를 분석하고 관객이 이 영화를 특정 방식으로 해석할 수 있었던 이유를 프로키노 영사회의 특별한 관람 환경, 관람 양상에서 찾으려 한다.

2. 프로키노의 활동

프로키노(プロキノ, 일본프롤레타리아영화동맹日本プロレタリア映畵同盟)는 1920년대 말에 시작해 1934년 일본 당국의 탄압에 의해 활동을 중지한 프롤레타리아 영화 제작/상영 집단이다. 프로키노는 영화를 프롤레타리아 사상을 예술적으로 표현하는 수단 혹은 무산계급 운동의 무기로 명명한 것에서,[3] 프롤레타리아의 입장에 입각하여 프로키노의 사상을 전하고 노동자를 이에 맞추어 교화할 목적으로 영사회를 개최했음을 알 수 있다. 프로키노는 영화를 소설·음악·연극과는 구분되는 아주 효과적인 선전 수단이라고 생각하는 경우가 많았다. 당시 교육영화 상영회에서도 다른 예술 분야나 매체보다 영화를 효과적인 선전 수단이라 인식했는데, 이는 영화가 다른 예술이나 매체보다 작품 속 상영 주체가 의도한 내용을 관객이 실제적·중립적으로 여기게 하여 이를 관객에게 효과적으로 주입할 수 있다고 보았기 때문이다.[4] 프로키노 역시 이러한 이유에서 영화를 효과적인 선전 수단이라 여겼을 것이다.

당시 프로키노는 활동 방침을 명확히 했는데, 활동 방침 1은 프롤레타리아 영화를 공장, 농촌으로. 2는 프로키노 조직의 확대 강화. 3은 프롤레타리아 영화의 일상적 제작과 상영 조직의 확립. 4는 프롤레타리

---

3 岩崎昶, 「プロキノの時代」, 『文化評論』 8 (東京 : 新日本出版社, 1962), 73쪽; 「座談会 : プロキノの活動」, 『現代と思想』 19 (東京 : 青木書店, 1975), 96쪽.
4 全日本映画教育研究会, 『映画教育講座』(東京 : 四海書房, 1943), 132~146, 172쪽.

아 영화 상영의 자유 획득이었다.[5] 활동 방침 4의 실현은 프로키노보다는 경찰 당국에 의해 결정되는 것이어서 프로키노가 이에 관해 취할 수 있는 방안이 별달리 없었지만 방침 1, 2, 3을 실행하기 위해 프로키노는 구체적 방안을 세워 노력했다.

방침 1을 실행하기 위해 프로키노는 특정의 영화관에서 상설적으로 영화를 상영한 것이 아니고 이동 영사 형식을 취해, 각지의 주민단체, 노동조합, 농민조합 등과 연합하여 공장단지, 농촌 지역에서 영사회를 개최했다.[6] 1932년에는 1월에서 7월에 걸쳐 도쿄(東京)에서 93회, 교토(京都)에서 5회, 오사카(大阪)에서 30회, 고베(神戸)에서 18회, 오카야마(岡山)에서 6회, 니가타(新潟)에서 2회, 야마가타(山形)에서 4회, 규슈(九州)에서 14회, 미야기(宮城)에서 4회, 홋카이도(北海道)에서 3회, 아오모리(青森)에서 3회, 후쿠이(福井)에서 5회가 각각 상영되어 짧은 동안임에도 영사회가 전국적으로 자주 개최되었음을 알 수 있다.[7] 이것은 경찰에서 허가된 공식적 영사회의 기록으로 이외에도 경찰 몰래 비공식적으로 영사회가 개최되기도 했기 때문에 영사회는 이보다 더욱 자주 개최되었을 것이다.[8]

영사회에서 상영된 영화는 외부에서 제작한 것도 있지만 방침 3을 실행하기 위해 상영된 상당수의 영화는 프로키노가 직접 제작한 것이었다. 프로키노는 1930년 가을에는 도쿄에 제작소를 설립하기도 했다.[9] 그러나 자금, 설비, 전문 인력이 부족해서 제작 환경은 아주 열악했다. 음악, 조명, 미술 등의 전문 설비와 전문 인력이 별도로 있을 리 만무했

5   日本プロレタリア映画同盟, 「1930年代プロキノ活動方針」, 『プロレタリア映画』 創刊号(東京: 新鋭社, 1930), 102쪽.
6   北川鉄夫, 『映画鑑賞読本』(京都: 法律文化社, 1955), 113쪽.
7   プロキノ中央執行委員会, 「プロキノ活動報告」, 『プロキノ』 六-七月(東京: 日本プロレタリア映画同盟出版部, 1932), 55~56쪽.
8   「座談会: プロキノの活動」, 93쪽.
9   並木晋作, 「プロレタリア映画の先達たち」, 『昭和初期左翼映画雑誌別巻(戦期復刻版刊行会編)』(東京: 文生書院, 1981), 64쪽.

고 한 사람이 촬영한 후 별다른 후반 작업 없이 영화로 완성하는 경우가 많았다.[10] 촬영 기간도 짧았으며 미리 정확한 촬영 일시를 정해 계획에 따라 영화를 찍지 않고 영사회 당일 상영장 주변의 농민과 노동자의 모습을 즉흥적으로 촬영하는 경우도 많았다. 이와 같은 열악한 상황으로 인해 영화의 완성도는 낮았으며 주로 극영화가 아닌 단순한 구성의 무성 기록영화만이 제작될 수밖에 없었다. 이러한 제작 영화에 대해 프로키노조차도 예술적 가치는 별달리 없는 소품에 불과할 뿐이라고 생각할 정도였다.[11]

방침 2와 3에 해당하는 배급/상영 조직의 건설을 위해 프로키노는 각 지역에 지부를 설치하려 노력했다. 그러나 지부는 교토 등의 일부 지역에만 설립되어서 전국적 배급망/상영망은 완성되지 않고 영사회의 개최나 영화 제작은 도쿄 프로키노의 주도에 의해 행해지는 경우가 많았다. 프로키노가 성공적이지는 못했지만 전국적 조직 건설에 노력한 이유는 당시 정부, 정부와 결탁한 신문사에 의한 교육영화 상영이 큰 성공을 거두어 위기감을 느낀 것에도 중요한 이유가 있었다.[12] 프로키노는 이와 같은 교육영화 상영을 지배계급의 반동·선전 운동으로 비난하였는데, 프로키노도 전국적 배급망/상영망을 조직해 정부·신문사 등의 지배계급과 싸워 노동자·농민을 그쪽으로 빼앗기지 않기 위해 노력한 것이다.[13]

---

10 北川鉄夫,「部落問題の内外」,『部落問題と文芸』5(京都: 部落問題文芸作品研究会, 1992), 41쪽.

11 並木晋作,『日本プロレタリア映画同盟(プロキノ)全史』, 204쪽; 河野芳郎,「プロキノの中の青春―私にとっての陰と陽」,『昭和初期左翼映画雑誌別巻(戦期復刻版刊行会編)』(東京: 文生書院, 1981), 50쪽.

12 일본 교육영화 상영의 상황에 관해서는 정충실,「1920~30년대 일본에서의 교육영화 상영·관람」,『문학과영상』13-2(문학과영상학회, 2012)을 참고.

13 佐々元十,「実写映画の階級性」,『新興映画』九月(東京: 新興映画社, 1929), 28쪽;「町から町へ」,『新興映画』十月(東京: 新興映画社, 1929), 48쪽.

3. 프로키노 영사회의 관람 환경

　프로키노는 영화관 이외의 장소 예를 들면 개인 가옥, 사원 경내, 공터, 학교 운동장 등 야외에서 영사회를 개최하기도 했다. 따라서 소음, 추위와 더위, 빛 등에 방해를 받아 프로키노 영사회의 관객들은 영화관의 관객들과 달리 영화에만 집중하기 어려웠다. 객석 또한 영화관처럼 독립된 1인 좌석이 아니어서 바닥에 앉거나 서서 영화를 보는 경우가 많고 자유롭게 배회하거나 주위의 사람과 대화를 나누며 영화를 관람하기도 했을 것이다. 독립된 좌석이 없었던 만큼 영사회장에는 정원의 개념도 없었다. 따라서 무제한적으로 입장해서 관객이 많을 때에는 스크린 뒤에서 영화를 관람하는 경우까지 있었다.[14] 이렇게 방해 요소가 많으며 자유롭게 이동할 수 있고 여타 관객과 단절되지 않고 접촉할 수 있는 공간에서 관객의 시선이나 감각은 영화로만 향하지 않았을 것임은 쉽게 추측할 수 있다.

　영사회에서 한 영화만 상영된 것은 아니었다. 도쿄에서 개최된 메이데이 기념 영사회의 팸플릿을 보면 프로키노 뉴스영화 상영 후 차례로 극영화, 애니메이션이 상영되고 잠깐의 휴식 이후 음악 연주 시간이 있고 다시 기록영화가 상영되었음을 확인할 수 있다. 도쿄의 다른 프로키노 영사회에서는 기록영화 5편이 연속으로 상영되고 15분의 휴식 후 기록영화 2편이 상영되었다. 내용이 다른 영화가 여럿 상영될 때 관객은 지속적으로 영화에 집중하기가 어려웠을 것이다. 더욱이 영화만이 아니라 음악 연주 시간이 있었음을 통해 상영장은 단지 영화 감상 공간만이 아니라 음악 감상 공간이 되었다는 점도 관객의 주의가 영화 이외의 것으로 분산되게 하는 요인이었다.

　프로키노는 충분한 자금을 갖지 못했기 때문에 제작 환경뿐 아니

14　山田三吉·高邁吉, 「新潟の農村から」, 『プロレタリア映画』 一月(東京: 新鋭社, 1931), 70~74쪽.

라 영사 설비 역시 열악할 수밖에 없었다. 니가타의 영사회에서는 스크린이 없어 현장에서 대충 스크린 대용의 것을 제조한 경우도 있었다고 한다.[15] 영화 상영용으로 특별히 제작된 스크린이 아닌 급조한 스크린의 대용에 영사된 영상이 제대로 된 것이 아님을 쉽게 추측할 수 있다. 또한 영화 상영 지역의 전력 사정이 좋지 않아 영화 상영에 문제가 발생하는 경우도 많았다.[16]

이상에서처럼 프로키노 영사회의 상영 환경이 열악하고 제작된 영화 역시도 불완전해서 관객이 영화를 제대로 감상하기 어려웠기 때문에, 프로키노는 영화 상영 시 관객의 영화 이해를 돕는 설명자를 고안해냈다. 설명자는 영화나 상영 시설의 부족 부분을 보완해 프로키노가 말하려는 바를 명확하게 관객에게 전달하는 역할을 담당했다. 그러나 경찰은 영사회에서의 설명이 관객을 선동할 수 있다고 생각해 설명을 금지한 경우가 상당히 많았다.[17] 설명마저 없는 상황에서 관객은 상영되고 있는 영화의 의도를 전체 맥락 속에서 이해하지 못하는 경우가 많았을 것이다. 프로키노는 관객의 영화 이해도를 높이고, 프로키노의 생각을 더욱 효과적으로 전달하기 위해 설명자를 고안했지만 경찰의 방해에 의해 이것마저도 실행하기 어려웠던 것이다.

영사회에서 상영되는 영화는 무성영화였고 이는 영화 몰입 측면에서 유성영화보다 불리한 면이 있어, 프로키노는 반주도 시도했다. 그러나 반주는 하모니카 연주 같은 개인 연주와 레코드를 재생하는 정도였다.[18] 반주를 둔 의도는 영화에 맞는 분위기를 조성해 관객의 영화 몰입을 돕기 위한 것이었겠지만 당시 상업영화관의 오케스트라와 같은 전문

---

15 같은 글, 72~73쪽; 池谷吉三, 「プロキノを育てやう」, 『プロレタリア映画』 一月(東京: 新鋭社, 1931), 36쪽.
16 志野藤三, 「山形の雪を蹴って」, 『プロレタリア映画』 二月(東京: 新鋭社, 1931), 67쪽; 日本プロレタリア映画同盟, 「特別付録地方公開の手引」, 『プロレタリア映画』 三月(東京: 新鋭社, 1931), 13쪽.
17 志野藤三, 「山形の雪を蹴って」, 67쪽.
18 村川新, 「伴奏レコードはドイツから」, 『昭和初期左翼映画雑誌別巻(戦期復刻版刊行会編)』(東京: 文生書院, 1981), 73쪽.

성과 웅장함이 프로키노 반주에는 전혀 없어서 반주를 통해 분위기를 잘 조성하고 관객을 영화에 몰입시키는 것은 기대하기 어려웠을 것이다. 오히려 관객은 눈앞에서 행해지는 하모니카 연주에 시선을 빼앗겨 영화는 전혀 관람하지 않고 반주에 맞추어 합창만 한 경우도 많았다.[19] 도쿄 쓰키지(築地)소극장의 영사회에서는 레코드 연주가 준비되었는데 음악이 영화와 관계 없는 독일 혁명가여서 영화와 음악이 부조화되고 관객은 외국어 가사를 이해하지 못해 불편함을 느꼈다고 한다.[20]

영화 상영이 도중에 중지되는 일도 빈번했는데, 이 역시 관객의 영화 몰입을 방해하는 요소였다. 영화 상영이 중지된 이유는 열악한 상영 장비 문제 이외에도 갑작스러운 경찰의 상영 중지 명령에 의해서인 경우가 많았다. 프로키노는 영사회를 경찰 방해와의 싸움의 과정이라고 표현할 정도로 영사회에서 경찰에 의한 상영 중지 명령이 잦았다.[21] 보통은 1회 상영 중지 이후 프로키노의 교섭에 의해 상영이 재개되는 경우가 많았지만 니가타의 영사회에서는 상영 몇 시간 동안 2회나 상영이 중지되기도 했다.[22] 이러한 상황에서 관객은 영화로의 집중의 리듬을 잃고 상영이 중지되기 전에 보았던 영화의 내용을 잊어버려 영화를 전체적으로 이해하기 어려울 수밖에 없다.

관객이 영화만을 주시하고 자신의 감각을 영화에만 집중하기 위해서는 관객으로 하여금 영화가 발하는 시각·청각 정보만을 받아들일 수 있게 하는 조건이 필요하다. 1920년대 후반, 1930년대 초반 일본에서는 이미 토키가 도입되고 도시를 중심으로 최신 시설의 영화관이 건설되어 그러한 조건이 구비되어갔다. 1인 좌석이 갖추어졌고 발성 장치는 최

---

19 並木晋作,『日本プロレタリア映画同盟(プロキノ)全史』, 96쪽.

20 山田三吉·高邁吉,「新潟の農村から」, 74쪽.

21 이에 관해서는 정충실,「1920~30년대 도쿄 영화관과 영화문화: 아사쿠사(淺草)와 니시긴자(西銀座) 영화가(街)를 중심으로」,『인문논총』 71-2(서울대학교 인문학연구원, 2014)를 참고.

22 並木晋作,『日本プロレタリア映画同盟(プロキノ)全史』, 87쪽.

신식이었다. 건물은 철골 콘크리트 구조로 내부 기둥을 없애 관객이 어떠한 시각적 방해 없이 편안하게 영화를 보게 했다. 이전, 관객의 영화 관람을 방해하는 요소였던 변사·상인·안내인을 상영 공간에서 퇴장시키기도 했다.[23] 그러나 이와는 달리 프로키노의 영사회장에서는 소음과 빛, 영화의 분위기와 맞지 않는 반주 등 영화 텍스트가 발하는 시각·청각 정보 이외의 다양한 감각 정보들이 발산되었다. 게다가 영화는 연속적으로조차 상영되지 않았다. 자신의 감각을 영화에만 집중할 수 없는 이러한 공간에서 관객은 자유롭게 영화 감상 이외의 다양한 행동을 할 수 있었다.

4. 프로키노 영사회 관객의 관람 양상

이상에서 살펴보았듯, 프로키노 영사회의 관람 환경은 관객이 집중해 영화를 감상하게 하는 것이 아니라 관객의 감각을 영화 이외의 것에 분산시키는 것이었다. 이러한 환경에서 관객은 혼란을 느끼기보다는 오히려 상황을 즐기면서 특별한 방식으로 영화를 관람했다. 곧 살펴보겠지만, 관객은 관람 공간의 어둠 속에서 스크린만을 주시하지 않은 채 자유롭게 자신의 감정을 표현하고 이를 주위의 관객과 교류할 수 있었다. 더욱이 프로키노 영사회의 관객 대부분은 같은 공장의 노동자, 같은 마을의 농민, 같은 노조원 등으로 강한 연대 속에서 결속되어 있어서 서로의 감정을 더욱 쉽게 교류하고 공유할 수 있었다.

프로키노 영사회에서 관객은 보통 소란스럽게 소리를 지르고 대화를 나누면서 영화를 관람했다. 도쿄에서 개최된 '제1회 프롤레타리아의 밤' 영사회에서는 영사 내내 관객 사이에서 말소리가 끊이지 않을 정도였다고 한다. 그뿐만 아니라 상영장은 관객의 환호와 분노로 끓어넘쳤

---

23 奥田久介, 「水元村特込記」, 『プロレタリア映画』 九月(東京: 新鋭社, 1930), 37쪽.

고 때로는 반주를 위한 레코드음악에 맞추어 관객 전부가 하나 되어 노래를 부르고 발 구르기를 했다고 한다. 영화가 끝난 후에는 모두가 '앵콜'을 외쳐 영사회의 연장을 요구하기도 했다.[24] 도쿄의 한 외곽 지역에서 열린 영사회에서 관객은 반전(反戰) 포스터 아래에서 아이들이 만세를 외치는 영화 속 한 장면을 보면서 일제히 만세를 외치기도 했다. 집회 장면에는 관객 모두가 환호를 지르기도 했다.[25] 도쿄의 다른 영사회에서도, 한 여성 관객이 격한 노동을 하고 있는 영화 속 여성 노동자가 자신인 양 흥분해 그 감정을 큰 소리로 주위 사람들과 공유했다.[26] 여성 노동자의 집회 현장에서 개최된 영사회에서도 관객이 영화 속 여성 노동자의 모습에 환호와 박수를 일제히 보내기도 했다.[27] 한 관객은 그다지 의미가 없어 보이는 아이들의 전쟁놀이 장면을 보면서 "이후에 노동 투사가 되겠네"라고 말하자 주위 관객은 공감을 표하기도 했다고 한다.[28] 관객은 영화의 전체적인 맥락에서가 아니라 일부 장면에 즉각적으로 반응하여 그것을 자신의 상황과 연결해 이해하고 그에 대한 감정을 거리낌 없이 주위의 다른 관객들과 외침, 잡담, 농담, 박수, 만세 합창 등의 형태로 공유한 것이다

관객이 영화 장면에 대한 의견 표시를 넘어 프로키노 멤버를 대신해 어떠한 약속도 없는 상태에서 갑자기 영화를 설명하는 경우도 있었다.[29] 다른 관객으로부터의 반대 없이 돌발적으로 영화 설명에 나설 수 있었던 것을 통해 프로키노 관람 공간의 자유로운 분위기, 영화로의 조용한 주시가 최우선은 아닌 관람 공간의 성격을 알 수 있다. 프로키노라고 하는 상영 주체가 존재하고 있음에도 관객에 의한 해설이 가능했다

24 高週吉, 「羊モス二千の女工さんへ」, 『プロレタリア映画』 十一・十二合併号(東京: 新鋭社, 1930), 42~43쪽
25 志野勝三, 「土浦労働組合の発会式」, 『プロレタリア映画』 十一・十二合併号(東京: 新鋭社, 1930), 49쪽
26 「チンドン屋を勤めた巡回隊」, 『映画クラブ』 1932. 1. 1, 2면
27 志野勝三, 「山形の雪を蹴って」, 『プロレタリア映画』 十一・十二合併号, 66~67쪽
28 高週吉, 「羊モス二千の女工さんへ」, 43쪽.
29 「京都では如何に争はれて来たか」, 『プロレタリア映画』 創刊号(東京: 新鋭社, 1930), 58쪽

는 점을 통해서는 프로키노 영사회에서 상영 주체와 관객은 평등하고 그 경계도 명확하지 않았던 것을 알 수가 있다.

　자유롭게 행동하고 감정을 공유하는 것을 넘어 저항의 형태로 감정을 폭발시키는 일도 많았다. 실제 메이데이 집회를 촬영한 〈메이데이〉라는 기록영화가 상영될 때에는 관객 전부가 일제히 〈메이데이의 노래〉를 합창한 것이 대표적이다. 합창을 통해 저항감을 표출할 수 있었던 것은 관람 공간의 자유로운 분위기 이외에도 관객 사이에는 노동자로서의 강한 연대가 있어 〈메이데이의 노래〉에 의미를 부여하고 그 의미를 공유하는 것이 가능했기 때문이다. 1930년 12월, 야마가타(山形)의 영사회는 전국농민회 청년부의 창립에 맞춰 개최되었다. 역시 〈메이데이〉의 상영 시에는 하모니카 연주에 맞추어 관객은 〈메이데이의 노래〉를 합창했는데, 이때 관객은 전부 젊은 조합원으로서 긴밀한 연대로 강하게 결속되어 있었다.[30] 한 공업단지에서 열린 영사회에서도 관객인 여공들이 영화 〈메이데이〉에 등장하는 노동지도자에 환호를 보내고 어떠한 약속도 없는 상황에서 〈메이데이의 노래〉를 합창했다.[31] 교토의 영사회에서는 집회 도중의 노동자 일부가 영사회장에 입장해 영화를 관람하면서 일제히 〈메이데이의 노래〉를 합창했는데, 이 때문에 경찰은 폐회 직후 프로키노 멤버를 체포한 일도 있었다.[32] 체포까지 할 정도였음을 통해 합창의 위세가 경찰에게 상당히 위협적이었음을 알 수 있다. 영사회장에 집합한 노동자들의 〈메이데이의 노래〉 합창은 경찰이나 자본가에게 노동자의 저항감과 그 감정의 공유를 청각화·시각화했다는 점에서 강력한 저항의 수단이었다.

　영화를 관람하면서 관객은 〈인터내셔널가〉를 휘파람으로 불기도

30　같은 곳.
31　北川鉄夫, 『映画鑑賞読本』, 111쪽.
32　武田昌夫, 「プロキノ京都支部の私的報告」, 『昭和初期左翼映画雑誌別巻(戦期復刻版刊行会編)』(東京: 文生書院, 1981), 58쪽.

했다.[33] 휘파람은 육성이 아닌 만큼, 많은 사람이 뒤섞여 있는 관람 공간에서는 휘파람을 불고 있는 사람의 신원이 노출되지 않는다는 점에서 안정적인 저항 수단이라 할 수 있다. 그러면서도 휘파람 소리는 날카롭게 장내에 퍼져, 집합한 노동자의 마음을 파고들기 때문에 효과적인 저항 수단이라 할 수 있다.

저항이 합창이나 휘파람 불기에 머물지 않고 직접적 시위로까지 연결되는 경우도 있었다. 요미우리(読売) 강당에서 개최된 영사회에서 관객은 영화 관람 후 긴자 거리로 몰려나가 어깨동무를 하고 구호를 외치면서 시위행진을 벌이기도 했다.[34] 다른 영사회에서는 경찰의 과도한 간섭과 고압적 태도로 인해 영화 상영 중에 '경관 폭거'를 외치면서 집단 행동을 한 일도 있었다. 시위는 합창이나 휘파람 불기와는 달리 저항의 감정이 구호의 형태로 명확화되기에 직접적인 저항 행위라고 할 수 있다. 한편 직접적 저항 행위인 만큼 쉽게 간파되고 적발된다고도 할 수 있다. 따라서 영사회에서 시위에 참가한 관객을 상대로 경찰은 벌금·구속 등의 처벌을 쉽게 행할 수 있었다.[35]

관람 공간에서 합창, 휘파람 불기, 시위 등의 저항 행위가 발생한 것은 프로키노 영사회 공간의 자유로운 성격과 관객 사이의 강한 연대이외에도 경찰의 영화 상영 금지, 간섭 등에 의해 관객이 자극된 것에도 큰 이유가 있다고 하겠다. 사전에 이미 경찰의 검열을 통과했음에도 불구하고, 어디에도 규정된 바 없는 지방 정부의 검열을 거치지 않았다던가, 단지 영사회를 개최하기에 상황이 나쁘다던가 하는 등의 모호하고 비합리적인 이유로 영사회 개최가 금지되는 경우가 많았다.[36] 영화 설명

33 日本プロレタリア映画同盟,「特別付録地方公開の手引」, 7쪽;「プロキノ映画―長野県訪問」,『映画クラブ』 1933. 1. 5, 2면
34 山田三吉,「プロキノ作品上映と検閲に就いて」,『プロレタリア映画』創刊号(東京: 新鋭社, 1930), 60~61쪽.
35 「フィルムを返せと観客六百押かく」,『映画クラブ』1932. 2. 1. 2면
36 別所品次,「プロレタリア映画の夕」,『プロレタリア映画』創刊号(東京: 新鋭社, 1930), 87쪽.

이나 반주, 합창을 금지하는 등의 간섭을 하기도 했다. 공산주의를 연상시킨다는 이유로 조명, 무대장식, 소도구 등에 붉은색을 금지시키기까지 했다.[37] 경찰의 명확한 이유가 없는 상영 금지와 과도한 간섭은 노동자의 저항감을 누그러뜨리기보다는, 영화 상영을 간절히 기다리고 있는 관객의 눈앞에서 적을 구체화·시각화하는 것인 만큼 관객의 저항을 부추기는 것이었다. 실제로 1931년 고베의 영사회에서 경찰은 상영장이 소란스럽다는 이유로 필름을 압수하고 영화 상영을 중지해버렸는데, 수백 관객이 경찰을 향해 필름을 돌려달라고 시위를 벌여 결국에는 경찰과 관객 사이 난투극이 발생하기도 했다.[38] 경찰의 이해할 수 없는 상영 중지 명령이나 과도한 간섭으로 인해, 관객은 실제로는 경찰에 의한 것이 아님에도 영화 속의 허술한 장면에 대해서 경찰의 검열 탓이라고 여겨 상영장에서 경찰에 대한 불평이나 욕설을 늘어놓는 일도 많았다.[39]

관객 사이 노동자로서 저항의 감정이 표현되고 공유되는 프로키노 영사회장은 식민지 조선으로부터 이주한 핍박받는 조선인 노동자와 일본인 노동자가 서로 연대하거나 조선인 노동자들이 자신들의 정체성을 강화할 수 있는 곳이기도 했다. 1930년 교토의 상영장에서는 조선인 노동자들이 조선을 상징하는 백의를 입고 단체 관람을 한 일이 있었다.[40] 백의를 입고 영화를 관람하면서 조선인 관객은 일체감을 느끼며 민족 정체성을 강화할 수 있었을 것이다. 일본인 관객들은 이러한 조선인 관객에 대해 불편함이나 거부감을 표하지 않고 그들을 환영해주었다고 한다. 당시 오사카 경찰은 상업영화관에서 조선인이 집합할 수 있다는 이유로, 검열을 통과했을 만큼 내용상에는 별다른 문제가 없는 조선영

37 山田三吉, 「プロキノ作品上映と檢閲に就いて」, 『プロレタリア映画』 創刊号(東京: 新鋭社, 1930), 60~61쪽.
38 「フイルムを返せと観客六百押かく」, 『映画クラブ』 1932. 2. 1, 2면
39 別所品次, 「プロレタリア映画の夕」, 『プロレタリア映画』 創刊号(東京: 新鋭社, 1930), 87쪽.
40 「京都では如何に争はれて来たか」, 『プロレタリア映画』 創刊号, 58쪽.

화의 상영을 금지한 일이 있었다.[41] 이 상영 금지 사례에 비추어 볼 때, 조선인이 전통 의상을 입고 집합하는 것은 프로키노 영사회처럼 일본인과 조선인이 노동자로서 연결되어 있지 않은 공간에서는 가능하지 않은 일임을 알 수 있다

　　조선인 노동자와 일본인 노동자가 섞여 영화를 관람한 것 이외에도 상영장이 조선인 노동자만으로 구성된 경우도 있었다. 1933년 쇼난(湘南)·이즈(伊豆) 지역에서는 조선인 토건 노동자 130~140명을 대상으로 영사회를 개최한 일이 있었다. 관객은 언어 문제 때문에 영화를 완전히 이해하지 못했다고는 하지만[42] 조선인들은 산만하고 자유로운 분위기 속에서 서로 안부를 묻고 조선어로 대화를 나누면서 향수를 달래는 것이 가능했을 것이다. 조선인을 대상으로 한 프로키노 영사회의 구체적인 모습은 아래 1930년 신주쿠에서의 영사회 기사를 통해서도 확인할 수 있다.

　　전부 조선인 동지들이다. 영화가 상영되는 방이 관객들로 가득 차 마당에까지 관객들이 넘쳐난다. 조선옷을 입은 부인들 5, 6명이 눈에 띈다. (…) [상영되는 영화 속의] 시전(市電) 종업원과 교통 노동자 저항의 모습. 일본어로 무슨 의미인지 잘 모르겠지만, [설명자의] 박력 있는 조선어가 이 영화를 설명하고 있다. (…) 정복을 입은 3명이 마당으로 들어온다. "영사 중지해. 중지하라고." 1분, 2분, 3분, 4분, 긴장이 연속되는 사이 관객도 정복도 미동조차 없다. (…) 전등이 켜진다. 긴장한 정복의 얼굴. [프로키노 관계자가] 급하게 "16mm영화로 내무성의 검열을 받았습니다. 돈 벌려고 하는 것도 아니고 신고를 따로 하지 않아도 괜찮다고 생각해서, 하하하." (…) 조선인 동지들도 합세해 정복과 교섭한 결과 영화에 대

41 『동아일보』, 1936. 7. 25.
42 神沢重史, 「湘南·伊豆地方巡回報告」, 『プロレタリア映画』 九月(東京: 新鋭社, 1933), 14쪽.

한 설명자를 두지 않고, 주최자 측에서 별도의 연설을 하지 않는 조건으로 영사를 계속할 수 있게 되었다. 〈아이들〉이 스크린에 영사되자 박수와 슬로건, 외침, 웃음소리로 떠들썩해진다. 이후 〈아이들〉에 대한 비판, 프롤레타리아로서의 요구, 의견이 제출되었다.[43]

이처럼 조선인은 영화를 한국어 해설로 들으면서 감상할 수 있었다. 좁은 영사회장에 너무 많은 사람이 들어차 있고 경찰의 방해 때문에 영화에만 오롯이 집중하기는 어려웠겠지만 박수를 치고 슬로건을 외치며 웃고 의견을 교환하면서 영화를 관람했다. 이를 통해 조선인 노동자들은 같은 민족으로서의 감정, 정서를 교환하고 공유할 수 있었다. 프로키노 멤버인 일본인 노동자들과 조선인 노동자들은 경찰에 공동으로 교섭하는 과정에서는 민족적 차이를 넘어 같은 적을 두고 노동자로서의 감정, 처지를 공유할 수도 있었을 것이다.

다른 영사회에서는 영화가 끝난 이후 관객인 조선인 노동자들이 영사 주체인 일본인 프로키노에 식사 대접을 하기도 했다. 이때 조선인 노동자들은 매운맛에 익숙하지 않은 일본인에게 김치를 억지로 먹이는 장난을 하는 등 원활하게 의사소통이 되지 않음에도 상영 주체와 관객, 일본인과 조선인은 친교를 쌓고 교류를 할 수 있었다.[44]

그러나 영사회에서 관찰되는 조선인 노동자와 일본인 노동자 사이의 연대를 일상적인 것으로 단정할 수는 없다. 프로키노 영사회장은 축제의 공간이어서 현실의 강고한 질서가 느슨해져, 타자들의 입장(入場), 타자와의 연대가 특별히 허용되었을 수 있기 때문이다. 상영장 외부에서 일본인 노동자와 조선인 노동자 사이 차별이 극심했음을 보여주는 사례는 프로키노 활동 시작으로부터 불과 수년 전에 발생한 간토(關東)

---

43 山田三吉, 「関東自由への特込」, 『プロレタリア映画』 十月(東京: 新鋭社, 1930), 65~68쪽.
44 並木晋作, 『日本プロレタリア映画同盟(プロキノ)全史』, 156쪽.

대지진 직후 조선인 학살을 들 수 있다. 요시미 순야(吉見俊哉)는 학살이 특히 심했던 곳은 무코지마(向島), 가메이도(亀戸), 오시마(大島), 아라카와(荒川) 등 도쿄 동부의 공단 지역으로, 주된 학살자는 일본인 하위 노동자 계층이라고 설명한다.[45] 이 지역은 프로키노 영사회가 자주 개최되었던 곳이기도 하다. 이 지역에서 일본인 노동자에 의한 조선인 노동자 학살이 발생했음은 영사회에서 일시적 연대가 존재했음에도 불구하고 일상에서 조선인 노동자는 철저히 타자화되고 차별받는 존재였음을 알 수 있게 한다. 미증유의 대지진이 계기가 되었다 하더라도 조선인 노동자에 대한 불안감과 차별이 일상화되어 있지 않았다면 그러한 대규모의 학살은 발생할 수 없을 것이기 때문이다. 한편 일상적으로 조선인은 일본인으로부터 타자화되고 차별받는 상황에서도 프로키노 영사회에서 연대가 가능했다는 것을 통해 프로키노 영사회장이 아주 특별한 공간이었음도 확인할 수 있다.

5. 〈연돌옥 페로〉의 전유(appropriation)

〈연돌옥 페로(煙突屋ペロー)〉(원작·각본·연출 다나카 요시츠쿠田中喜次)는 도에이(童映)사가 1930년에 제작한 무성 그림자 에니메이션이다. 도에이사는 1929년 교토아동영화협회의 멤버이자 도시샤대학 학생 나카노 타카오(中野孝夫)를 중심으로 결성된 아마추어 영화단체다. 〈연돌옥 페로〉는 상영 기록으로만 확인되다가 1986년 한 가정집에서 필름이 우연히 발견되면서 그 존재가 드러나게 되었다. 원래 영화 전체 러닝타임은 21분이지만 뒷부분은 유실된 채 현재는 15분만 남아 있다.[46] 현재이 영화는 VHS 형태로도 출시되어 있고 도서관이나 박물관 등에서는

---

45 요시미 순야, 「제국 수도 도쿄와 모더니티의 문화정치」, 연구공간 수유+너머 '일본근대와 젠더 세미나팀' 옮김, 『확장하는 모더니티: 1920~30년대 근대 일본의 문화사』(서울: 소명출판사, 2007), 60~61쪽.
46 禧美智章, 「影絵アニメーション〈煙突屋ペロー〉とプロキノ」, 22~23쪽.

필름 형태로 보관되어 있어 프로키노 영사회에서 상영된 영화 중 그나마 쉽게 접할 수 있는 작품이다.

〈연돌옥 페로〉는, 제작사 이름이나 제작사 멤버의 이력에서 알 수 있듯이, 애초 노동자가 아닌 아동을 위해 만들어진 영화였다. 그런 만큼 영화는 프로키노 영사회에 앞서 '아동영화회' 등 아동 관객을 위해 주로 상영되었다. 따라서 애초 이 영화를 노동영화나 저항적 영화로 보기에는 무리가 있다.

〈연돌옥 페로〉의 주제는 영화의 내용을 구체적으로 분석함으로써 알 수 있을 것이다. 영화는 '톰탐'이라는 나라의 가장 큰 도시 '칙탁 시'라는 자막 장면으로 시작된다. 이후 마을의 전경을 담은 장면이 보인다. 다음은 '왕자가 긴 여행에서 돌아오고 칙탁 사람들이 마중을 나간다'라는 자막이 등장한다. 이후의 장면은 왕자를 맞이하기 위한 총리와 군인, 시민들의 분주한 움직임으로 구성되어 있다.

갑자기 영화는 굴뚝 수리를 하는 주인공 페로를 비춘다. 이후 페로 주위에서 크고 사나운 새를 피해 작은 새가 도망가는 모습을 보여준다. 그 새는 페로의 굴뚝으로 숨어든다. 두 새의 형상이 얼굴은 새이나 몸은 사람인 데서 영화가 현실을 사실적으로 묘사하지 않는다는 것을 알 수 있다. 큰 새는 작은 새가 굴뚝 안에 숨은 것을 알지 못하고 지나친다. 이후 작은 새는 페로에게 무언가를 말하는데 그 내용은 자막으로 보여진다. "감사합니다. 감사의 표시로 '병사(兵士)를 낳는 알'을 드릴게요." 이후 페로의 배려로 무사할 수 있었던 작은 새는 홀연 떠나고 굴뚝 아래서 한 사람이 페로에게 왕자를 맞는 시민들의 행렬에 동참할 것을 권한다.

영화는 장면을 바꾸어 페로가 왕자를 영접하는 곳으로 향하는 것을 보여준다. 그러나 갑자기 페로는 아무 이유 없이 왕자 환영 행렬을 벗어나 어디로 급하게 달려간다. 이런 페로와 상관없이 왕자는 계획대로 기차에서 내려 시민들의 환영을 받으며 차를 타고 퍼레이드를 벌인다. 영화는 어디론가 알 수 없는 곳으로 달려가는 페로와 왕자가 탄 자동차를 교차편집으로 보여주고 빠르게 장면을 전환하여 긴장감을 고조시켜 이후 어떤 사건이 발생할 것임을 알 수 있게 한다. 이내 페로는 예상치 못하게 방금 왕자가 내린 기차를 탈취해 운전한다. 이어 페로와 왕자, 페로를 발견한 군인의 모습이 반복된다. 페로가 탄 기차는 결국 큰 바위와 충돌해 전복되고 이 사실이 총리에게 알려지자 총리는 페로를 엄벌에 처하라는 명령을 내린다.

다음은 체포된 페로가 사형장으로 보내지는 장면이다. 사형대에 올라간 페로에게 총리는 마지막 소원을 들어주겠다고 한다. 페로는 고향의 어머니를 만나고 싶다고 말하지만 총리는 그것은 들어주기 어렵다고 한다. 페로는 자기가 일하던 높은 굴뚝에 다시 올라가 마지막으로 세상을 보고 싶다는 다른 소원을 얘기한다. 이에 총리는 사형 집행 전 마지막으로 페로가 굴뚝에 올라가는 것을 허락한다. 굴뚝에 오른 페로는 굴뚝에서 세상을 내려다보던 중 갑자기 멀리서 적군이 침입해오는 것을 목격한다. 이때 페로가 바라보는 적군의 장면은 가장자리는 검어 아무것도 보이지 않고, 가운데 밝은 원형에 적군이 보이는 것으로 처리되어 마치 원경을 망원경으로 보는 효과를 내고 있다. 이 사실을 페로가 굴뚝 아래 총리에게 알리자 총리는 비서를 굴뚝으로 올려 보내 이를 확인하게 한다. 비서 역시 적군의 침입이 사실임을 확인한다. 비서는 굴뚝에서 계단을 통해서가 아니라 점프하듯 날아 내려오고 공처럼 튕겨 오르기를 반복해 착지한다. 역시 현실에서는 일어날 수 없는 장면이다.

시민들이 본격적으로 전쟁을 준비하는 장면과 적군이 점점 더 조여오는 장면이 교차된다. 페로가 포를 가지고 와 굴뚝 위로 올리는 비현실적 장면과 적군이 쳐들어오는 모습을 교차편집 해 전쟁이 페로 대 적군의 대결로 갈 것임을 말해준다. 이어 영화는 굴뚝에서 포를 쏘는 페로와 그 포에 쓰러지는 적군의 모습을 아주 빠른 장면 전환으로 처리한다. 페로가 위치한 굴뚝이 적의 포탄에 맞아 부서지지만 여기서 페로는 다시 아무 부상 없이 안전하게 땅에 내려온다. 장면의 전환은 느려져 페로와 총리가 서성거리면서 다음 수단을 고민하는 모습이 보여진다. 이때 페로는 새에게서 받은 알을 떠올리고 이것으로 많은 병사를 만들어낸다. 다시 장면 전환은 빨라져 포탄을 쏘는 포와 폭발하는 포탄, 십자가 모양의 묘비 앞에서 쓰러지는 병사, 십자가, 무너지는 건물들이 보여진다. 쓰러지는 병사들 위로 '어머니', '아버지', '누나'라고 하는 자막이 나타났다 사라진다.

자막은 병사를 만드는 알로 톰탐국을 구한 페로는 죄를 용서받고 어머니가 기다리는 시골로 돌아간다는 것을 알려준다. 역 앞에서 페로를 배웅하는 총리와 12시를 가리키는 역의 시계 장면이 남아 있는 필름의 마지막 장면이다.

영화는 긴장감을 고조시킬 때나 이야기의 내용을 전환할 때는 장면 전환 속도를 조절하며, 흑백의 그림자 애니메이션이라 원근을 조절하기 어려움에도 원경의 장면은 망원경으로 보는 듯 원 밖의 화면은 검게 처리한다. 대결 구도에서는 교차편집을 사용하는 등 세련된 수법을 곳곳에서 이용하고 있다.

하지만 기본적으로 영화는 일관된 내러티브를 구축하지 못하여 말하려는 바를 명확하게 전달하고 있다고 보기는 어렵다. 우선 등장인물들의 행동 이유를 설명하고 있지 못하다. 예를 들면 페로가 사형에 처해지는 결정적 계기가 됨에도 페로가 왜 갑자기 왕자의 기차를 탈취하는지에 대해서는 전혀 말하지 않는다. 전쟁에서 승리하는 데 아주 중요한 요소인 '병사를 만드는 알'을 새는 어떻게 선물할 수 있었는지 전혀 언급하지 않는다. 페로는 어떠한 이유로 굳이 포를 굴뚝 위로 끌어올렸는가도 얘기되지 않는다.

비현실적 장면도 많은데 새의 몸통을 사람의 형상으로 묘사한 것, 사람들이 높은 굴뚝에서 자유롭게 날아 내려오는 것 등이 이에 해당한다. 이는 이야기 전개상 필요하지도 않으며 오히려 일관된 내러티브 구축을 방해하는 것이다.

〈연돌옥 페로〉의 전체적 이야기는 왕자의 귀환, 페로의 왕자 기차 탈취, 페로의 사형 대기, 전쟁으로 구성되어 있는데 서로 간의 연관성을 발견하기 어렵고 비약이 심하다. 페로의 왕자 기차 탈취와 이로 인한 처벌로 이야기가 전개되는 데 있어, 길게 지속되는 왕자 영접 부분은 별다른 의미가 없다. 페로의 사형 대기에서 전쟁으로 이야기가 급변될 때는 치밀한 전개 과정이 있는 것이 아니라 페로가 쳐들어오는 적군을 발견했다고 하는 우연적 요소가 두 부분을 힘겹게 연결하고 있을 뿐이다. 뒤에 소실된 5분가량이 있다고 하지만 이 또한 남아 있는 15분의 내용처럼 산만하고 비약이 있는 구성이었을 것으로 보이며, 이 5분의 내용이 체계적으로 잘 구성되어 있다 하더라도 겨우 5분의 분량으로 영화의 전반적인 내러티브를 완성시킨다고 보기는 어렵다.

따라서 〈연돌옥 페로〉는 치밀한 내러티브를 통해 관객을 영화에 몰입시켜 관객에게 즐거움을 준다거나 메시지를 전달한다고 보기는 어렵다. 〈연돌옥 페로〉는 자유롭게 높은 굴뚝에서 한 번에 점프해 내려오는 사람의 모습이나 몸은 사람의 형상을 한 새, 병사를 만들어 내는 알 등 환상적인 장면을 곳곳에 삽입하고 기차 탈주 장면이나 전쟁 장면 등 스펙터클을 느슨한 영화 구조 속에 늘어놓아서 관객에게 즐거움을 주고 상상력을 자극하는 영화인 것이다. 톰 거닝은 초기 영화사 시기 영화적 장치를 통해 스펙터클을 전시하여 관객을 매혹시키고 호기심을 자극하는 영화를, 내러티브를 가진 영화와 구분해, 어트랙션 시네마(attraction cinema)라고 칭했는데[47] 〈연돌옥 페로〉는 어트랙션 시네마로서의 성격이 강하다고 할 수 있다. 이렇게 〈연돌옥 페로〉는 일관된 구성을 갖추지 못하고 있어서 관객의 구성이나 상영장의 분위기, 관객과 상영 주체의 관계 등에 따라 관객이 특정 장면만을 취사선택해 영화를 한 인물의 고난 극복기, 재미있는 전쟁영화, 반전영화 등 다양한 방식으로 독해할 여지가 있었던 것이다.

〈연돌옥 페로〉는 명확한 내러티브를 가지지 못했음에도 프로키노 영사회에서는 반제국주의영화, 반전영화로 받아들여졌다. 이 영화는 프로키노가 발간한 잡지 등에서 반제국주의영화, 반전영화로 소개되었다. 관객들은 이 영화를 보면서 흥분해 이에 대한 슬로건을 외치기도 했다고 한다.[48] 반주로 〈인터내셔널가〉가 흘러나오는 가운데 페로가 전쟁을 후회하는 장면에서는 관객은 반주에 맞추어 일제히 휘파람을 불렀다.[49] 전쟁을 후회하는 장면은 지금 남아 있는 필름에는 등장하지 않는 만큼 소실된 부분 중의 일부라고 생각된다. 저항가에 맞추어 휘파람을 부르고 일부의 반전 장면에 환호를 보냈다는 것을 통해 관객은 이 영화를 저항적 의미의 영화, 반전영화로 받아들였음을 알 수 있다. 요시미 토모후미의 연구에 의하면 〈연돌옥 페로〉의 제작자 측이 프로키노 영사회에서 〈연돌옥 페로〉의 상영/관람 모습을 참관한 일이 있었는데, 아동영화 상영회 등 다른 상영장과는 달리 프로키노 영사회에서 〈연돌옥 페로〉가 상영될 때 관객의 저항적이고 거친 반응에 깜짝 놀랐다고 한다.[50] 이

47 Tom Gunning, "An Aesthetic of Astonishment: Early Film And The (In) Credulous Spectator," *Art and Text* 34(1989).

48 松崎啓次, 「煙突屋ペロー」, 『新興映画』 六月(東京: 新興映画社, 1930), 18~19쪽; 伊佐功, 「公開鬪争の記録」, 『プロレタリア映画』 創刊号(東京: 新鋭社, 1930), 57쪽.

49 禧美智章, 「影絵アニメーション〈煙突屋ペロー〉とプロキノ」, 26쪽.

50 禧美智章, 「影絵アニメーション〈煙突屋ペロー〉とプロキノ」에서는 다른 영사회에서와 달리 프로키노 영사

를 통해서도 프로키노 영사회의 관객들이 〈연돌옥 페로〉를 저항적 의미의 영화로 받아들인 것은 다른 상영장 관객과는 다른 특별한 것이었음을 알 수 있다.

이와 같이 〈연돌옥 페로〉가 일관된 내러티브와 구성을 갖추지 못해 명확한 주제를 전달하는 영화가 아니었음에도 이 영화를 관객들이 반전영화와 반제국주의영화로 받아들일 수 있었던 것에는 무엇보다 상영 환경과 관객의 관람 양상에서 그 이유를 찾을 수 있을 것이다. 프로키노 상영장은 무성영화가 상영되는 공간에서 반주로 노동가가 울려 퍼지고, 〈연돌옥 페로〉 상영 전후 메이데이 상황을 촬영한 기록영화 등 저항·노동에 관한 영화가 상영되었다. 많은 경우 설명이 금지되기도 했지만 프로키노에 의해 영화에 대한 설명이 가능할 때 설명자들은 저항·반전에 관해 이야기했다. 영사 주체와 관객 사이, 관객들 사이에는 노동자로서 강한 연대로 결속되어 있었기 때문에 서로 자유롭게 대화를 나누면서 노동가를 부르고 노동 구호를 외치며 시위를 벌일 수 있었다. 이러한 상황에서 관객은 일관된 내러티브를 가지지 않아 다양한 방식으로 자유롭게 독해될 수 있는 영화를 관람하면서, 프로키노 상영장 특유의 분위기와 관객 간 노동자로서 교류와 연대 속에서 특별한 의미가 없는 장면들을 반전·반제국주의에 관한 것으로 읽을 수 있었던 것이다. 누군가에게는 장면 전환을 빨리해 긴장감을 높이는 흥미진진한 전쟁 장면이 다른 누군가에게는 전쟁의 참혹함을 알리는 장면으로 독해될 수 있었던 것이다.

〈연돌옥 페로〉 이외 〈어린이(子供)〉라는 영화는 공장지대의 어린이를 촬영한 단순한 기록영화일 수도 있으나, 후경(後景)의 담벼락에 붙

회에서 〈연돌옥 페로〉에 대한 반응이 저항적이고 거칠었던 이유가 영사 주체인 프로키노가 이 영화를 선동에 이용했기 때문이라고 보고 있다. 관객의 구성이나 관람 분위기에 기인한 관객의 능동적 해석, 전유의 가능성은 염두에 두지 않은 것이다.

어 있는 반전 포스터의 인물처럼 아동들이 만세를 부른다는 이유로 관객 역시 일제히 만세를 불러 이 장면을 반전에 관한 것으로 받아들이기도 했다.[51] 이 장면은 아이들의 천진난만함으로 받아들여질 수도 있지만 프로키노 특유의 상영장 분위기 속에서 관객은 자신들의 입장에서 영화의 전체적 맥락에서 일부 장면을 분리하고, 분리한 그 장면의 일부분의 후경과 등장인물의 행동을 의도적으로 연결해 능동적으로 장면을 해석한 것이라 할 수 있다. 〈쓰미다 강(隅田川)〉 역시도 단순한 구성의 기록영화임에도 프로키노 상영장 특유의 환경과 관람 양상으로 인해 관객들은 영화를 노동영화로 이해하고 영화 속 노동자에게 자신의 감정을 이입하고 주위 관객과 큰 소리로 영화 속 노동자에 관해 이야기를 나누었다.[52] 즉 자유롭고 산만한 상영장의 분위기 속에서, 프로키노와 관객, 관객들이 노동자로서 강하게 결속되어 있어서, 관객은 명확한 내러티브를 가지지 않은 영화를 자신들의 입장에서 능동적으로 전유한 것이다.

6. 영화를 즐기며 자율적으로 저항하는 노동자들

지금까지 1920~1930년대의 일본 도심 상설관과는 다르게 존재한 프로키노 영사회의 관객과 그들의 관람 양상을 살펴보았다. 영화관이 아닌 공간에서의 상영, 열악한 영사 시설, 완성도가 높지 않은 영화, 영화 상영 중간중간 행해지는 연주, 경찰의 방해 등 특이한 상영/관람 환경으로 인해 관객은 자유롭고 산만하게 영화를 관람했다. 그러나 이와 정확히 일치하지는 않지만 열악한 상영 시설로 인한 자유롭고 산만한 관람 양상은 당시 일본의 농촌 영화관, 도시 주변부 영화관에서도 종종 관찰되는 바다. 프로키노 영사회의 관객은 자유롭고 산만하게 영화

---

51 奧田久介, 「水元村特込記」, 37쪽.
52 薄島研之, 「南葛佐野新田出動記」, 47쪽.

를 관람한 것에 그치지 않고 이 자유로운 분위기 속에서 계급적 연대를 강화하고 전유 등을 통해 저항할 수 있었다는 것이 농촌 영화관 등 여타 상영장 관객과 구분되는 두드러진 특징이라 할 수 있다. 이는 다른 상영장의 관객은 단지 영화를 보기 위한 목적으로 다양한 곳에서 모여든 사람들로 특별한 연대를 가지기 어려웠던 반면, 프로키노 영사회에서는 관객과 관객 사이, 관객과 영사 주체 사이 노동자로서의 연대가 강하게 형성되어 있어서 감정 교류·공유가 용이했고 이에 근거해 특정한 방식으로 동일하게 영화를 수용할 수 있었기 때문이다. 이를 통해 초기 영화사 시기 관람 양상은 영화 텍스트와 상영 환경에 의해서만 결정되는 것이 아니라 관객과 관객 사이의 관계, 관객과 영사 주체 사이의 관계로부터도 영향 받는다는 것을 알 수 있다.

프로키노 영사회장에서의 저항은 공식적이면서도 계획적인 형태로 전개되는 것이 아니라 영화를 즐기면서 어떠한 계획도 없이 우발적으로 진행된다는 것도 살펴보았다. 따라서 노동자 저항이나 노동운동의 연구에서도 노동조합의 투쟁 등 체계적이고 공식적 저항 이외 대중문화·유행을 즐기며 행해지는 우연적 저항, 공적 영역이 아닌 사적 영역 혹은 공사의 구분이 애매모호한 지점에서의 저항에도 관심을 기울일 필요가 있다는 것을 알 수 있다.

프로키노 영사회에서는 영사 주체인 엘리트에 의해 노동자 관객이 일방적으로 통합되어 있지 않았다는 것도 확인할 수 있다. 영사 주체인 프로키노 맴버들은 교육과 동원을 위해 영사회를 개최했지만 관객인 노동자들은 프로키노의 의도와는 달리 잡담이나 합창을 하면서 자신만의 방식으로 영화를 받아들였다. 흔히 민족운동이나 노동운동에 관한 연구들은 엘리트에 의해 대중은 통합되어 있는 것으로 전제하고 엘리트들의 강령이나 그들의 활동을 통해 민족과 노동계급의 성격, 저항

운동의 성격을 파악하려는 경향을 보인다. 그러나 노동운동에서 대중과 엘리트를 항상 일치되었다고 보지 않고 대중은 엘리트와 구분되어 어떤 자율성을 가졌는지 설명함으로써 대중의 일상적이고 우연적인 저항을 서술할 수 있을 것이다.

마지막으로, 식민지민/제국민이라고 하는 차이에도 불구하고 프로키노 영사회의 특별한 성격으로 인해 조선인과 일본인이 노동자로서 연대한 부분에 대해서는 더욱 많은 연구가 행해져야 한다고 생각한다. 식민지민/제국민 사이에는 무력적 지배-전복적 저항만이 존재하는 것은 아니다. 연대 이외에도 제국민의 식민지민에 대한 불안감, 식민지민의 제국에 대한 협력, 제국에 대한 식민지민의 조롱이나 교활함을 통한 일상적 저항 등 제국과 식민지의 관계는 다양한 양상으로 구성되어 있었다. 연구 대상과 주제의 확대를 통해 제국과 식민지 사이에 교섭하고 교차하는 다양한 관계에도 관심을 기울여야 할 것이다.

참고문헌

1차자료

『現代と思想』

『プロレタリア映画』

『プロキノ』

『文化評論』

『部落問題と文芸』

『映画クラブ』

『新興映画』

『동아일보』

연구논저

雨宮幸明, 「プロキノ映画〈山宣渡政労農葬〉フィルムヴァリエーションに関する考察」, 『立命館言語文化研究』22卷 3號, 京都: 立命館大學校, 2011.

禧美智章, 「影絵アニメーション〈煙突屋ペロー〉とプロキノ: 1930年代の自主制作アニメーションの一考察」, 『立命館言語文化研究』22卷 3號, 京都: 立命館大學校, 2011.

全日本映画教育研究会, 『映画教育講座』, 東京: 四海書房, 1943.

北川鉄夫, 『映画鑑賞読本』, 京都: 法律文化社, 1955.

戦旗復刻版刊行会, 『昭和初期左翼映画雑誌別圏』, 戦旗復刻版刊行会, 東京:文生書院, 1981.

並木晋作, 『日本プロレタリア映画同盟(プロキノ)全史』, 東京: 合同出版, 1986.

山形国際ドキュメンタリー映画際東京事務局編, 『ドキュメンタリー映画は語る』, 東京: 未來社, 2006.

Tom Gunning," An Aesthetic of Astonishment: Early Film And The (In) Credulous Spectator", *Art and Text* 34, 1989.

요시미 슌야 외, 연구공간 수유+너머 '일본근대와 젠더 세미나팀' 옮김, 「제국 수도 도쿄와 모더니티의 문화정치」, 『확장하는 모더니티: 1920~30년대 근대 일본의 문화사』, 서울: 소명출판, 2007.

정충실, 「1920~30년대 일본에서의 교육영화 상영·관람」, 『문학과영상』 13-2, 문학과영상학회, 2012.

정충실, 「1920~30년대 도쿄 영화관과 영화문화: 아사쿠사(淺草)와 니시긴자(西銀座) 영화가(街)를 중심으로」, 『인문논총』 71-2, 서울대학교 인문학연구원, 2014.

영화와 자본주의

이와사키 아키라

이유미 옮김

일러두기

- 이 글은 岩崎昶, 『映画と資本主義』(東京: 往來社, 1931)의 「一. 映画と資本主義」를 번역한 것이다.
- 본문의 ( )은 원저의 표시이고, [ ]은 번역 과정에서 원문의 이해를 돕기 위해 옮긴이가 보충한 내용이다. 원저에서 표시한 외국어 고유명사 중 저자 착오로 판단되는 곳은 [ ]나 각주의 설명을 통해 바로잡았다.
- 단, 용어/인명의 원어명과 영화작품의 원제/감독/연도 등은 원문에 없더라도 모두 ( )로 처리했다.
- 본문의 OO은 번역 과정에서 불명확한 부분이고, XX는 원저의 표시에 의한 것이다.
- 본문에 나오는 영화작품의 원어명과 개봉연도 등은 '인터넷 영화 데이터베이스 IMDb(http://www.imdb.com)', '필름포털.de(http://www.filmportal.de/)', '독일초기영화데이터베이스(http://www.earlycinema.uni-koeln.de/)', '에이가.com(http://eiga.com)', '일본영화데이터베이스(http://www.jmdb.ne.jp/)', '일본영화정보시스템(http://www.japanese-cinema-db.jp/)' 등을 참고해 대조했다.
- 본문의 각주는 모두 옮긴이 주 및 편집자 주다.

서문[1]

1

저의 두 번째 논문집입니다.

작년 2월에 출판된 첫 저서 『영화예술사(映畵藝術史)』(1930)는 제가 기대하지도 못한 복을 누렸습니다. 적지 않은 독자가 생겼고 이미 보급 판이 나왔을 정도로 좋은 성적을 거두었습니다. 아무쪼록 두 번째 책 역시 그와 같은 복된 운명이기를 바라고 있습니다. 어떻게든 보급판이 나오기를 희망합니다. 1원 50전이라는 지금의 정가는 조금 비싸기 때문 입니다.

『영화와 자본주의(映画と資本主義)』(1931)는 첫 책 이후 15개월 사이 에 쓴 글 더미 속에서 그나마 두드러지는 글, 의의가 있다고 여겨지는 글들을 모아본 것입니다. 말하자면, 제가 지난 1년간 프롤레타리아 영 화운동 진영의 한 병사로서 실천적으로 활동해온 동시에 문필적·이론 적으로도 활동해온 혼란의 결산입니다.

애초에는 『영화와 자본주의』를 더욱 체계적으로 정리된 연구서로 서 완성하고 이를 통해 세상에 문제 제기를 할 작정이었습니다. 그러나 책상 앞에서 그만한 일을 차분하게 수행해낼 여유가 참 없었습니다. 결 국 이 책은 본의 아니게 울퉁불퉁 결이 거친 논문집이 되어버렸습니다 만, 그렇다고 해도, 절대로 무책임하거나 무질서하게 잡글을 쓰고 모은

---

1 『映画と資本主義』(東京: 往來社, 1931)라는 논문집의 전체 서문이다. 책에는 여기 번역한 「영화와 자본 주의」 외에, 「トーキーの社會學と美學」, 「プロレタリア映畵に就いて」, 「映畵技術の研究」와 「附錄: プロキノ第 三次全國大會中央委員會活動報告」가 실려 있다.

것은 아닙니다. 모자이크를 세공하는 장인에게도 날카로운 예술적 양심은 있는 법입니다.

2

제1장에서는 주로 미국과 독일의 부르주아 영화를 해부·비판하고 있습니다. 이를 통해 현대의 자본주의 체제가 영화의 내용과 형식에 가하는 제약을 명확히 하고, 부르주아지의 영화적 선전·선동의 정체를 확실히 하고자 했습니다. 다시 말하면, 부르주아 영화를 프롤레타리아적 방법으로 파악하는 것을 목표로 하고 있습니다. 그러나 제1장을 구성하는 글들은 모두 각기 다른 상황에서 상이한 요구에 의해 쓰인 것입니다. 여기저기에 별개로 발표한 글들을 필요에 따라 하나의 독립된 주제 아래 모아 정리하다 보니 부득이하게 중복이나 장광설 또는 사족 등이 포함되고 말았습니다. 제1장에 실린 글들에서 똑같은 사실, 똑같은 사고방식, 똑같은 고유명사가 반복되는 것을 보고 독자 여러분께서는 혹 지루해하실지도 모르겠습니다. 그렇지만 똑같은 사실과 똑같은 주제가 반복되는 글일지라도, 저는 이것들이 근본적인 점에서는 절대로 천편일률적이지 않다고 믿습니다. 이것들은 예컨대 삼면경(三面鏡)과 같습니다. 동일한 대상을 언제나 다른 각도로 비춰보는 것입니다. 그 어느 면을 보아도 한 면만으로는 불완전할 수밖에 없습니다. 모든 면을 종합해봄으로써 비로소 전면적이고 입체적인 모습이 현실에 부상할 수 있는 것입니다. 한편, 끊이지 않고 반복되는 주제는 그만한 중요성이 있습니다. 이런 의미에서 보자면, 중복은 오히려 중요성을 강조하는 편리한 방법일 수 있습니다. 음악에서도 라이트모티프(leitmotiv)나 베리에이션(variation)이, 요컨대 소소한 노래라고 해도 리프레인(refrain)이 있는 법입니다.

그럼에도 방법론적으로 극히 미숙한 부분이 있다는 것은 부인할 수 없습니다. 이러한 부분은 독자 여러분의 비판에 맡기겠습니다.

3

제2장은 정확하게 명명하자면 '토키의 사회학과 미학을 위한 전제'라 할 수 있습니다. '전제'에 지나지 않기 때문에, 실은 '토키의 몽타주'에 관한 용의주도한 연구 논문에 의해 보완되지 않으면 불충분할 수밖에 없습니다. '토키의 몽타주'에 관해서는 꽤 오래전부터 연구 계획을 세웠습니다만 여태껏 착수하지 못하고 오늘에 이르고야 말았습니다. 토키에 관해 잘 정리한 책이 한 권도 없기 때문에, 이 갭을 메우기 위해서라도 가까운 장래에 제대로 연구를 진척시켜보고 싶습니다.

4

제3장 '프롤레타리아 영화에 대하여'에는 3년 전인 1929년부터 각 잡지로부터 의뢰를 받아 쓴 글들을 모았는데, 시시각각 변화하는 우리 영화운동의 정세를 일반에 소개하고 선전하는 것이 많습니다. 그렇지만 이 글들은 영화운동의 방향을 제시하거나 새로운 방침을 확립하려는 식의 지도이론이 결코 아닙니다. 사실 제3장에서 소개되고 선전되는 정세 자체가 집필 당시와 견주어 지금은 완전히 변화했습니다. 여기서 제시되는 많은 이론이 지금은 구식이 되어 심지어 오류라고까지 간주되고 있습니다. 이는 당연한 것입니다. 지난 수십 개월 동안 프로키노(プロキノ, 일본 프롤레타리아영화동맹)를 주체로 하는 영화운동은 급격히 발전했습니다. 현재는, 거의 매 순간 운동이 진전하면서 새로운 단계가 이전의 이론을 끊임없이 청산해가는 시기입니다. 따라서 제3장에 수록된 글들을 현 시기에서 타당한 이론이라고 주장하는 것은 결코 아닙니다. 저는 단지 과거에 우리 운동이 진전시켜온 표식들을 다시 신고자 한 것뿐입니다.

특히 「프롤레타리아 영화의 대중화와 그 현실성(プロレタリア映畵の大衆化とその現實性)」은 지양될 필요가 있습니다. 이 글은 영화의, 아니 프롤레타리아 예술 일반의 대중화에 관한 근본적 오류 위에서 쓰인 것입니다. 이러한 오류는, 일반적으로는 작년(1930)에 나프(ナップ, 전일본무산자예술동맹) 작가 동맹이 발표한 「예술 대중화에 관한 결의(藝術大衆化に關する決議)」에서 청산되었고, 영화적으로는 이 글 발표 직후 프로키노 내부의 정당한 대중 토론에 의해 근본적으로 비판·수정되었습니다. 이론적 혼란은 현재 우리 진영에서 완전히 추방되었습니다. 애초부터 비판받은 것처럼, 이 글은 단순한 시론으로 '우리 동지들 사이에서 활발한 토론과 수정을 불러일으켜 올바른 결론에 이르기 위한 기록'이라는 역할을 할 뿐입니다. 지금 새롭게 이 글을 읽을 분들께 이상의 주의 말씀을 드리지 않는다면 [이 글은] 다시 실을 수 없는 성질의 글임을 밝힙니다.

프로키노의 정력적 활동을 통해 프롤레타리아 영화운동이 이처럼 급격하게 진전해온 오늘날, 과거 단계에 있었던 오류들을 아무런 수정 없이 그대로 발표하는 일은 일반 독자를 호도하고 프롤레타리아 영화운동에 대한 잘못된 인식을 품게 하는 유해한 결과를 낳을 것입니다. 이 문제를 해결하기 위해, 저는 프로키노 동지 여러분의 허가를 얻어 금년도 프로키노 제3회 전국대회의 의사록에 실린 「1930년도의 활동보고(1930年度に於ける活動報告)」와 「1931년도의 활동방침(1931年度の活動方針)」이라는 두 글을 이 책의 끝에 부록으로 덧붙였습니다. 이를 통해 독자 여러분은 일본 프롤레타리아 영화운동의 현 단계를 가장 정확하게, 가장 구체적으로 파악할 수 있을 것입니다.

5

지난 1년여 문필 활동의 성과라는 측면에서, 저는 이 책의 빈약함을 알고 있습니다. 그러나 우리 프로키노 동지들은 작년도 전국대회를 통해 문필 활동에 과도한 에너지를 쏟아붓는 것이 커다란 오류라고 지적한 바 있습니다. 더불어 우리의 모든 활동을 오로지 프롤레타리아 영화의 제작 상영이라는 하나의 목표에 응집했습니다. 이러한 방향이 옳았다는 것은 그 이후 프로키노의 실천과 조직의 확대 및 강화로 입증되고 있습니다.

특히 최근에는 프롤레타리아트의 자주적 문화·교육 활동의 일부분으로서 영화운동에 대한 정당한 재인식이 이루어졌습니다. 우리의 예술운동 속에서 노동자·농민으로 하여금 충분한 주도권을 발휘하도록 하는 것이 당면 과제인 시점에, 영화라는 강력한 무기를 가진 프로키노의 역할은 점차 중대해지고 있으며 결국 여기에 우리의 모든 정력을 쏟아부어야 할 것입니다. 이에 저는, 프로키노의 일원으로서 프롤레타리아 영화의 XX주의적 대중화를 위하여 꾸준하고 철저하게 활동해나갈 것입니다.

이는 물론 문필 활동의 방기를 의미하지는 않습니다. 이는 오히려 문필 활동에 대한 더 큰 적극성을 우리에게 요구하고 있습니다.

6

이 『영화와 자본주의』가 이전의 『영화예술사』와 마찬가지로 많은 사람에게 읽히고 비판되기를, 그리고 그러한 의견과 비판을 저에게 거리낌 없이 보내주시기를 마음 깊이 바라고 있습니다.

1931. 5. 26.
이와사키 아키라

차례

서문

제1장 자본주의 영화 발달사

(이 소논문은 프로키노 하기 강습회에서 내가 담당했던 강좌 '부르주아 영화 발달사'의 초고다. 무엇보다 이 방면에 다소나마 권위가 있는 제대로 된 참고서가 전무한데, 그럼에도 이 극히 방대한 주제를 단지 세 시간 강연으로 압축해 설명하지 않으면 안 되었던 사정에다 내 자신의 역량이 부족한 것도 있어서, 결국 매우 잡다하고 조야한 글이 되어버린 것 같다. 이 점은 사실 다른 누구보다 내 스스로가 통절하게 의식하고 있으며 또한 자책도 하고 있다. 그러나 나는 가까운 장래에 이 문제를 재차 광범위하게 다루어, 자료 면에서나 방법론 면에서나 더욱 정확하고 타당한 것으로 발표하고자 준비 중이다.)

1. 부르주아 영화를 왜 연구하지 않으면 안 되는가

지금부터 지난 30년간에 걸쳐 부르주아 영화가 발달해온 궤적을 살펴보고자 한다. 그전에 먼저 우리는 우리의 입장에서 왜 부르주아 영화가 문제가 되는지, 왜 부르주아 영화를 연구하지 않으면 안 되는지를 확실히 이해해둘 필요가 있다.

말할 것도 없이, 우리의 부르주아 영화사 연구는 결코 부르주아지를 위한 것이 아니며 부르주아지 관점에서 이루어지는 것도 아니다. 우리는 어디까지나 확고한 프롤레타리아트적 견지에서 프롤레타리아트 운동의 진전을 위해서만 부르주아 영화와 그 역사적 발전을 고찰할 것이다.

현재 우리는 새로운 프롤레타리아 문화, 프롤레타리아 예술에 직면해 있다. 그리고 이 새로운 문화와 예술이 결코 우연히 또 돌발적으로 발생할 수 있는 게 아니라, 과거의 문화와 예술에서 변증법적으로 발전됨으로써만 성립할 수 있는 것임을 알고 있다. 이런 의미에서 부르주아 영화의 과거를 변증법적으로 이해하는 일은 프롤레타리아 영화의 확립이라는 우리의 중대 임무를 완수하기 위한 거대한 시야의 근저를 이룬다.

이러한 이해의 바탕 위에서 우리는 비로소 언제나 말로만 추구해오던 것, 즉 부르주아 영화의 기술 및 형식에 대한 비판적 섭취를 제대로 해낼 수 있을 것이다. 또한 부르주아 영화가 부단하고도 강력하게 전개하는 지배계급적 선전·선동의 정체를 폭로·정복할 수 있을 것이다.

적을 무시함으로써 적을 쳐부술 수는 없다. 부르주아 영화를 극복하려면, 우리는 먼저 부르주아 영화를 연구하는 것부터 시작해야만 한다.

2. 부르주아 영화를 어떻게 다뤄야 하는가

부르주아 영화 연구의 중요성에 대해서는 이제 의문의 여지가 없을 것이다.

그렇다면 부르주아 영화를 어떤 방법으로, 어떠한 관점으로 연구해야 하는가.

물론 이 경우, 부르주아적으로 객관성을 추구하는 치밀하고 상세한 역사기술을 우리가 할 필요는 없다. 프롤레타리아 영화운동과 관련되는 한에서만 부르주아 영화를 묘사하면 충분하다.

그렇다면 문제는 부르주아 영화의 발전을 하나의 독립적이고 유리된 현상으로 떼어두지 않는 것, 그리고 이를 그 근간을 이루는 정치 정세 및 경제 정세와의 밀접한 상관관계에서 관찰하는 것이다. 예술인 동시에 가장 앞선 대기업[산업]이기도 한 영화에 대해서는 특히, 현대의 모든 현상 밑에 깔려 있는 자본주의와 그 사회적 메커니즘을 무시한다면 아무것도 이해할 수 없다.

이를 구체적으로 말하면 다음과 같다.

— 자본주의적 계급사회에서 영화가 수행하는 사회적 역할

— 자본주의 발전이라는 거대한 전체성의 일환으로서 영화 기업의 발달 과정

— 자본주의적 생산양식의 경제적·기업적 요구가 어떻게 영화의 형식과 내용을 결정하는가.

부르주아 영화에 대한 우리의 관찰은 위의 세 측면에서 다루어지지 않으면 안 된다.

3. 부르주아 영화의 발전 과정

부르주아 영화의 발전은 대략 세 단계로 구분할 수 있다. 즉,

제1기(1900~1914): 요람기부터 유럽대전[제1차 세계대전]까지

제2기(1914~1925): 유럽대전부터 토키의 발생까지

제3기(1926~1930): 토키의 발생부터 현재까지

이 세 단계다.

물론 이것은 부르주아 영화사를 프롤레타리아적으로 편집한 내 자신의 편의에 따른 구분이다. 따라서 지금까지 세간에서 통용되는 구분과는 전혀 다르다(주). 그러나 영화를 이렇게 세 시기로 구분하는 것은, 영화 기업 형태의 특질이라는 관점에서도 또한 영화가 예술로서 가지는 사회적 기능의 특질이라는 관점에서도, 각 단계의 특수한 성격을 명확하게 대비할 수 있어서 극히 유의미하며 나아가 필연적이라고 자신한다.

주
___

예컨대 소비에트 영화이론가 세묜 티모셴코(Semyon Timoshenko)도 활동사진의 역사를 다음의 세 시기로 구분한다.

"제1기는 1895년부터 셈하여 약 1년간으로, 골계적으로 움직이는 사진

의 시기다. 이 시기에는 누구도 스크린 위에서 영화예술을 발견할 수 없었다. 그것은 연계 없는 단순한 사진 장면이 그저 스크린 위에 비추어짐으로써 돌연 골계적 생명을 얻는 듯한 것이었는데, 〈해안의 노도〉라든가 〈달리는 열차〉, 〈증기선의 출발〉, 〈굴뚝 청소부와 빵집 주인의 싸움〉 등을 예로 들 수 있다."[1]

"제2기는 대략 1897년부터 1908년까지다. 이 시기의 구경거리는 극(劇)을 촬영해 보여주는 것이었다. 그리고 시간이 흐르자 드디어 무대 배경 대신 자연의 실경(實景)을 쓰게 되었다. 구경거리는 촬영된 극을 전형적인 드라마투르기 구성 그대로, 줄거리 전개 순서 그대로 보여주는 것이었다."

"영화는 제3기에 태어났다. 활동사진 제3기에 해당하는 1907~1915년 사이에 영화예술은 탄생의 울음소리를 냈던 것이다."(이와사키 아키라, 『영화예술사』, 193~194쪽.)

이와는 별개로 독일의 미학자 아돌프 베네(Adolf Behne)는 순(純)형식적 측면에서 영화의 시기를 분류하는데, 그에 따르면,

제1기는" 단순한 복사였다. 사진으로 찍을 수 있다면 당연히 활동으로도 찍을 수 있을 것이라는 단순한 기술적 사실이었다."

제2기는 "촬영되는 사물이 감독에 의해 규정되었다. 그러나 그 대부분은 종래의 무대극을 그대로 따랐다. 무대로서 좋은 것은 영화로서도 좋을 것임에 틀림없다는 전제에서."

제3기는 "역시 무대극을 따르고 있다. 그러나 특별히 시각적 요소를 쌓고 있다. 드라마가 연기된다는 점은 여전하지만 무대극의 드라마는 아니다."

제4기는 "오늘날의 추세는 이러한 시각적 드라마를 더욱 순화시켜 순수

---

1   원서에는 각각 '海岸の怒涛', '進行中の列車', '汽船の出發', '煙突掃除人とパン屋の喧嘩'라 나와 있는데, 영화 발생기의 단편들은 별도의 제목이 없거나 비슷한 설정이 반복되는 영상이 많아 각 작품의 원제, 감독, 연도 등을 확정하기 어렵다.

한 직관의 방향으로 발전시키는 것이다."(같은 책, 116쪽)

1) 제1기(1900~1914)

활동사진이 몇 년에 발명되었는지는 그 누구도 결정할 수 없다.

그 원리는 이미 기원전, 프톨레마이오스(Claudios Ptolemaeos)에 의해 실험되었다. 또한 1602년에 아타나시우스 키르허(Athanasius Kircher)가 라테르나 마지카(Laterna Magica)를 고안해 공간에 영사하기 시작했다. 1877년에는 에드워드 머이브리지(Eadweard Muybridge)가 처음으로 사진을 통해 운동을 기록하는 데 성공했다. 이로써 대체적인 준비가 갖춰졌다. 이 셋을 조합하면 활동사진이 된다.

보통 활동사진은 에디슨이 발명했다고 일컬어지나, 그것을 프랑스의 뤼미에르(Lumière) 형제와 독일의 오스카어 메스터(Oskar Messter) 등이 순차적으로 개량해 마침내 현재와 큰 차이가 없는 활동사진 장치가 완성된 것이다. 그리고 1885년 뤼미에르 형제가 파리에서 개최한 영사회가 필시 세계 최초의 공개 영사일 것이라 지적된다.[2]

그럼에도 활동사진이 단순한 실험실을 벗어나 하나의 구경거리로서 상설적 장소에서 흥행되기 시작한 것은 1900년 즈음이다. 따라서 나는 영화의 역사를 1900년부터 시작하려 한다.

1900~1914년 영화의 기업적 특징은 개인적 기업 또는 소자본 기업에 의해 이루어졌다는 점이다. 반면 그 예술적 특징은 아직 영화로서의 독자적 형식을 발전시키지 못한 채 베네가 언급했던 제1기와 제2기에 머물러 있었다는 점이다.

우리는 먼저 영화사업에 세 형태 또는 세 과정이 있다는 것을 인식하지 않으면 안 된다. 즉, 필름을 만드는 과정인 '제작(프로덕션)', 제작

---

2 뤼미에르 형제의 최초 공개 영사는 일반적으로 1895년이라 알려져 있다.

된 필름을 상설관에 빌려주는 중개자의 역할을 하는 '배급(디스트리뷰션)', 마지막으로 그러한 필름을 관객의 눈앞에 영사하여 보여주는 '상영(엑시비션)' 말이다. 물론 이 세 형태가 영화사업의 초기부터 분화되지는 않았다. 영화사업이 성장하고 계통화하면서 서로 확실한 구별을 갖게 된 것이다.

제1기의 전반, 대략 1900~1908년까지 영화 기업의 중심은 주로 상영에 있었다. 영화 상영관이 미국에서는 니켈로디언(nickelodeon)으로 독일에서는 킨토프(Kintopp)로 불렸는데, 영화는 주로 5전짜리 동전을 손에 쥔 어린아이들을 상대로 하는 구경거리였다. 일본에서는 각지를 순회하며 천막을 치고 상영을 하던 '활동대사진(活動大寫眞)'의 시대가 이때에 해당한다.

이 당시의 경제적 규모를 파악하기 위해 몇 가지 수치를 들어보자면, 미국에서는 겨우 300~400달러의 자본으로 영화 상설관을 경영할 수 있었다. 현재는 수천 달러, 토키가 도래한 뒤에는 수만 달러도 하는 영사기가 당시에는 75~95달러였다는 사실 하나만으로도 상황을 충분히 짐작할 수 있으리라.

제작 측면에서 보자면, 1903년경부터는 원시적 실사를 벗어나 소극적이나마 필름이 제작되기에 이르렀는데, 그중에서도 〈미국 소방수의 생활(Life of an American Fireman)〉(조지 S. 플레밍·에드윈 S. 포터, 1903), 〈대열차강도(The Great Train Robbery)〉(에드윈 S. 포터, 1903) 등이 엄청난 성공을 거두었다. 그런데 이런 식의 제작을 위해 설비는 어떻게 마련되었으며 투자는 또 어떻게 이루어진 것일까. 물론 아직 촬영소는 존재하지 않았다. 야외에서 캔버스를 펼치고 간단한 배경을 만들어 날씨가 좋은 날에 자연광을 이용해 촬영하곤 했다. 세계 최초의 촬영소는 에디슨의 바이터스코프(Vitascope) 회사에 의해 세워졌는데, 그 편리함이 곧 인정되어 비슷한 형태의 촬영소가 몇 개 건설되었다. 흔히 '블랙 마리아(Black Maria)'라 불렸던 이 촬영소들은 매우 작은 규모의 글라스 스테이지(glass stage)에 지나지 않았다. 바이터스코프가 '블랙 마리아'를 짓는 데는 673달러 67센트가 들었는데, 여기에서 만들어진 필름의 제작비는 특작품[대작]이 150달러, 보통작품이 100달러 정도였다. 이와 같은 수치들은 모두 현재의 미국 영화 기업에 관련된 수치에서 0을 다섯 자리가량 떼어낸 것이다.

상영과 제작의 상태가 이러했기 때문에, 배급 측면도 극히 유치한 수준일 수밖에 없었다. 현재적 의미의 배급, 다시 말해 대여료를 받고 상설관에 프린트를 빌려주는 식의 제도는 아직 발달하지 못했다. 배급은 모두 필름 프린트를 팔아버리는 것이었으며, 이때에 필름은 제1급 작품이라 할지라도 150달러 정도밖에는 받지 못했다.

이 시기 다른 일반 산업에서의 자본주의 상황은 어떠했을까. 잘 알려진 것처럼 1800년대 말부터 대자본에 의한 거대산업이 속속 발흥, 급격하고도 강력하게 신장해왔다. 특히 미국·독일 등 여러 나라에서 이미 고도의 금융자본이 형성되어 트러스트화에 의한 기업의 통제까지 벌어지고 있었다. 그럼에도 불구하고 당시 그 누구도 영화를 하나의 기업으로, 투자의 대상으로 보지는 않았다. 영화가 아이들을 상대로 하는 저급한 구경거리로서 간주된 만큼, 은행가가 서커스나 사격장에 크게 투자하지 않는 것과 마찬가지로 영화에도 큰돈을 낼 이가 없었던 것이다. 다른 산업 부문과 비교하여 영화 기업은 완전히 뒤떨어진 특수 산업이었다.

영화가 자본주의적으로 발달하지 못했다는 사실은, 한편에서 영화가 자본주의적 이데올로기를 반영하지 않았음을 혹은 극히 근소하게만 반영했음을 의미한다. 부르주아지는 아직 영화 속에 잠재된 커다란 가능성을 알아채지 못했고, 따라서 경제적으로도, 이데올로기적인 선전을 위해서도 영화를 적극적이고 의식적으로 이용하려 들지 않았다. '추격물', '탐정물', '활극' 등의 시시한 오락영화가 만들어졌을 뿐이다.

1909~1914년에 미국영화 제작의 중심이 동부(뉴욕·시카고)에서 서부로 옮겨졌다. 이는 영화의 신시대를 여는 사건이었다.

미국의 거의 모든 촬영소가 캘리포니아 주 로스앤젤레스의 교외로 이주해왔다. 그리고 촬영소의 감독, 스타, 사무직원, 일용 노동자, 기술자 등이 할리우드라는 거대 도시를 형성했다. 이는 영화 기업 특히 영화 제작 사업의 급격한 팽창 및 경제적·기술적 독립을 의미하는 것이었다. 영화 제작 사업은 스스로의 목적을 위해 딱 맞는 토지를 선정하고, 스스로의 목적을 위해 딱 맞는 도시를 건설했다. 이를 위해 필요한 만큼의 자본을 획득하고 기술적 조건을 정복했다.

할리우드 이주를 계기로 영화 기업이 약진하기 시작했다는 것은 영화산업의 자본 형태가 한층 더 높은 단계로 변화했음을 의미하는데, 이는 필연적으로 종래 개인적 소자본의 몰락을 야기했다. 영화와 은행 자본의 결탁이 여기서 문제가 되었다.

초기 니켈로디언 경영자 중에서 사업적 수완이 있던 사람은 상영뿐 아니라 배급과 제작 방면에도 손을 뻗어, 이 시기에 이미 중소자본가로 성장해 있었다. 그러나 이들 중소자본가 중에서도 1909~1914년의 난관을 돌파해 영화 기업 자체의 진전과 보조를 같이할 수 있었던 이들만이 영화 제2기의 자본가로서 기반을 다질 수 있었다. 아돌프 주커(Adolph Zukor), 마커스 로(Marcus Loew), 윌리엄 폭스(William Fox), 칼 레믈리(Carl Laemmle) 등 현재 각 거대 회사의 사장 또는 중역 급에 있는 유대인들은 모두가 '활동대사진' 시대부터 성장한 이들이다.

영화사업과 은행자본 간 최초 접촉은 1912년 즈음부터 이루어졌다. 서부는 과연 영화 제작의 본고장이었는데, 가장 먼저 영화에 대부업을 시작한 것도 샌프란시스코 은행이었다. 이로부터 얼마 지나지 않아 영화의 기업적 유리함과 장래 가능성이 일반에게도 이해되기 시작했고, 쿤러브재단(Kuhn, Loeb & Co.)이 페이머스플레이어스사(Famous Players Film Company)에 1,000만 달러라는 거액의 대출을 승인했다. 이는 영화 기업이 발전하는 데 획기적인 사건이었다.

한편, 영화는 예술적·기술적 형식에서도 장족의 발전을 이루었다.

할리우드 이주 후, 처음으로 합리적 설계에 따라 촬영소가 건설되었다. 인공조명 사용이 고안되었고 카메라 기술도 개척되었다. '영화예술의 아버지'라 일컬어지는 D. W. 그리피스(David Wark Griffith)를 비롯한 천재적 영화제작자들(여기서 우리는 이미 찰리 채플린Charles Chaplin, 더글러스 페어뱅크스Douglas Fairbanks 같은 이름을 발견할 수 있다) 이 마침내 연극과 분리된 새로운 경지, 독자적 영화의 형식을 수립해갔다. 클로즈업·컷백·소프트포커스 등등의 기교, 그리고 몽타주의 마력이 순차적으로 발견되었다.

이때, 대전[제1차 세계대전]이 발발했다.

2) 제2기(1914~1925)

세계대전은, 말하자면 지구의 형태를 변화시켰다. 그것은 모든 나라의 정치적·경제적 정세에 결정적 변동을 초래했다.

이는 영화라는 한정된 범위에서도 마찬가지였다.

대전을 계기로 일어난 최대의 변화는 미국영화의 발흥이다.

제1기의 세계 영화계는 기업적으로나 예술적으로나 유럽영화가 군림하고 있었다. 특히 이탈리아·프랑스·독일의 영화가 그러했다. 미국영화도 발전을 거듭, 할리우드의 건설이나 상설관 망의 확대 등을 통해 국내적으로는 이미 확고한 지반을 굳히고 있었다. 그러나 국제적으로는 아직 큰 주목을 받지 못했다.

그런데 대전과 더불어 세계 경제에서 미국과 영국이 점하던 지위가 뒤바뀌었다. 미국은, 전쟁으로 인해 생산력을 빼앗긴 동시에 소비력은 몇 배나 늘어난 유럽 및 그 외 다른 지역의 나라들을 위한 식료품 생산 공장, 군수품 생산 공장이 되었다. 미국의 각종 산업이 급격하게 팽창했다. 1914~1918년 사이에 미국은 대외무역으로 30억 달러가 넘는 순익을 거두었다.

전 산업에 걸친 호황과 더불어, 제1기 말 영화 기업이 이미 풍부한 자본을 확보하고 충분한 기술적 기반을 닦은 것이 미국영화의 발전에 행운으로 작용했다. 미국 내 금융 활기는 영화에 대한 한층 더 대담한 투자를 불러왔다. 반면 전쟁에 전력을 다하느라 다른 것들을 돌아볼 여유가 없던 유럽 각국의 영화사업은 부진에 빠졌다. 그리하여 미국은 전 세계 영화시장을 쉽게 손에 넣었다.

1914년, 즉 대전이 발발한 해에는 지구상에서 상영된 필름의 90퍼센트가 프랑스영화였다. 하지만 1928년에는 그 85퍼센트가 미국영화였다(주).

주
"현재 영화사업은 철공업과 석유업에 이어 미국 제3위의 중요 산업이 되었다. 영화사업에 투자되는 총액은 대략 20억 달러라 산정되는데, 그중 5억 달러는 영화 제작 사업에, 15억 달러는 영화 극장 운영에 쓰이고 있다. 35만 명이 영화사업에 직접 관련되어 생활하고 있으며, 매년 50만 킬로미터의 필름이 소비되는데 여기에 필요한 은의 총합은 합중국 내에서 유통되는 은화의 양에 상응한다.
외국에 수출하는 필름은 연간 8만 킬로미터를 넘어서고, 그 대가는

7,500만 달러에 이른다. 미국 내 2만 1,000개 상설관을 찾는 관객은 연간 30억 명에 달하는데, 그들이 지불하는 입장료는 25억 달러가 넘는다."(이와사키 아키라, 「미국영화론アメリカ映畵論」)

미국영화가 이처럼 급격히 발전하게 된 토대는 1914~1918년에 이미 완성되었다. 그리하여 전쟁이 끝을 고할 무렵, 미국영화는 유럽영화들이 아무리 노력하고 경쟁하려 해도 뛰어넘을 수 없을 만큼의 세계적 세력으로서 견고하게 뿌리를 내리고 있었다. 대조적으로 유럽의 각 나라들은 미국영화의 침입을 저지하고 자국 필름의 멸망을 막기 위해 관세 장벽을 높인다든가 쿼터(quota)나 컨틴전트(contingent) 등 비율법(比率法)을 제정하는 식으로 간신히 명맥을 이어갔다.

제2기에서 더욱 주목해야 하는 변화는, 이 시기에 이르러 영화가 드디어 경제적·정치적 정세를 민감하게 반영하기 시작했다는 점이다. 이는 영화가 자본주의와 밀접하게 결부된다는 사실로부터 도출되는 필연적 결과인데, 선전·선동의 유력한 무기로서 영화의 역할이 분명하게 의식되기 시작한 것이다.

예를 들어, 대전 중 미국은 제국주의 부르주아지의 XX를 위해 전쟁에 참가하도록 요구받았다. 그러자 수많은 반독(反獨) 전쟁영화가 만들어졌고, 여기에 기만당한 몇백만의 프롤레타리아트·소시민·대학생 등이 전쟁터로 끌려갔다.

또한 새로운 단계에 진입한 미국 제국주의를 확고히 하기 위해, '자유'·'정의' 같은 이전까지의 민주주의적 슬로건 대신 애국적 편견을 고취할 필요가 있었다. 이는 미국과 같은 이민 국가에서 특히 중요한 것이었다. 이를 위해 모든 영화 속에서 성조기의 존엄이나 미국 제일주의 따위가 반복적으로 설교되었고, 이는 소위 '100퍼센트'의 미국인을 양성했다.

이러한 경향은 대전이 한창일 무렵 가장 심했다. 미국영화는 독일에 대항하는 모든 교전국에서 상영되면서 제국 XXXX를 합리화했다.

영화를 통한 부르주아지의 선전·선동은 물론 독일에서도 벌어졌다. 그러나 독일에서의 선전·선동은 주로 전후(戰後)에 이루어졌다. 다시 말해, 사회민주당(SPD)이 철저하게 반동화해 1918년 11월 프롤레타리아 XX를 흉포한 반혁명의 폭력으로 억압하고, 이어서 중앙당(Zentrum)·나치(Nazi, 국수사회당) 등과 공동 전선을 펼치며 공산당(KPD)을 부서뜨리려 한 시기에 이데올로기 투쟁의 무기로서 영화가 특히 적극적으로 활용되었던 것이다.

프리드리히 대왕(Friedrich II)의 전기에서 제목을 빌려 프로이센의 부흥을 설파하는 것, 제정이 꽃을 피웠을 무렵의 군국주의적 이야기를 통해 '세계에서 으뜸가는 독일국'을 제창하는 것, 나아가 비스마르크(Otto von Bismarck) 및 힌덴부르크(Paul von Hindenburg)의 공적을 칭송하는 것 등등 독일에서는 반동 영화의 홍수가 일어났다. 현(現) 나치 수장 중 하나인 후겐베르크(Alfred Hugenberg)가 독일 최대의 영화회사 우파(UFA: Universum Film AG)의 대주주이며 사실상의 소유주라는 사실만 보더라도 독일에서 정치와 영화가 불가분한 관계라는 것을 충분히 짐작할 수 있으리라.

이처럼 지배계급이 의식적으로 영화를 선전·선동의 도구로 사용하면서, 영화의 계급적 성질이 노골적으로 드러나게 되었다. 그러나 이 같은 사실은 영화 자본주의의 새로운 발전과 밀접하게 관련시켰을 때에만 비로소 이해될 수 있을 것이다.

앞서 말한 바와 같이, 1912년 즈음부터 싹튼 영화 기업의 대자본화, 즉 영화산업과 은행자본의 결합은 대전을 통해 미국의 전 산업이 호황을 맞게 되면서 미국뿐만 아니라 다른 자본주의 나라들에서도 크게 촉진되었다. 미국 영화계에만 국한시켜보더라도 영화 제2기의 종반, 다시 말해 1925년 즈음에는 이미 20억 달러의 투자가 이루어졌는데, 이는 생산 부문의 다른 거대 산업과 비교해도 손색없을 정도였다.

영화의 대자본주의화는 투자 총액의 증대뿐 아니라 기업의 집중화라는 형태를 띠며 나타났다.

무엇보다 먼저, 각 지방의 상설관들 사이에 매수·합동·제휴 등이 성행해 소위 시어터 체인(theater chain)이라는 것이 성립되었다. 이름에서 알 수 있듯이 시어터 체인은 상설관들이 경영상의 연계 내지는 합동을 통해 단결, 제작회사와 배급회사에 대항하면서 상설관끼리의 이익 도모를 목적으로 했다. 한편, 제작회사들 사이에도 격렬한 자유 경쟁이 벌어졌고 그 결과 소규모 회사들은 파산하거나 대규모 회사에 매수·합동되었다. 많은 소자본 회사를 대신해 소수의 거대 회사만 살아남게 되었는데, 이들 거대 회사는 수평적 기업 결합뿐만 아니라 배급 기관도 지배할 필요가 있었다. 따라서 배급회사와 수직적 기업 결합을 구성했고 더 나아가 상설관 망까지 직접 통제하기에 이르렀다. 요컨대 기업의 집중화는 극소수 거대 회사만의 존립을 허락하는 것이었고, 거대 회사는 제작·배급·상영의 세 부문을 모두 종합해 하나의 조직으로 하는 트러스트의 형태를 띠게 되었다.

유럽 영화계에서 가장 앞선 기업 형태를 갖춘 것은 독일이다. 대전 탓에 이 나라의 영화사업도 한동안은 심한 부진, 좌절의 상태였다. 하지만 평화를 회복하면서 다시금 영화 제작이 활발해졌다. [독일은] 재정적으로는 여전히 궁핍했으나 때마다 미국의 자본으로부터 지원을 받아, 이에 침식되면서도 일단 수치상으로는 미국에 이어 세계 제2의 영화국 위치를 점하고 있었다.

물론 독일에서도 영화 자본주의의 발달은 상당히 높은 수준에서 진행되었다. 우파의 경우는 데클라(Decla-Film), 비오스코프(Deutsche Bioscop GmbH), 유니온(PAGU: Projektions Union) 등의 제작회사 간 합병에 의해 대자본을 소유하고 있었으며, 제작·배급·상영 기관도 한손에 쥐고 있다. 우파와 더불어 에멜카(Emelka: Münchner Lichtspielkunst AG) 콘체른 역시 독일의 대표적 영화사업 트러스트다.

이 시기 영화 자본주의의 특징이 대작주의와 스타 시스템이라는 것은 주지의 사실이다. 이는 특히 미국에서 가장 극단적인 형태로 나타났는데, 〈벤허(Ben-Hur: A Tale of the Christ)〉(프레드 니블로 외, 1925), 〈십계(The Ten Commandments)〉(세실 데밀, 1923), 〈빅 퍼레이드(The Big Parade)〉(킹 비더, 1925), 〈바그다드의 도적(The Thief of Bagdad)〉(라울 월시, 1924) 등 수백만 달러를 들인 대작이 잇달아 제작되면서 주급 수천 달러를 받으며 굉장한 저택에서 호사스럽게 생활하는 남녀 스타들이 펑펑 제조되었다.

한편, 이 시기의 자본주의는 영화의 형식내용을 어떻게 결정했는가.

그중 가장 주목할 것으로 1) 대작주의는 공허한 내용에 거액의 제작비를 어떻게 투입해야 하는지 규정했다. 이 때문에 쓸데없이 호화찬란한 영화들이 만들어진바, 한동안 유행했던 시대극 같은 것이 그 대표적 사례다. 2) 이를 위해 대부르주아지의 소비 생활이 거의 모든 영화의 제재가 되었다. 여기에는 부르주아지의 취미와 이데올로기를 소시민에게 선전하려는 목적도 있었다. 3) 부르주아적으로 세련되고, 풍류를 알며, 그러면서도 약간은 허무적이고 냉소적인 면도 보이는 식으로, 부르주아 몰락의 심리적 이데올로기가 절실하게 반영된 '소피스트화(sophistication)'가 이루어졌다. 4) 영화 특유의, 영화 속에서밖에 존재할 수 없는 로맨티시즘이 나타났다. 이는 회사원적[화이트칼라] 러브 인터레스트(love interest)로서, 소시민의 채워지지 않는 감정에 대한 속임 수였다. 5) 영화적 로맨티시즘에 질려갈 무렵 에로틱이 불려온다. 건강 하고 쾌활한 에로틱이 아니라 몰락한 계급의 부패한 에로틱. 충족되 지 못한 채 억압된 욕망만 느껴지는 에로틱. 이는 스타 시스템 및 여기 에 관여하는 팬의 성적 페티시즘과 분리해 생각할 수 없다. 6) 전쟁영화 7) 식민지를 억압하기 위한 선전영화 8) 노자(勞資) 협조 영화 9) 종교 영화 등등.

이 모든 것이 생산을 지배하고 있던 부르주아지의 이익을 위해 만 들어진 선전영화임은 말할 필요도 없다. 그러나 동시에 이들 영화는 기 업적으로도 부르주아지에게 최대한의 이윤을 가져다주어야만 했다. 되 도록 많은 사람이 보고 즐길 수 있게끔 속임수를 써서 가능한 한 많은 지갑에서 관람료를 꾀어내는 것이 이들 영화의 목표였다. 이렇게 부르주 아 영화의 흥행 가치라는 것이 결정되면, 어떠한 작품도 그 굴레로부터 벗어날 수 없게 된다.

이러한 부르주아 영화의 상업주의에 대해 소시민적 반항이 미약하 게나마 존재한다. 유럽 주로 독일·프랑스·영국 등에서 발견되는 아마추 어적인, 소위 아방가르드 영화에 말이다.

영화사 제2기에 세계 자본주의는 이미 현격한 몰락의 경향을 드러 냈다. 대중적 실업, 첨예화하는 계급 간 대립, 소비에트동맹의 강건한 건 설과 발전이 가하는 외부적 위협. 영화는 이 같은 사회적 정황을 민감 하게 반영한다. 부르주아 촬영소에서 생산된 상업영화에서도 몰락 계급 의 고민은 명백하게 표현된다. 무르나우(Friedrich Wilhelm Murnau)나 채플린 등 부르주아 영화예술의 대표자들은 영화 지상주의 내지는 니 힐리즘을 통해 빠져나갈 구멍을 찾고 있다. 한편, 소위 프롤레타리아 영 화가 일시적으로 유행하는 현상도 이상(以上)의 사정과 연관 지어 생각해야만 한다. 소비에트동맹이 자본주의 나라들로부터 정치적으로나 사회적으로 공포의 표적이 된 것과 마찬가지로, 소비에트영화 역시 자본주의 영화의 엄청난 방어와 방해에도 불구하고 세계에서 지도적 기반을 확보했다. 영화사 제2기의 초기에는 미국이, 중기에는 독일이 영화계의 첨단을 달렸다. 그러나 말기에 이르러서는 소비에트영화가 그 지위를 빼앗았다. 소비에트영화는 기술적으로도 부르주아 영화를 뛰어넘었으며, 부르주아 영화에 영향을 끼치는 데까지 성장했다. 미국은, 일찍이 유럽으로부터 루비치(Ernst Lubitsch)나 무르나우를 불러들였던 것처럼, 지금 예이젠시테인(Sergei Mikhailovich Eisenstein)을 할리우드로 초빙해 한 수 배우려 한다.

3) 제3기(1926~1930)

　1926년부터 현재에 이르는 영화사 제3기는 표면적으로 보아 토키의 시대다. 그러나 이는 결코 필름에 음향이 부여되었다거나 스크린이 언어를 가지게 되었다고 하는 기술적 사실만을 의미하지 않는다. 토키의 발명 및 발달이 영화의 예술적 형태에 혁명적 변화를 가져왔다는 것은 더 말할 필요도 없다. 그러나 이를 기준으로 영화사 제3기를 제2기와 대립시켜서는 안 된다. 우리는 오히려 토키와 이에 수반하는 영화 기업 형태의 급격한 변화, 나아가 영화 기업에서 드러나는 자본주의 제3기의 일반적 특징에 주의를 기울이지 않으면 안 된다.

　1926년부터 1929년 가을까지, 세계의 자본주의는 개별적 예외를 제외하고 대체적으로는 상대적 안정을 유지할 수 있었다. 이는 특히 미국 자본주의의 부단한 진전으로 나타났는데, 미국에서는 중공업과 농업 그리고 그 외의 중요 산업 전면에 걸쳐서 생산 지수가 견실하게 향상됐다. 후버(Herbert Hoover) 대통령의 취임과 더불어 금융자본이 정치 실권에 적극적으로 참여하면서 엄청난 호경기가 찾아왔다. 이른바 '영원한 번영', '만인을 위한 번영'이라는 식의 환상이 부르주아 경제학자들에 의해 날조되었다. 기업의 독점 형성과 산업 합리화에 의해, 프롤레타리아트의 희생 위에서 간신히 수립된 자본주의 최후의 꽃이 바로 그 '번영'이라는 사실은 가려졌다. 1929년 10월 월가로부터 확산된 미국의 공황과 이어서 야기된 세계공황이 그 같은 환상과 기만의 본체를 현실적으로 폭로해 보여줄 때까지 말이다.

이러한 자본주의의 추이는 영화 기업의 발전에서도 완벽하게 병행하는 형태로 드러났다. 프랑스를 제외한 모든 나라에서(주), 영화 기업에 관련한 이런저런 수치는 이전부터 계속된 자본주의적 성장을 나타냈다. 투자 금액이 확대되었으며, 트러스트화와 카스텔화가 두드러졌다. 그러나 종국에는 공황의 타격을 입게 되었다. 독일에서는 만성적 공황이라는 형태를 띠었고, 미국에서는 급격하고 돌발적으로 공황이 도래했다는 식으로 차이는 있지만 말이다.

주
─
프랑스의 영화사업은 근년 계속 침체 중이다. 1929년 프랑스에서 제작된 영화는 겨우 52편에 불과했는데, 이는 전년에 대비해 현격한 생산 감소를 드러낸다.

1926년 8월, 뉴욕의 워너극장(Warner Theatre)에서 존 배리모어(John Barrymore) 주연의 〈돈 주앙(Don Juan)〉(앨런 크로스랜드, 1926)이 세계 최초로 바이타폰(vitaphone)을 이용해 공개되었다. 이것이 토키의 기원이다.

영화사에서 시각과 청각을 결합하려는 시도는 이미 그 이전부터 몇 번이고 있던바, 바이타폰이 공개될 때에도 일반적 예술가 및 기업가의 태도는 꽤나 회의적이었다. 무성영화를 보고 자랐고 무성영화에 익숙해져 있던 영화비평가·미학자들이 토키를 이단시하고 벌레 보듯 했으리라는 것은 말할 필요도 없는데, 그보다 문제는 토키가 과연 일반 영화 관객의 취미에 부합할지 어떨지, 이를 통해 기업으로서 채산을 맞춰갈 수 있을지 없을지 하는 것이었다. 이런 관점에서 〈돈 주앙〉의 공개에 토키의 모든 운명이 걸려 있었다.

결과는 워너브라더스(Warner Bros.)를 비롯해 토키에 주목했던 아메리카 자본가들을 향해 미소 지었다. 천편일률적 미국영화에 질려 스크린을 외면하려 했던 관객들은 일단 신기한 것, 색다른 것을 발견했고 토키에 몰려들었다. 토키는 순식간에 미국을 정복했고 유럽으로 진출했으며 동양에도 침입해 들어갔다. 지금은 영화라고 하면 토키를 의미하는데, 무성영화는 이제 역사적 골동품이다.

그러나 우리는 이 같은 토키의 발생과 융성을 하나의 우발적이고 돌발적인 사건으로 간주해서는 안 된다. 이 자세한 사정에 대해서는 내가 이미 구고(舊稿) 「경제적 측면(經濟的側面)」(이와사키 아키라, 『영화예술사』, 175쪽)에서 논한 바 있으므로 여기서는 생략하고자 한다. 다만, 토키의 발생과 융성은 영화 기업의 경제적 궁지와 눈앞에 닥친 공황을 회피하려던 각국의 노력이 필연적으로 야기한 결과이며 따라서 기술적·예술적 관점만으로는 절대 이해될 수 없고 경제적 측면에서 살펴보았을 때야 비로소 충분하게 설명될 수 있다는 점, 이 하나만은 재차 언급해두겠다.

영화사 제2기가 끝날 무렵 이미 영화 자본주의가 상당히 높은 수준에 도달해 금융자본과의 결합, 자본의 집중화 내지는 기업의 독점화가 이루어지기 시작했다는 것은 이미 밝힌 바대로다. 이는 한편에서는 토키를 불러온 배경이 되지만 다른 한편에서는 토키에 의해 한층 더 급격하게 촉진된 상황이기도 하다.

발성영화의 기술적 기초를 이루는 기계 설비가 얼마나 복잡하고 고가의 것인지는 이제 모르는 사람이 없다. 발성영화를 제작하기 위해서는 종래의 촬영소를 폐기 혹은 개조해 사운드-프루프(sound-proof)의 발성 촬영소를 건설해야 한다. 여기에는 조명 시스템의 전면적 변경과 더불어 전기장치 및 녹음장치의 완비도 요구된다. 또한 발성영화 상영을 위해 종래의 상설관들은 발성 영사기를 갖추지 않으면 안 된다. 발성 촬영소를 건설하는 데에는 최소 30만~250만 달러가 필요하며 (주), 상설관에서 발성영화를 재생하기 위해서는 기계 값만 적어도 1만~3만 달러가 든다. 기계적 설비 이외에도, 발성 기술의 특허권 사용에 대해 전기회사에 라이선스료를 지급해야 하며 인건비도 더 늘어난다. 1928~1929년 단 2년 사이에 토키를 위해 새롭게 투자된 자본은 미국만 보더라도 5억 달러가 넘는데, [전 세계] 도합 30억 달러에 가까운 대자본이 영화사업에 투입되었다.

주

1929년 단 1년 동안 미국의 제작회사들이 사운드 스테이지(sound stage) 건설에 투입한 금액은 다음과 같은 놀라운 수치를 기록했다.

폭스	2,400,000달러
R.K.O.	2,000,000달러
유니버설	1,500,000달러
퍼스트 내셔널	500,000달러
워너(서부)	700,000달러
워너(동부)	300,000달러
빅터 크리스티	400,000달러
파테	300,000달러

또한 같은 해 동안 상설관을 신축 및 개축하는 데에는 1억 6,500달러가
투자되었다.

영화사업의 급격한 확장은 영화자본가가 자력으로 이룰 수 있는
범위를 한참 넘어서는 것이었다. 여기서는 다른 기업(전기사업, 라디오
사업)으로부터 보조를 받는 것과 금융재단에 결합되어 그 통제를 받는
것, 이 두 갈래의 길밖에 없었다.

앞서 말했듯, 이즈음 영화사업에 대한 재정적 신용은 이미 확립되
어 있었다. 부르주아지는 영화를 통해 이윤 추구와 이데올로기적 선전
이라는 이중의 욕망을 채울 수 있다는 것을 이해하고 있었다. 금융자본
은 기회를 놓치지 않고 기꺼이 영화에 투자했으며, 증권을 발행해 막대
한 이익을 거두는 동시에 영화회사의 지배권도 손아귀에 넣고자 했다.

여기서 파라마운트와 쿤러브재단의 관계를 다시 거론할 필요는 없
을 것이다. 이와 거의 비슷한 형태로 각국의 거대 영화회사들은 모두 배
후의 금융자본에 기대고 있는데, 예컨대 워너브라더스는 골드만삭스
(Goldman Sachs)에, 폭스는 핼시스튜어트(Halsey, Stuart & Co.)를 거쳐
다시 쿤러브에, R.K.O는 제너럴일렉트릭(General Electric)을 통해 모건
(J.P. Morgan & Co.)에 각각 기대고 있다. 마찬가지로 독일의 우파는 후
겐베르크재단의 재정적 지배하에 있다. 이 밖에도 영화사업에 지속적으
로 투자하는 금융업자들로는 블레어(Blair & Co.), 딜런리드(Dillon, Read
& Co.), 셸든, 뱅크오브아메리카(Bank of America) 등을 꼽을 수 있다.

영화의 토키화는 이처럼 금융업자들의 적극적 참여를 통해 비로소
가능해졌는데, 결과적으로 영화사업을 한층 더 높은 자본주의 단계, 다
시 말해 현격한 집중화 및 독점화의 경향으로 이끌었다. 이는 다른 산
업 부문(주로 전기 공업)과 수직적 기업 결합의 모양새를 띠기도 했고,

한편에서는 영화사업자 간 합동 및 매수 같은 수평적 기업 결합의 모양새를 띠기도 했다.

발성기술의 도입은 영화사업에 엄청나게 과도한 고정자본을 요구했다. 더불어 제작비도 팽창했다(주). 이 같은 상황에서 개인적 중소기업의 존속은 더 이상 허용되지 않았다. 중소기업들은 속속 몰락하거나 대자본에 흡수되었다. 유나이티드아티스츠(United Artists)와 파테(American Pathé) 등이 쇠퇴하고, 퍼스트내셔널(First National Pictures)과 메트로-골드윈-메이어(Metro-Goldwyn-Mayer)의 지배권이 각각 워너브라더스와 폭스에 넘어간 사실이 사정을 잘 말해준다.

주
토키가 가져온 고정자본의 확대는 다음 표를 통해 살펴볼 수 있다(1928년).

	총자산	고정자산 (천 달러)
파라마운트	170,631	117,156
워너	167,189	110,870
폭스필름	74,003	28,361
폭스시어터	39,361	30,980
로서킷	124,223	76,291

파라마운트의 총자산 1억 7,000만 달러 중에서 1억 1,700만 달러가, 워너는 1억 6,700만 달러 중에서 1억 1,000만 달러가, 폭스는 2억 3,000만 달러 중에서 1억 3,000만 달러가 고정자산이다.[3]

토키의 촬영비 증가에 대해서는 무성영화에 비해 보통 2배의 수치가 인정된다. 로스앤젤레스상공회의소의 조사에 따르면, 최근 1년간 만들어진

영화 100편의 제작비는 3,000만 달러이고, 1편당 평균 30만 달러다. 미국 주요 영화회사의 제작비는 다음 표에서 알 수 있다.

	1930년	1931년 (달러)
폭스	13,000,000	20,000,000
R.K.O	12,000,000	20,000,000
워너	15,000,000	17,500,000
퍼스트내셔널	12,000,000	17,500,000
파라마운트	15,000,000	–
M.G.M	13,000,000	–
유니버설	12,000,000	12,000,000

이를 인건비 측면에서 살펴보면, 1929년에 촬영소 종업원은 29퍼센트 증가했고 할리우드에서 지급되는 급료는 1주당 평균 130만 달러로 상승한다.

영화 기업 간 결합의 가장 초보적이고 오래된 형태로는 제작·배급·흥행 3개 부문의 결합을 들 수 있다. 먼저 비교적 소규모의 제작자들, 그리고 제작회사의 작품을 배급하던 전문 배급회사(일례로 P.D.C.[Producers Distributing Corporation])들이 다수 사라졌다. 개인 제작자 및 소자본의 몰락과 더불어 제작과 배급 과정이 합쳐지자, 제작회사는 상설관을 상대로 직접 배급에 착수했다. 배급을 유리하게 진행하기 위해서는 무엇보다 상설관도 직접 지배할 필요가 있었던 것이다. 영화사업에서는 공급 과잉의 경향이 쉽게 나타날 수 있기 때문에, 자유경쟁은 반드시 제작배급업자에게 불리하게 작용하고 영화 가격(대여요

---

3   로서킷(Loew's Circuit)은 MGM 사장 마커스 로의 극장 체인을 일컫는다. 본문에서 언급되는바, 그 지배권이 폭스에 이양되었으므로 저자가 언급하는 폭스의 총자산 및 고정자산은 폭스필름, 폭스시어터, 로우서킷 3사의 금액을 합한 것이다.

금)의 저하를 초래한다. 그래서 제작배급사는 가능한 한 다수의 상설관을 손에 넣어 직접 관리하거나 제휴를 도모하는 것이다. 현재 대기업으로 성장한 제작배급사들은 모두 예외 없이 거대한 상설관 망(체인 내지 서킷)을 소유하고 있다. 예컨대, 파라마운트의 퍼블릭스극장회사(Paramount Publix Corporation), 폭스의 폭스극장회사, R.K.O의 R.K.O 배급회사, 워너브라더스의 스탠리회사(Stanley Corporation) 등 대기업들은 각각의 흥행회사를 자회사로 따로 설립하거나 매수해놓고 있다(주).

주

미국 전역에 걸쳐 파라마운트 계열 극장은 약 1,200개, 폭스 계열은 1,100개, R.K.O 계열과 워너브라더스 계열은 각각 700개에 달한다.

이러한 수직적 결합은 토키 발생 이래 새로운 국면으로 전개되었다. 영화 이외 산업과의 트러스트 형성 말이다. 원래 토키의 기술적 토대가 되는 발명은 거의 모두 제너럴일렉트릭, 웨스턴일렉트릭(Western Electric), 아에게(AEG: Allgemeine Elektricitäts-Gesellschaft AG) 등의 거대 전기회사가 특허를 가지고 있는 것으로, 영화회사는 모두가 각각의 전기회사에 나름의 수수료를 지불하고 특허권을 빌려 토키를 제작한다. 따라서 밀접한 관계에 있던 전기사업과 영화사업이 다른 산업 부문보다 먼저 자본적으로 결합하게 되었다. 이를 대표하는 실례가 R.K.O 영화회사와 제너럴일렉트릭, 폭스와 웨스턴일렉트릭, 워너와 아에게 등의 관계다. 라디오회사, 축음기회사와의 결합도 순차적으로 진행 중이다.

반면 영화회사끼리의 수평적 결합은 대부분 완전한 매수 혹은 합동에 의해 새로운 회사 조직을 창설하는 것으로 이어진다. 현재 존속하는 거의 모든 대형 회사들이 이렇게 설립되었는데, 최근 눈에 띄는 사건으로 워너브라더스가 퍼스트내셔널을, 폭스가 M.G.M을 통제 밑에 둔 것은 앞서 말한 대로다. 또한 윌 헤이스(Will Hays) 하에서 미국영화 대자본의 이익을 대표해 결성된 MPPDA(Motion Picture Producers and Distributors of America, 미국영화제작배급협회) 같은 것도 일종의 변칙적인 수평 트러스트라 간주할 수 있다.

지금까지 고도 자본주의화 하는 영화 기업의 개별적 특징에 대해 살펴보았다. 영화의 고도 자본주의화는, 1929년 10월 이래 세계공황에 의해 더욱 가속화되었다. 영화 기업에서는 공황의 직접적 타격이 비교적 작았다고 일컬어지기도 하는데, 주가 폭락이나 전반적 불경기의 영향은 1930년대 들어 영화 기업 통계를 통해 명백히 드러날 것이다. 이것이 현실적으로는, 지금까지 개인 자본적 색채를 가장 농후하게 띠었던 폭스 영화사가 금융자본의 완전한 먹이로 전락하고 말았다는 사실로서 드러나고 있다.

그럼에도 불구하고 영화 자본주의의, 생산과 시장 사이에 가로 놓여 있는 모순은 어떠한 노력으로도 결코 해소될 수 없을 것이다. 최근의 외신 보고에 따르면, 파라마운트·폭스·워너·R.K.O 소위 빅 4가 서로 상설관 풀을 형성해 자유 경쟁을 지양하고 4사 도합 4,000개 상설관 망을 분할하는 협정을 한창 교섭 중이라고 한다. 그러나 공황의 진짜 원인이 피상적 부분이 아니라 자본주의 자체의 내적 모순에 있는 이상, 가령 프롤레타리아트에 대한 한층 강력한 착취를 통해 ─한편으로는 영화 종업원에게 부과하는 노동을 강화시킴으로써, 다른 한편으로는 영화 관객에게 지우는 재정적 부담을 가중시킴으로써─ 그 명맥이 얼마간 유지될 수 있다 하더라도, 부르주아 영화 기업의 앞길은 이미 완전하게 막혀 있다.

─『키네마 순보(キネマ旬報)』

제2장 미국영화론

1

현대의 문화에 관심을 가지는 한, 우리는 미국을 도외시할 수 없다. 현대의 미국에 주목하는 한, 우리는 미국영화를 무시할 수 없다. 우리는 이러한 의미에서 미국영화를 연구한다. 그러나 미국영화를 연구한다는 것은 단지 영화만을 분리해 촬영소나 극장, 감독이나 배우의 급료, 여배우의 다리를 연구하는 게 결코 아니다. 미국영화 연구는 미국의 문화를, 경제를, 인간을, 계급을 연구하는 것이 아니면 안 된다.

이런 까닭에 양심적으로 말해서 총괄적 미국영화론을 기술하기란 실로 어렵다. 여기에는 해박한 지식과 방대한 에너지가 요구된다. 유감스럽게도 현재의 나는 충분한 자신을 가지고 여기에 응할 만큼의 여유가 없다. 시간적으로도, 정신적으로도.

하지만 미국의 영화를, 그 자본주의를, 그 사회적 영향력을 연구하는 것은 우리의 입장에서 절대적으로 필요하다. 이는 더 말할 것도 없다. 따라서 나는 나의 시간과 정력이 허락하는 한 가까운 기회에 이를 수행할 작정이다.

이하의 단편적이고 수필적인 미국영화론에 내가 만족하지 않고 있음을 밝히며 본론에 들어가기로 한다.

2

일찍이 영국인들이 해가 지지 않는 나라라며 존 불(John Bull) 제국을 과시했던 것처럼, 지금 미국인들은 세계가 미국을 중심으로 돌고 있다고 믿고 있다. 사실 부르주아지에 관한 한, 지구는 미국을 중심으로 회전하고 있다. 자본주의 제3기의 명이 다했음을 알리는 징후들, 월가의 금융공황이나 전국의 600만 실업자 등등 미국을 진단하며 경제학자들은 고개를 갸웃한다. 그럼에도 불구하고 양키 제국주의의 왕좌는 여전히 흔들리지 않는 듯 보인다. 이른바 '도도한 아메리카니즘의 물결'은 지구상 모든 대륙의 해안가를 강타하고 있다.

19세기 초 구 유럽 열강이 식민지 개척을 위해 동양에 제국주의적 침략의 촉수를 뻗었을 때, 그 선봉에 기독교가 있었다. 선교사는 군함보다도 먼저 진격했고, 포격을 위한 구실을 제공하기 위해 학살되는 것이 상례였다. 그러나 현대에 들어서는, 미국영화가 미국의 세계 정복을 위한 전초를 담당한다. 영화를 현대의 종교라는 식으로 말하는 것은 타당하다. 영화와 종교 양자는 각각의 시대에 지배계급을 위해 피압박 계급 내지 민족에 아편의 역할을 하기 때문이다.

전 세계 영화 기업에 투자되는 금액은 대략 30억 달러라고 일컬어진다. 그중에서 약 70퍼센트는 미국영화에 투자되고 있다. 세계 필름[영화]의 약 85퍼센트가 미국에서 생산되는데, 이것이 지구상의 거의 모든 구석구석, 사막이나 깊은 숲 속까지도 운반되어 미국의 존엄, 미국의 우위, 미국적 취미를 선전한다. 뉴욕의 5번가 혹은 할리우드 불러바드(Hollywod Boulevard)의 풍속은 눈 깜짝할 새 긴자에서 유행되기도 하고, 아프리카 추장의 복장이 되기도 한다. 이게 단지 치마의 길이, 밀짚모자의 모양에 국한되는 것이라면 그리 큰 문제가 아닐 수 있다. 그러나 문제는 거기에 그치지 않는다. 영화는, 영화에 의해 전파되어버린 아메리카니즘은 인간의 사고방식을 결정하고 이데올로기의 성격에까지 영향을 주기 때문이다.

3

미국영화를 자본주의와 분리해 고찰한다는 것은 일면적이며 나아가 불가능하다.

그래서 나는 먼저 간단하게나마 미국영화에서의 자본주의, 그 성장 및 발달 과정에 대해 스케치하고자 한다.

영화 기업은 다른 전면적 산업에 비해 한참 뒤늦게 발달하기 시작했다고 할 수 있다. 그러나 현재는 영화 기업이 다른 산업의 발전을 충분히 따라잡았고, 이와 보조를 같이하면서 긴밀하게 연결되고 있다. 따라서 영화 자본주의에 대한 연구의 근간에는 미국의 모든 산업, 모든 금융에 대한 깊은 지식이 전제되지 않으면 안 된다.

미국의 영화사업이 개인적 소자본·중자본 사업에서 점차 팽창하여 산업자본과 제휴하고 마침내 현재와 같은 금융자본의 시대에 도달하기까지의 과정은, 미국의 다른 산업 부문 즉 석유·철·통조림 등등의 발전 단계와 여지없이 연관·조응된다. 예컨대 초기의 영화 제작은 극장 경영 사업에 박차를 가함으로써 촉진되었고, 최근의 토키 발달은 전기 사업의 지도와 원조 하에 비로소 가능하게 된 것이다.

하지만 이들 관계를 상세하게 조사하고, 자료를 수집·정리해 계통적으로 미국영화를 편집할 만큼의 시간이 지금의 나에게는 없다. 의지는 상당한데도 말이다. 따라서 앞으로 내가 전개할 내용에는 은근히 상식적이고 너무 개념적이며 역사적 구체성이 결여된 부분이 있을지도 모르겠다. 일단은 근본적 관점이나 역사 기술의 방법에서 큰 잘못을 저지르지 않는 것을 목표로 하고 있다.

4

장 엡스탱(Jean Epstein)은 다음과 같이 언급한 적이 있다.

"내가 보기에 시네마는 샴쌍생아와 같다. 샴쌍생아는 배 부분이 생존을 위한 하등(下等)의 필요에 의해 붙어 있는데, 심장 부분은 정서(情緖)라는 고등의 필요에 의해 분리되어 있다. 이 쌍생아의 형 쪽이 영화예술이고, 동생 쪽이 영화 기업이다."

그는 이처럼 교묘한 비유로 영화에서 '예술'과 '기업'의 관계를 설명한다.

하지만 우리 모두 아는바, 영화가 발생한 최초의 시기에 그것은 결코 '예술'이 아니었다. 영화는 '발명'이었고 그러한 '발명'을 이용해 돈을 벌 수 있다는 면에서 '기업'이었다.

'영화'가 아닌 단순한 기계적 현상, 즉 활동사진의 발명에 대해서는 지금 여기서 따로 언급하지 않기로 한다.

다만, 영화의 기술적 발전에 초석을 놓은 사람 중 하나인 키르허가 유명한 라테르나 마지카를 고안한 배경에 이를 통해 천사나 정령·악마 따위의 종교적 환상을 우매한 필부필녀의 눈앞에 제시함으로써 신앙심을 확보하려는 의도가 있었다는 사실(1602년). 머이브리지를 1877년의 역사적 실험으로 이끈 것은 캘리포니아 부르주아 경마광들의 주정과 도박벽이었다는 사실. 요컨대 영화가 심지어 그 태동기부터 이미 지배계급에 의해 이용되었다는 명백한 사실에 대해서는 주목해두자.

10~20미터 길이의 활동사진이 도회지의 번화가나 시골의 축제 등을 순회하며 영사되기 시작한 것은 1890년대로 거슬러 올라갈 수 있다. 그러나 작은 집(문자 그대로 '작은 집[小屋: 창고 또는 가건물이라는 의미로도 쓰임]'이었다)에서 지속적으로 상영되며 일반의 볼거리를 흡수하기 시작한 것은 미국의 경우 1900년대 초반이었다. 초라한 창고를 개조한, 동전 한 닢으로 구경할 수 있는 예술의 전당은 니켈로디언이라 불렸다. 현재 영화자본가로서 중역을 담당하는 사람 거의 대부분이 과거에 니켈

로디언을 경영했다. 그들은 5전의 입장료를 차곡차곡 모으는 것부터 출발했다.

다시 말해 1900년대 초반의 영화업자들은 극히 개인적 소자본 경영자들뿐이었다. 그들은 약국(drugstore)을 여는 10분의 1 자본으로 니켈로디언을 열었다. 300~400달러의 자금이 있으면 상설관 하나를 경영할 수 있었다. 영사기는 한 대에 75~95달러밖에 되지 않았다.

한 사람당 5전짜리 구경거리는 당시로서 꽤나 큰 수익을 올렸다. 이 때문에 무언가 새로운 사업을 찾아 헤매던 신대륙의 진취적 소상인들은 앞다퉈 니켈로디언을 경영했다. 미국 내의 모든 도시에, 도시의 모든 거리에 니켈로디언이 들어섰다. 이것이 현재 미국 제3위의 산업이라 일컬어지는 영화 기업의 맹아였다.

대다수 니켈로디언에서 새로운 필름이 끊이지 않고 상영되었다. 이는 필름에 대한 엄청난 수요를 형성했고, 이로써 필름의 대량생산이라는 상업적 가능성이 열렸다.

이 시대의 필름들은 주로 '대통령 후보 맥킨리(William McKinley)가 오하이오의 자택 계단을 오르는' 순간이나 '급행열차가 커브를 도는' 순간을 실사로 촬영한 것, 아니면 이른바 '추격물(chase picture)'이었다. 가령 어떤 남자가 사다리 위에서 페인트를 칠하고 있거나 창을 닦고 있을 때, 누군가가 마침 그 밑을 지나간다. 이 사람이 사다리를 차 넘어뜨리고 도망간다. 페인트칠을 하던 남자가 그를 쫓아간다. 그 뒤를 경찰이 쫓는다. 이어 개와 고양이와 어린아이 등이 그 뒤를 쫓아간다. 모든 필름이 이처럼 사소한 것들뿐이었다. 물론 은근하게 내면적 흥미를 일으키는 필름이 아예 만들어지지 않았던 것은 아니다. 1903년 만들어진 〈대열차강도〉가 그런 사례인데, 당시 이 작품은 이후의 어떤 대작보다도 더 큰 센세이션을 불러일으키며 유리한 흥행 성적을 올릴 수 있었다.

1903~1908년의 5년간은 소자본 영화사업자에게 극락(極樂)이었다. 제1급의 대작을 150달러에 사들일 수 있었는데, 이를 통해 1주일에 1,000달러의 이익을 거두어들이는 것도 어려운 일이 아니었다.

5

이런 식의 흔해빠진 실사, 소박한 '추격물'이 주는 신기함과 재미는 그러나 오래 지속되지 않았다. 얼마 지나지 않아 관객들은 싫증을 냈고 점점 발길을 돌렸다. 그런 데다 일시적 호황을 타고 상설관이 난립하면서 자유 경쟁이 격렬해졌다. 눈 깜짝할 새 경기가 바뀌어 영화사업은 불황의 구렁텅이에 빠졌다. 여기서 빠져나오는 방법은 단 하나밖에 없었다. 무언가 색다른 내용, 무언가 좋은 내용을 가진 필름을 관객들에게 제공하는 것. 비로소 활동사진의 질을 향상시키고 예술적으로 만들려는 노력이 필요해졌다.

순수한 기술적 참신함(novelty)으로서의 활동사진은 이 시기에 한 차례 빈사의 지경에 이르렀다. 이와 동시에 개인적 소자본의 영화도 잇따라 몰락해갔다.

6

미국 영화사업의 갱생을 위해 캠퍼(camphor) 주사를 놓은 것은 그리피스, 그리고 산업자본으로의 진전이었다. 니켈로디언의 저열하고 단조로운 구경거리에 정나미가 떨어져 활동사진을 멀리하려 했던 대중에게, 그리피스는 새롭고도 가치 있는 작품들을 제공했고 이를 통해 그들의 관심을 되돌리는 데 성공했다. 산업자본은 난립하던 개인 기업들을 정리하여 영화의 경제적 에너지를 충족시켜주었다.

그리피스는 1908년에 처녀작 〈돌리의 모험(The Adventures of

Dollie)〉을 발표했다. 그리고 이어지는 약 5년 사이에 바이오그래프사(Biograph Company)에서 영화라는 새로운 예술의 기초 공사를 완수했다. 그리피스에 의해서 영화는 처음으로 독자적 형식을 갖출 수 있었으며, 나아가 부자연스럽고 비논리적이던 추격물에서 탈각(脫却)할 수 있었다. 그가 〈국가의 탄생(The Birth of a Nation)〉(1915), 〈인톨러런스(Intolerance)〉(1916), 나아가 〈흩어진 꽃잎(Broken Blossoms)〉(1919) 등을 만들어낸 순간, 미국영화의 세계적 패권이 이미 확립되었다고 해도 과언은 아니다.

하지만 우리는 이 같은 영화예술의 향상과 함께 그 기초가 된 경제적 발전에 대해서도 살펴보아야만 한다.

1908년 이래 몇 년간 지속된 불황은, 모든 산업의 초기 발전 과정에서 관찰되는 것과 같은, 새로운 비약을 준비하기 위한 일시적 정체 현상이었다. 애초에 500~1,000달러의 투자만으로 경영할 수 있던 영화사업이 소상매의 성(城)을 떠나 성장하는 과정에서 소상인들이 떨어져나가게 되었다. 이러한 제1의 시련을 통과한 이들만이 제2단계에 영화사업가로서 살아남을 수 있었다.

앞에서도 논한바, 이 시기의 불황에는 격심한 자유 경쟁과 자금의 결핍이라는 두 가지 원인이 있었다. 극심한 자유경쟁은 필연적으로 상설관들로 하여금 더욱 좋은 설비(건물, 좌석, 영사기 등)를 갖추고 더욱 좋은 필름으로 관객을 맞이하게 했다. 니켈로디언은 진정한 '시어터'로 거듭나지 않으면 안 되었으며, 사라 베르나르(Sarah Bernhardt) 주연으로 전 4권(reel)에 이르는 〈엘리자베스 여왕(Les amours de la reine Élisabeth)〉(앙리 데퐁텐·루이 메르캉통, 1912)처럼 당시로서는 놀랄 만큼의 장편물도 등장하게 되었다.

마찬가지 이유로 영화제작자 사이에서는 더욱 좋고 더욱 흡입력 있는 필름을 제작하려는 경쟁이 벌어졌다. 여기서 제작비의 증대는 피할 수 없는 것이었다. 일례로, 앞서 언급한 〈엘리자베스 여왕〉은 주커의 모험적 기업욕이 최초로 수확을 거둔 작품이었는데 제작비를 보면 베르나르에게 지급한 출연료만 이미 3만 5,000달러에 달한다. 이는 당시로서는 실로 이례적이라고 볼 수밖에 없는 막대한 투자였고 결코 일반화될 수도 없었다. 그러나 이처럼 수만 달러를 쏟아부은 영화가 단 한 편이라도 존재했다는 사실은 당시 영화 제작의 경제적 수준이 얼마나 향상되었는지를 입증해준다.

이처럼 상설관 경영에도 필름 제작에도 상당한 자본이 소요되었다. 몇십 몇백의 상설관을 고객으로 하지 않고서는 충분한 이윤을 거둘 수 없을 만큼 제작비가 상승하자, 제작회사와 상설관 사이에 특수하고도 항상적인 관계가 요구되었다. 다시 말해, 제작회사는 위험 부담 없이 작품을 생산하기 위해서 가능한 모든 방법을 동원하여 작품의 배급을 확실히 해둘 필요가 있었다. 필연적으로, 제작회사가 상설관을 속박해 작품의 상영을 강제하는 다양한 형태의 제도가 등장했다. 특약관(特約館)이라든가 블록 부킹(block booking) 등의 시스템이 생겨났으며, 더 나아가서는 제작회사가 직접 상설관 망을 소유하거나 지배하는 식의 일까지 벌어졌다.

이러한 영화 기업의 발달은 이후의 자본주의화·트러스트화를 예상하게끔 하는 것이었으며 소경영적 영화 기업의 완전한 파멸을 초래했다.

7

애초에 영화사업에 대한 투자는 극도로 위험시되었다. 그 어떤 투기적 은행주·금융업자라도 섣불리 나서지 못했다. 1910년대 초반에는 누구도 영화의 발전 가능성과 양양한 전도를 예상하지 못했던 것이다.

그러나 영화업자의 현실에서는 어쩔 수 없이 자금이 필요했고, 이를 조달하기 위해 그들이 할 수 있는 일이라고는 수단 방법을 가리지 않고 은행가를 설득해내는 것뿐이었다.

페이머스플레이어스-래스키영화회사(Famous Players-Lasky Cor-poration, [이전의 페이머스플레이어스사])의 아돌프 주커가 먼저 쿤러브 재단의 거물 오토 칸(Otto Hermann Kahn)을 끈질기게 설득, 당시 영화사업으로는 엄청난 거액이었던 1,000만 달러를 융통시켰다. 이는 월가와 영화가 최초로 재정적 관계를 맺은 사건이었다.

한편, 비슷한 시기에 서부에서도 샌프란시스코의 은행가 아틸리오 자니니(Attilio Giannini)가 영화사업의 경제적 가치를 인정해 호기롭게도 대담한 대부를 실행했다.

당시 이들 은행가는 매우 무모하다는 비난을 받았다. 그러나 이후에 실제적 결과로 판명된바, 영화사업은 자동차 공업과 더불어 미국에서 가장 급속도로 발달하는 사업이 되었고 나아가 이율률에서는 다른 어떤 산업 부문에 비교해도 손색이 없었다.

8

할리우드는 현대의 메카라는 소리를 종종 듣는다.

그곳은 미국영화의 심장이며, 전 세계 영화팬들이 흥미를 가지고 동경하는 중심지다. 그렇다면 이 현대판 기적의 도시를 연구하는 것도 미국과 그 영화사업을 이해하는 데 결코 헛되지 않을 것이다.

35년 전에는 여기서 말 도둑이 교수형을 당했다고 한다. 그러나 지금 여기서는 포드[자동차]를 훔치는 사람조차 좀처럼 없다고 한다.

35년 전 서부 최대의 도시 중 하나였던 로스앤젤레스는 인구가 6만이었다. 그러나 지금은 150만 명의 주민이 등록되어 있다. 최근 수년 동안의 통계를 보면 매년 20만의 인구가 증가했음을 알 수 있는데, 이는 모두 할리우드의 마술적 매력 즉 영화사업의 엄청난 발전에 따른 것이다.

영화 제작의 중심이 뉴욕에서 할리우드로 옮겨진 데 대해서는 서부극의 유행이라든가 언제나 여름인 캘리포니아의 태양, 천혜의 로케이션 환경 등 다양한 원인이 지적되어왔다. 필시 이 모든 이유가 종합되어 이 판타스틱한 영화 도시가 세워졌을 것이다. 이곳에서는 모든 것이 하나의 거대한 목표 즉 영화를 위해 존재한다. 가로도, 가옥도, 공원도. 정원사도, 의상 담당도, 전기 담당도, 목수도, 은행도―모든 주민이, 생명이 있는 모든 것이 영화에 의해 혹은 영화를 위해 산다.

로스앤젤레스 근방에서 영화 제작에 딱 들어맞는 조건을 처음으로 발견한 것은 시카고의 영화제작자 윌리엄 N. 셀릭(William Nicholas Selig)이었다. 그는 1908년 〈몽테크리스토 백작(The Count of Monte Cristo)〉(프랜시스 보그스·토머스 퍼슨스)의 로케이션 촬영을 위해 캘리포니아로 출장을 왔는데, 여기에서 다음 작품인 〈술탄의 힘 안에서(In the Sultan's Power)〉(프랜시스 보그스, 1909)를 찍었다. 이 작품은 서부에서 전편(全篇)을 찍은 최초의 필름이었다. 물론 당시에는 스튜디오라 할 만한 것이 존재하지 않았다. 볕이 잘 드는 공터를 빌려 군중을 막기 위한 차단막을 설치하고, 캔버스에 그린 세트를 이용하는 수준에 지나지 않았다.

뒤이어, 1909년 봄에 뉴욕모션픽처스사(New York Motion Picture Company)가 로스앤젤레스로 옮겨와 서부극을 줄곧 만들었다. 1910년 1월에는 바이오그래프가 [서부 스튜디오를] 설립, 4월부터 맥 세넷(Mack Sennett)·그리피스·메리 픽퍼드(Mary Pickford) 같은 영화 개척자들이 그 우산 밑에 모여 작품을 착착 발표했다. 같은 해 8월에는 에스앤에이(Essanay Studios)가 시카고에서 이주해왔다. 이듬해 10월에는 네스터

(Nestor Motion Picture Company)가, 11월에는 비타그래프(Vitagraph Studios)가 역시 이곳으로 본거지를 옮겼다. 나아가 그다음 해, 그다음 다음 해에 이르러서는 페이머스플레이어스, 파테, 칼렘(Kalem Company)이 할리우드에 촬영소를 지었다. 이런 식으로 겨우 2, 3년 사이에 미국의 거의 모든 영화사업이 로스앤젤레스 및 그 근교에 집중되었다. 이 과정은 1914년 유니버설이 유니버설시티(Universal City Studios)를, 그리피스가 릴라이언스-머제스틱(Reliance-Majestic Studios)을 세우며 일단락되었다.

그러나 할리우드의 발전을 논하기 위해서는 때맞춰 발발한 세계대전과 이를 계기로 급속도로 신장한 미국 영화사업 전반에 대해 먼저 살펴볼 필요가 있다.

9

제1차 제국 XXXX의 불꽃이 유럽 한복판에서 타오르던 시기는 마침 미국의 영화사업이 은행자본과 관계를 맺기 시작하고 할리우드 이주가 일단락된 때였다. 국제적 정치 상황의 관점에서, 이 시기는 또한 미국의 제국주의가 제3의 단계로 이행하던 중대한 모멘트였다.

대전 발발 전의 미국영화는 세계시장의 표준에 전혀 미치지 못했다. 자국 내에서는 상당한 기업적 기초를 굳히고 있었더라도 바다 건너에서 보면 이는 아무것도 아니었다. 유럽영화, 특히 이탈리아영화와 프랑스영화가 당대를 풍미하고 있었다.

1914년에는 세계에서 상영된 필름 거의 90퍼센트가 프랑스영화였다. 그러나 대전이 발발했고, 미국은 전쟁을 이용해 대금을 거머쥐었다. 한편에서는 군수품·식료품 주문을 받았으며, 다른 한편에서는 교전국에 돈을 빌려주고 전쟁에 한창이던 열강의 허를 찔러 전 세계 상품 시장을 독점해 마음대로 이윤을 가로챘다. 이를 통해 30억 달러 이상이 미국에 유입되었을 것이라 추정되고 있다.

미국의 전 산업이 독점적 호황을 맞이하는 시기에 영화사업만 예외일 리 없었다. 유럽의 나라들이 화약 제조나 대포 주조에 필사적으로 몰두하던 사이에, 미국은 셀룰로이드나 카메라를 만들었다. 유럽영화가 사라진 틈을 타 전 세계의 스크린에 자국제 필름을 팔아먹었으며, 이를 통해 영속적이고 광범위한 시장을 개척하게 되었다. 현재에는 전 세계 영화의 85퍼센트가 미국제이며, 영화사업은 철공업과 석유업에 이어 미국 제3위의 중요 산업으로 올라섰다. 영화사업에 투자되는 총액은 대략 20억 달러라 산정되는데, 그중 5억 달러는 영화 제작 사업에, 15억 달러는 영화 극장 경영에 쓰이고 있다.

35만 명이 영화사업에 직접 관련되어 생활하고 있으며, 매년 50만 킬로미터의 필름이 소비되는데 여기에 필요한 은의 총합은 합중국 내에서 유통되는 은화의 양에 상응한다.

외국에 수출하는 필름은 연간 8만 킬로미터를 넘어서고, 그 대가는 7,500만 달러에 미치고 있다. 국내 2만 1,000개 상설관을 찾는 관객이 연간 30억에 달하는데, 그들이 지불하는 입장료는 25억 달러가 넘는다.

현재의 이처럼 놀라운 발전 기초를 미국영화는 1914~1918년 사이에 확고하게 수립했던 것이다.

10

이 5년 동안의 운명이, 이렇게 말하는 것이 좋지 않다면 외적인 정세가, 미국영화를 향해 최고의 호의를 가지고 미소 짓고 있었다는 점은 확실하다. 그러나 우리는 이것만으로 미국 영화사업의 세계적 진출을 설명해서는 안 된다.

　미국영화의 세계적 성장을 추진한 근본적인 힘은 젊고 생기 넘치는 미국 자본주의의 정력이었다. 개별적으로 말해, 영화업자들은 질리지 않고 달러를 욕망했다. 투기꾼들이 광맥을 찾듯, 소위 보너스 샤크(bonus sharks)라 불리던 탐욕적 은행업자들이 영화에 적극적으로 가담했다. 그리고 마지막으로, 제국주의 부르주아지는 선전·선동의 강력한 수단으로서 영화를 계급적으로 이용했다.

11

　가장 대표적인 부르주아 선전·선동 필름은 반독(反獨) 전쟁영화다. 토머스 H. 인스(Thomas H. Ince)의 〈시빌리제이션(Civilization)〉(1916)이나 그리피스의 〈세계의 중심(Hearts of the World)〉(1918), 렉스 인글램(Rex Ingram)의 〈묵시록의 네 기사(Four Horsemen of the Apoca-lypse)〉(1921), 〈우리의 바다(Mare Nostrum)〉(1926) 등등이 어리석은 미국 청년들을 얼마나 기만했는가. 이들 영화는 근거 없는 애국심을 고취시켜 청년들로 하여금 국채에 응모하게 하고 종국에는 그들을 전장에 끌어내는 데까지 성공했다. 제국 XX 선전 영화들은 미국 내 지배계급의 막대한 호의와 재정적 원조로 뒷받침되었는데, 미국뿐 아니라 독일에 대항하는 모든 교전국에서 상영되어 사랑을 받았다. 종래의 어떤 필름이 벌어들인 것보다도 엄청난 대금을 거둬들일 수 있었던 것이다.

　말하자면, 이 시기에 처음으로 영화의 계급적 성질이 노골적으로 드러났다. 영화는 XXXXX 계급에 의해, 그들의 자기변호와 자기강화를 위해 부르주아 이데올로기 전파라는 분명한 목적을 가지고 만들어졌다. 더불어 이 시기 이래로, 미국의 모든 필름이 의식적으로 프롤레타리아를 속이고 착취하며 그들의 역량을 거세하고 훔치기 시작했다. 시간이 흐르며 이것이 점점 더 공격적이고 교묘해지면서 현재에 이르고 있다.

12

1914년부터 1926년 즉 토키가 출현하기까지, 이 나라의 영화 자본주의는 특징적 시스템을 기업 형태로 띠고 있었다. 바로 대작주의와 스타 시스템이다.

제작의 자본주의화는 대체적으로 두 방향으로 진행된다. 첫째는 대량 생산 즉 작품당 수백 벌의 프린트를 찍어내고 이를 수천의 상영관에 배급·상영하는 것이다. 두 번째는 거액의 제작비를 들여 소위 특작품 내지는 초특작품으로 영화를 만드는 것이다. 물론 이 역시 대량 생산 다시 말해 광범위한 배급의 가능성이 전제되어야 비로소 성립한다.

대작 제작의 선구자는 물론 그리피스였다. 〈국가의 탄생〉은 제작비의 산술급수적 증가가 수익의 기하급수적 증대를 가져온다는 사실을 최초로 실증했는데, 영화는 개봉 이래 15년간이나 관객을 불러 모으면서 1,500만 달러라는 터무니없이 큰 제작비를 회수할 수 있었다. 이 사례를 모방해 다수의 대작이 속출했는데, 이 중에서도 인스의 〈시빌리제이션〉과 그리피스의 〈인톨러런스〉 등이 주목할 만하다.

이후 오늘날까지 15년 동안 만들어진 대작은 아마 100편은 족히 꼽을 수 있을 정도로 엄청나다. 이들의 제작비는 평균 50만 달러에서 200만 달러에 이르는데, 그중에서는 〈벤허〉처럼 400만 달러 넘게 들어간 작품까지 있었다. 그러나 이들 작품 거의 모두가 원가의 수천 배에 달하는 이윤을 얻고 있다. 자본가는 판돈을 많이 건 만큼 상금을 많이 타게 되는, 게다가 절대로 잃을 일 없는 바카라나 룰렛을 하고 있는 듯했다—1925~1926년에 이러한 대작주의가 드디어 막다른 길에 몰리기까지.

1925~1926년 즈음, 다시 말해 무성영화 시대 최후의 단계에서 영화 제작은 어떠한 형식으로 얼마만큼의 규모로 이루어졌는가.

당시 파라마운트의 프로덕션 플랜(production plan)을 예로 들자면, 제작비로 연간 약 2,000만 달러가 할당되었으며 이로써 75편의 필름이 제작되어 세계시장으로 발송되었다. 이 필름들은 그 규모와 투자액에 따라 각각 프로그램 픽처[program picture: 보통작품], 스페셜 픽처[special picture: 특작품], 슈퍼 스페셜 픽처[super-special picture: 초특작품] 세 종류로 나눌 수 있다. 네거티브 프린트가 완성되기까지 들어간 금액을 순수 제작비로 계산한다면, 통상 프로그램 픽처에 투입되는 제작비가 20만~21만 5,000달러, 스페셜 픽처에는 35만~50만 달러, 슈퍼-스페셜 픽처에는 그 이상 즉 50만~200만 달러에 이르는 촬영비가 들어간다. 어떤 영화사라도 이 중 가장 유리한 장사는 후자를 제작·배급·상영하는 것이다.

미국영화의 현란하지만 내용이 공소한, 속이 빤히 들여다보이는 장대함은 이 같은 경제적 근원으로부터 유래하고 있다.

13

여기서 나는 미국영화의 또 다른 병적 현상인 스타 시스템에 관해 이야기하지 않을 수 없다. 사실, 저속한 달러의 후광을 받으며 보석과 비단에 싸여 홍보 담당자(publicity agent)의 아첨과 사탕발림에 이끌려 우쭐거리는 춤사위를 펼쳐내는 스타라는 자들에 대해서는 이제 거의 모든 면면이 알려져 있다. 그들이 받는 막대한 급료에 대해, 그들이 소유한 거대한 방갈로풍의 저택에 대해, 그 응접실이나 드레스룸이나 수영장에 대해, 그들이 가지고 있는 요트에 대해, 그들의 방자한 사생활에 대해, 그들이 주말에 여는 와일드 파티에 대해―요컨대 그들은 피둥피

등 살이 쪘거나 여우처럼 마른 영화자본가의 꼭두각시가 되어 어리광을 피우는 노동 귀족으로 근대적 백치미의 전형이다.

스타 시스템은, 현대의 소시민들이 가지고 있는 로맨티시즘과 에로틱과 성적 페티시즘을 극도로 이용해 대중을 홀리고 그들의 주머니에서 돈을 훔쳐내려는 자본주의적 장치다.

14

그렇지만 1926년 무렵에 이르러 미국의 영화자본가들은 스스로 짜놓은 함정에 제 발로 굴러떨어져 이러지도 저러지도 못하는 자신들을 발견했다.

대작주의에 의해 무제한적으로 팽창한 촬영비, 응석을 너무 받아주어 거만해져버린 스타들의 비위를 맞추기 위해 지불하는 아깝기 그지없는 거액의 주급, 엑스트라들 및 그 외의 실업 문제, 산업 전반의 불경기에서 비롯된 수익의 감소 등, 영원히 번영할 것만 같던 이 나라에서도 영화 기업은 마침내 막다른 길에 봉착했다. 이를 해결하기 위해서는 단 하나의 방법밖에 없었다. 바로 영화산업의 합리화.

우선 첫 번째로, 제작비·선전비·배우의 급료 등 모든 부문에서 경비 절감이 진행되었다. 하지만 이것만으로는 물론 아무것도 해결되지 않았다. 영화 기업의 통합 정리, 더욱 거대한 자본에 의한 기업의 결합이 이루어져야만 했다.

이와 동시에, 아니 더욱 정확하게 말하자면 무성영화 자본주의의 몰락에 대한 구제책으로서 토키가 등장했다. 자본가들에게 토키는 새로운 투기, 새로운 돈벌이를 위해 딱 들어맞는 재료였다. 이뿐만 아니라 토키는 아직 다소 남아 있던 영화 기업의 개인적 산업자본 형태를 완전히 붕괴시키면서 거대 자본과의 결정적 결합을 불가피하게 만들었다.

전기회사들이 토키 제작에 적극 뛰어든 것을 기회로 모건, 쿤러브 등 거대 금융재단이 영화회사들을 자신들의 통제하에 놓기 시작했을 때에도 한참이나 끈질기게 굴복하지 않았던 유일한 독립 영화자본가 윌리엄 폭스마저 작년[1929] 말 미국 전역을 휩쓴 공황의 결과 그 '명예로운 고립'을 포기하지 않으면 안 되었다. 이는 미국 영화 기업의 고도 자본주의화에 대한 가장 새롭고 분명한 증거다.

15

이상 기업적 측면에서 미국영화의 발전에 대해 간단히 묘사했는데, 총괄적인 미국영화론을 펼치는 데에는 크게 부족하다 싶다. 예컨대, 프로덕션 플랜을 결정할 때 자본의 역할, 배급(디스트리뷰션)·상영(엑시비션)·선전(프로파간다로서가 아니라 퍼블리시티)의 문제, 윌 헤이스라는 고위 관리가 보여주는 부르주아지를 향한 충성, 할리우드 및 이것이 대표하는 미국 영화 종사자들의 진짜 삶의 모습, 미국 관객과 해피엔드의 관계, 토키의 발전 가능성과 외국시장의 상호적 규정 등등이 보충되어야 할 것이다.

그러나 글 앞머리에서 양해를 구한 것처럼 나는 지금 미국영화에 대한 모든 논의를 끝낼 여유가 없다. 이 몹시 불충분하고 어지러운 수필은 그저 언젠가 기획될 미국영화론의 계통을 위한 일면적인 어떤 글의 일부분으로서만 도움이 될 것이다.

— 「현대영화예술론(現代映畵藝術論)」, 1930. 7

제3장 미국영화 발달사

서론

미국영화의 발달 과정을 프롤레타리아트 입장에서 연구하고 묘사해가는 것이 나에게 주어진 과제다.

지금 우리는 일본에 프롤레타리아 영화예술을 확립하기 위해 싸우고 있다. 노동자·농민의 진정한 친구이자 조직자이자 계몽자가 되어, 그들의 모든 요구에 충분히 응할 수 있는 영화를 만들어내기 위해 싸우는 것이다. 이를 위해 우리는 프롤레타리아트의 유일한 조국인 소비에트의 영화에서 많은 것을 배웠고 또한 계속 배워나가려 한다. 그러나 동시에 우리는 시야를 더욱 넓혀 자본주의 나라들에서 만들어지는 부르주아 영화에 주목하지 않으면 안 된다. 일찍이 푸돕킨(Vsevolod Pudovkin)과 에이젠시테인이 그리피스로부터 가장 많은 것을 배웠고 이를 통해 소비에트영화의 새롭고도 탁월한 형식을 창조했듯이, 우리는 부르주아 영화 특히 그것이 순수하게 배양·실험된 재료인 미국영화를 자세하게 관찰·연구해야 할 것이다. 나아가 이 연구를 정당한 계급적 비판의 거름망을 통해 단련·정화하고 우리 자신의 예술적·기술적 고양을 위한 소재로 도움이 되게 해야만 할 것이다.

이와 같은 관점에서 미국영화의 발전 과정을 분석한다고 할 때, 우리의 연구는 미국영화의 사회적 기능, 미국영화의 형식 및 내용에 반영된 계급적 요구, 그 기술적 수준을 역사적으로 추적하는 것이 되어야만 한다.

그러나 나는 이하의 소논문에서 시시각각 변화하는 미국의 자본주의적 사회제도가 미국영화 발달의 전(全) 역사적 단계에서 어떻게 영화의 내용과 형식을 결정해왔는지, 이 하나를 중심적 주제로 두고 기술해 나가려 한다.

1. 미국영화 발달사의 세 시기

일반적으로 예술에는 그것을 생산하는 계급이 각인되어 있다. 이는 이미 명백하다. 그렇다면 미국영화가 그것을 생산하는 부르주아지 자본주의의 각 발전 단계(성장, 융성, 몰락)에 대응해 단계마다 특징적 내용과 형식을 가질 것이라는 사실 역시 자명하다. 이러한 의미에서 우리는 미국영화 발달사를 시대적으로 구분할 것이다.

미국의 영화 자본주의는 최근 30년 사이에 세 단계를 거쳐 발달해왔다. 이를 따라 최근 30년 사이에 미국영화의 내용과 형식도 변천해왔다. 마르크스적 예술가라면 이 상관적 발전 과정을 올바르게 인식하여 종래의 모든 인습적·표면적 연표에 반대하면서 다음의 세 시기를 유일하고 타당한 구분으로 간주해야 할 것이다.

즉,

제1기, 1900~1914. 요람기에서 유럽대전까지

제2기, 1914~1925. 유럽대전부터 토키 발생까지

제3기, 1926~ . 토키 발생부터 현재까지

여기서 제1기는 이른바 전기(前期) 자본주의 시대다. 제2기는 산자본주의 시대고, 제3기는 금융자본주의 시대다. 시기마다 미국영화는 특징적 차이를 보인다.

2. 제1기(1900~1914)

영화, 아니 활동사진의 발명에서 미국은 에디슨이라는 천재적 과학

자가 커다란 공적을 세웠다. 그러나 이후 영화의 중심은 유럽으로 옮겨 졌다. 세계 최초의 영화 공개[상영]는 파리에서 이루어졌으며, 1914년까 지는 전 세계 영화 제작의 90퍼센트 이상을 프랑스와 이탈리아가 점하 고 있었다.

물론 미국에서도 1900년 무렵부터 원시적이나마 영화 기업이 싹트 기 시작했다. 싼 입장료를 받고 불완전한 설비나마 상설적으로 활동사 진을 상영하는 소공간이 여기저기서 만들어졌다. 진기한 구경거리였던 활동사진은 항상 흥행에 성공했다. 그러나 이때 상영된 필름은 주로 유 럽에서 만들어진 것이었다. 미국 내에서 영화 제작은 극히 더디게 발달 했다. 영화사 초반의 10년 동안 미국영화는 기억할 가치가 있는 작품을 거의 생산해내지 못했다.

그러나 우리가 잊어서는 안 되는바, 새로운 예술 형식으로서 영화 가 나아가야 할 올바른 방향이라는 관점에서 이 무렵부터 이미 미국영 화는 유럽보다 한 발 앞서 있었다. 유럽영화는 태어나자마자 곧, 너무나 도 빨리, 문학이나 연극과 결합해버렸다. 아니 거기에 종속되었다. 따라 서 건전하게 성장하기가 어려웠다. 유럽은 영화라는 새로운 기술, 새로 운 예술 속에 잠재된 거대한 가능성을 완전히 무시하면서 어떤 때는 사 진을 삽입한 소설을, 어떤 때는 사진으로 복제된 무대를 억지로 팔려 했다. 당시에 이 같은 영화들은 소위 문예영화라는 간판을 달고 있었 다. 이와는 반대로, 미국에서는 다행히 구대륙의 전통이나 예술사가 영 화 발전에 걸림돌로 작용하지 않았다. 이 시기 미국의 자본주의는 생생 하고 발랄하게 성장해나가는 중이었기 때문에, 이미 안정기에 접어들어 쇠퇴를 앞두고 있던 유럽의 부르주아지들처럼 지나간 예술의 망령에 휘 둘릴 일이 없었던 것이다. 미국에서 영화를 만든다는 것은 완전히 신기 한 무언가를 만들어내는 일이었다. 유럽에서와 같이 문학이나 연극 따위에 의해 이미 틀 지워진 것을 또 한 번 더 만들어내는 성질의 일이 아니었다.

따라서 미국영화는 무엇보다 영화적인 것, 영화적 표현 형식의 가장 큰 특질을 강조하면서 출발했다.

먼저 바다나 증기선, 기차 등 요컨대 활발하게 움직이는 것의 실사영화가 등장했다. 움직임을 담은 사진의 진기함과 흥미로움은 영화의 가장 원시적인 동시에 근본적인 매력이다. 그러나 이렇게 소박한 진기함의 감정은 오래 이어지지 않았다. 거기에 다른 무언가가 덧붙여지지 않으면 안 되었다. 그러나 앞서도 언급한바, 중요한 것은 이때 미국이 구대륙에서처럼 문학작품이나 성서, 신화 등으로부터 '예술적' 내용을 빌려오지 않았다는 사실이다. 이 나라의 젊디젊은, 천박한 부르주아지들에게 젠체하는 예술 따위는 도서관이나 박물관에 보관해두면 그만이었다. 그들이 원했던 것은 자기네 생활이나 상업에 걸맞은 동적이고 템포가 빠른 무식한 오락이었다. 그리하여 외면적으로 움직임과 변화가 많은 우스꽝스러운 영화(茶番式映畵), 소위 '움직임의 희극(action comedy)'이라든가 '추격물' 같은 영화 장르가 발생했다.

1900~1910년의 10년 간 미국은 주로 이러한 짧은 사진이나 우스꽝스러운 영화들을 만들었다. 이것들은 개별 작품으로서는 완전히 바보 같고 덜 떨어졌으며 무가치하다. 그러나 이 10년간의 열악하고 무가치한 영화 만들기야말로 미국영화, 나아가서는 세계 영화의 기초 공사였다는 것, 현대 영화예술의 개척을 위한 최초의 귀중한 기둥이었다는 사실을 우리는 이해해야만 한다. 이 10년 동안의 열악함과 무가치함을 통해 미국은 영화가 무엇인가를 실천적으로 체득했으며, 이는 차후 유럽의 모든 선배들에게 교훈을 주기까지 했다.

실제로 1910년부터 4년 동안, 미국영화는 이미 유럽영화와 비교해 전혀 손색없을 정도로 발달했다. 1913년[1] 그리피스는 이탈리아 스펙터클을 능가하는 대작 〈베툴리아의 유디트(Judith of Bethulia)〉를 완성했으며, 같은 해 찰리 채플린의 첫 번째 코미디도 등장했다. 메리 픽퍼드, 라이오넬 베리모어(Lionel Barrymore), 릴리언 기시(Lillian Gish) 등 최초의 스타들도 등장했으며, 실사적 화면과 '추격물'을 넘어서는 영화도 만들어졌다. 여기서 특히 주목할 것은 '서부극', '연속물', '슬랩스틱 코미디(slapstic comedy)'의 대두다.

서부극(western)은 그 이름처럼 황막한 미국 중서부의 벌판에서 이야기가 벌어진다. 챙 넓은 모자를 쓴 카우보이 복장의 영웅들이 달려가 악한을 무찌르고 그들의 폭력으로부터 소녀를 구출한다. 이는 모양만 바뀌었다 뿐, 중세 기사들의 모험과 귀부인에 대한 봉사(奉仕) 이야기의 로맨틱한 반복이었다.

연속물(serial)은, 간단히 말해 〈지고마(Zigomar)〉(빅토랭-이폴리트 자세, 1911)나 〈명금(The Broken Coin)〉(프랜시스 포드, 1915)처럼 일주일마다 1권에서 2권(길이)의 짧은 에피소드를 보여주는 활극영화 혹은 탐정영화다. 이는 연극적 구성으로부터 완전히 자유로웠고, 오로지 움직임과 속력만을 주제로 했다. 제대로 정리된 영화극과 비교하자면 극의 중간이 아니라 결말에 클라이맥스가 온다는 특색이 있었다. 가장 전율적이고 자극적인 격동의 순간에 볼거리가 중단되는 것이다. [관객은] 악한의 지하실에 갇힌 여주인공이 어떻게 될지, 절벽에서 추락한 탐정의 생사가 어떻게 될지 하는 의문을 가진 채로 다음 주 상영될 속편을 기다렸다. 미국의 영화 언어에서 서스펜스(suspense)라고 하는 어중간하고 떨떠름한 불안과 호기심이 연속물의 흡입력으로 작용했다.

---

1 IMDb 정보를 비롯하여 일반적으로 〈베툴리아의 유디트〉는 1914년 작으로 알려져 있다. 원문에 언급된 채플린의 첫 번째 코미디 즉 〈생활비 벌기(Making a Living)〉(헨리 레만, 1914)의 제작 연도를 고려컨대, 원서의 '1913년'은 저자 착오로 보인다.

슬랩스틱 코미디는 우당탕거리는 희극이라 번역할 수 있다. 초창기 '추격물'의 정통적 후계자이자, 채플린·로이드(Harold Lloyd)·키턴(Buster Keaton) 등으로 대변되는 현재 미국 희극의 정통적 선조다. 반면, 어느 현학적 비평가가 지적한 것처럼 코미디라고는 해도 이탈리아의 코메디아 델라르테(Commedia dell'arte)나 라신(Jean Baptiste Racine)풍의 고품격 희극과는 전혀 관계가 없었다. 혹자는 아예 코미디라 부르는 것조차 반대할지 모른다. 소극(farce)이나 벌레스크(burlesque)조차도 안 될지 모른다. 하지만 이런 것은 아무래도 상관없다. 뚱뚱한 신사의 얼굴에 던져진 파이, 자동차에 치어 종잇장처럼 눌렸을 것이라 여겨졌던 남자가 다시 일어나 걸어가는 것, 경관에 쫓기는 광대 등이 골계적이라는 사실이 중요했다. 적어도 미국의 소시민들에게 이것들이 재미있었다는 사실 말이다.

맥 세넷 감독이 만든 키스톤(Keystone Studios)의 영화들이 대표적인 예다. 세넷은 그토록 바보 같은 희극 속에서 영화적 기술과 트릭을 무한 변용했다. 그리고 이를 영화의 타당한 형식에 대한 깊은 통찰로까지 고양했다. 그의 영화에는 온갖 '정신 나간 시추에이션, 거칠고 말도 안 되는 동작, 사소한 자극에 대한 폭발적 분노, 때와 장소를 가리지 않는 법칙의 파괴, 물리적 세계 전체를 부정하는 미친 듯한 추격' 등의 난센스가 순수한 영화적 수법과 나란히 공존하고 있다.

위 세 종류의 영화들에서 계속적으로 반복되는 모티프는 '움직임'이다. "거의 모든 재료가 움직이는 것이었다. 자동차와 기차에 더해 말, 배, 때때로 비행기. 영화 미학이 기계를 사용하기 훨씬 이전부터, 영화는 산업 문명의 기관을 이용했다"(길버트 셀데스Gilbert Seldes). 이렇게 미국영화는 기성의 모든 예술과 연을 끊었다. 영화는 무엇보다 문자 그대로 모션 픽처(motion picture)였고 무비(movie)였다. 유럽에서는 루이 델뤼크(Louis Delluc)나 마르셀 레르비에(Marcel L'Herbier)가 10년 후에나 이론적으로 생각해낸 것을, 미국영화는 이미 경험적으로 실천하고 있었던 것이다. 여기서 특히 선구자 그리피스의 작업을 기억할 필요가 있다. 그는 클로즈업, 롱숏, 컷백, 소프트포커스 등등의 기교를 차례차례 발명해 시간과 공간을 자유롭게 도약하는 힘을 처음으로 영화에 부여했으며 영화 독자의 형식 몽타주를 창조했다.

이상의 서술로 알 수 있듯이 이 시기 영화들에서는 공통적으로 시시한 옛날이야기와도 같은 환상, 로맨틱한 모험, 초자연적 불합리가 일관된다. 이러한 것들이 사회적·계급적으로 요구되었던 것이다.

영화는, 매일 사무실과 침실 혹은 공장과 침실 사이를 오가며 일생을 허비하는 소시민들을 위해 환상의 창이 되어야만 했다. 영화는 그들에게 아침마다 마시는 커피의 향, 북적거리는 목욕탕, 따분한 석간 따위의, 요컨대 2와 2가 언제나 4가 되는 세계로부터 도피하는 수단이었다. 그들은 그저 스크린 위의 환상 속에서 용감한 카우보이가 되어 이런저런 모험과 공명을 경험하고, 이를 통해 주위의 잿빛 현실을 망각하고 싶어 했다.

미국영화의 형식과 내용에 드러난 이 같은 소시민적 특성은 개인 소자본주의라는 당시의 영화 기업적 토양에서 자라난 것이었다. 그러나 제1차 제국주의 전쟁[제1차 세계대전]을 계기로 새로운 발전 단계에 접어든 미국의 자본주의를 위해 부르주아지가 영화에 더욱 커다란 역할을 부과하면서 미국영화 발달사 제2기가 시작된다.

3. 제2기(1914~1925)

미국영화 기업의 관점에서 제1기가 개인적 소경영·소자본의 시대였다는 것은 이미 언급했다. 그러나 1909년 즈음부터 개인적 소기업의 형태와 영화사업 자체의 성장 사이에서 모순이 발생했고, 이는 시간이 지나면서 더욱 심화되어 결국 영화사업의 공황으로 이어졌다. 기껏 수백 달러에서 수천 달러의 자본을 가지고 "모피 장사나 옷 장사, 채소 장사"(루돌프 멧셀Rudolph Messel)에서 업종 전환을 이룬 영화계의 소자본가들은 공황 전부터 픽픽 쓰러져갔다. 이 시기까지 상당한 자본을 축적해두었거나 은행금융업자로부터 신용을 얻은 극소수의 사업가만이 당시의 재정적 위기를 극복해 영화사업과 함께 성장해나갈 수 있었다. 그런 사람들로 아돌프 주커, 제스 L. 래스키(Jesse L. Lasky), 마커스 로, 윌리엄 폭스, 셴크(Schenck) 형제, 루이스 B. 메이어(Louis B. Mayer), 칼 레믈리 등을 꼽을 수 있는데, 이 중에서도 주커는 1912년 쿤러브재단으로부터 1,000만 달러라는 거액을 융자받았다. 이는 영화사업에 대한 금융권 최초의 투자로, 이 돈을 가지고 주커는 래스키와 함께 오늘날 파라마운트퍼블릭스의 기초를 세웠다. 로와 메이어의 기업은 오늘날 메트로-골드윈-메이어 영화사가 계승하고 있으며, 셴크는 현재 유나이티드아티스츠를 지배하고 있다. 폭스는 폭스사를 설립했으며 레믈리는 지금 유니버설사의 사장이다. 이들은 모두 공황의 파고를 헤치고 1914년까지 살아남았다. 살아남은 자본자들에게 운명의 신은 미소 지었다. 세계대전과 더불어 또 한 번 찾아온 호황기를 타고 절대적 이익을 거두면서 그들은 생산자본 시대의 영화 주역으로서, 미국인들이 말하는 영화계 큰손(film magnate)으로서 활약한 것이다.

1914년 이후 미국의 자본주의는 대전을 제외하고는 생각할 수 없다. 영화에 대해서도 물론 마찬가지다.

앞에서 언급했던 것처럼 미국영화는 이미 제1기 말에 상당한 수준까지 발전했다. 이를 보여주는 현상의 하나로서 영화 제작의 중심이 동부에서 서부로 이동하여 특히 로스앤젤레스 시 부근에 완전한 영화 도시가 형성된 점에 주목할 필요가 있다. 미국영화사 초기에 제작은 주로 뉴욕과 시카고에서 이루어졌다. "모피 장사나 옷 장사, 채소 장사"가 길가 조그마한 공터에 울타리를 치고 종이를 덧붙여 배경을 만들어서는 태양 광선을 이용해 촬영을 했다. 이것이 어느 정도 진화해 통상 '블랙마리아'라 불린 원시적 스테이지가 만들어졌는데, 여기에는 라이트 설비를 비롯해 아무것도 갖추어져 있지 않았다. 이른바 유리 창고[글라스 스테이지]에 불과했을 뿐이었다. 어쨌든 이 세계 최초의 촬영소는 겨우 637달러 67센트의 비용으로 건설되었다. 이 사실만 보더라도, 당시 영화가 경제적으로나 기술적으로 얼마나 유치했을지 상상할 수 있다. 앞서 얘기한바, 그 무렵 서부극이 유행하게 되었는데 이를 위한 배경, 소위 '황량한 서부(wild west)'는 뉴욕이나 시카고의 건어물 창고에서는 어떻게 해도 재현될 수 없었고, 서부 로케이션이 필요해졌다. 이에 시카고의 제작자가 처음으로 로스앤젤레스 근방에 이주해와 조그마한 촬영소를 만들었다. 이곳은 사막·초원·바다 같은 모든 자연이 다 갖춰진 천혜의 로케이션 장소였다. 교통도 편리했으며, 거기다 캘리포니아의 빛나는 태양은 오렌지나 그레이프프루트뿐만 아니라 영화 생산도 알차게 여물도록 했다. 그리하여 1908년~1914년 동안 미국 내 모든 영화 제작회사가 이곳으로 몰려들었다. 컬버시티(Culver City), 유니버설시티, 버뱅크(Burbank) 등 촬영소 부락들이 발전해갔다. 그리고 오늘날에는 단순한 부락을 넘어 도시로 발전, 할리우드라는 총칭으로 대표되는 영화의 성지로까지 성장했다.

할리우드 건설은 첫째, 영화 제작 기술을 향상시켰다. 둘째, 영화기업 합리화의 길을 개척한바, 이는 미국영화의 신기원을 여는 것이었다. 유럽에서 대포가 처음으로 발사되기도 전에 이처럼 미국영화는 세계적 비약을 위한 새로운 에너지를 충분히 저장하고 있었다.

마침내 전쟁이 발발하자 거의 전 유럽이 영화 제작을 중지하게 되었다. 1914년까지 세계 필름의 90퍼센트를 생산하던 프랑스에서도, 〈쿠오바디스(Quo Vadis)〉(엔리코 과초니, 1913)와 〈카비리아(Cabiria)〉(조반니 파스트로네, 1914) 등의 화려한 시대극으로 유명했던 이탈리아에서도 촬영소 대부분이 폐쇄되었다. 셀룰로이드 공장에서는 화약을 만들었으며, 감독이나 배우들은 전쟁에 나가 죽음을 맞거나 부상을 입었다. 반면, 독일에서는 교전 탓으로 외국영화의 유입이 봉쇄된 데다가 애초부터 수입마저 사절하고 있었기 때문에 오히려 자국영화가 활발히 생산되었다. 그러나 독일영화 역시 국외시장으로의 출구를 가지지 못했다. 이리하여 현재 전 세계의 하얀 스크린들은 미국영화를 기다릴 수밖에 없는 처지가 되었다.

미국영화는 그 첫 번째 재정적 공황을 극복하자마자 절호의 조건을 맞이했다. 그리고 대전 중의 미국 자본주의가 그러했듯이 혹은 그 이상의 빠른 템포로 팽창해갔다. 미국영화의 세계적 지위를 드러내는 데 언제나 반복·인용되는 다음의 수치가 있다. "미국은 전 세계 육지의 6퍼센트를 소유하고 있다. 인구는 7퍼센트다. 밀 생산액은 27퍼센트이며, 석탄은 40퍼센트. 전화의 사용량은 63퍼센트. 옥수수 75퍼센트, 자동차 80퍼센트. 그리고 영화의 생산액은 전 세계 85퍼센트를 넘어선다."

이 같은 급격한 발전이 의미하는 바는 영화산업이 급격하게 자본주의화되었다는 것, 필연적으로 영화의 내용과 형식 역시 종전의 순수하고 소시민적인 속성을 잃어버리고 현저하게 자본주의적 색채를 띠게 되었다는 것이다. 이는 바꿔 말해, 아메리카의 자본가계급이 자신의 계급적 이익을 위해 영화를 적극적으로 종속시켰다는 의미다.

결국 미국영화는 제2기 초반을 명확한 경계로 하여 부르주아적 선전·선동의 강력한 수단으로서 그 역할을 노골적으로 드러내기 시작했다. 그러나 실제 개별 작품을 예로 들기 전에, 먼저 영화와 자본 간의 구체적 관계에 대한 이해가 필요하다.

미국문학과 자본 간의 관계를 절묘하게 표현하는 말이 "돈이 쓴다(Money Writes)"라는[2] 것이다. 그러나 미국영화에서는 문학 이상으로 '돈이 촬영한다.' 영화 제작이 원래 소설이나 시를 창작하는 경우와 달리 극히 복잡한 메커니즘과 거대 자본을 요하는 것이기에, 반(反)자본주의적 두서너 경우를 제외하고, 자본가의 후원 없이 영화가 생산된 적은 없었다. 두서너 경우라 함은 예를 들어 조셉 폰 스턴버그가(Josef von Sternberg)가 4,500달러로 완성한 〈구원을 찾아서(The Salvation Hunters)〉(1925)라든가 로버트 플로리(Robert Florey)가 만든 〈제로의 사랑(The Love of Zero)〉(1928) 같은 개인적 시험 작품을 일컫는다. 그런데 이러한 작품들조차 스턴버그와 플로리 각각의 출세작이 되어 그들로 하여금 일약 재능을 인정받고 부르주아 영화회사에 입사하게 했다는 사실을 생각하면, 영화 제작에서 자본주의적 조건이 얼마나 불가결한지를 판단할 수 있다.

미국영화는 이처럼 자본가에게 완전히 장악되어 있다. 자본가에게 영화 제작의 유일한 목적은 상업적 성공이다. 그것은 최소한의 투자를 통해 최단 기간에 최대한도의 이익을 낳는 것이다. 겉보기에 다소 상이하더라도 모든 미국영화는 이 유일한 목적으로 일관한다. 여기서는 자본과 그 이익이 전부다. 따라서 시나리오 라이터나 감독의 예술가로서 자유는 거의 없거나 최소로 국한된다.

자본주의적 간섭이 영화의 내용과 형식을 결정하는 인자라는 사실을 가장 구체적이고 현실적으로 드러내는 것이 영화 제작 메커니즘이다. 미국뿐 아니라 다른 어떤 국가의 제작회사에서도 매년 시즌이 시작

---

2   제7장 「돈이 촬영한다」(본문 205쪽)를 참조하라.

될 때, 그 시즌의 제작 예정표 즉 프로덕션 플랜을 공표한다. 그해에 그 회사에서 몇 편의 필름을 얼마만큼의 촬영비를 가지고 생산할지를 공표하는 것이다. 여기에는 더 나아가, 한 편 한 편의 작품이 어떠한 원작에 의거하고, 어떠한 내용이며, 어떠한 스케일로, 누구에 의해 연출되고, 주연은 누구로 할지 등의 세세한 부분까지 규정되어 있다. 이 같은 세목에 대한 토의, 프로덕션 플랜의 제작은 모두 회사 중역실의 녹색 테이블 위에서 진행된다. 이때에 발언권과 결정권을 갖는 사람은 사장, 이사, 지배인들뿐이다. 실제로 영화 제작에 관여하는 사람들은 그들의 결정을 두말없이 받아들이지 않으면 안 된다. 자본은 이처럼 가장 직접적인 방법을 통해 마음대로 영화 그 자체의 성질을 결정한다. 영화 제작의 이러한 작동, 이러한 메커니즘을 무시한다면, 우리는 미국영화를 올바르게 이해할 수 없다. 영화를 그저 개인주의적이고 예술지상주의적인 예술작품으로 생각하면서 영화가 자본주의 제도 하에서 제작된다는, 그 사회적 환경과 계급적 본질을 부인하는 오류에 빠지기 쉽다. 예컨대 영화에서는 다른 예술에서 통용되는 것과 같은 의미와 정도로 어떤 감독이 인도주의적이라든가 어떤 시나리오 라이터가 급진적이라든가 하는 말을 할 수 없다. 감독이나 시나리오 라이터는 영화에 자기만의 성격이나 의식을 담는 것이 허용되지 않는다. 자본가 및 그들이 결정해놓은 프로덕션 플랜의 실현에 도움이 되는 한에서만 아주 조금, 자신의 인도주의나 급진주의를 펼치는 것이 허용될 뿐이다. 킹 비더가 〈빅 퍼레이드〉에서 인도주의적이었다든가 무르나우가 〈선라이즈(Sunrise: A Song of Two Humans)〉(1927)에서 예술지상주의적이었다든가 하는 말은, 이들 감독의 경향이 제작 당시 영화자본가의 마음에 들었다는 의미에 불과하다.

극소수기는 하지만 이런 종류의 제약을 받지 않고 자신의 예술적 양심에 따라 일하는 듯 보이는 이들이 있다. 채플린, 페어뱅크스, 픽퍼드 등 그 자신이 배우이면서 감독이고 더불어 프로듀서이기도 한 이들 말이다. 다른 감독이나 배우들과 비교하여 이들은 행복한 조건에서 일하는 행복한 인간들이라고 부러움을 산다. 그러나 이들에게도 사실 자유로울 것은 결코 없다. 이들은 과연 그 자신이 자본가이며 제작에서 투쟁하는 한 주인공일지도 모른다. 그럼에도 불구하고 자신의 작품들을 유나이티드아티스츠라는 배급회사를 통해 팔고 있다는 문제가 있다. 결국 이들 역시 필름을 만들 때에 회사 중역들의 의지와 취미와 타산에 지배될 수밖에 없다.

일찍이 그리피스가, 그리고 그 뒤를 이어 루비치, 무르나우, 에리히 폰 슈트로하임(Erich von Stroheim) 등의 감독이 영화회사에 대해 자유를 요구하여 다소나마의 자유를 획득한 적이 있었다. 영화자본가, 대중들이 이 저명한 감독들을 애호하는 한, 이들에게 자유를 부여하는 것이 자신에게도 이익이 된다는 것을 통찰했기 때문에 가능했던 일이다. 말하자면, 이러한 자유도 자본에 의한 또 다른 형태의 간섭에 지나지 않는다. 가장 최근의 실례로, 파라마운트사는 예이젠시테인을 초빙해 자사 작품의 감독을 맡기고자 이 혁명적 영화인에게 '주제 선택, 감독, 정치적 경향의 완전한 자유'를 약속한 적까지 있었다. 그러나 이마저도 실제 촬영에 들어가려던 순간, 미국영화의 차르로 군림하는 MPPDA의 회장 윌 헤이스의 반대에 부딪쳐 중단되고 말았다. MPPDA는 이름 그대로 미국 영화업자들의 동업조합인데 미국의 영화 자본주의적 이해에 관한 완전한 대표 기관이며 부르주아를 위해 항상 앞장서는 중요 조직이다. 미국영화와 자본주의를 고찰하는 데 우리는 이 존재를 결코 잊어서는 안 된다.

영화를 통한 부르주아 선전·선동의 가장 좋은 실례로서 영화사 제

2기 초에 있었던 군국주의 선전 영화 및 애국주의 선전 영화의 홍수를 들 수 있다. 미국의 자본가계급이 중부 유럽의 동맹국에 반(反)해 영국 및 프랑스 부르주아지와의 야합을 통해서 최대의 이윤을 얻을 수 있다는 계산을 마치자 무엇보다 먼저 영화가 동원되었다. 미국의 제국주의 부르주아지는, 카이저[독일 황제]가 '인류 공동의 적'이라든가 '전쟁을 종식하기 위한 전쟁'에 미국이 참가하지 않으면 안 된다든가 하는 식의 데마고기를 다른 어떤 표현보다도 알기 쉽고 직접적이며 대중적인 필름으로 찍어 국민들에게 보여주었다. "어떤 미국 소녀를 미국 청년과 독일 군인이 서로 사랑한다. 전쟁이 발발하고, 전지에서 미국 소녀가 독일 군인 때문에 붙잡혀 욕보게 될 처지에 이른다. 그 위기일발의 순간에 미국 군대의 도움을 받아 미국 청년이 소녀를 구하고 독일인을 물리친다는 것, 대개 이런 줄거리였다. 혹은 이런 플롯이 벨기에나 프랑스어로 각색된다"(모리 이와오森岩雄). 〈인간의 길을 위해서(Breed of Men)〉(램버트 힐러, 1919), 〈호전장군(The Kaiser, the Beast of Berlin)〉(루퍼트 줄리언, 1918), 〈오버 더 톱(Over the Top)〉(윌프리드 노스, 1918), 〈잊지 않기 위해서(Lest We Forget)〉(레옹스 페레, 1918), 〈묵시록의 네 기사〉 등등도 비슷한 작품이라 기억한다. 그러나 가장 대표적인 작품은, 그리피스가 전쟁 중 로이드 조지(David Lloyd George)의 의뢰를 받아 영국 정부로부터 120만 달러를 끌어와 완성했던 〈세계의 중심〉이라는 전쟁영화다. 이걸로 미국의 대중은 완전히 기만되었다. 소위 '인간의 길'이라는 것이 아메리카 부르주아지의 이권에 불과하며, '정의'라는 것이 제국주의적 침략을 위한 구실에 불과하다는 사실을 알아차리지 못한 채, 그들은 [자국의] 참전에 투표했다.

그리하여 참전이 결정되자, 자본가계급은 이제 자신들을 위해 아득히 먼 대서양을 건너가 X해줄 인간들이 필요해졌다. 소시민이나 프롤레타리아트들이 여기에 꼭 지원해주어야만 했다. 그러나 미국 부르주아지에게는 불행하게도, 이 나라는 국민적·민족적 통일성이 부재했고 따라서 조국의 관념이라든가 애국적 열정 같은 것도 완전히 결여되어 있었다. 이에 출정하는 병사들에 대해서는 인종 및 국적 차별을 철폐한다는, 평상시에는 가축과 동일시했던 흑인 노예나 일본인들에까지도 시민권을 부여한다든지 하는 식의 수단을 통해 국가적 감정을 배양하고자 애썼다. 이때에 또 한 번 영화의 도움을 빌리지 않을 수 없었다. '조국'을 위해 자식이나 연인을 기꺼이 희생시키는 '용맹한' 여성들을 주인공으로 하는 영화가 차례차례 만들어졌다. 독일계 이민자들이 참전과 더불어 미국에 귀화해 성조기 밑에서 충성을 맹세하고 자신들의 젊은 아들들을 출정시킨다는 이야기도 왕왕 선호되었다. 이처럼 교묘한 선전영화들에 감쪽같이 속아 넘어간 미국의 프롤레타리아트는 몇만 할 것 없이 자신들의 수족과 생명을 전쟁에 바치게 되었다.

그리피스가 1915년 완성한 〈국가의 탄생〉은 미국영화 최초의 대작일 뿐만 아니라, 그 걸출한 기술력과 영화적 수법을 보면 실로 영화의 탄생이라고도 할 수 있다. 그러나 그 내용은 남북전쟁 당시 민족적 비밀결사 큐클럭스클랜(Ku Klux Klan, KKK)을 찬미하는 것으로, 이를 통해 아메리카 선조들의 이른바 건국 정신 발양을 획책하고 있었다. 이후 그리피스는 〈아메리카(America)〉(1924)에서 다시 한 번 남북전쟁을 통해 아메리카인의 민족적 히로이즘 고양을 꾀하는 등 부르주아지를 위한 충성을 격려하는 데 여념이 없다.

양키 제국주의 감정을 고취하는 일은 그 이후 기회가 있을 때마다 벌어졌다. 예컨대 〈피터팬(Peter Pan)〉(허버트 브레논, 1924)과 같은 동화를 통해서도 우리는 성조기의 존엄에 대한 설교를 볼 수 있다. 또한 〈레드스킨(Redskin)〉(빅터 셰르트징어, 1929)에서는 아메리카인디언 소년

이 국기에 대한 경례를 배우는 모습이 몇 번이고 집요하게 반복된다. 같은 이유로 그 이전까지의 '서부극'이 1922년 무렵부터는 '서부 개척극'으로 변형되기 시작했다. 톰 믹스(Tom Mix)나 윌리엄 셰익스피어 하트[3] 등이 권총 두 자루를 말에 싣고 이 술집 저 술집 전전하면서 포커와 춤에 몰두하다가 어느 순간 목장주의 딸을 위험으로부터 구한다는 식의 카우보이영화는 모험을 좋아하는 미국 소년들에게 여전히 환호를 받았으나 부르주아지의 입맛에는 더 이상 맞지 않게 되었다. 똑같이 서부의 사막이나 초원을 배경으로 하더라도, 미국 부르주아지들은 미국의 국민감정을 조직하는 데 더 도움이 되는 영화가 필요했다. 이러한 맥락에서 1840년대 미국 개척자들의 이야기가 무책임한 방랑자 버펄로 빌(Buffalo Bill)의 이야기를 대신해 스크린에 등장하게 되었다. 당시 미국의 농민들은 긴 포장마차 행렬을 이루어 서쪽으로 향했다. 그들은 무리를 지어 물 부족을 견디고 인디언의 습격에 대항하며 물소를 사냥하면서 서쪽으로 이동해갔다. 오리건, 캘리포니아, 애리조나 등의 황막한 처녀지에 들어가 땅을 일구어낸 농민들의 황소같이 강한 근성과 정력, 선구자로서의 패기가 바로 미국 농업 자본주의의 기초를 세웠던 것이다. 이 때문에 미국의 자본가계급은 이런 역사적 재료를 영웅적 서사시로서 필름에 담는 것에 흥미를 느꼈다. 제임스 크루즈(James Cruze) 필생의 걸작 〈포장마차(The Covered Wagon)〉(1923)를 필두로 서부 개척자를 소재로 한 수많은 영화가 만들어졌다. 존 포드(John Ford)의 작품 〈아이언 호스(The Iron Horse)〉(1924)는 서부 대륙횡단철도 부설에 바치는 찬가였으며, 그러한 의미에서 미국 공업자본의 승리를 노래하는 작품이기도 했다.

전쟁영화 자체는 대전이 종결되어도 결코 끝을 고하지 않았다. 전

---

3   원서에는 "ウィリアム・シェクスピーア・ハート"로 되어 있으나 문맥상 윌리엄 서리 하트(William Surrey Hart)의 오기로 보인다.

쟁 중 그것은 "탱크, 잠수함, 대포, 비행기, 독가스탄에 맞먹는 무서운 병기"였다. 그러나 "또한 평상시에도 다른 모든 산업 부문과 마찬가지로 부단하게 전쟁 준비에 몰두하고 있다. 그것은 셀룰로이드로 만들어진 탄약고다. 1초간 24발이 발사되는 기관총이다. 교묘하게 만들어진 반동 영화는 관객의 뇌리에서 모든 정의감을 송두리째 뽑아버린다. 그 사회적 해악은 전염병보다도 훨씬 집중적이다."(하인리히 에두아르트 야코프Heinrich Eduard Jacob). 이 같은 평상시의 전쟁 준비로서 미 제국주의 부르주아지는 〈올드 아이언사이즈(Old Ironsides)〉(제임스 크루즈, 1926), 〈날개(Wings)〉(윌리엄 A. 웰먼, 1927), 〈콘보이(Convoy)〉(조지프 C. 보일, 1927), 〈빅 퍼레이드〉, 〈영광(What Price Glory)〉(라울 월시, 1926) 등의 전쟁영화를 만들었다. 나아가 〈벌새(The Humming Bird)〉(시드니 올컷, 1924), 〈다크 엔젤(The Dark Angel)〉(조지 피츠모리스, 1925), 〈제7천국(7th Heaven)〉(프랭크 보제이즈, 1927), 〈레나 스미스의 경우(The Case of Lena Smith)〉(조셉 폰 스턴버그, 1929) 등에 이르는 멜로드라마의 배경에 이전부터 전쟁을 삽입, 조국을 위해서는 개인의 행복이 희생되지 않으면 안 된다는 교훈을 주는 데 노력했다.

물론 같은 전쟁영화라 하더라도, 대전이 한창이던 시기에 만들어진 것과 그 후에 만들어진 것 사이에는 간과할 수 없는 차이가 있다. 특히 〈빅 퍼레이드〉로부터 계통을 잇는 일련의 전쟁영화에서는 일견 반전(反戰)적이라고까지 할 수 있는 색채가 농후하게 드러난다. 그러나 우리는 이러한 영화들을 더욱 주의 깊게 관찰함으로써 부르주아적 반전영화의 계급적 본질을 드러내고 그 기만적 가면을 벗겨내야만 한다. 다시 말해, 제국주의 전쟁을 위한 문화적 준비라는 목표의 수행에서는 일관된다 하더라도, 영화들의 가장 유효한 형식은 각각의 관객 상황에 따라 달라질 수 있다는 사실을 유념해야 한다.

토머스 H. 인스의 〈시빌리제이션〉(1916)은 기독교적 인류애와 평화주의를 고양시켜 반군국주의영화의 선조로 통용된다. 그러나 이때까지만 하더라도 아메리카 부르주아지가 전쟁에 참가하는 것보다 참가하지 않는 것에 의해 더욱 많은 이윤을 챙기고 있었다는 사실, 따라서 호전적 시어도어 루스벨트(Theodore Roosevelt)의 정책보다 평화주의적 우드로 윌슨(Woodrow Wilson)의 정책이 환영받고 있었다는 사실을 우리는 기억해야만 한다. 이 때문에 영화에서도 호전적 경향보다는 오히려 반전적 경향이 부르주아지에게 유익했던 것이다. 〈시빌리제이션〉은 이러한 사정에서 만들어졌으며, 마찬가지로 이러한 맥락에서 윌슨이 대통령에 당선되었다. 이뿐만 아니라 선거에서 윌슨이 많은 표를 획득하는 데에 〈시빌리제이션〉이 프로파간다로서의 역할을 했다. 그러나 이후 정세가 변화해 부르주아지에게 참전이 유리한 것으로 판명되자마자 윌슨은 즉시 선전포고를 했다. 다소 역설적 말투가 허용된다면, 이는 전쟁에 반대하는 것을 통해 전쟁을 준비하고 있던 사례다.

전후(戰後)의 반전영화에 대해서도 완전히 똑같은 말을 할 수 있다. 5년간의 유혈은 인류에게 전쟁에 대한 혐오를 가르쳐주었다. 인간이 서로서로를 죽이는 것이 얼마나 불합리하고 우매한 짓인가를 알게 해준 것이다. 평화가 도래했을 때 전 세계인의 뇌에는 "전쟁은 이제 그만"(니비더 크리크Nie Wieder Krieg)이라는 맹세가 굳게 새겨져 있었다. 이 같은 상황에서 전쟁을 노골적으로 찬미하는 것은 반감을 불러일으킬 뿐이었다. 따라서 부르주아지는 쓴 약에 질려 있는 아이에게 설탕을 나눠 먹이는 어머니의 오래된 트릭을 응용했다. 전쟁 반대의 가면은 프롤레타리아트의 혀를 속이기 위한 일단의 당의정이었다. 그 진짜 목적은 프롤레타리아트의 위장에 제국주의라는 독약을 주입하는 것이었다.

채플린의 〈어깨 총(Shoulder Arms)〉(1918)은 영화 자체로는 전쟁을 희화하고 조소하려는 의도를 가진다. 그럼에도 불구하고 미국은, 병사에 불과한 채플린이 카이저를 생포한다는 벌레스크적 희극을 영웅적 무용담으로서 이용했다. 전쟁의 희극화는 전쟁으로부터 잔인함·공포 등의 불쾌한 속성을 배제하여 대중으로 하여금 전쟁의 현실을 보지 못하게 하는 것에 불과하다.

〈빅 퍼레이드〉(1925)의 작자[감독] 비더에 대해 항상 설명되는바, 그는 확실히 인도주의자이며 전쟁에 반대한다. 〈빅 퍼레이드〉에 대항해 혹은 이를 패러디해 차례차례 만들어진 〈영광〉, 〈비하인드 더 프런트(Behind the Front)〉(A. 에드워드 서덜랜드, 1926) 같은 작품에서도 (〈빅 퍼레이드〉와) 마찬가지의 경향이 엿보인다. 이들 영화는 기회가 있을 때마다 전쟁의 파괴적인 힘, 공포, 저주, 재액(災厄)을 드러낸다. 전쟁으로 연인들이 뿔뿔이 흩어지고, 늙은 어머니의 외동아들이 살해되며, 집이 불타고, 토지를 빼앗기고, 빌려준 돈은 되돌려 받을 수 없게 되는 것이다. 그러나 그 한편에서 전쟁은 하나의 스포츠, 하나의 로맨스로서 그려진다. 백만장자의 아들도, 소매치기도, 탐정도 마치 뒷산에 놀러라도 가는 양 가볍게 전쟁에 나간다. 프랑스에 건너가면 사영지(舍營地)에는 꼭 아름다운 처녀가 살고 있고, 공상적 연애 이야기가 시작된다. 부르주아지는 이러한 종류의 스포츠화·로맨스화를 통해 전쟁 자체의 본질을 감추고, 제국주의 XX를 위해 더욱 적극적인 선전 XX의 때가 무르익는 것을 기다리는 것이다.

롤런드 V. 리(Rowland V. Lee)의 작품 〈철조망(Barbed Wire)〉(1927)은 독일의 포로와 프랑스의 민간 여성 사이의 연애를 중심으로 인종적·국민적 편견을 공격했던 가장 이색적인 전쟁영화다. 그러나 이마저도 결국에는 기독교적 인류애의 공허한 설교에 의거해 부르주아적 반동성을 드러낸다.

한편, 제2기 미국영화 자본주의는 〈국가의 탄생〉을 필두로 수많은 대작 영화를 요구하게 되었다.

제1기 말까지는 오로지 단편영화만이 제작되었다. 이는 주로 제작자의 경제적 약소함에서 기인하는 것이었으나, 관객들이 1시간도 2시간도 되는 필름 한 편을 쭉 앉아서 보는 것이 육체적으로 가능할지에 대한 의심도 있었다. 따라서 세계 최초의 장편영화(12권)였던 〈국가의 탄생〉을 제작할 때, 그리피스는 미치광이 취급을 당했다. 하지만 결과는 그리피스의 선견(先見)을 증명해주었고, 그러자 장편영화에 대한 일반적 요망이 일어나게 되었다. 당시까지 1권 내지 2권이 통례였던 영화가 평균 7~8권으로 늘어났다. 이는 물론 영화 기업 자체의 성장에서 비롯한 것이었고 또한 그 성장에 수반해 발생하는 것이었으나, 제작자들은 더욱 기세를 몰아 길이에서도 경비에서도 보통작품(program picture)의 수배에 달하는 소위 특작품(special) 내지 초특작품(super-special)의 제작에 착수했다. 그리피스의 실험을 통해 더욱 거대한 작품이 훨씬 더 거대한 비즈니스가 된다는 사실을 알게 된 것이다. 게다가 한 편의 특작품 내지 초특작품에 다른 보통작품을 첨가해 같이 계약하는 것(block booking)이 가능했다. 이는 기업가에게 이중으로 유리한 것이었다.

이러한 기업적 요구에 발맞추어 그리피스는 〈인톨러런스〉나 〈동도(Way Down East)〉(1920)와 같은 대규모 제작을 진행했고, 인스는 〈시빌리제이션〉을 만들었다. 스트로하임의 〈어리석은 아낙네들(Foolish Wives)〉(1922), 세실 B. 데밀(Cecil B. DeMille)의 〈십계〉·〈왕중왕(King of Kings)〉(1927), 크루즈의 〈포장마차〉·〈올드 아이언사이즈〉, 페어뱅크스[주연·제작]의 〈바그다드의 도적〉·〈검은 해적(The Black Pirate)〉(앨버트 파커, 1926) 등등 하나하나 셀 수 없을 만큼의 대작이 모두 이 같은 배경에서 완성되었다. 대작 영화 붐은 일시 미국인들로 하여금 돈만 들인다면 훌륭한 영화가 완성될 수 있다는 환상을 품게 했다. 그리하여 〈십계〉나 〈벤허〉를 최적의 실례로 하는 거대한 스케일과 화려한 색채 말고는 아무런 장점도 가지지 못하는 '고가의 잡동사니'로 미국영화를 이끌었다.

영화 자본주의 기제는 미국영화에 스타 시스템이라는 것을 창조했다. 누구나 아는바, 스타라는 것은 루돌프 발렌티노(Rudolph Vallentino), 폴라 네그리(Pola Negri), 글로리아 스완슨(Gloria Swanson) 등의 그야말로 '물질적 과잉과 정신적 빈궁(貧窮)'의 구현과도 같은 일군의 미남미녀를 가리킨다. 스타를 만들어내고 이 존재를 유지시키는 객관적 근거는 필시 영화 관객층, 특히 팬이라 불리는 주로 젊은 소시민층의 생활감정 속에 둥지를 틀고 있는 영웅 숭배와 로맨티시즘, 억압된 성적 욕망 속에 잠재해 있을 것이다. 소시민층의 심리적 이데올로기에 의해 영화의 중심이 내용적 가치로부터 이탈하여 인적 가치(star value)로 옮겨갔다. 사실 영화사 제2기 초에는 이른바 인기의 자연발생적 집중에 의해 스타가 탄생했다. 픽퍼드, 기시, 채플린 등은 자연발생적 스타였다. 그러나 여기에 돈벌이의 기회가 있음을 재빨리 눈치 챈 영화자본가들이 의식적으로 스타를 제조하기 시작했다. 영화자본가들은 종래 실제적 영화 제작만을 위해 투입하던 자본의 일부를 선전비로 돌렸다. 그들은 이탈리아 이민자나 캘리포니아 연안에서 해수욕 중이던 소녀(베이딩 걸bathing girl) 중에서 적당해 보이는 얼굴을 두셋 발견해 온갖 포즈로 사진을 찍게 했고, 이를 모든 잡지·신문의 포스터에 발표했다. 그런 뒤에 그들을 주연으로 영화 한 편을 만들어 대대적으로 선전하기만 하면 됐다. 스타가 만들어져 '팔리기 시작'하면, 그들 한 명 한 명은 곧바로 상설관의 매표소에 길고 긴 팬 행렬을 끌어들이는 낚싯바늘이 되었다.

스타 시스템이 만들어지자 영화는 이야기라든가 이야기를 다루는 방법 등에 대한 흥미를 무시한 채 오로지 스타의 자태 또는 추태 하나

하나에 대한 쇼윈도가 되기만 하면 충분했다. 스타들에게 온갖 복장을 입히고 그 혹은 그녀를 온갖 조명 밑의 온갖 시추에이션 안에 놓는 것, 이것만으로 충분했다. 포스터나 전단지에는 작자나 감독의 이름보다도 먼저, 때에 따라서는 작품의 제목보다도 크게 주연배우의 이름이 적혔다. 미국영화는 더욱 좋아지고 더욱 재미있어지기 위해 노력할 필요가 없었다. 단지 인기 있는 스타를 주연으로 내세우기만 하면 그것으로 충분했다. 스타 시스템이 미국영화의 질적 향상을 얼마나 저해했는지 할 말이 없다.

스타 시스템과 동일한 심리적 기초를 가지고 그것과 밀접하게 관련되면서 그것을 성립시켜간 것은 영화의 선정화(色情化)다. 미국의 모든 영화 극작법 제1항에는 영화에서 러브 인터레스트(love interest)가 반드시 결부되어야만 한다고 적혀 있는바, 이것이 시간의 흐름과 더불어 진화(?)하자 성적 매력(sex appeal)이 영화의 황금률이 되었다. 이미 1915년에 중년 부르주아의 치정을 그렸던 〈바보가 있었다(A Fool There Was)〉(프랭크 파월)가 명백한 선정적 흥미로부터 제작되었고, 여기서 주연을 맡은 테다 바라(Theda Bara)는 스크린 최초의 뱀프(vamp)였다. 니타 낼디(Nita Naldi)·바버라 라 마(Barbara La Marr)부터 클래라 보(Clara Bow)·그레타 가르보(Greta Garbo)를 거쳐 근래의 저넷 맥도널드(Jeanette MacDonald)·마를레네 디트리히(Marlene Dietrich)에 이르는 계열의 여배우들은 요컨대 바라의 후계자다. 한편, 데밀의 〈아나톨(The Affairs of Anatol)〉(1921), 스트로하임의 〈어리석은 아낙네들〉, 루비치의 거의 모든 작품, 기타 미국영화 대부분이 저속한 성적 클라이맥스를 포함하고 있다. 이들 영화를 통해 영화자본가들은 근대의 선정적 문화와 근대인의 리비도를 경제적 가치로 태환하고 커다란 이익을 차지했다. 나아가 그와 같은 에로틱한 발산을 통해 대중의 일상적 불평불만을 잠재우며 그들의 계급적 자각과 투쟁을 마비시키는 데에도 성공했다. 영화가 프롤레타리아트에게 아편이라고 하는 말은 이런 의미에서 이중적으로 진실이 된다.

미국영화가 부르주아적 선전·선동의 수단으로서, 또한 부르주아적 이데올로기와 생활 의식의 전도자로서 얼마나 큰 역할을 하는지에 대해서는 이미 명료할 것이라 생각한다. 그러나 우리는 더 나아가 학술영화와 기록영화까지도 계급적 색채에서 자유롭지 못하다는 사실을 인정하지 않으면 안 된다. 미국은 〈북극의 나누크(Nanook of the North)〉(1922)나 〈모아나(Moana)〉(1926)의 작자 로버트 플래허티(Robert Flaherty), 〈초원(Grass: A Nation's Battle for Life)〉(1925)·〈창(Chang: A Drama of the Wilderness)〉(1927)의 어니스트 쇼드색(Ernest Schoedsack), 〈야성애(Stark Love)〉(1927)의 칼 브라운(Karl Brown) 등 걸출한 기록영화 제작자들을 자랑한다. 그럼에도 불구하고, 반 다이크(W. S. Van Dyke)의 〈남해의 흰 그림자(White Shadows in the South Seas)〉(1928)나 파라마운트 제작의 〈버드 장군의 남극탐험(With Byrd at the South Pole)〉(1930) 같은 경우는 카메라 렌즈의 배후에 명백하게 미국 지배계급의 눈이 자리하고 있음을 감지하게 한다.

드디어 우리는 미국 자본주의의 자가분해 과정과 그 반영으로서 영화의 계급적 분화에 대해 주목해야만 하는 순서에 다다랐다.

먼저 미국의 문화적 수준이 전쟁을 계기로 급격하게 향상되었다는 점을 인지하지 않으면 안 된다. 1920년대 미국은 세계 소비문화의 중심이 되었다. 미국의 소시민들은 붉은 표지의 베데커(Baedeker) 여행안내서를 손에 들고 유럽을, 그중에서도 특히 유럽의 '예술'을 보러 다녔다. 동시에, 미국 자체의 아리스토크러시(aristocracy, 귀족)가 발생했다. 맨주먹 맨몸으로 부를 일구어낸 벼락부자적 백만장자들의 2세들이 이제는 금융 귀족으로서 부르주아적 교양을 충분히 구비하고 있었다. 이를 배경으로 미국은 눈에 띄게 인텔리화했다. 이는 곧 이른바 영화의 소피스트화 내지 일종의 예술지상주의로서 나타났다.

영화의 소피스트화는 모든 문화의 퇴폐기에 발견되는 지식계급의 한량적 취미가 근대 미국적으로 표현된 것이다. 그것은 채플린의 〈파리의 여인(A Woman of Paris: A Drama of Fate)〉(1923)을 통해 영화적으로 처음 표현되었다. 총명하고 세련된, 애정이 없는 것은 아니지만 어떠한 일에도 감격을 모르는, 붕괴되어가는 소부르주아 계급의 심리가 거기에 적절하게 묘파되었다. 루비치는 〈결혼 철학(The Marriage Circle)〉(1924)을 통해 그 절묘한 베리에이션을 만들어냈고, 몬타 벨(Monta Bell)은 〈뒤얽혀가는 정염(Broadway After Dark)〉(1924)에서 이를 다시 모방했다. 맬컴 세인트 클레어(Malcolm St. Clair), 프랭크 터틀(Frank Tuttle), 로이 델 루스(Roy Del Ruth), 해리 다바디 다라(Harry D'Abbadie D'Arrast), 윌리엄 A. 웰먼(William A. Wellman) 등 할리우드의 젊고 재주 있는 감독들 모두가 그것을 추종했다. 아돌프 망주(Adolphe Menjou)라는 프랑스 신사는 그런 영화들에 배우로 출연하면서 그러한 생활 감정을 온몸으로 표현했다.

우리는 미국의 모든 인텔리 문화를 과소평가하는 습성이 있다. 그래서 클래라 보나 엘리너 글린(Elinor Glyn)이 대표하는 근대적 무지와 무치(無恥)뿐만 아니라, 헨리 루이 멩켄(Henry Louis Mencken)이나 시어도어 드라이저(Theodore Dreiser)로 대표되는 지적이고 예술적인 면이 미국 문화에 존재한다는 사실을 잊곤 한다. 그러나 우리가 잊든 말든 상관없이, 미국에는 지적이고 예술적인 면면이 엄연히 존재한다. 그리고 이것은, 물론 문학에서만큼이나 철저한 형태로는 아닐지라도, 영화에서도 명백하게 반영되어 있다. 1919년 그리피스가 감독한 〈흩어진 꽃잎〉의 센티멘털리즘에서 이미 그 편린을 엿볼 수 있으며, 독일영화 〈칼리가리 박사의 밀실(Das Cabinet des Dr. Caligari)〉(로베르트 비네, 1920)에 대한 (미국의) 비평적 열광 속에서는 그 모습이 더욱 선명하다. 영화예술(film arts)이라는 조어가 처음으로 영어에 도입된 것, 예술가 스트로하임에 대한 과대평가 등을 간과해서는 안 된다. 또한 스트로하임의 〈탐욕(Greed)〉(1924)이나 무르나우의 〈선라이즈〉 등은 예술지상주의적이라 볼 수 있는 명백한 징후들을 드러낸다.

미국영화의 소피스트화와 예술지상주의의 배경에는 이처럼 미국 지식계급의 발생 및 예술영화를 향한 그들의 열망이 자리 잡고 있다. 그러나 유럽, 특히 독일로부터 유입된 영화예술가들의 영향력도 간과할 수 없다. 루비치, 무르나우, E. A. 듀폰트(Ewald André Dupont), 마우리츠 스틸레르(Mauritz Stiller), 빅토르 셰스트룀(Victor Sjöström) 등의 감독이 속속 할리우드에 진출했다.[4] 물론, 이렇게나 많은 독일 감독이 유입된 데에는 확실한 기업적 이유가 있었다. 1920년 무렵부터 미국시장에서 독일영화가 이상(異常)적 성공을 거두기 시작했는데, 매년 우수 영화 투표에서도 이들 작품이 오히려 미국영화를 압도하는 형세가 되었다. 그러자 미국의 자본가들이 잽싸게 독일 영화제작자들을 자신의 자본 밑에 거두어 그 성공의 과실을 자신의 품으로 가져가려 했던 것이다.

미국적 소시민 이데올로기의 또 다른 발현을 우리는 채플린의 희극에서 본다. 그의 이른바 눈물을 자아내는 유머나 따뜻한 인도주의, 감상적 체관(諦觀)은 요컨대 몰락해가는 소시민이 부르는 백조의 노래다. 소시민적 고민의 상징이다. 채플린은 부르주아 회사의 불합리와 부정을 충분히 알면서도 프롤레타리아트 측으로 적극 나아가지 못한 채, 부르주아지에 대한 소극(消極)적 익살과 풍자, 조소에 몸을 맡기고 있다.

4　IMDb 정보를 비롯해 일반적으로 스틸레르와 셰스트룀은 스웨덴영화의 선구자로 더 유명하다.

반면 로이드의 희극과 키턴의 희극은 시종 현실에 대한 소시민적 도피로 일관한다. 로이드는 생기발랄한 회사원적 명랑함으로, 키턴은 무뚝뚝한 슬랩스틱과 난센스로 표현한다는 차이가 있지만 말이다.

이러한 소시민적 도피 경향은 페어뱅크스의 몽상적 우화 〈바그다드의 도적〉과 낭만적 모험극 〈검은 해적〉에서도 두드러진다.

4. 제3기(1926~)

미국영화 발달사의 제3기는 1926년 이후를 가리킨다. 이것이 언제 끝을 고하고 제4기 혹은 완전히 새로운 발전의 제1기가 도래할지 여부에 대해서는 아직 예측할 수 없다.

이 제3기를 그 이전의 모든 시기와 결정적으로 대립시키는 지표는 말할 것도 없이 토키의 출현이다. 말하자면, 1900년부터 1925년까지는 영화의 역사고 1926년부터는 토키의 역사다. 그만큼 이 둘은 질적으로 다르다. 토키의 본질은 단지 영화에 음향이 들어갔다는 정도의 문제가 아니다. 그것은 또 하나 완전히 새로운 예술의 기원이다.

토키의 발생을 기술적 진보·변혁이라 간주하는 것은 단견이며 오류임이 이미 명백하다. 토키의 메커니즘 자체는 순수한 기술의 범위에 속하는 것일지라도, 미국의 영화 기업이 이렇게까지 대규모로 토키를 이용했다는 사실 그리고 현재 미국영화가 100퍼센트 토키화되어 있다는 사실은, 이제 미국의 자본주의, 1926~1930년의 경제적·정치적 정세를 통해서만 충분히 근거 지울 수 있다.

요컨대 영화사 제2기 말부터 군소 회사들의 몰락과 합동을 통해 그 조짐을 엿볼 수 있었던 미국 영화 기업의 고도 자본주의화가 토키를 낳았다. 나아가 토키를 유발하는 요인으로서 자본주의는 더욱 진전해 갔다. 다시 말해, 이 무렵 영화 기업이 다시 성장기에 들어서면서 중소규모의 경영 형태로 산업자본을 통제하는 것이 부자유스럽게 인식되기 시작했다. 이는 먼저 기업 내부에서 자기모순으로 발현됐는데, 영화의 생산단가가 점점 더 높아지면서 생산 과잉에 다다른 한편에 시장은 급격하게 협소해져갔고 이것이 수익의 감소로 이어진 것이다.

이 같은 상황에서 토키, 기술적 노벨티로서의 토키는 새로운 이윤의 원천이 되어 기업적 궁지를 타개해야만 하는 사명을 떠안게 되었다. 토키의 이런 사명은 금융자본의 이익을 위해 산업자본이 희생하는 형태로 전개되었다. 이를 가장 명확하게 드러내는 것으로, 어떤 때는 영화 기업 내부의 자본이 집중되면서 어떤 때는 다른 중요 산업 특히 전기 기업과 라디오 기업에 의해 영화산업이 통제되면서, 수직과 수평으로 거대한 트러스트가 형성되었다. 이를 통해 미국영화는 자본주의적으로 더욱 높은 발전 단계에 진입하게 되었고 그 결과 금융 부르주아지의 예술적 특질로 농후하게 채색되었다.

이러한 사실은 1926년 이후 주목받은 토키들을 개관하면 바로 수긍할 수 있다. 〈싱잉 풀(The Singing Fool)〉(로이드 베이컨, 1928), 〈재즈싱어(The Jazz Singer)〉(앨런 크로스랜드, 1927), 〈할리우드 레뷔(Hollywood Revue of 1929)〉(찰스 라이즈너, 1929), 〈폭스 무비톤 폴리스(Fox Movietone Follies of 1929)〉(데이비드 버틀러, 1929), 〈파라마운트 온 퍼레이드(Paramount on Parade)〉(도로시 아즈너 등, 1930), 〈러브 퍼레이드(The Love Parade)〉(에른스트 루비치, 1929), 〈킹 오브 재즈(King of Jazz)〉(존 머리 앤더슨, 1930), 〈방랑의 왕(The Vagabond King)〉(루트비히 베르거, 1939), 〈악한의 노래(The Rogue Song)〉(라이어널 배리모어, 1930), 〈7일간의 휴가(Seven Days Leave)〉(리처드 월리스, 1930), 〈서부전선 이상 없다(All Quiet On The Western Front)〉(루이스 마일스톤, 1930), 〈지옥의 천사들(Hell's Angels)〉(하워드 휴스, 1930), 〈새벽의 출격(The Dawn Patrol〉〈하워드 호크스, 1930) 등등. 이들 필름은 모두 소위 레뷔(revue)영화, 오페레타영화, 전쟁영화의 세 범주 중 하나로 분류할 수 있다.

토키가 먼저 레뷔나 오페레타를 내용으로 취한 연유가 무엇이었는지, 그 근거를 시각적·음악적 효과의 영화적 이용이라는 점에서만 찾는다면 완전히 그릇된 것이다. 오히려 우리는 종래 일류의 레뷔나 오페레타 등이 거의 독점적으로 뉴욕의 대부르주아지에 의해서만 감상되었다는 사실, 플로렌츠 지그펠트(Florenz Ziegfeld)·폴 화이트먼(Paul Whiteman)·존 매코맥(John McCormack)의 예술이 이른바 금융 부르주아지의 연회를 위한 예술이었다는 사실을 먼저 이해해야만 한다. 미국의 고도 자본주의가 토키를 이용해 그러한 종류의 예술을 복제하고 대중화하여 소시민 및 프롤레타리아트에게 강요, 이들을 우매화하고 쾌락주의자로 만들어 거세하려 했다는 계급적 간계를 통찰하지 않으면 안 된다.

XXXX 부르주아지에게 전쟁영화가 선전적으로 중대한 역할을 한다는 것은 앞에서 분석한 바대로다. 특히 음악의 이용은 전쟁 묘사의 현실성을 무성영화에 비해 몇 배나 강렬하게 만들었다. 그런 만큼 〈7일간의 휴가〉와 같이 대놓고 X동적 호전성을 노출하든 〈서부전선 이상 없다〉나 〈새벽의 정찰〉과 같이 외면적으로 전쟁을 부정하든, 선전 효과를 위해서는 음악 이상의 선택지가 없었다. 이 때문에 지배계급은 〈서부전선 이상 없다〉가 레마르크(Erich Maria Remarque)의 원작은 물론이고 마일스톤(Lewis Milestone)의 영화적 표현에서도 진실을 그리는 정도가 아주 조금 지나쳤다며 각지에서 상영을 금지시켰던 것이다.

미국에서 처음으로 토키가 공개되고 이미 4년이 지났다. 그러나 미국은 여전히 토키가 무엇인지 이해하지 못하고 있다. 미국의 영화감독들은 토키에서 소리를 어떻게 처리해가야 하는지 알지 못한다. 여기서 영화는 다시금 무대극에 수치스럽게 굴복해버렸다. 혹은, 성공한 무성

영화의 소재를 아무 방책 없이 발성화했다. [미국의 영화감독들은] 새로운 예술 형식의 발생에 직면해 당혹스러워하며 어찌할 줄을 몰라 했다. 초기의 작품 〈알리바이(Alibi)〉(롤런드 웨스트, 1929), 〈차이나타운의 밤(Chinatown Nights)〉(윌리엄 A. 웰먼, 1929)이 그 산물이다. 빅터 플레밍(Victor Fleming)의 서부극 〈버지니안(The Virginian)〉(1929)이나 루비치의 호색(好色)영화 〈러브 퍼레이드〉 역시 시험 작품의 틀을 벗어나지 못한다. 비더의 작품 〈할렐루야(Hallelujah)〉(1929)나 스턴버그의 작품 〈모로코(Morocco)〉(1930), 만화 토키 〈미키 마우스(Mickey Mouse)〉[시리즈]가 그나마 미국의 토키 형식에서 주목할 만한 예술적 성과를 거두었다고 할 수 있을 뿐이다.

미국의 토키가 기술적으로 탁월함에도 불구하고 예술적으로 이렇게까지 저열하게 된 최대의 원인은, 토키를 소리와 그림의 동시적 병행으로 이해한다는 점에 있다. 이와 같은 동시성의 형식은 미국 부르주아지가 토키를 통해 레뷔나 오페레타를 복제하는 데 가장 잘 들어맞는다. 다시 말하자면, 미국의 영화 자본주의가 바로 미국 토키의 저열한 형식을 규정하는 것이다.

유럽, 그중에서도 특히 소비에트에서 발표된 토키에 대한 정확한 이론이 겨우 미국에도 도입되어 이해되기 시작했다. 그러나 미국영화가 현재와 같이 금융 부르주아지의 지배하에 있는 한, 토키의 타당하고 건전한 발전은 기대하기 어렵다. 부르주아 예술로서 미국 토키의 운명은 저열함과 무가치함의 구렁텅이를 향하고 있다. 게다가 자본주의적 기업으로서 미국 토키는 만성적 공황의 심연에서 발버둥치고 있다. 그 앞에 기다리고 있는 것은 예술적·경제적 몰락뿐이리라.

— 「종합 프롤레타리아 예술 강좌(綜合プロレタリア藝術講座)」, 1931. 4

제4장 선전·선동 수단으로서의 영화

1. 영화와 관중

활동사진의 발명은 인쇄술의 새로운 기원이었다. 일찍이 활자와 종이를 통해 운반·복제되었던 사상은 중세의 봉건적이고 구교(舊敎)적인 사회의식을 궤멸하는 힘이 있었다. 그 결과 부르주아적 사회가 발흥하고 종교개혁 등 중대한 역사적 계기가 맺어졌다. 현재, 사상의 운반과 이데올로기의 결정을 위해 영화에 부과된 임무는 그보다 훨씬 적극적이고 한층 의식적인 것이다. 바로 계급사회 옹호 혹은 새로운 '종교개혁'이다.

이 새로운 인쇄술은 일련의 운동하는 사진을 셀룰로이드의 얇은 막 위에 각인하는 것으로부터 성립된다. 이 활자는 독자들에게 개념을 전달하는 대신 동작과 구상(具象)을 전한다. 그것은 직접적이고 시각적이라는 의미에서 지극히 통속적인 동시에 감명적인 활자이며, 원칙적으로 언어를 가지지 않는다는 의미에서 국제적 활자다. 바로 여기에 선전·선동 수단으로서 영화의 효용이 있다.

선전·선동 수단으로서 영화를 고찰하는 데에 무엇보다도 중요한 것은 영화와 그 영향하에 있는 대중과의 연관이다.

나는 이를 구체적 수치로써 묘사하고자 한다.

영국의 영화잡지 〈더 시네마〉[1]가 발표한 통계에 따르면, 1주간의 영화 관객 수치는 다음과 같이 막대하다.

---

1 원서에서는 "ザ・シネマ"라고 기재되어 있으나 지시하는 대상을 확정할 수 없다.

	미국	영국	독일
상설관 수	15,000	3,800	3,600
인구	106,000,000	44,000,000	63,000,000
주(週)당 관객 수	47,000,000	14,000,000	6,000,000
전체 인구 대비 비율	45%	33.3%	10.5%

(Hans Buchner, *Im Banne des Films*, S. 21)

또한 이들 상설관의 [연간] 수용력 총계는 1일 평균 관객 수를 통해 계산해볼 수 있는데, 다음의 표가 이를 나타낸다.

		상설관 수	수용 인원
상설관과 수용력	미국	15,000	8,000,000
	독일	3,600	1,500,000
	영국	3,800	1,250,000

이들 수치에 365를 곱한 것, 즉

$8,000,000 \times 365 = 2,920,000,000$ (미국)

$1,500,000 \times 365 = 547,500,000$ (독일)

$1,250,000 \times 365 = 456,250,000$ (영국)

이렇게 관객 연인원이 대략 산출된다.

그런데 위의 수치는 1925년도 조사에 의한 것으로, 더욱 새로운 통계에 의하면 세계 각국의 상설관 수는 총계 약 6만 5,000개를 상회한다.

내역	
미국	20,000
독일	4,000
프랑스	3,000
러시아	10,000

이탈리아	2,000
스페인	2,000
영국	4,000
일본	1,100

(Léon Moussinac, *Panoramique du cinéma*, p. 17.)

이를 고려하면, 당해 미국·독일·영국 3국에서 상설관 수는 약 1할 내지 3할의 증가를 보이고 있다. 관객 수에서도 각각 동일한 비율의 증가를 상정할 수 있는데, 3국 이외의 다른 나라들에서도 마찬가지의 증가율을 추정해볼 수 있다.

주

레온 무시나크가 제시하는 수치에는 조사 연도가 표시되어 있지 않다. 필시 1927년 말 정도의 통계일 것이라 추정된다.

1928년도의 〈필름 데일리(The Film Daily)〉 및 기타 조사에 의하면, 상설관은 미국에서는 이 수치에 2.5퍼센트가 증가해 2만 500개가 되었으며, 일본에서는 10퍼센트가 증가해 1,200관이 되었고, 독일에서는 30퍼센트가 증가해 5,267관(수용 좌석 수 1,876,601)이 되었다. 이는 이동 영화관과 비상업적 극장을 제외한 수치다.

다시 말해, 이미 1925년도 통계만 보더라도 연간 총 영화 관객은 미국에서 약 29억 명, 유럽에서 20억 명, 아시아·라틴아메리카·캐나다·아프리카 등에서 10억 명 등 총계 59억이라는 터무니없이 공상적 수치에까지 달한다.

영화가 지배하는 이 막대한 관중, 더불어 영화 형식의 직접성과 국제성─양적으로나 질적으로나 대중적 선전·선동에서 영화가 딱 맞는 용기(容器)라는 것이 입증되어왔다.

2. 영화와 선전

선전·선동 수단으로서 영화의 가치를 올바로 인식하기 위해서는 소위 선전영화라는 숙어, 그리고 이 개념의 무의미함에 대해 이해할 필요가 있다.

일본의 뛰어난 풍광을 외국에 소개해 유람객을 불러들이려 제작된 영화, 후지산·게이샤·일광·온천 등을 담은 것들을 통틀어 우리는 선전영화라 부른다. 어떤 선전영화들은 질병의 예방법을 알려주고, 우편저금을 장려하며, 보험을 권유하는 등등의 목적을 가지고 촬영된다. 이 경우 우리는 바로 영화에 담겨 있는 목적을 알 수 있다. 폐결핵의 공포를 체득하고, 저금을 시작하며, 생명보험에 가입한다. 그런데 이들 선전영화는 많은 경우 공회당이나 소학교 강당 등을 이용해 무료로 영사된다. 무료로 보여주는 데에는 그렇게 보여주는 무언가 꿍꿍이가 있으리라는 의혹이 곧 생겨난다. 바꿔 말하자면, 이런 종류의 선전영화는 그 목적의식을 곧바로 간파할 수 있다.

앞이 안 보이는 노쇠한 어머니의 외동아들 이치타로(一太郞)가 소집영장을 받아든다. 그는 연약한 어머니를 홀로 두고 '군국(君国)을 위해' '증오스러운 원수를 응징하기 위해' 용맹하게 출정한다. 일장기, 만세, 이치타로야—때때로 우리는 이런 종류의 군국 미담물을 보게 된다. 이 같은 영화들은 XXX 활동사진 주식회사가 제작하는 상업영화로, 공개될 때는 공회당이나 소학교 강당의 은혜를 빌릴 필요 없이 보통의 상설관에서 명예롭게 입장료를 받고 당당하게 상영된다. 그러면 선량하고 의심을 모르는 관객들은 이것을 선전영화라 여기지 않는다. 정당한 관람료를 지불했다는 사실이 그 영화가 선전영화가 아니라는 것을 증명해버린다. 단순한 관객들은 그 교묘하게 꾸며진 선전에 부채질당하고 기만된다. 기만에 대해 돈까지 지불한다. 관객은 이중의 기만에 빠지고 있다는 사실을 자각하지 못한다.

대략 이런 식으로 시민들이 '선전영화'라 부르는 것이 무의미해진다. 목적을 가지지 않는 영화, 따라서 선전영화가 아니라는 것 따위는 환상에 불과하다.

현재 제작되는 모든 영화에 대해 우리는 그 숨겨진 목적—의식적으로 그 목적을 끝까지 파고들지 않을 경우, 어떤 영화들은 아직 경향 내지 취미의 정도만 드러내고 그치는 듯 보인다. 하지만 이 경향 내지 취미라는 것도 결과적으로는 하나의 중요한 선전가치다—을 적발해낼 수 있다. 어떤 때에 그것은 제국주의 전쟁을 향한 진군나팔이며, 애국주의나 쇼비니즘을 고취하는 것이다. 종교를 이용한 반동 선전일 때도 있고, 부르주아 사회를 옹호하면서 XX를 억압하는 것이거나, 노자 협조로 인도하는 것일 때도 있다. 소시민을 사회적 무관심으로 이끄는 수면제—요컨대 오로지 자본주의적 질서의 이익만을 위해서만 고민하는 사상적 계략.

1928년 4월 모스크바에서 개최된 소비에트중앙위원회 석상에서 영화에 대해 다음과 같이 결의하였다.

"영화를 노동자계급의 손안에 두고, 소비에트의 교화와 문화적 진보라는 임무에 관해 대중을 지도·교육·조직하는 수단이 되게 할 것."

소비에트영화의 임무는 세계 영화시장에 팽배한 자본주의적 선전의 파도에 대항해 XX주의적 프로파간다를 이룩하는 것이다.

세계는 지금 제2차 대전을 준비하는 이데올로기 투쟁의 소용돌이 속에 있다. 여기서 영화는, 그 59억의 관중과 더불어 이 투쟁 저울의 한쪽에 결정적인 중량을 더할 수 있다.

3. 영화와 전쟁

자본주의적 선전영화 중에서 가장 중요한 부문을 점하는 것은 전쟁영화다.

영화는 이미 오래전부터 전쟁을 담아왔다. 영화는 요람기를 겨우 벗어날 때부터 로마·바빌로니아·이집트 등의 병사들이 싸우는 것을 보여주었다. 당시 무대[극]에 비교해 영화가 내세울 수 있었던 장점은 단 하나 즉 자유로운 로케이션, 거대한 세트 및 대중 촬영을 이용한 스펙터클의 매력이었고, 이를 최대한 발휘하기 위해 고안된 것이 전쟁이었다. 반짝반짝 빛나는 고대의 갑옷, 성벽으로 둘러싸인 도시, 신전, 기괴한 조각들, 다양한 종류의 창, 방패, 불화살, 투석기 등 이국적 풍경과 더불어 당시로서 상당히 화려했던 소도구들은 아직 소박한 눈으로 영화를 보던 관객들을 한순간에 사로잡았고, 인기를 끌었다. 그러나 당시 영화들에서의 전쟁은 거대한 서커스나 토너먼트[경기] 등 다른 흥행물과 크게 다르지 않았다. 고대의 로마제국이나 카르타고는 현대 영화 관중의 조국이 아니었다. 전쟁은 단지 동적이고 선정적인 시각을 통해 관객들을 흥분시키고 흥미를 느끼게 하는 요소에 지나지 않았다.

영화에 근대적 전쟁을 도입하고 그 안에 확실하고도 의식적으로 선전적 요소를 담은 최초의 영화제작자는 그리피스일 것이다. 그는 〈국가의 탄생〉·〈아메리카〉 등 남북전쟁에서 소재를 취한 영화들을 통해 북군의 히로이즘을 찬미하는 한편, 합중국 건국의 정신이라 칭해지는 것을 정당화하고 미화했다. 이들 작품은 나중에 제작된 다수의 호전적 영화처럼 적극적으로 대외 전쟁을 고취하지는 않았다. 그러나 원래의 국민성이 잡다하고 분자적인, 인종 박물관과도 같은 합중국에, 그 주민들에게, 확고한 국가의 개념과 애국심을 함양할 목적을 가지고 있었다. '100퍼센트 미국인'이라는 슬로건이 유행하면서 아일랜드 출신의 경찰에게도, 시실리 출신의 채소 장수에게도, 흑인에게도, 아메리카인디언에게도 그 레테르를 강요하고자 했던 '미국화' 운동에서 영화는 큰 힘을 가진 무기였던 것이다.

'미국화' 과정은 유럽대전의 발발 및 미국의 참전, 이에 수반되어 급속히 진행된 제국주의화를 계기로 완성되었다.

독일에 선전포고를 하면서 미국은 100만의 군대를 프랑스에 보내야만 했다. 급작스럽게 모병이 시작되었고 급작스럽게 해군 확장이 이루어졌다. 군악대는 선동적 행진곡을 연주하며 각 지방과 각 도시의 메인스트리트를 순회했으며, 교차로마다 포스터가 붙었다. 그리고 이때마다 신문들은 '미국 시민'의 의무를 설파했다. 선동에 휩쓸리기 쉬운 청년들은, 누군가는 군대에 지원하지 않으면 연인에게 차일 것 같아서, 누군가는 생활에 권태를 느끼던 까닭에, 누군가는 "해군에 들어가 세계를 보기(조인 더 네이비 앤드 시 더 월드join the Navy and see the world)" 위해 모병에 응했다. 당시 미국 정부가 벌인 선전은 유사 이래 가장 큰 규모였을 뿐 아니라 가장 효과적인 것이었다.

이 선전전에서 가장 중요한 역할을 담당한 것이 신문과 영화였다. 그리고 이 시기에 본래적 의미에서의 전쟁영화가 처음으로 만들어졌다.

스페인의 열광적 반독(反獨) 활동가 블라스코 이바네스(Vicente Blasco Ibáñez)의 원작에 기초해 만들어진 〈묵시록의 네 기사〉·〈우리의 바다〉 등이 대표적 전쟁영화였다. 여기서 미국의 지배계급은 독일군이 얼마나 흉악한지, 독일의 잠수함이 얼마나 비인도적인지를 묘사했고, 교묘한 방법으로 단순한 양키들을 선동했다.

양키 제국주의는 종전 이후 본래의 예봉(銳鋒)을 더욱 드러내기 시작했다. 대중은 평상시에도 군국화가 부단하게 이루어져야만 한다고 이해하게 되었다.

1920년대 전반 세계인의 뇌리에 절절하게 박혀 있던 것은 무엇보다도 전쟁에 대한 생생한 기억이었다. 자연스럽게 세계대전이라는 중대한 역사적 사건을 국민적 서사시 형태로서 예술적으로 재현하려는 욕망이 발생하게 되었다. 이렇게 만들어진 영화들이 대중의 흥미와 감정에 절절히 파고든 것도 자연스러운 이치다. 양키 제국주의가 이처럼 유리한 정세를 이용하지 않을 리 없었고, 가장 호전적인 선동의지에 기반 하여 전쟁 서사시가 제작되기에 이르렀다.

전쟁영화 계열의 작품이 끊이지 않고 제작되었다. 〈빅 퍼레이드〉, 〈날개〉 등 이름을 다 대자면 번거롭기 짝이 없을 정도로 수많은 반동적 선전영화가 만들어졌다. 이들 작품은 물론 전시 중의 순수한 선동영화처럼 노골적이지 않았다. 더욱 자연스럽게 더욱 암묵적으로 선전의 목적에 도달하기 위해, 멜로드라마적으로 연애를 그리며 적당량의 달달함을 첨가한다든가 인도주의적 전쟁 비판이라는 양념을 명목상으로 삽입해 혀끝에 닿는 맛을 좋게 했다. 그러나 이처럼 공들여 만든 가면에도 불구하고, 이 영화들이 궁극적으로 목적한 바는 오로지 XXXXXXX의 본질을 호도하면서 대중의 눈을 가리는 것, 미국 군대의 히로이즘을 찬미하는 것, 그리고 때때로 군대 생활의 방종과 재미를 선전하는 것에 불과했다. (나는 여기에 이런 종류의 전쟁영화에 대한 완벽한 리스트를 제시하면서 대표적 몇 작품을 예로 들어 나의 서술을 더욱 구체적으로 진행하고 싶지만, 그만큼의 지면과 시간의 여유가 없어 유감이다. 언젠가 가필·보정할 기회가 있으리라 믿는다.)

물론 전쟁과 영화에 대해 지금까지 논해온 사실은 결코 미국에만 존재하는 특수 현상이 아니다. 아니 오히려 다른 모든 제국주의 강국에

서도 경쟁적으로 이루어지고 있다. 독일은 〈엠덴(Emden)〉[2]·〈세계대전(Der Weltkrieg)〉(총 2편, Léo Lasko, 1927~1928) 등의 영화들을 내어놓았고, 프랑스는 〈베르덩, 역사의 환상(Verdun, Vision d'histoire)〉(레옹 포이리에, 1928)·〈에키파즈(L'Equipage)〉(모리스 투르뇌르, 1928) 등을 제작했으며, 영국은 〈새벽(Dawn)〉(허버트 윌콕스, 1928), 일본은 〈포연탄우(砲煙彈雨)〉(우치다 토무, 1927)·〈지구는 돈다(地球は廻る)〉(총 3편, 다사카 도모타카·아베 유타카·우치다 토무, 1928)·〈우루산오키의 해전(蔚山沖の海戰)〉(히가시보조 야스나가·하타모토 슈이치, 1928) 등을 통해 '군사사상'을 보급하기 위해 극력 부심했다.

전쟁영화에 대한 서술을 마치기 전에, 전쟁 반대의 경향을 드러내는 예외적 현상을 두셋 지적하지 않을 수 없다.

우리는 〈빅 퍼레이드〉 속 몇몇 장면에서도 너무 감상적이라고는 하나 일단 전쟁에 대한 저주의 기분이 그려져 있는 것을 본다. 이 같은 심리는 〈영광〉에서 더욱 적극적으로 드러난다. 그럼에도 이들 작품에는 전쟁에 대한 확고한 비판의 태도라 할 만한 것이 일정하지 않다. 〈어깨 총〉에서 채플린이 전쟁을 희극화한 것과 같은 정도의 인식만이 마련되어 있을 뿐이다.

그에 비하면, 기술적으로 매우 탁월한 전쟁영화 〈제국 호텔(Hotel Imperial)〉(마우리츠 스틸레르, 1927)의 프로듀서 에리히 포머(Erich Pommer)가 제작한 〈철조망〉이, 그 결말에서 인류애 고양을 우스꽝스러우리만치 과장하지만 않았더라면, 제국주의 전쟁을 통렬하게 풍자한 명희극 〈비하인드 더 프런트〉와 더불어 반전영화의 범주에 포함될 수 있을 것이다.

2 본문 173쪽 각주 5를 참고하라.

4. 영화와 애국주의

애국적 선전영화의 제작 역시 세계대전 후에 눈에 띄는 현상이다. 이런 종류의 영화는 외형상의 차이는 있을지언정 궁극적으로 XXXX 전쟁을 의식적으로 준비하고 고무한다는 점에서, 쇼비니즘과 호전성에서 본질적으로 전쟁영화와 연관되어 있다.

그렇다면 이들 영화가 목적으로 하는 것은 무엇인가.

직접적 목적은 국체(國體) 관념 즉 국기(國旗) 존엄을 선전하는 것이다. 이들 영화는 간접적으로 X력을 장려해 우익 정당의 인기를 높이고, 외국과 자본 시장을 놓고 쟁탈할 때 바로 XX 행동에 나서는 것을 정당화하려 한다.

이 같은 종류의 필름은 주로 국회의원 선거나 대통령 선거 등의 중대한 시기에 가장 활발한 영향력을 발휘한다. 이들 내셔널리즘영화의 영향력에 의해 특히 독일의 국수 정당이 많은 표를 거둘 수 있었다.

프로이센의 발흥에 대한 역사영화 〈프리드리히 대왕(Fridericus Rex)〉(총 4편, 아르젠 폰 체레피, 1922~1923)(이것은 일본에서 완전히 단축된 버전으로 공개되었는데, 제목도 〈라인 비창곡ライン悲愴曲〉이라 바뀌었다) 같은 것이 그중에서도 가장 큰 성공을 거두었다. 이 영화는, 대전 후 인플레이션이 불어닥치고 독일혁명의 실패에 이어 반동주의가 한창이던 시기에 부르주아지가 마련한 교묘한 프로파간다였다. 빈곤으로 굶어 죽을 것 같던 소시민들은 이 필름 속에서 프리드리히 대왕 정예 근위병의 행진을 보았고, 7년전쟁의 눈부신 승리를 보았다. 그들은 지난날 카이저의 치세를 다시금 떠올리며 무지에서 기인한 값싼 감격에 박수를 치고 발을 구르며 휘파람을 불었다.

이어서 국민적 영웅 비스마르크의 전기가 영화화되었다. 또한 힌덴부르크의 전기도 영화화되었다.

〈비스마르크(Bismarck)〉는, 이 작품[3]의 제작만을 위해 비스마르크 영화주식회사가 설립되었을 정도다. 2부작 총 20권이 넘는 대작으로 촬영된 영화 속에 그 제국주의적 정치가의 일생에서 벌어진 온갖 애국적·선정적 요소가 남김없이 결집되어 있다.

〈힌덴부르크(Hindenburg)〉[4]는, 이 노장군의 대통령 당선―이것이 영화 〈프리드리히 대왕〉이나 〈비스마르크〉에 얼마나 빚지고 있는지―을 계기로 그의 인기를 높이기 위해 만들어졌다.

주
영화 〈비스마르크〉 공개 당시 배포된 프로그램에는 다음과 같은 설명이 게재되어 있다.

"우리 필름의 조국적 목적(der vaterländische Zweck)은 영화의 내적 구성을 규정할 뿐 아니라 줄거리에 시간적 제한을 두게 한다. 비스마르크의 소년 시대가 극히 간략한 프롤로그로 다루어지는 것은 이 때문이다. (…) 그리고 이 이야기는 1871년 독일 건국으로 끝나야만 한다. 왜냐하면 그 이후의 국내적 다툼이라든가 비스마르크의 은퇴는 우울한 기억을 불러일으켜 관객을 결합시키는 대신 이반(離反)시킬 것이고, 이는 영화 전체의 조국적 목적에 어긋나기 때문이다. 다시 말해, 이 영화의 주요 부분은 1847년 비스마르크가 정치 생활을 시작한 때부터 1871년까지이며 이를 하나의 완성된 극으로 다룬다. (…)"

1927년 봄, 독일 국수당 영수 중 하나로 아우구스트 셰를(August

---

3 〈비스마르크(Bismarck)〉(에른스트 벤트, 1925)와 〈비스마르크 1862~1898(Bismarck 1862~1898)〉(쿠르트 블라히, 1927)를 일컫는다.
4 〈역경에 처한 민족(Volk in Not)〉(볼프강 네프, 1927)을 일컫는 것으로 추정되나 원서에 기재된 원제 'Hindenburg'와 일치하지 않아 확정하기 어렵다. Bernadette Kester, *Film Front Weimar: Representations of the First World War in German Films from the Weimar Period(1919-1933)* (Amsterdam: Amsterdam University Press, 2003), p. 112 참고.

Scherl) 출판사[신문사]의 사실상 소유주였던 후겐베르크는 독일 최고의 대기업 우파가 재정적 위기를 맞은 것을 기회로 그 주식의 과반을 매점해 우파 총지배인의 자리에 앉았다. 이로써 독일 영화산업과 그 영향력은 완전히 내셔널리스트의 손아귀에 들어가버렸다. 후겐베르크는 우파의 프로덕션 플랜에 직접 관여하면서 자신의 정치적 주장을 노골적으로 드러냈고, 그 가장 대표적인 사례가 〈세계대전〉 2부작이다.

그러자 당시 사회민주당 내각은 바로 견제 수단을 강구했다. 즉, 독일 은행으로 하여금 후겐베르크에 대항해 우파의 주식에 투자하도록 한 것이다. 내셔널리스트의 선전 기관 따위가 독일의 독점적 거대 영화사를 차지하지 못하게 하기 위해, 그것은 어쩔 수 없는 방법이었다.

〈세계대전〉은 초략(抄略)된 형태로 일본에서도 소개되었으므로 이것이 어떠한 경향과 주장을 담고 있는지 지금 굳이 상술할 필요는 없을 것이다. 표면상 〈세계대전〉은 1914~1917년까지의 전쟁 중에 촬영된 각국(주로 독일·프랑스)의 실사(實寫)들을 순전히 역사적 객관에 의해 편집했다며, 필름에 의한 다큐멘터리를 표방하고 있다. 자국군의 승리나 그들의 용감함과 애국심만을 그렸던 미국식 전쟁영화와 비교하면 〈세계대전〉은 자못 사실적이다. 그러나 주의 깊게 관찰하면 바로 발견할 수 있는바, 〈세계대전〉에서는 타넨베르크전투를 비롯한 힌덴부르크 장군의 승리만이 줄기차게 반복되어 그려질 뿐이다. 그리고 다음의 자막과 더불어 영화가 끝난다. "전시에 몇 번이고 조국을 구한 장군은 평화의 시기에도 대통령으로서 조국을 위해 애쓰고 있다."

주
〈세계대전〉 공개 당시, 어떤 장군은 영화에 대해 다음과 같은 소감을 신문에 발표했다.

"전쟁의 참화는 매우 두려울 수밖에 없다. 그럼에도 불구하고 우리는 전쟁을 시인한다. 왜냐하면 전쟁에서 자신의 직무를 욕되게 하는 것 이상으로 무서운 운명은 없기 때문이다. 전쟁의 공포에 대해 우리 청년들은 평정되고 침착하며 확고한 의지를 가지고 나아가지 않으면 안 된다. 그러므로 이 영화의 처참한 장면들을 결코 혐오해서는 안 된다. 이것들은 오히려 이 영화에 의의를 부여하고, 영화의 가치를 더해준다."

주
─
이 범주에 속하는 필름으로서 〈왕자 루이 페르디난트(Prinz Louis Ferdinand)〉(한스 베렌트, 1927)·〈유-9호(U.9)〉(U 9 Weddigen, 하인츠 파울, 1927)·〈고양이 길(Der Katzensteg)〉(게르하르트 람프레히트, 1927)·〈뤼트초프의 맹습(Lützows wilde verwegene Jagd)〉(리하르트 오스발트, 1927)·〈쉴의 신사(Schill chen Offiziere)〉(Die elf schillschen Offiziere, 루돌프 마이네르트, 1926)·〈엠덴(Emden)〉·〈우리의 엠덴(Unser Emden)〉[5] 등의 독일영화, 〈나폴레옹(Napoléon)〉(아벨 강스, 1927)·〈잔다르크(Jeanne d'Arc)〉(La merveilleuse vie de Jeanne d'Arc, 마르코 드 가스틴, 1929)—단, 일본에 수입되었던 카를 드레위에르(Carl Theodor Dreyer)의 작품과는 별개— 등의 프랑스영화, 〈코로넬섬과 포클랜드섬의 해전(The Battles of Coronel and Falkland Islands)〉(월터 서머스, 1927) 등의 영국영화를 열거할 수 있다.

미국에서는 〈피터팬〉·〈레드스킨〉 등의 동화나 멜로드라마까지 스타스

5 IMDb를 비롯해 일본의 eiga.com, 당시 조선의 신문기사(『동아일보』, 1927. 11. 13, 3면)를 대조하건대, 1920년대 후반 '엠덴'이라는 제목으로 알려진 독일영화는 〈우리들의 엠덴(Unsere Emden)〉(루이 랄프, 1926)이다. IMDb의 정보에 따르면 〈침입자 엠덴(The Raider Emden)〉(루이 랄프, 1928) 및 〈엠덴의 공적(The Exploits of the Emden)〉(Ken G. Hall, 1928)이라는 작품도 존재하나 전자는 독일과 미국 합작영화이며 후자는 오스트레일리아영화로 본문의 설명과 일치하지 않는다. 한편, 독일의 filmportal.de에 따르면 위의 작품을 제외하고도 1921~1926년 사이 〈엠덴〉이라는 제명의 단편 다큐멘터리가 3편 존재한다. 따라서 원서에서 〈엠덴〉과 〈우리들의 엠덴〉으로 구별해 가리키는 작품들의 원제를 확정하기 어렵다.

앤드 스트라이프스[Stars and Stripes, 성조기]]의 존엄을 설교할 기회를 엿보기 시작했다.

5. 영화와 종교

종교가 모든 시대를 통틀어 지배계급의 어용을 담당해온 사실은 이미 몇 번이고 입증되었다.

그것은 동양에서는 불교적 인종(忍從)과 현세에 대한 경시를 가르쳤고, 서방에서는 기독교적 평화주의가 되어 현존 계급사회에 대한 적극적 개혁을 저지하고자 한다.

20세기 들어 종교는 과거의 권위와 신앙을 잃고 있다. 그럼에도 불구하고, 아니 그렇기 때문에 오히려 더, 더욱 노골적이며 자각적으로 지배계급의 충실한 노예가 되어왔다.

물질문명의 발달이 비교적 뒤쳐져 있는 나라들에서 종교는 여전히 엄청난 선전·선동력이 있다. 자본주의는 종교와 영화를 결합해 동시에 이용하는 것이 가능하다.

〈십계〉·〈크리스천(The Christian)〉(모리스 투르뇌르, 1923)·〈벤허〉, 〈왕중왕〉·〈유대의 왕, 나사렛 예수(I.N.R.I.)〉(로베르트 비네, 1923)와 같은 기독교 선전영화, 〈아시아의 빛(Die Leuchte Asiens)〉(프란츠 오스텐·히만 슈 라이, 1925)·〈대성일연(大聖日蓮)〉[6] 등등의 불교영화는 전 세계 우부우처(愚夫愚妻)와 선남선녀의 주머니로부터 감격의 눈물에 대한 확실한 헌금을 꾀어내어 상업적 방면에서만 보아도 가장 수익이 많이 남는 필름이다. 모든 종파 중에서도 영화 이용에 가장 큰 뜻을 보이는 것은 로마 가톨릭 교회인데, 이들은 매년 한 번씩 영화 회의를 개최해 해당 연도

---

6 일본영화데이터베이스(http://www.jmdb.ne.jp/) 및 일본영화정보시스템(http://www.japa-
nese-cinema-db.jp/)에는 니치렌(日蓮)과 관련한 다수의 작품이 존재하나 〈대성일연〉이라는 제목
의 작품은 없는바, 원서에서 가리키는 작품을 확정하기 어렵다.

의 전 세계적 선전 플랜을 의정(議定)하고 있다.

우리 집단에서는 종교의 힘이 거의 무시되고 있다. 일본에서는 혼
간지(本願寺), 니치렌슈(日蓮宗) 등이 순회 영사대를 조직해 지방을 중심
으로 농민의 신앙이 유지되도록 애쓰는 것이 고작이기 때문이다. 그러
나 이것만으로 종교 세계의 무력(無力)을 바로 추정할 수는 없다. 소비
에트의 문화혁명 과정에서 종교에 대한 투쟁이 끝날 줄 모르고 여전히
실행 중이라는 사실만으로도 그간의 사정을 이해할 수 있을 것이다.

주
─
최근의 소비에트영화 〈산송장(Der lebende Leichnam)〉(표도르 오트
셉, 1929)에서도, 우리는 종교에 대한 투쟁이 명확하게 프로그램화되어
다루어지는 것을 볼 수가 있다.

6. 영화와 부르주아지

자본주의적 생산 방법과 부르주아 정부의 감시에 의해 현재 거의
대부분의 영화가 제약되고 있으며, 억지로 부르주아지를 옹호하는 역할
을 하게 된 사실에 대해서는 이미 명료할 것이라 믿는다.

그럼에도 불구하고 여기에서는 영화와 부르주아지의 상관관계를
더욱 좁은 의미로 국한시켜, 특히 시민유산계급의 영광과 지배에 직접
봉사하는 영화에 대해 다루고자 한다.

개괄적으로 보아 이런 종류의 영화는 세 가지로 구별할 수 있다.

첫 번째 종류의 작품들은 봉건적 혹은 귀족적 사회에 대항했던 부
르주아지의 승리를 구가하는 임무를 맡고 있다. 그 대부분이 시민사회
발흥기에서 소재를 따온 역사영화인데, 영주나 귀족의 야만적 횡포 밑
에서 도탄에 빠진 농민과 상공계급을 그리다가, 결국 필름 7권쯤이 되

어 부르주아지가 봉기하고, 이 부분에서 장대한 몹신(mob scene)과 더불어 극히 영화적인 클라이맥스를 전개하는 것이 전형적 방법이다. 그러나 이 대다수 필름에서 부르주아지는 결코 하나의 계급적 총체로서 궐기하지 않는다. 대신 한 사람의 (필시 귀족 출신의 젊고, 게다 용모가 수려한!) 영웅이 봉기를 지휘하고, 영화는 그의 개인적 히로이즘에 역점을 둔다. 이러한 성격을 가장 잘 드러내는 작품으로서 독자들은 〈로빈 후드(Robin Hood)〉(앨런 드완, 1922), 〈스카라무슈(Scaramouche)〉(렉스 잉그램, 1923), 〈비련무곡(The Night of Love)〉(조지 피츠모리스, 1927) 정도를 떠올리면 충분할 것이며, 우리 일본의 시대극 특히 검극영화 속에서도 이런 예가 적지 않다.

하지만 우리는 신흥 부르주아지가 역사적 국면에서 보여준 혁명적 역할과 현재 프롤레타리아트 투쟁 사이에 거대한 아날로지(analogy)를 발견할 수도 있다. 그리고 누군가 여기에 집중해 의식적으로 악센트를 준다면 우수한 작품이 만들어질 수 있다. 소수에 불과하지만 〈곰의 결혼(Медвежья свадьба)〉(블라디미르 가르딘·콘스탄틴 에게르트, 1925), 〈농노의 날개(Крылья холопа)〉(유리 타를리치, 1926), 〈스코틴 성〉,[7] 〈추지 여행기(忠次旅日記)〉(이토 다이스케, 1927) 등이 그런 작품이다.

두 번째 종류는 프롤레타리아 XX를 반대하는 영화들이다.

〈볼가강의 뱃노래(The Volga Boatman)〉(세실 B. 데밀, 1926)는 [일본] 내무성 검열에서 엄청난 문제를 일으켜 결국 경시청에 의해 상영이 제한되는 등의 쓰라린 일을 겪은 필름이었는데, 그 내용은 무엇인가.

〈템페스트(Tempest)〉(샘 테일러, 1928) 역시 수 권에 달하는 분량이 잘려나간 끝에 겨우 공개를 허가받은 필름인데, 대체 어떤 주제를 택하고 있는가.

---

7 원서에는 'スコティン城'라고 기재되어 있으나 원제를 확정하기 어렵다.

이들 영화는 러시아의 프롤레타리아 XX를 배경으로 한다는 것만으로 [일본에서] 상영 금지 혹은 중대한 분량의 삭제를 명령받았다. 그러나 이것들은, 요컨대 프롤레타리아 XX를, 통제할 수 없는 폭력적 민중의 무장봉기로 그리는 영화다. 무식하고 부도덕한 농민·노동자가 다수를 이끌고 귀족의 성채에 몰려가 기물을 파괴하고 아름다운 소녀로 하여금 XX를 하게 하며, 술을 마시고 쓸데없는 유혈을 즐긴다는 식이다. 이는 프롤레타리아의 승리에 일부러 포학한 가면을 씌우고 진흙을 덧바르는 것으로, 소시민 계급을 반XX적으로 만들려는 부르주아의 선전이었다. 유산사회 수호를 위한 선전영화가 일본 XX계급의 XX에서 금지되었던 것이다. 여기서 우리는 기괴하고도 웃기는 현상을 본다.

〈그리운 파리(Die Liebe der Jeanne Ney)〉(게오르크 빌헬름 파프스트, 1927)와 〈최후의 명령(The Last Command)〉(조셉 폰 스턴버그, 1928)에서 10월 XX를 잘라낸 것에 대해서는, 검열이 충분히 자기 몫을 하고 있었다고 볼 수 있지만.

마지막으로 〈메트로폴리스(Metropolis)〉(프리츠 랑, 1927)를 그 전형으로 하는 일련의 노자 협조 영화가 있다.

〈메트로폴리스〉에 대해서는 굳이 지금 여기서 상술할 필요가 없다. 이것은 그저 '머리와 손 사이에 심장이 없으면 안 된다'는 슬로건을 높였던 사회민주주의자가 자본가와 노동자 사이에서 투쟁 없이 상호적 협력과 사랑을 통해 새로운 사회를 건설할 수 있다며 설교했던 바벨탑 이전의 동화에 불과하다.

주
〈메트로폴리스〉를 공격적으로 논하면서 명성을 높였던 영국의 개혁주의적 저널리스트 H. G. 웰스(Herbert George Wells)가 근저 *The King*

*Who Was a King: The Book of a Film*에서 전쟁의 절멸에 관해 제네바의 정치가들도 얼굴을 붉힐 만한 반동적 데마고기를 날리고 있다는 사실은 골계 천만이다.

7. 영화와 소시민

그러나 영화를 통한 부르주아지의 프로파간다는 계급 간 대립이 점점 더 분명해지고 결정적으로 첨예화되면서 도저히 피할 수 없는 궁지에 빠지게 된다.

영화는 현실적으로 대다수의 소시민과 프롤레타리아트를 관중으로 한다. 이제는 그들 즉 소시민 내지 프롤레타리아트가 서서히 부르주아지의 트릭을 눈치 채기 시작했다. 지배계급이 영화를 통해 자신들에게 봉사하는 이데올로기를 선포하고, 게다가 이를 무산자의 주머니를 약탈하는 수단으로 사용하고 있다는 사실의 진상에 주목하는 것이다.

일찍이 루나차르스키(Anatorii Lunacharskii)가 소비에트영화를 설명하며 제시했던 "졸렬한 아지테이션은 오히려 그 반대의 결과를 초래한다"는 원칙을 이제는 부르주아들이 응용하게 되었다.

부르주아들은 노골적인 프로파간다를 자제하게 되었다. 가장 바람직한 것은 영화 관중의 눈을 계급이라는 관념으로부터 가리는 것이다. 적어도 스크린 앞에 앉아 있는 몇 시간 동안만이라도 그들로 하여금 온갖 사회적 대립을 잊어버리게 하는 것이다.

그리하여 소시민 영화가 태어났다.

주
─
소시민 영화의 발생에 대해서는, 일찍이 1927년 1월에 집필한 졸고 「영화 미학 이전(映畵美學以前)」에서 극히 요약적이나마 스케치한 적이 있는

데, 이하 그 발췌를 허락받아 싣는바 독자의 이해를 돕고자 한다.

"(…) 등장인물은 천장이 높은 궁전 안에서 왕좌를 차지하고 있는 부호다. 이 부호는 선량하다. 그리고 그의 딸은 아름답다. 소시민 출신의 젊은 남자가 계급투쟁의 배후로부터 빠져나와 부호의 가족으로 진입하고자 한다. 연애를 통해 그는 간단히 계급의 사다리를 한 계단 오른다. 그와 부호의 딸을 위해 상설관의 보잘것없는 오케스트라가 결혼행진곡을 연주한다. 여기에 부호들이 만족한다. 소시민들은 이 출세 이야기에 흥분해 부르주아 계급에 충성을 맹세할 기분이 된다.

그러나 사람들은, 대부분이 무산자인 그 사람들은 여기에 만족하지 않는다.

그러자 약삭빠른 장사꾼들은 생각한다. 그들은 '계급'이라는 관념 모두를 회피하려는 계획을 세운다.

이로써 가정극이 발생한다. 그것은 계급 대립으로부터 철두철미하게 관객의 눈을 가린다. 여기서는 서로 다른 두 계급의 존재를 그리는 것조차 피한다. 모든 문제와 경향을 무시하면서 '검소한' 소시민의 생활을 그들의 생활권 내에서만 묘사하고자 애쓴다. 그것은 '주로 연애와 관련된, 언제나 먹히는 이야기'거나 선정적 모성애를 주제로 한다. 그 속에서 단 한 명의 프롤레타리아도 단 한 명의 자본가도 등장해서는 안 된다. 소시민 계급이 단 하나의 계급으로서 독재하고 있다. (…)"

소시민적 가정극에는 특징적 두 경향이 있다.

첫째는, 로맨티시즘이다.

둘째는, 소피스티케이션이다.

흘낏 한 번 보면 현재의 영화들, 특히 극영화는 사실주의적이다. 그리고 많은 사람이 이러한 환상을 가지고 있다. 그러나 실제로는 극히 소수의 제1류 작품들을 제외하고 모든 영화가 그 어떤 현실적 호소력도 가지지 못한다.

물론 똑같이 로맨티시즘이라 불리더라도, 19세기 부르주아 혁명기의 예술을 특징 지운 불꽃의 날개를 가진 로맨티시즘은 아니다. 현재의 영화들이 보여주는 로맨티시즘은 미국의 평범하고 현실적이며 낙천적인 소시민을 위한 평범하고 현실적이며 낙천적인 로맨티시즘이다. 그것은 텍사스의 농민에게도, 시카고의 회사원에게도, 애리조나의 카우보이에게도, 뉴저지의 우유 배달원에게도, 뉴욕의 속기사에게도, 피츠버그의 야구선수에게도, 도쿄의 중학생에게도, 요코하마의 뱃사람에게도 다 잘 맞는다. 이른바, 레디메이드(ready-made) 로맨티시즘이다. 그 상징적 피규어(figure)로서 콜린 무어(Colleen Moore)가, 노마 시어러(Norma Shearer)가, 클래라 보가 1926년부터 차례로 등장했다. 그 로맨티시즘이란 다음과 같은 정도다

주급 25달러의 대졸 샐러리맨과 멜턴 백화점의 마네킨[판매원] 사이의 러브 로맨스. 코니아일랜드(Coney Island). 포드(Ford)의 신형 로드스터(roadster). 재즈. 스포츠.

기타 양키 로맨티시즘에 필요한 장비나 분위기에 대해서는, 독자들이 『베니티 페어(Vanity Fair)』의 광고란을 슬쩍 보기만 해도 스스로 터득할 수 있으리라. 더욱 잘 알고 싶다면, 가장 가까운 영화관에 달려가 아무 미국영화나 감상하면 된다.

이 같은 소시민적 로맨티시즘은, 미국 자본주의가 여전히 상향선을 달리고 있다는 공식적 인식과 깊이 관련 지어 이해되어야 한다. 미국의 자본주의는 매년 90억 달러의 국가소득을 부르주아지의 품에 흩뿌리며 소위 포 헌드레즈(Four Hundreds)라 칭하는 엄청난 무리의 유한계급과 이자 생활자들을 발생시켰다.

1924년의 조사에 따르면, 미국에서 연 수입 1만 달러가 넘는 사람은 총 26만 명에 이른다. 그런데 이는 이자·배당 등에 의한 기업 이득을 제외하고 직접적 개인 수입만을 계산한 것이다. 따라서 사실상의 수치는 이보다 O퍼센트 늘어날 것이다.

이 엄청난 유한계급과 이자생활자 무리들이 자신들의 소비문화와 오락기관을 극도로 발달시켰다. 그리고 이들의 소비문화를 모태로 하여, 모든 문화 난숙기(爛熟期)에 특징적으로 나타나는 일종의 허세, 한량 취미, 관망 취미, 아이러니, 시니시즘 등이 발효되었다. 이 과도하게 세련된 생활감정을 그들은 한마디로 소피스티케이션(sophistication)이라 한다. 이와 관련되어, 파리풍으로 젠체하는 시크(chic), 양키식으로 풀어 쓴 하드보일드(hard boiled) 따위의 말이 선호된다.

이 소피스트화의 프로토타입을 채플린은 〈파리의 여인〉에서 적절하게 표현했다. 루비치는 〈결혼철학〉에 이은 일련의 필름에서 표현했다. 몬타 벨, 맬컴 세인트 클레어, 다바디 다라 등등 수많은 추종자가 영화계에 소피스트 양식을 발휘했다.

그러나 이 모든 자본주의적 흥성에도 불구하고 미국은 이미 그 신체 안에 어떻게 해도 해소할 수 없는 내적 모순을 끌어안은 채 고민하고 있다. 소비가 수반되지 않는 일방적 생산, 투자시장을 잃은 거대 금융자본, 후버 정부의 적극적 외교, 500만의 실업자를 품고 있는 천국 아메리카는 지금 잠재울 수 없는 계급 대립의 정점을 향해 발을 내딛고 있다.

이러한 사회 정세가 미국영화 속에 어떻게 반영될 것인가. 장래의 흥미로운 문제다.

― 『신흥예술(新興藝術)』, 1929. 10

제5장 독일영화론

1. 독일영화의 국제적 지위

먼저 현재 독일영화의 국제적 지위에 대해 한마디 해둘 필요가 있다. 세계 영화를 대표하는 두 기본형으로 사람들은 다음 두 나라의 영화를 꼽는다. 소비에트동맹의 공산주의적 영화와 미국의 자본주의적 영화. 미국영화는 그 자체가 미국의 자본주의를 100퍼센트 반영하고 있다는 점에서 확실히 흥미롭다.

하지만 자본주의적 기구에 의해 생산되고 자본주의적 이데올로기를 반영하는 영화가 결코 미국에만 있는 것은 아니다. 일본, 프랑스, 영국 모두에 다 있다. 반면 독일은 이들과 동일한 그룹에 속해 있으면서도 성격이 다소 특수하다.

독일 사회 전반이 그런 것처럼, 독일영화도 상당한 사회민주주의적 색채를 띠고 있기 때문이다. 따라서 이 나라에는, 영화계에 대해서만 얘기하더라도, 미국과 같은 낙천성도 없고 그렇다고 일본이나 프랑스 등과 같은 극단적이고 반동적인 압박도 없다. 예컨대 소비에트영화를 다루는 방식에 대해 얘기해보자면, 미국에서는 혁명에 대한 순수 선전영화 거의 대부분이 뉴욕의 브로드웨이 근처 대극장에서 당당하게 상영된다. 턱시도를 입은 신사나 백만장자의 미망인 등이 파트너와 동행하여 구경을 온다. 이 정도로 미국의 자본주의는 한편에서 공황과 파탄을 수차례 봉O하면서도 아직 여유작작한 것이 있다. 반면 일본이나 프랑스는 소비에트의 거의 모든 영화에 대해 문호를 닫고 있다. 그런데 독일은 말하자면 그 중간이다. 자유주의적인 한편 사회민주주의적이기도 한 방식인 것이다. 독일은 소비에트영화를 모두 상영한다. 그러나 이에 대해 결코 무관심하지는 않다. 엄중한 경계를 게을리하지 않는다. 때때로 검열로 잘라내기도 하고, 그러한 필름을 상영하는 상설관을 헌병이 감시하기도 한다.

그렇다면 이 같은 특징을 지니는 독일영화의 예술적·기업적 중요성을 세계영화사에서 어느 정도로 평가해야만 하는지의 문제가 제기된다.

기술적으로 보아 유럽대전 직후, 지금은 영화의 클래식이라고까지 인정되는 저 유명한 〈칼리가리 박사의 밀실〉을 낳은 이래, 독일영화는 세계에서 가장 '예술적'이라는 식의 일반적 평가를 향유해왔다. 미국의 비평가들은 독일영화인 〈바리에테(Varieté)〉(E. A. 듀폰트, 1925)나 〈최후의 사람(Der letzte Mann)〉(프리드리히 빌헬름 무르나우, 1924)을 가리켜 새로운 예술의 탄생이라 축하했으며, 〈니벨룽겐(Die Nibelungen)〉(프리츠 랑, 1924)이나 〈파우스트(Faust)〉(프리드리히 빌헬름 무르나우, 1926) 등은 이 작품들이 제작될 당시 가장 첨단의 영화였다. '예술적'이라는 말이 소시민의 예술지상주의적 세련을 가리키는 것이라면, 독일영화는 분명 세계에서 가장 예술적이라 할 수 있다. 영화 미학 연구에서나, 기술적 우수함에서, 또한 카메라의 각도나 위치의 근본적 혁신에서, 독일은 최근 4~5년간 미국에 대해 항상 교사의 지위에 있었다. 이를 개인적 차원에서 말하자면, 무르나우와 에밀 야닝스(Emil Jannings)는 각각 영화 감독술과 배우술을 가르치기 위해 미국에 파견된 출장 교사였다.

기업으로서 기업적 관점에서도 독일은 항상 미국에 이어 세계 제2위의 영화국이었으며 유럽을 제패해왔다. 이를 어느 정도 드러내주는 수치들을 인용해보자면, 1927~1929년 평균적으로 미국은 매년 영화 850편을 제작하면서 전 세계의 영화시장을 압도하고 있으며, 독일은 약 250편을 생산하면서 미국을 뒤따르고 있다(일본은 매년 500편에 가까운 영화를 만들고 있지만, 이는 오직 국내 수요만을 대상으로 하기 때문에 지금의 국제적 기업 관계 고찰에서는 생략하기로 한다).

영화 극장 수에서는, 전 세계 6만 5,000관 중 미국이 2만 관 이상을 점유하고 있고, 독일은 4,500관으로 역시 제2위다(일본은 1,200관이다).

독일영화의 국외시장 진출 상황에 대해서는 현재 정확한 수치가 입수되지 않는다. 그러나 이 점에서도 미국에 버금가는 나라는 명백히 독일뿐이다. 최근에는 독일 최고의 대회사인 우파가 적극적으로 전 세계 시장 진출을 도모, 미국에서 독일영화의 수입 상영이 이루어지고 있으며 일본에서도 〈아스팔트(Asphalt)〉(요에 마이, 1929)나 〈귀향(Heimkehr)〉(요에 마이, 1928) 등의 필름이 영화 팬들의 엄청난 지지를 받고 있다.

패권의 붕괴 앞서 논했던 것처럼 독일영화는 예술적 관점에서 끊임없이 지도적 지위를 확보해왔다. 영화예술 발달에 기념비적 필름의 태반이 이 나라에서 만들어져왔다. 심각한 걸작을 좋아하는 세계의 인텔리겐치아들은 독일영화이기만 하다면 심각한 걸작이라는 식의 독단적 각인을 머리에 새겼을 정도였다.

그러나 지금, 마침내 독일영화의 패권이 붕괴하려 하고 있다.

이는 독일영화의 예술성이 몰락해가는 예술성이며 그 아름다움이 퇴락해가는 계급의 연약한 아름다움이기 때문이다. 장래의 건전하고 창조적인 사회에서는 도저히 살아남을 수 없음은 물론이거니와 현재의 투쟁적이고 능동적인 사회에서조차 적응해갈 수 없기 때문이다.

미국영화는 아직 현재를 살아갈 수 있는 힘을 가지고 있다. 그러나 장래에 살아남을 것은 소비에트영화뿐이다. 반면 독일영화는 지금 내용이 빈껍데기인 형식주의에 빠져 있다. 그게 아니라면 형식조차 깨져서 단지 돈을 벌기 위한 저열한 상품 영화로 전락하고 있다. 어느 쪽으로 빠지든 막다른 길은 피할 수 없다.

2. 독일영화의 여러 모습

영화는 자본주의적 기업의 하나로서 계획되고 촬영되어 상설관의 스크린에 영사되기 시작했다. 따라서 자본가계급이 영화를 이용해 자기 계급의 사정에 유리하도록 선전을 하고 중간계급을 포섭해 노동자와 농민을 무력하게 하고자 애쓰는 것은 당연한 이야기다.

근래 사회민주당이 천하를 제패하고 있는 독일의 정치 상황은 필연적으로 영화의 내용에도 영향을 미치고 있다. 다시 말해, 노자 협조적인 개량주의 필름이 속출하고 있는 것이다.

일반적으로 독일 영화계의 거장이라 인정되는 프리츠 랑(Fritz Lang) 감독의 〈메트로폴리스〉가 대표적 일례다. 이 작품은 서기 2000년에는 현재의 자본주의 사회가 갈 때까지 가버려 금융 독재 정치가 행해진다는 잘못된 인식에 기반을 둔 미래 이야기인데, 자본가와 노동자 사이에는 중개가 있어 그들 간의 반목과 투쟁을 진정시키지 않으면 안 되며 이 중개가 바로 사랑이라는 식의 인도주의적 설교를 목적으로 하고 있다.

에로틱화 에로틱이라는 것은 현재 세계적 유행이다. 자본주의의 여러 모순이라든가, 격화하는 계급투쟁이라든가, 이런 것들 사이에 존재하는 소시민의 생활 태도라든가 하는 것 속에 에로틱이 유행하게 된 사회적 소인(素因)이 있는데, 이 경향은 최근 독일영화에서 간과하기 어려운 주조(主潮)로서 나타나고 있다. 지금까지 퍼스낼리티라든가 연기 능력을 표준으로 하여 연극적 분위기를 내는 여배우들이 명배우로서 찬양받아왔다면, 이것이 최근 2~3년 들어 급격히 변화했다. 생기발랄한 청춘과 성적 매력을 발산하는 소녀들이 경력이라든가 배우로서의 재능 등과는 전혀 관계없이 감독이나 프로듀서에 의해 발견되어 순식간에 스타로 떠받들어지게 된 것이다. 이는 어떤 면에서 독일영화 배우술의 미국화이기도 하지만, 더욱 중요한 면에서 에로틱화임을 잊어서는 안될 것이다. 이렇게 발견된 에로틱한 여배우들로 브리기테 헬름(Brigitte Helm), 베티 아만(Betty Amann), 디타 파를로(Dita Parlo) 등이 국내적으로나 국제적으로 압도적 인기를 얻고 있다.

한편 작품의 내용 측면에서도 〈판도라의 상자(Die Büchse der Pandora)〉(게오르크 빌헬름 파프스트, 1929) · 〈버림받은 자의 일기(Tagebuch einer Verlorenen)〉(게오르크 빌헬름 파프스트, 1929) · 〈귀향〉 등 육감적이고 성욕적인 연애 이야기가 다수를 차지하는데, 이 영화들을 만든 요에 마이(Joe May), G. W. 파프스트(Georg Wilhelm Pabst) 등의 감독이 에로틱영화 작가로서 명성을 높였다.

미국에서 에로틱 경향은 토키 출현 이래 레뷔영화의 전성기와 더불어 스크린에 등장했는데, 독일에서도 역시 같은 상황이 벌어졌다. 다만 미국에 비해 조금 빈약하고 어색할 뿐—베를린에서 유명한 틸러 걸스(Tiller Girls)나 넬슨 걸스(Nelson Revue) 등은 뉴욕의 [레뷔] 〈지그펠드 폴리스(Ziegfeld Follies)〉를 본보기로 하여 배우고 성장하여 토키에 출연해 노래와 춤, 다리(脚)를 대량생산함으로써 보편화하고 있다.

진보적 두세 경향 그러나 한편에서 이 나라의 영화계에서도 두세 진보적 경향이 존재한다는 점을 잊어서는 안 된다. 그것은 무산계급 해방이라는 확실한 혹은 막연한 목적의식이 뒷받침된 영화를 제작하는 것이다.

이 나라에서 참된 프롤레타리아 이데올로기를 100퍼센트 보존하는 필름의 제작이 불가능하고, 설사 제작된다고 하더라도 검열제도의 관문에 걸려 상영이 금지될 것이라는 점은 두말할 나위가 없다.

이런 필름은 상업적으로 물론 성립할 수 없기 때문에, 부르주아 영화처럼 전국적 배급을 통해 대중에게 광범위하게 접근해가는 것도 불

가능하다. 그러므로 개인 혹은 독립 제작자의 계급적 양심에 의해서
만 완수될 수 있다. 독일에서 프롤레타리아 영화가 부진한 원인이 여기
에 있다. 최근 2년 사이에 제작된 프롤레타리아 영화는 광부들의 피착
취 상태를 충실하게 영화화한 〈월덴부르크의 기아(Hunger in Walden-
burg)〉(필 유치, 1929)나 적색구원회(赤色救援會, WIR: Workers Interna-
tional Relief)의 활동 모습을 기록한 〈볼가에서 가스토니아로(Volga to
Gastonia)〉[1] 등 고작 몇 편에 지나지 않는다.

　　최근 일본에서도 눈에 띄는 현상이 프롤레타리아적 '경향영화'의
제작인데, 이와 유사한 작품들은 독일에서도 결코 적지 않다. 이는 앞서
논한 것처럼, 이 나라 사회민주당 내각의 자유주의적(?) 정책하에서 프
롤레타리아트 운동이 일정 정도 합법성을 갖기 때문에 그 예술운동 역
시 반동적 탄압을 적극적으로 받지 않는 것에서 기인한다. 그러나 이처
럼 안이하게 생산된 영화들은 타협적이거나 비혁명적이다. 따라서 독일
의 프롤레타리아 영화들은 언제까지고 '경향영화'의 성(城)을 벗어날 수
없을 것이다.

　　이들 작품은, 무산자 만화가 하인리히 칠레(Heinrich Zille)의 총지
휘하에서 만들어진 〈거리의 아이(Die Verrufenen)〉(게르하르트 람프레
히트, 1925)라든가 칠레 사후 그를 기리기 위해 촬영된 〈어머니 크라우
제의 행복(Mutter Krausens Fahrt ins Glück)〉(필 유치, 1929) 등과 같이
빈민굴을 순정적이고 인도주의적으로 다루는 데 그치거나, 페터 마르
틴 람펠(Peter Martin Lampel)의 『교육원의 반란』이나 프리드리히 볼프
(Friedrich Wolf)의 『찬칼리』 등의 영화화[2]에서 볼 수 있듯이, 자본주의

1　Steven J. Ross, *Working-class Hollywood: Silent Film and the Shaping of Class in Ameri-ca*(Princeton, N.J.: Princeton University Press, 1998), p. 235, 346에 따라 노동자들이 찍은 〈The Gastonia Textile Strike〉(1929)의 개제된 제목을 일컫는 것으로 추정된다.
2　각각 〈교육원의 반란(Revolte im Erziehungshaus)〉(게오르크 아사가로프, 1929), 〈찬칼리(Cy-ankali)〉(한스 틴트너, 1930)를 가리킨다.

사회의 병폐를 그 근저부터 건드리는 일 없이 지엽적 해악의 형태로서만 개별적으로 공격해가는 개량주의에 빠지게 된다.

토키는 어떤가 과학과 예술 간 또 하나의 새로운 결합체인 토키가 독일영화를 어떻게 바꿨는지 혹은 바꿔가고 있는지는 중대한 문제다.

당대 미국영화의 주인공인 토키가 그 유행 의상을 뉴욕이나 할리우드에 과시하던 때에, 독일 영화인 대부분은 회의적 태도를 취하고 있었다. 그들은, 영화예술의 본령은 어디까지나 침묵하는 시각적 형식에 있으며 여기에 사물의 소리나 사람의 목소리를 첨부하는 것은 미학적 불쾌이고 나아가 음악이나 연극 따위에 굴복하는 일이라고 주장했다. 이것이 독일인 특유의 관념론적 도그마이며 시대에 뒤떨어진 오류였음은 물론이거니와, 이런 까닭에 독일의 토키는 미국보다 몇 보나 뒤져 발족하게 되어 지금은 무성영화 시대의 후발 주자인 그 나라[미국]로부터 배우지 않으면 안 되는 실정이다. 게다가 토키에 대한 이론적 연구에서는 신흥 영화국인 소비에트동맹이 세계를 지도하고 있다. 이리하여 토키의 발전과 더불어, 독일이 영화에서 점하던 선구적 지위는 거의 상실되고 있다.

그럼에도 불구하고, 드디어 작년[1929] 가을 시즌 즈음부터 이 나라에도 토키의 시대가 도래했다. 우파를 선두로 에멜카, 아파(Aafa-Film AG), 스타[3] 등의 회사가 모두 토키의 앞날에 대한 불신감을 떨쳐내고 각각 100퍼센트 토키의 제작에 가담하게 되었다. 독일 영화인들이 과연 지금까지 무성영화에 공헌해온 것만큼을 발성영화에 대해서도 이루어낼 수 있을지가 앞으로의 문제다.

이는 발터 루트만(Walter Ruttmann), 파프스트, 한스 슈바르츠(Hanns Schwartz) 등 비교적 젊은 예술가들의 재능과 노력 여하에 따

---

3   원서에서는 "スター"라고 기재되어 있으나 지시하는 대상을 확정할 수 없다.

라 결정되는 것이리라.

토키는 독일영화의 기업적 성질 또한 현저하게 변화시켰다. 종래부터 끊임없이 재정적 궁핍에 시달려온 독일 영화계는, 발성화를 맞이해 자력으로는 도저히 다 짊어질 수 없는 만큼의 경제적 부담을 안게 되었다. 미국의 금융자본에 대한 항복이 피하기 어려운 일이 되었다. 이로 인해 독일영화가 2년 전까지는 간신히 지켜온 기업적 지위의 우월함도 무너져내렸다. 우리는 여기서 비단 독일 일국뿐 아니라 국제적으로도 영화 기업이 고도 자본주의화 하는 풍경을 보게 된다.

비관적 현상 이상에서 논한 바대로 독일 영화계의 현재 상황은 극히 비관적이다. 그러나 이는 꼭 독일에만 국한되는 이야기가 아니다. 프랑스에서도, 영국에서도, 이탈리아에서도 사정은 모두 마찬가지다. 이것은, 현재 미국의 자본주의적 정력에 압도되어 있으며 장래 소비에트의 공산주의적 이상에 의해 지도되지 않으면 안 되는 부르주아 국가의 유일한 전형이기 때문이다.

— 「세계현상대관(世界現狀大觀)」, 1930. 10

제6장 독일 영화예술

1. 독일영화의 태생기

독일영화 불후의 걸작 〈최후의 사람〉이 공개되었을 때, 독일영화의 발전 과정에 대해 베르나르트 켈러만(Bernhard Kellermann)은 다음과 같이 말한 바 있다.

"독일의 연극은 원시적 사육제극이나 신비극에서 발생·발전해 오토 브람(Otto Brahm), 막스 라인하르트(Max Reinhard), 레오폴트 예스너(Leopold Jessner) 등의 작품과 같은 무대예술의 극치에 이르기까지 5세기가 걸렸다. 하지만 독일영화는 겨우 사반세기도 안 되는 사이에 그와 같은 도정(道程)을 넘어서고 말았다. 대중의 보호에 힘을 입고, 각 국민 간의 경쟁으로 촉진되어, 일곱 개 황금 꼬리를 가진 고양이가 채찍질해―처음에는(사육제의 광언狂言처럼) 아주 원시적이었고, 이어서 실험의 시대가 도래했으며, 그다음에는 몰락·변덕·퇴폐의 기간을 걸쳐 골계의 심연 속을 더듬어 헤맸다. 그러나 그것이 지금 기어 올라가려 하고 있다. 건강하게, 끊임없이, 조금은 숨을 헐떡이면서도 새로운 길을 향해 나아가려 하고 있다. 속임수에서 예술로! 이런 길을―연극이 5세기에 걸쳐 소비한 에너지·땀·인간·돈을 영화는 사반세기 동안에 소비하고 있다. 영화는 승리할 것인가. 물론, 영화는 승리할 것이다!"

그렇다면 우리는 사반세기의 영화사를, 그동안 소비된 에너지를, 땀을, 인간을, 돈을 상세하게 묘사하는 것이 5세기의 연극사 서술에 맞먹을 정도의 거대하고 수고스러운 작업임을 인식해야만 한다. 하지만 이 한정된 지면에서 그러한 작업은 도저히 달성하기 어려운 것이다. 따라서 나는 독일영화사 25년을, 켈러만이 말한 실험·몰락·변덕·퇴폐의 각 시기를 다소 표면적이나마 스케치풍으로 기술해가고자 한다.

독일영화 발생·발전의 최초 단계는 연대기적으로 말해 대략 1908∼1912년의 약 5년간일 것이다.

이 기간부터 유럽전쟁[제1차 세계대전] 초반까지의 시기에 걸쳐서는 세계적으로 프랑스영화가 패권을 장악하고 있었다. 물론 독일에서도 영화는 프랑스영화를 추종하며 모방하는 데 급급한 양상이었다.

1908년 이전에는 이 나라에서 영화 제작이라 할 만한 것이 거의 없었다. 리옹에 있는 뤼미에르 형제의 공장을 직공이나 여공들이 뒤뚱거리며 걷거나 자동차에 타거나 해서 퇴근하는 모습을 담은 유명한 고전 〈리옹의 뤼미에르 공장을 나서는 노동자들(La Sortie de l'Usine Lumière à Lyon)〉(루이 뤼미에르, 1895)을 필두로, [독일에서] 상영된 모든 영화는 프랑스의 파테 혹은 고몽(Gaumont)이 제작에 참여한 것들이었다.

독일무토스코프운트비오그라프회사(Deutsche Mutoskop-und Biographgesellschaft)가 설립(1908년 8월)된 것이 본래적 독일영화 제작의 단초가 되었다. 지금 돌이켜보건대, 흥미롭게도 이 회사는 제작을 시작할 당시 오직 발성영화(Tonfilm)만을 만들었다. 제1작품부터 오페라였는데 〈운디네(Undine)〉의 한 구절[에서 따온] 〈오, 돌아오세요(O kehr zurück)〉(1908)라는 토키였다. 제2, 제3의 영화도 〈카발레리아 루스티카나(Cavalleria Rusticana)〉(1908), 〈윈저의 즐거운 아낙네들(Die lustigen Weiber von Windsor)〉(1908)로 토키가 일시를 풍미했다.

같은 시기 창립된 독일비오스코프회사(Deutsche Bioskopgesellschaft), 두스케회사(Firma Duske) 등 독일영화의 개척자들도 발성영화를 만들었다. 이 역시 모두 오페라 무대를 그대로 토키화한 영화들인데 〈미카도(Mikado)〉, 〈미뇽(Mignon)〉, 〈리골레토(Rigoletto)〉, 〈트루바드루〈Troubadour〉〉 등이 대표적 작품이며 특히 이 마지막 작품에서는 카루소(Enrico Caruso)가 출연하기도 했다.[1]

그러나 당시의 소위 발성영화라는 것은 지금의 토키와는 비교할 수 없는 유치한 수준이었다. 영화와 레코드 반주의 조합에 지나지 않았다는 점은 말할 필요도 없다. 이것들은 결코 관객들의 흥미를 영속적으로 이어가지 못했고, 결국 2년 만에 자연 소멸 하고 말았다.

이 시기의 '활동(Kientopp)'은 아직 그 배후에 천한 속성을 버리지 못하고 있었다. 축제나 시장의 호객거리(Jahrmarktsattraktion)로서 또는 연예홀의 프로그램으로서 철 지난 싼맛(イカモノ, kitsch)을 풀풀 풍길 뿐이었다. 하지만 한편에서는 어린아이들뿐만 아니라 예술적 인텔리겐치아 사이에서도, 영화 속에 감춰진 예술적 가능성을 통찰한 사람이 적지 않았다. 1905~1908년에 걸쳐서 10개가 넘는 영화잡지—그중에서는 현재 독일영화 저널리즘에서 지도적 지위를 차지하는 『리히트빌트뷔네(Lichtbild-Bühne)』나 『키네마토그라프(Kinematograph)』 등도 있었다—가 간행되며 진지한 영화비평이 이루어져, 당시의 저열하고 원시적 형태에서 어떻게든 영화를 끌어올리려는 노력이 행해진 것이다.

이 목적을 위해 누구랄 것 없이 먼저 떠올린 것은 영화를 다른 고차원의 예술, 더욱 앞서 발달하고 있던 예술에 연결해 그 내용을 이입하는 것이었다. '예술영화(Kunstfilm)'라는 것이 한때 독일영화의 표어가 되었으며, 이를 위해서 연극이나 문학과의 결합을 비롯해 역사영화의 제작 등 이런저런 기획이 시도되었다.

이 같은 영화예술화 운동 역시 그 원동력은 프랑스에서 건너온 것이었다. [프랑스의] 파테 형제는 재빠르게 영화 원작의 가치에 주목해

---

1   필름포털.de 및 독일초기영화데이터베이스에 따르면, 1908~1909년 사이에 비오스코프회사 제작으로 〈미카도〉 1편(1909), 〈미뇽〉 1편(1908), 〈리골레토〉 관련 4편, 〈트루바토르〉 관련 5편이 존재하며 두스케사 제작으로는 〈리골레토〉 1편(1908), 〈트루바토르〉 2편(1908)이 존재한다. 카루소는 비오스코프에서 1908년 제작한 〈트루바토르〉에 출연했다.

1909년에 톨스토이의 『부활(Воскресение)』을, 1910년에 알렉상드르 뒤마의 『킨(Kean, ou Désordre et Génie)』과 에밀 졸라의 『인간 야수(La Bête humaine)』를 영화화했다. 이 운동이 독일에 전파되어 1910년에 실러(Friedrich Schiller) 원작의 〈돈 카를로스(Don Carlos)〉가 탄생, 또 〈즈무른(Sumurûn)〉(막스 라인하르트)이 나왔다. 이중 후자는 막스 라인하르트의 팬터마임 무대를 필름에 충실히 담은 것인데, 그 시대에는 거의 찾아볼 수 없던 2,000미터에 달하는 장편영화였다(이 〈즈무른〉과 나중에 루비치가 감독하여 일본에도 수입되었던 것과는 다른 작품임을 주의해둔다). 기세는 그것만으로 그치지 않았다. 결국 라인하르트 자신도 영화 일로 들어서 암브로시오(Società Anonima Ambrosio)의 영화 〈척탄병 롤런드(Roland, der Grenadier)〉[2]를 연출하게 되었다. 막스 막(Max Mack), 우르반 가트(Urban Gad) 등 독일 최초의 영화감독(Regisseur)들이 출현한 것도 이 시기였으며, 아스타 닐센(Asta Nielsen)이 최초로 스크린에 등장해 여배우라는 존재를 세간에게 확실히 알린 것도 이 시기였다. 빈의 시인 아르투어 슈니츨러(Arthur Schnitzler)는 이전부터 영화에 흥미와 신뢰를 가지고 있었는데, 1911~1912년 빈예술영화사업회사(Wiener Kunstfilmindustriegesellschaft)와 공동으로 자신의 작품 〈연애 유희(Liebelei)〉를 직접 각색해 빈의 부르크극장 배우들을 출연시켰다.

이상의 모든 사정은 영화가 드디어 그 소박하고 저급한 키치(kitsch)의 성(城)을 벗어나 대중적인 예술, 적어도 오락으로까지 현저하게 진전해간 과정을 드러내는 것이다.

---

2 IMDb에 따르면 〈척탄병 롤런드〉는 1911년 작으로 루이지 마르지(Luigi Maggi)가 연출했다. 한편, 독일초기영화데이터베이스에는 암브로시오의 1914년 작 〈척탄병 롤런드〉가 존재하나 감독 정보가 없어 라인하르트의 연출작인지는 확정하기 어렵다.

2. 작가영화와 문예영화의 시대(1913~1914)

영화를 고양시켜 독자적 예술을 형성하려던 노력은 1912~1913년 무렵에 이르러 새로운 길을 모색했다.

이때 문제의 중심이 된 것은 무엇보다 영화의 내용, 구체적으로 말해 스토리 내지 시나리오의 개선이었다. 이를 위해 영화제작자는 저명한 작가, 시인, 희곡가 등을 동원해 예술적으로 가치 있는 영화각본(manuskript)을 집필케 하려고 애썼다. 기성의 소설이나 희곡을 각색하는 게 아니라 필름을 위해 새로 쓰는 것 말이다. 이리하여 일시적으로 소위 '작가영화(Autorenfilm)'의 시대가 도래했다. 이 정책은 그 근본에서는 타당했을지 모르나, 문제는 문학 작가들이 영화라는 새로운 예술적 과제에 얼마만큼 응할 수 있는가 하는 점이었다.

물론 이들 작가 중에는 이미 전부터 영화에 대해 적지 않은 관심을 기울여온 이도 있었다. 1910년에 전기 작가로 저명한 한스 하인츠 에버스(Hanns Heinz Ewers)는 영화에 대한 자신의 절대적 신망과 감격을 잡지 『리히트빌트 뷔네』 지면에 발표했다. 슈니츨러가 〈연애 유희〉를 직접 각색한 것은 앞서 말한 대로다. 1912년 가을에는 리히트슈필베르락(Lichtspielverlag)이 설립되어 소설가·극작가와 영화회사 사이에서 문예영화 제작에 관한 연결 사무를 주로 맡기에 이르렀다. 게르하르트 하웁트만(Gerhart Hauptmann)·후고 폰 호프만슈탈(Hugo von Hofmannsthal)은 자신들의 창작욕을 이 새로운 표현 영역으로 돌리기 시작했으며, 막스 할베(Max Halbe)·에른스트 폰 볼초겐(Ernst von Wolzogen) 등도 영화각본을 집필하기에 이르렀다. 그러나 뛰어난 영화작가라 보기에 이들은 문학적 망령에 너무도 많이 사로잡혀 있었다. 이들 중 독일 영화계에 적지 않은 공적을 쌓을 수 있었던 이는 에버스 한 사람 정도였다.

그리하여 얼마 지나지 않아 영화제작자와 영화비평가들은, 영화의 형식과 기술에 대해 무지한 채 문학 작가들에 편중되어 있던 '작가영화'를 배격했다. 1913년 6월에 『리히트빌트 뷔네』지는 이 문제를 다룬 특별호 "영화에서의 예술과 문학(Kunst und Literatur im Kino)"을 간행했는데, 여기서 영화비평가의 선구자라고도 할 수 있는 아르투어 멜리니(Arthur Mellini)는 다음과 같이 논한다.

"소위 저명 작가가 우리 진영에 참가한 것은 말하자면 양날의 칼과 같다. 훌륭한 문학가가 반드시 훌륭한 영화 작가는 아니다. 저명한 작가를, 그들이 저명하다는 이유만으로 맹목적으로 끌어들이는 것의 위험에 대해 우리는 몇 번이고 영화제작자들에게 경고했다. 다시금 우리가 역설하는바, 영화의 기교, 표현의 가능성, 결점, 장점 등을 다 알고 있는 사람만이 훌륭한 필름의 시인이 될 수 있다."

이러한 까닭으로 '작가영화'는 결국 쇠약해져갔다. 호프만슈탈 원작의 〈이방의 소녀(Das fremde Mädchen)〉(마우리츠 스틸레르, 1913)를 최후로—그러자 이번에는 그것을 수정하여, 문학작품 속에서 영화의 소재로서 적당한 것만을 선택하여 영화화하는 방향이 취해졌다. 여기에서는 작가의 이름이나 상표가 아니라 작품 자체의 내용과 그 영화적 변형이 문제의 중심이 되었다. '문예영화(der literarische Film)'라 불리는 일련의 걸출한 혹은 저열한 종류의 영화가 태어나 이후 몇 년에 걸쳐 독일영화를 지배한 것이다.

이 같은 종류의 영화를 대표하 초기작으로는 에버스 원작의 〈프라하의 대학생(Der Student von Prag)〉(파울 베게너·스텔란 리, 1913)이 있다. 이 원작 소설은 나중에 다시 영화화될([헨리크 갈렌], 1926) 정도로 영화적 요소를 가지고 있는데, 에버스는 이 외에도 천재적 착상을 독일영화에 제공, 어떤 논자가 지적하듯이, 오늘날의 독일영화 융성도 에버스 없이는 생각할 수 없을 지경이다. 나아가 〈프라하의 대학생〉은 앞서 언급한 호프만슈탈 원작의 〈이방인의 소녀〉와 더불어 리얼리즘에서 벗어나 환상적이고 신비적인 내용을 영화에 부여한 최초의 예로서 역사적으로 중대한 의미를 가진다.

이 밖에 톨스토이의 『부활』이나 리하르트 포스(Richard Voß)의 『에바(Eva)』, 리하르트 바그너의 〈파르치팔(Parzival)〉과 〈탄호이저(Tann-häuser)〉에 기초한 영화들, 슈니츨러의 〈연애유희〉 리메이크(이것은 전[제1차 세계대전]후 세 차례 영화화되었다) 등이 1913~1914년에 걸쳐 등장했다.

덧붙여 〈니벨룽겐〉, 〈메트로폴리스〉 등의 작가 테아 폰 하르부(Thea von Harbou) 여사가 처음으로 영화각본을 집필한 것도 이 무렵이었다.

3. 대전과 그 영향(1914~1917)

세계대전의 발발은, 특히 그 동인(動因)이자 중심이었던 독일의 모든 방면에 중대한 변화를 가져왔다. 영화계도 그 범위에서 벗어날 수 없었다.

무엇보다 중대했던 것은 대전 기간 중에 독일이 세계 영화계로부터 완전히 봉쇄·차단되어 있었다는 점이다. 외국 필름, 특히 프랑스와 미국 필름이 독일인의 치열한 적개심에 의해 철저하게 보이콧되었으며, 독일 필름 또한 국외로 진출할 틈을 가지지 못했다. 그리하여 전쟁 전에 겨우 단초를 드러내기 시작했던 영화의 국제성은 끊어지고 말았다. 그러나 이러한 사정이 당시 독일영화의 발달에는 오히려 적합하고 유익했다. 왜냐하면 상호적으로 선택의 자유를 잃어버린 이 나라의 영화와 관객이 불응 없이 긴밀하게 결합했기 때문이다. 독일영화는 미국인이나 프랑스인을 전혀 고려하는 일 없이 오직 자국 관중의 취미만을 목표로 했으며, 대전이 한창일 무렵에는 가장 특징적이고 독자적인 형태를 취했다. 이 특수성으로 말미암아 [독일영화는] 평화 극복과 동시에 모든 상업적 봉쇄의 망을 뚫고 세계 영화 대중의 마음을 사로잡을 수 있었다. 물론, 피 튀기는 전선으로 가로막혔던 이 나라의 경제적·정치적 핸디캡이 활발한 영화 제작을 얼마나 곤란하게 했을지는 어렵지 않게 추측할 수 있다. 그럼에도 불구하고 그러한 경제적·정치적 곤경 때문에야말로 독일 국민들에게는 오락이 더 필요했다. 하루 저녁의 영화 감상은 설탕 없는 커피나 석탄 없는 겨울, 고기가 들어 있지 않은 콩 스프의 현실을 잊어버리게 할 수 있었다. 따라서 얼마나 곤란하든 간에, 일단은 영화를 만드는 것이 화약을 만들고 비행선을 만드는 것과 마찬가지로 중요했다. 이 같은 사회 정세는 필연적으로 대전 중 독일영화의 내용과 형식에 결정적 영향을 끼쳤다. 이는, 과거 1세기 전 이 나라에 타격을 가했던 국민적 궁핍과 피압박의 시대에 19세기 낭만파가 문학에서 태어난 것과 마찬가지의 원인으로, 영화에 낭만주의를 낳았다. 독일인들은 1세기 전과 마찬가지의 국민적 위기를 맞아 고뇌와 절망으로 가득 찬 현실을 잊고 환상과 시의 세계에 몰두하고 싶었던 것이다. 여기에 게르만족의 원래적 민족 품성이라 일컬어지는 명상적이고 관념적인 경향이 더해졌다. 이렇게 현실로부터 도피해 판타지로 비약하는 영화는 이미 언급한 〈이방의 소녀〉나 〈프라하의 대학생〉을 선구작으로 하지만, 1915년 초에 유명한 〈골렘(Der Golem)〉(파울 베게너, 헨리크 갈렌)이 공개되면서 존재가 명확해졌다. 〈골렘〉은 명우 파울 베게너(Paul Wegener)를 세계적으로 알렸을 뿐만 아니라, 구스타프 마이링크(Gustav Meyrink)의 소설이 가지는 기괴하고 처참한 분위기를 원작에 구애됨 없이 영화적으로 순수하게 재현할 수 있었다는 점에서 주목되었다. 이를 통해 소위 '문예영화'에서 탈각하는 첫 번째 사다리를 오르게 된 것이다.

이듬해[1916]에는 E. T. A. 호프만(E. T. A. Hoffmann)의 원작을 솜씨 좋게 소화한 〈호프만 이야기(Hoffmanns Erzählungen)〉(리하르트 오스발트), 〈요기의 집(Das Haus des Yoghi)〉(파울 베게너), 〈하멜의 피리부는 사나이(Der Rattenfänger von Hameln)〉(파울 베게너)[3] 등이 속속 제작되어 각각 커다란 반향을 일으켰다. 이들 필름도 모두 앞서 말한 계통에 속해 있다.

한편, 종래 독일 예술의 주류였던 사실주의 역시 결코 무시하기 어려운 세력을 유지해왔다. 이는 주로 자연주의 작가들의 소설을 영화화하는 것이었는데, 게르하르트 하웁트만의 『아틀란티스(Atlantis)』, 헤르만 주더만(Hermann Sudermann)의 『조용한 물레방아 이야기(Die Geschichte der Stillen Mühle)』와 『카첸슈테크(Der Katzensteg)』, 켈러만의 『터널(Der Tunnel)』 등등이 영화로 제작되었다. 그러나 스토리나 주제에도 불구하고 이들 작품을 영화적으로 취급하는 데에는 역시 낭만주의적 색채가 다분히 가미되어 있었고, 1917년 주더만의 희곡에 바탕을 둔 〈돌 밑의 돌(Stein unter Steinen)〉(펠릭스 바슈, 1917) 등은 자연주의 문학의 영화화가 반드시 사실적인 것은 아닐 수 있음을 적절하게 증명해주었다.

전부터 줄곧 이어져온 '문예영화'도 여전히 근절되지 못했다. 프리드리히 헤벨(Friedrich Hebbel)의 『엄마와 아이(Mutter und Kind)』, 카를 하웁트만(Carl Hauptmann)의 『프란츠 파필의 청년시대(Franz Popjels Jugend)』, 요제프 빅토르 폰 셰펠(Joseph Victor Von Scheffel)의 『에케하르트(Ekkehard)』와 『제킹겐의 나팔수(Der Trompeter von Säckingen)』 등이 영화로 이식되었다. 그러나 이들 '문예영화'의 약점은 이미 충분히 밝혀져 있는바, 각각 일반의 불평 속에 묻혀버렸다.

---

3 IMDb 및 필름포털.com에 따르면 〈하멜의 피리 부는 사나이〉는 1918년 제작으로 나와 있다.

4. 인플레이션과 표현주의(1918~1923)

휴전과 강화조약 체결에 이어 독일에 불어닥친 것은 전쟁보다 더욱 참혹한 빈궁과 절망이었다. 인플레이션. 물가 앙등. 혁명. 백색 테러. 암살. 루르 점령. 각 산업의 쇠퇴. 일상생활에서는 영화가 더욱더 필요했다. 그러나 인플레이션은 독일의 경제계를 완전히 무력화시켰고, 이로 인해 대전 직후 2~3년은 볼만한 독일영화가 없었다. 〈로제 베른트(Rose Bernd)〉(알프레드 할름, 1919), 〈환각(Rausch)〉(에른스트 루비치, 1919), 〈니콜로 왕(König Nicolo)〉(파울 레그반트, 1919), 〈사랑의 묘약(Liebestrank)〉(1921), 〈에밀리아 갈로티(Emilia Galotti)〉(1918), 〈우리엘 아코스타(Uriel Acosta)〉(에른스트 벤트, 1920), 〈카라마조프의 형제들(Die Brüder Karamasoff)〉(카를 프뢸리히, 1921) 등 변함없이 문예작품을 영화화하며 겨우 그 공소를 메우는 정도였다.

그런데 1920년, 표현주의영화라 이름 붙는 일련의 필름이 생산되기에 이르러 경제적 결핍이 결코 독일영화의 예술적 진전을 저해하지 않는다는 것이 실증되었다.

표현주의 운동이 대전 후의 혼돈스러운 독일의 사회 정세를 어떻게 반영하고 있었으며 또한 영화 제작 회사와 촬영소를 강타한 적빈(赤貧)을 어떻게 암시하고 있었는지 등에 대해서는 이미 설명된바, 그 최초의, 그것도 가장 뛰어난 작품이었던 〈칼리가리 박사의 밀실〉은 일본에 수입되어 독자들도 여러 차례 보았을 것이다. 베르너 크라우스(Werner Krausz)와 콘라트 파이트(Conrad Veidt)가 주연을 맡고, 로베르트 비네(Robert Wiene)가 감독한 이 영화는 독일영화의 진가를 세계에 처음 알리면서 그 국제적 상품 가치를 확립했다.

이 경향이 대전 중 낭만주의가 제2단계로 연장·발전된 것임은 말할 필요도 없다. 따라서 나는 그 발생 근거에 대해 여러 말을 덧붙이는

대신 표현주의영화의 대표작으로, 게오르크 카이저(Georg Kaiser)의 원
작을 카를 하인츠 마르틴(Karl Heinz Martin)이 영화화한 〈아침부터 자
정까지〉(Von Morgens bis Mitternacht)(1920), 도스토예프스키의 『죄와
벌』을 소재로 한 〈라스콜리니코프(Raskolnikow)〉(로베르트 비네, 1923),
〈밀랍인형(Das Wachsfigurenkabinett)〉(파울 레니·레오 비린스키, 1924)
세 편을 열거해두고자 한다.

소위 표현주의영화가 본질 면에서 결코 표현주의적이지 않다는 사
실, 단지 표현주의 미술 및 연극의 형식과 기교를 표면적으로 응용했을
뿐이라는 사실은 이미 널리 알려져 있다. 그럼에도 불구하고 이런 유의
영화로 말미암아 이 나라 영화의 예술적 우수함이 외국에서까지 인정
되었으며, 미국의 비평가들은 이를 통해 영화가 비로소 예술이 되었다
는 예찬의 수사까지 보내게 되었다.

5. 독일영화의 황금시대(1924~1926)

1925년, 영화사에서 영구하게 기억될 걸작 두 편이 등장했다. 바로
무르나우의 〈최후의 사람〉과 E. A. 듀폰트의 〈바리에테〉다. 전자는 타고
난 영화 시인 카를 마이어(Carl Mayer)가 집필한 혼연의 주옥같은 예술
이며, 후자는 전형적인 100퍼센트 대중영화다. 야닝스는 이들 작품에서
모두 주연을 맡으며 일약 세계적 성격배우로 이름을 얻었다.

이 두 작품으로 대표되는 시기가 이른바 독일영화의 황금시대를
이룬다. 독일영화는 예술적으로나 기술적으로나 충분히 세계를 지도
할 수 있는 입장에 섰다. 여기서는 이들 작품을 제작한 진보적 프로듀
서 에리히 포머의 두뇌와 결단력도 물론 중요했지만, 근본적으로는 독
일의 영화예술과 영화 기술이 훌륭하게 발전·완성됐다는 것을 고려해
야만 한다. 이 같은 발전과 완성을 위한 발판을 많은 영화 예술가와 기

술자가 각고하여 하나하나 수립해온 것이다. 루비치, 랑, 카를 그루네(Karl Grune), 루푸 피크(Lupu Pick), 디미트리 부초베츠키(Dimitri Buchowetzki) 등의 이름을 우리는 기억해야만 한다. 루비치는 라인하르트 문하의 일개 배우로 들어가 독일 영화계를 개척하는 수장이 된 감독인데, 그의 재능은 주로 장사 기질, 빈틈없음, 유대인다운 끈적한 외설로 발휘되었다. 1910년 말부터 연이어 감독한 〈들고양이(Die Bergkatze)〉(1921), 〈카르멘(Carmen)〉(1918), 〈마담 뒤바리(Madame DuBarry)〉(1919), 〈즈무른(Sumurun)〉(1920) 등의 작품은 루비치의 이름과 더불어 주역을 맡은 [폴라] 네그리의 매력을 국경 너머 대서양 저쪽까지 알렸으며, 〈파라오의 연인들(Das Weib des Pharao)〉(1922)은 그 명성을 결정적인 것으로 만들었다. 1922년 미국에 초대된 그는, 이후 〈결혼 철학〉부터 〈러브 퍼레이드〉에 이르는 작품들을 감독하면서 여전히 제1선에 서서 활약하고 있다.

이에 비하면 랑은 훨씬 예술가다. 그는 순수 독일인다운 심미안과 과장벽, 종합적 파악력을 지니고 있으며, 절대적 에너지를 발휘해 다른 사람과는 비교할 수 없는 공상적이고 때때로 바보 같은 대작을 돈과 시간을 아끼지 않고 착착 만들어갔다. 〈운명(Der müde Tod)〉(1921), 〈마부제 박사(Dr. Mabuse, der Spieler)〉(1922), 〈니벨룽겐〉(1924), 〈메트로폴리스〉(1926), 〈스파이(Spione)〉(1928), 〈달의 여인(Frau im Mond)〉(1929) 등이 그의 작품 목록에서 주요한 위치를 차지한다. 그러나 그가 선구적 역할을 한 것은 1924년까지로, 〈니벨룽겐〉은 독일영화의 한 방향을 지시하는 불후의 걸작이라 불릴 만했으나, 이어서 만들어진 노자 협조 영화 〈메트로폴리스〉는 완전히 반동적 마각을 드러냈다. 그 이래로 랑은 시대에 뒤처진 노인의 완고함을 보여주거나 아이 같은 탐정 놀이에 심취하기도 하고 급기야 달세계로까지 도피해버렸다. 랑의 모든 공적과 죄과의 반을 그의 부인이자 시나리오 작가인 테아 폰 하르부가 짊어져야 할 것이다.

탄광을 배경으로 향토적 색채가 농후한 명화 〈익스플로전(Schlagende Wetter)〉(1923)이나 철학적 명상을 통해 현대 소시민의 생활을 관조한 상징적 작품 〈길(Die Straße)〉(1923)의 작가 구르네. 〈파편(Scherben)〉(1921), 〈섣달그믐의 비극(Sylvester)〉(1924) 등의 필름을 통해 영화 독자의 예술적 경지를 개척한 피크. 이 두 사람과 그들의 작품들 역시 역사적 발전상에서 〈최후의 사람〉에 직접 선행하는 작품으로서 기억되어야만 할 의의를 지니고 있다.

〈최후의 사람〉과 〈바리에테〉를 필두로 도래한 독일영화의 황금시대는, 그러나 그 고도를 영속시키지 못했다. 무르나우는 이후 〈파우스트(Faust)〉(1926), 〈타르튀프〉(Herr Tartüff, 1925) 등 괴테와 몰리에르를 영화화해 예술지상주의적 명인 기질을 성실히 드러냈을 뿐, 다시금 〈최후의 사람〉과 같은 완성된 수준에 도달하는 것이 불가능한 가운데 미국의 폭스사로 팔려가버렸다(1926년). 듀폰트도 거의 같은 시기에 할리우드로 떠났다.

이 둘을 비롯해 파울 레니(Paul Leni), 루트비히 베르거(Ludwig Berger), 파이트, 야닝스 등 걸출한 감독과 배우들을 아메리카의 부(富)는 이 나라로부터 가차 없이 빼내갔다. 이는 독일영화의 불안정한 경제적 기초에서 연유한 것으로, 그 황금시대가 너무도 빨리 종국을 맞게 된 커다란 원인이 되었다.

1926년부터 2~3년간 독일 영화계에는 불이 꺼진 듯한 스산함이 몰아쳤다.

주목할 작가·작품들로는 게르하르트 람프레히트(Gerhard Lamprecht)와 그의 인도주의적 〈제5계급(Die Verrufenen)〉(1925), 프리드리히 첼니크(Friedrich Zelnik)와 그가 영화화한 하웁트만 작 〈직공(Die Weber)〉(1927), 파프스트와 그의 〈기쁨 없는 거리(Die freudlose Gasse)〉(1925) 및 〈그리운 파리〉 등등 — 이는 모두 나름대로 현재의 사회 조직에 대한 비판 내지 폭로를 목적으로 하는 소위 경향영화(Tendenzfilm)다.

6. 발성영화의 시대

발성영화는 미국에서 출발해 순식간에 전 세계를 정복했다. 독일도 늦게나마 1929년 가을 즈음부터는 본격적으로 발성영화 제작에 돌입했다.

어느 나라에서도 마찬가지였듯, 일부 보수주의자들은 영화의 본령은 침묵의 리듬에 있다고 주장하며 발성영화에 반대했다. 특히 요에 마이의 〈아스팔트〉와 〈귀향〉, 파프스트의 작품 〈판도라의 상자〉 등 형식적으로 뛰어난 필름이 만들어져 무성영화의 대미를 장식했던 것이 이들 반대론자에게 힘을 실어주었다. 그러나 현실은 논의를 초월한다. 발성영화는 거부할 수 없이 이 나라에서도 퍼져나갔다.

하지만 독일에서 발성영화는 아직 미국과 같은 고도의 발전 단계에 이르지 못하고 있다. 따라서 작품의 수도 여전히 적고 그 형식도 아직까지 미완성이다.

단, 독일 발성영화의 출발점인 루트만의 〈세계의 멜로디(Melodie der Welt)〉(1929)와, 발성영화 제1단계를 완성한 정점으로서 스턴버그가 감독하고 야닝스가 주연한 〈푸른 천사(Der blaue Engel)〉(1930), 파프스트 감독의 〈서부전선 1918년(Westfront 1918)〉(1930) 이 세 편은 기념비적 의미가 있는 필름으로 기억되어야 할 것이다.

1930년 이후의 독일영화는 완전한 발성의 시대일 것이라 단언할 수 있다. 그러나 그것이 어떤 방향에서 얼마만큼 고도로 발전하여 어떠한 작품을 만들어낼지는 예측할 수 없다.

참고서적

Lichtbildbühne

Jahrbuch der Filmindustrie

Lexikon des Films

Expressionismus und Film von R. Kurtz.

Der literarische Film von G. Zaddach.

— 『세계문학강좌(世界文學講座)』, 1930. 4

제7장 돈이 촬영한다

1. 돈이 촬영한다

"돈이 말한다[Money Talks]"는 것은 일본어로 고쳐보면, "지옥 일도 돈에 따라(地獄の沙汰も金次第, 돈만 있으면 귀신도 부린다)"라는 것. 이것은 어디 사는 누구신들 이미 아실 겁니다.

"돈이 쓴다[Money Writes]"라고 업턴 싱클레어(Upton Sinclair)라는 미국의 소설가가 말했습니다. 그 의미는 문학이라는 게 결국 부자의 뜻대로 그 수족이 되어 움직이고 있다는 것입니다. 그리하여 저는 지금 "돈이 촬영한다"는 이야기를 하려고 합니다.

2. 누가 영화를 만드는가

대체, 영화를 만드는 것은 누구인가?

이런 의문을 바보스럽다고 생각하지 않으십니까?

먼저, 시나리오 라이터가 시나리오를 씁니다.

그 시나리오를 감독이라는 사람이 '감독'을 합니다.

장치가가 세트를 만듭니다.

조명가가 전기를 켭니다.

배우가 연기를 합니다.

조감독이 바쁘게 이리저리 돌아다닙니다.

카메라맨이 카메라를 돌려 촬영을 합니다.

기술부에서 현상을 하고 인화를 합니다.

감독이 그것으로 편집을 합니다.

이걸로 우선 한 편의 필름이 완성될 것입니다.

그렇다면 대체 이 중 누가 영화를 만드는 것입니까? 시나리오 라이터입니까? 감독입니까?

카메라맨입니까? 아니면—이렇게 쭉 생각해보면, 사실은 이 중 누구도 영화를 만들고 있지 않다는 신기한 사실을 깨닫게 됩니다.

3. 시나리오 라이터

영화를 만들고 있지 않다면, 시나리오 라이터는 무엇을 하는 걸까요? 시나리오 라이터라는 사람은 요컨대 시거렛 라이터(cigarette lighter) 같은 것에 지나지 않습니다.

시나리오 라이터는 누구나 알고 있는 것처럼 영화의 촬영 대본을 쓰는 장사꾼입니다. 대부분, 회사로부터 얼마간의 급료를 받아 『킹(キング)』이나 『강담클럽(講談クラブ)』[1920~1930년대 일본의 대표적 대중오락 잡지]을 하루 온종일 읽고 있습니다. 그 급료라는 것이 미국에서는 주 수천 달러에 달하기도 하고 일본에서는 고작 월 70, 80엔밖에 되지 않기도 하고 이래저래 잡다합니다.

이 시나리오 라이터가 한 달 정도 집에 틀어박힌 끝에 『대중문학전집』과 『신청년(新靑年)』 속에서 이야깃거리를 발견하고 버짐투성이의 얼굴을 회사에 불쑥 내밀었다고 해보지요. 각본부(脚本部) 사무실에 가면, 말쑥하게 면도를 하고 안경을 코에 걸친 각본 부장이라는 상사가 미국의 전쟁영화에 나오는 카이저의 책상만큼이나 커다란 테이블 앞에 앉아 시나리오 라이터와 그 버짐을 힐끗 쏘아봅니다.

"흠, 키사라기(如月) 군, 글쎄, 자네는 한동안 쓰지 않은 듯하군. —흠."

이런 말을 듣는다면 시나리오 라이터는 끝장입니다. 그날 집에 돌아가자마자 『강담클럽』과 『킹』, 『아사히(朝日)』, 『신청년』 등 모든 대중 서적으로부터 감흥을 얻어 —이것이 바로 이야깃거리를 발견한다는 것입니다— 하룻밤 사이에 한 편의 시나리오를 완성하고 이튿날 아침에라도 카이저의 책상 위에, 부장의 코에 걸린 안경 밑에 이를 내어놓을 수 없다면, 그날부터는 회사에 못 나간다는 각오를 하지 않으면 안 됩니다.

요컨대 시나리오 라이터는 영화를 만들기 위해 시나리오를 집필하는 것이 아니라 자신의 목이 날아가지 않게 하려고 쓰는 것입니다.

그 증거로, 여기에 머리도 좋고 정직하기도 한 시나리오 라이터 한 명이 있다고 가정하지요. 그는 그 좋은 머리와 정직함으로, 지금의 활동사진은 어딘가 재미없다고, 무언가 틀렸다고 생각할 게 분명합니다. 그리하여 그는 틀리지 않은, 진짜 세상의 일을 있는 그대로 활동사진으로 만들고 싶다고 마음먹고 시나리오를 씁니다. 그의 시나리오 속에 방적 공장이 하나 나옵니다. 이 회사는 연 3할 5푼의 배당을 합니다. 이 배당으로 주주나 중역들은 새 자동차를 사거나 골프 클럽을 번쩍거리고 타이피스트를 꾀어냅니다. 사장이 그만둘 때에는 300만 엔의 퇴직수당이 나옵니다. 이런데도, 이곳에서 진짜 일을 하면서 주주나 중역들을 위해 돈을 벌어주는 여공분들은 매일 12시간씩, 눈이 어지러울 만큼 끊임없이 돌아가는 방적기계 앞에 붙어 땀과 옷감 부스러기로 범벅이 되면서 1년이 흘러도, 중역들의 점심값에도 못 미치는 돈밖에는 벌 수 없습니다. 설상가상 회사 밖에서 공황의 폭풍이 불어닥칩니다. 미국의 제너럴 모터스도 자동차 생산을 축소했습니다. 독일의 제철소도 생산 제한을 실행했습니다. 그러자 이 회사의 중역 회의에서는 조업 단축을 실시해야만 한다고 결정했습니다. 더욱이 인도의 동란과 중국의 은괴 폭락 등으로 외국시장이 현저하게 좁아지자, 중역들은 종업원의 임금 인하 말고는 3할 5푼의 배당금을 지속해갈 방법이 없다는 것을 발견했습니다. 이 배당이 없다면, 새로 나온 패커드(Packard)도 살 수 없고 골프 클럽도 녹이 슬 것이며 타이피스트는 다른 쪽으로 가버리겠지요. 해고! 그리고 임금의 4할 인하! 3할 5푼의 배당은 어떠한 희생을 치르고서라도 이어가지 않으면 안 된다! 그러자 진짜 세상에서도 시나리오 속에서도 당연한 결과로서 파업이 시작됩니다. 몇 만이나 된다는 전국 방적 여공의 총파업입니다. 데모입니다. XX 폭력단이 뛰어들어와 쟁의를 깨버리려고 합니다. XXXXX가…….

"키사라기 군, XXXXX는 그만두는 게 어때? 자네, 이건 활동사진이라고. 뭐, 이 시나리오는 재미있어. 하지만 그런 걸 말이야, 자네들의 방식으로 그러는 건 극단적이라고 하지 않겠냐고."

코엔 건 안경을 번쩍거리며 시나리오를 보고서는 각본 부장이 말합니다. 각본 부장은 촬영소 내에서 가장 모던하고 진보적이며 인텔리겐트하다고 자부하고 있습니다. 이를 지키기 위해서 그는, 무엇이든 잘 알고 무엇이든 동정하는 이른바 자유주의라 불리는 태도를 취하고 있습니다. 게다가 그는, 근래 세상이 점점 먹고살기 어렵게 내몰린 탓인지 활동사진도 조금은 '빨갛게' 되지 않으면 받아들여지지 않는다는 점을 이미 잘 알고 있습니다. 좋아, 이 영화는 "시대의 첨단을 달리는 진정한 경향영화" 어쩌고 하는 식의 대대적 선전만 한다면 반드시 흥행할 것이다. 그리하여 부장은 이 시나리오에 '이데올로기물'이라는 붉은 도장을 찍고 패스시킵니다.

이리하여 시나리오 속에서 XXXXX라는 부분이 완전히 삭제되었습니다만, 키사라기 군은 내일부터 회사에 나와도 고생할 일이 없습니다.

4. 감독

이 시나리오가 당연한 수순으로 감독의 손에 넘어갑니다. 감독은 『킹』·『신청년』과 더불어 『전기(戰旗)』[나프 기관지]도 읽고 있습니다. 가택 수사를 받은 적도 있습니다. 때때로 스파이가 집을 찾아오면 다음처럼 능청을 부립니다.

"요즘 세상에 위험 사상을 가지고 있지 않은 사람이 활동[사진]의 감독을 할 리 없잖아."

감독은 시나리오를 읽고 감격합니다. 이번에야말로 훌륭한 '이데올로기물'을 만들 수 있어. 그러면서 시나리오 회의를 합니다.

"그런데 말이야, 키사라기 군, 이 시나리오에는 아무래도 뭔가가 부족한 것 같단 말이지. 역시 주인공이 있어야지. 그 녀석이 사랑에 빠지고 자시고 하는 줄거리가 없으면, 자네, 극이 되지 않는다고. 러브 인터레스트와 이데올로기는 양립해야만 하는 거야."

감독은 높은 사람입니다. 월급만 해도 키사리기 군의 다섯 배는 받습니다. 어쩔 수가 없습니다.

"그렇게 할까요?"

시나라오 라이터가 양보합니다.

감독은 한 번 더 못을 박듯 각본 부장의 코를 봅니다.

"이봐, 모리(森) 군, 그렇지?"

부장은 이런 말투의 꿍꿍이를 잘 간파하고 있습니다. 그래서 그는 감독에게 대답하는 대신 시나리오 라이터 쪽을 향해 말합니다.

"그거야, 자네, 무라타(村田) 군 말이 맞아. 히로와 히로인이 있고, 그 둘이 온갖 장애를 극복하고 하나가 되어 딱 끝나는 게 극의 정석이니까 말이야."

시나리오 여기저기에 붉은색 잉크로 줄이 그어지고 이런저런 말들이 덧붙습니다.

5. 스타

그다음에는 대본 연습입니다.

이 자리에서 주역 여배우분이 말을 꺼냅니다.

"방적 여공이라니, 이상해요. 저 못하겠어요."

상대역의 남자도 턱을 쓰다듬습니다.

"나도 최소한 기술자 정도는 되고 싶은데."

그리하여 주인공들은 때를 벗고, 300만 엔을 받는 사장의 딸과 공장장이 되었습니다.

6. 촬영소장(撮影所長)

촬영.

공장 뒤편의 공터를 표현한 세트.

후경에는 호리촌트[Horizont: 바닥부터 천장까지 이음새 없이 만들어 놓은 세트 벽면]가 처져 있고, 그 앞에 굴뚝 미니어처가 5, 6본 세워져 있습니다. 파업 신(scene)입니다.

감독은 이러한 경우, 관습적 선동 연설을 연출하는 것 말고는 극을 이끌 줄 모릅니다. 그리하여 200~300명의 엑스트라를 불러 목화 상자를 쌓은 연단 앞에 밀집시키고, 한 명의 배우에게 선동 연설을 시킵니다.

임금 인하 절대 반대!

8시간 노동제 즉시 시행!

자본가 위주 산업합리화 절대 반대!

라는 식의 슬로건이 여기저기에 처덕처덕 붙어 있습니다.

그 순간 러일전쟁 때 군인이었다는 촬영소장이 턱수염을 훑으며 다가옵니다. 그는 굽실거리며 누군가를 안내하고 있습니다. 상대는 엄청나게 높은 사람인 듯, 소장의 말에 대답이라 할 만한 것도 거의 하지 않은 채 촬영장을 보고 있습니다.

머리에 띠를 두른 바지런한 여공 한 분이 연단에 서서 말하기 시작합니다. 무슨 말을 하는지 이 전역 군인은 알 수 없습니다만, 때때로 "착취"라든가 "횡포한 자본가 나리"라든가 하는 불온한 말들이 귀에 남습니다. 특히 "횡포한 자본가 나리"라고 했을 때에 이 전역 군인은 심하게 당황하여 같이 온 신사의 쪽을 돌아보곤 했습니다. 이 무슨 분별 없는 연설인가.

"무라타 군, 무라타 군. 이건 무슨 세트인가."

"네, 파업 장면입니다만, 무슨 의견이라도 있으신지……."

"그게, 촬영을 좀 멈추었음 좋겠군. 내가 모두에게 할 말이 있다네."

"네, 알겠습니다."

그러자 촬영소장은 연단으로 올라갑니다.

"제군, 제군들은 오늘 파업 장면을 촬영하고 있다고. 이건 영화니까 괜찮아. 그러나 원래 노동 문제라고 하는 건, 국민 전체가 경조부박(輕佻浮薄)하여 쓸데없이 외래의 나쁜 사상에 감염되었기 때문에 벌어지는 것이네. 아니, 이건 영화니까 괜찮아……."

연단 밑에 서 있는 엑스트라들 사이에서 쿡쿡 몰래 웃는 소리가 들립니다. 그러자 소장은 한층 더 위엄을 내세울 필요를 느낍니다.

"뭔가, 날 가리켜 시대를 모른다는 듯 말하는 놈이 있다는 건 나도 알고 있네. 하지만 말일세, 이래봬도 나는 꽤나 공부를 했다네. 사회 문제도 대충 연구했고, 마르크스 어쩌고 하는 것도 읽어보았네. 과연 청년들을 현혹할 만한 기술(記述)을 하고 있더군. 그러나 말이야, 한 꺼풀 벗겨보면 마르크스 같은 건 시대에 뒤떨어진 에고이즘이 아닌가."

몰래 웃는 소리가 점점 커져갑니다.

"노동자와 자본가가 부모자식처럼 온정을 쌓고 서로 도우며 화목하게 지내야만 비로소 우리나라의 산업이 세계에 으뜸갈 수 있을 것이네. 지금 여기 자리하신 분께서는 (그는 거기서 같이 온 신사를 가리킵니다) 우리 회사의 대주주인 사토(佐藤) 님이시다. 사토 님께서는 우리나라 재계의 거물로 은행업에, 제철업에, 방적업까지 가시는 데마다 엄청나게 큰 수완을 펼치고 계시단 말일세. 우리 회사 사실상의 지주는 사장이 아니라 사토 님이시다."

연단 밑에서 누군가 한 명이 고함을 질렀습니다. 또 한 사람이 무언가를 외쳤습니다. 지금까지 쿡쿡 웃어대던 소리가 멈췄습니다. 그 대신에 이번에는 모두가 입을 모아 외칩니다.

전역 군인은 연단 위에서 어쩔 줄 몰라 합니다. 연단 밑의 여공들이 무슨 말을 하고 있는 것인지는 알 수 없습니다만, 모두 하나가 되어 주먹을 흔들면서, 조금 전과 같이 "착취"라든가 "횡포한 자본가를 쓰러뜨려라"라고 말하는 것은 분명합니다.

"무라타 군, 무라타 군, 이게 뭔가. 중지하게, 촬영을 중지하란 말일세. 괘씸하군."

지금, 키사라기 군이 애써 쓴 시나리오는 소장의 일갈에 촬영 중지의 운명에 처할 듯합니다.

7. 은행가

감독이 즉각 소장실로 불려왔습니다. 대주주는 방금 전의 일을 완전히 잊은 양 온정 그 자체와도 같은 모습으로 소장 옆에 앉아 미소 짓고 있습니다.

"무라타 군, 그 사진은 촬영을 바로 중지시키게."

"네, 알겠습니다."

그러나 그 순간 대주주가 몸 전체로 온정을 토해내듯 유려한 말투로 감독에게 말을 겁니다.

"소장의 말과는 달리, 나는 촬영을 그만둘 필요는 하나도 없다고 생각하네. 줄거리를, 뭐, 아주 조금만 바꾸면 된다네. 그러니까 사장의 딸이 말일세, 공장장과 사랑하는 사이지 않은가. 공장장은 말하자면 직공들의 대장이지 않은가. 그러니까 그 공장장이 직공들의 무분별함을 막는 걸세. 그리고 한편에서 딸이 사장의 고집을 꺾게 만드는 거네. 이걸로 사방팔방 원만하게 수습되는 걸세. 젊은 사람들에게는 애정을, 노동자에게는 온정을, 이걸세."

8. 다시, 돈이 촬영한다

이렇게 하여 영화가 하나 확실하게 완성됩니다. 하지만, 그렇다면 대체 이 영화를 만든 사람은 누구일까요. 시나리오 라이터도 감독도 아닙니다. 사장보다도 높은 곳의 대자본가가 아닐는지요.

그러니까, 돈이 촬영한다는 겁니다.

— 『부인서보(婦人書報)』, 1930

제2부

식민지 시기 조선 영화비평

주인규와 적색노조영화운동

한상언

1. 여는 말

무성영화 시기 한국영화에 관한 연구는 〈아리랑〉(1926)을 만든 나운규(羅雲奎)와 카프(KAPF) 영화인들의 활동에 집중되어 있다. 초기 한국영화에서 나운규의 공헌과 〈아리랑〉의 영화사적 의미는 카프 출신 평론가 최승일(崔承一)이 "사실상 영화는 소설을 정복하엿다"[1]라고 단언했을 만큼 컸던 것이 사실이다. 〈아리랑〉의 성공과 그 성공의 중심에 있던 나운규는 일약 조선영화의 대명사로 불릴 정도였다. 단성사(團成社) 운영주 박승필(朴承弼)이 나운규에게 그의 이름을 딴 영화 제작사(나운규프로덕션, 1927)를 세울 수 있게 자금을 지원한 것도 그 영향력 때문이었다. 그러나 나운규의 전성기는 〈아리랑〉의 성공을 정점으로 사그라져 갔다. 나운규는 방종과 방탕으로 일관해 동료들의 신망을 잃었고 그 결과 나운규프로덕션은 문을 닫을 수밖에 없었다. 이후 일본 우익단체 대일본국수회(大日本國粹會) 경성지부 회원인 도야마 미쓰루(遠山滿)의 휘

---

* 이 글은 필자의 논문 「주인규와 적색노조영화운동(1927~1932)」(『현대영화연구』 제3호, 2007, 한양대학교 현대영화연구소)을 수정·보충한 것이다.
1 승일, 「라듸오·스폿트·키네마」, 『別乾坤』 제2호(1926. 12), 107쪽.

하에서 〈금강한(金剛恨)〉(시마다 아키라島田章, 1931)에 출연해 조선영화인들의 비난을 받는 처지로까지 전락하고 만다.

나운규의 혜성 같은 등장과 신기루 같은 몰락의 한편에는 의미 있는 영화운동의 깃발이 펄럭이고 있었다. 조선공산당이 설립된 1925년을 전후하여 카프를 선두로 한 사회주의 문예단체들이 등장하기 시작한 것이다. 이들 단체는 조선공산당과 직간접적 관계를 맺고 있었다.

조선공산당은 창당 이후 잦은 내분과 일제의 강력한 탄압으로 수차례 조직이 와해되는 어려움을 겪었다. 1928년 모스크바에서 열린 제6차 코민테른 대회에 뒤이어 결의된 「12월 테제」에서는 내분에 휩싸인 조선공산당을 해산하고 노동자와 농민을 중심으로 당을 재건하라는 지시가 있었다. 이 테제를 바탕으로 밑으로부터의 당 재건 운동이 시작되었다. 사회주의 운동가들은 공장 안으로 들어가 노동조합을 조직하고 파업을 선동했다. 주인규(朱仁奎, 1903~1957?)를 비롯한 영화인들도 이 공산당 재건 운동에 참여했다. 1920년대 후반 조선질소비료주식회사 흥남공장에 취업한 주인규는 적색노조(赤色勞組)를 조직하고 파업을 선동했으며 강제 퇴직 당한 이후 다시 영화계로 복귀하여 동지들을 규합해 노동자를 대상으로 하는 영화를 제작했다. 이는 같은 시기 카프의 영화운동과는 사뭇 다른 모습이다.

이렇듯 1930년을 전후한 적색노조영화운동은 공산당 재건 운동과 관련한 영화인들의 활동이라는 면에서 큰 의미가 있음에도 카프 영화운동의 주변으로 인식되어 제대로 된 연구가 진행되지 않았다. 현재 남한의 영화사에서 적색노조영화운동은 '카프 동반계열'[2]이나 '경향파 영화'[3]라는 이름으로 분류되어 간단히 언급되어 있을 뿐이며 남한과 영화의 전통을 공유하고 있는 북한에서조차 정치적 이유로 소홀히 다루어

---

2 이효인, 『한국영화역사강의』(서울: 이론과 실천, 1992), 214쪽.
3 이영일, 『한국영화전사』(개정판, 서울: 도서출판 소도, 2004), 130쪽.

지는 형편이다.

나운규와 이규환(李圭煥)으로 이어지는 민족주의 영화를 정통으로 하여 영화사를 서술해온 남한의 경우 적색노조영화운동은 오랫동안 언급이 금기시된 면이 있었다. 특히 적색노조영화운동을 주도했던 주인규가 6·25전쟁 당시 서울의 영화인들을 북으로 끌고 간 장본인이었으므로, 반공의 테두리 안에서 살아온 남한의 영화인들에게 주인규는 기억 속에서 끄집어내선 안 될 인물이었다.[4]

북한에서는 박헌영(朴憲永)으로 대표되는 국내 사회주의자들이 6·25전쟁 후 대거 숙청당했으며 그와 관련한 영화운동 역시 북한 문학·예술의 주도권을 쥔 세력들에 의해 평가절하되었다. 특히 북한영화의 건설자이자 적색노조영화운동을 주도했던 주인규가 1957년 숙청당해 지금껏 복권되지 못하고 있어서 그에 대한 제대로 된 평가가 이루어지지 않고 있다.

이 글은 1920년대 말부터 1930년대 초반까지 전국적으로 일어난 적색노조운동에 영화인들이 어떻게 참여했으며 영화가 이를 어떻게 수용했는지를, 적색노조운동에 깊숙이 관여했던 영화배우 출신 주인규를 중심으로 살펴본다.

4　남한의 영화인 중 공식적으로 주인규의 이름을 언급한 경우는 극히 드물다. 극단 고협(高協) 출신의 배우 이해랑(李海浪)과 서월영(徐月影)이 주인규에 대해 짧게 언급한 내용이 남아 있다. 해방 공간 우익 연극계를 이끌었던 이해랑은 대선배이자 이념적으로 대척점에 서 있었던 주인규를 "흥남조선질소비료공장을 폭파하려고 한 무지스런 인간"으로 평가했고(국립문화재연구소 편, 『(대담) 韓國演劇裏面史: 公演藝術 第一代의 藝術人들』, 對談: 李杜鉉, 대전: 도서출판 피아, 2006, 256~257쪽), 서월영은 심영(沈影)이 주인규의 꼬임에 빠졌다는 식의 증언을 남겼다(같은 책, 104쪽). 이는 악의적이고 일방적인 평가다. 또한 주인규 주연의 〈도적놈〉(1930)을 연출한 윤봉춘은 영화사가인 이영일과의 인터뷰에서 주인규의 시나리오로 자신이 연출한 〈도적놈〉의 내용을 원작과 다르게 이야기하고 있다(한국예술연구소 편, 『이영일의 한국영화사를 위한 증언록: 윤봉춘 편』, 서울: 도서출판 소도, 2004, 147쪽). 〈도적놈〉은 배우로 활동하던 윤봉춘이 감독으로 독립한 후 만든 첫 작품이고 촬영 도중 주인규가 큰 부상을 당하는 사건이 있었기에 영화 내용을 착각할 정도의 희미한 기억은 아닐 것임에도 주인규에 대한 기억을 끄집어내는 것은 쉽지 않아 보인다. 또한 〈딱한 사람들〉(황운, 1932)에서 주인규와 함께 연기했던 이병일(李炳逸)은 자신이 어떻게 캐스팅되었는지만 이야기할 뿐 영화의 내용이나 성격 등은 전혀 언급하지 않고 있다(이병일, 「나의 영화편력」, 『월간 영화』, 1977. 10~11월 호, 28쪽).

2. 노동자영화의 등장

1) 사회주의 사상의 유입과 조선 영화인들

조선영화의 선각자 중에는 사회주의 사상에 눈을 뜬 인물이 적지 않았다. 함경북도 회령 출신의 나운규와 윤봉춘(尹逢春)은 간도 독립군의 비밀 조직인 도판부(圖判部: 철도·통신 등 일제의 기관시설 파괴 임무를 띤 조직)에서 활동하며 초기 사회주의 운동의 언저리를 맴돌았으며,[5] 카프 발기인에 이름을 올린 바 있던 서울 출신 심훈(沈熏)은 1924년 박헌영 등과 일간지 사회부 기자 모임인 철필구락부(鐵筆俱樂部)를 조직하여 언론운동을 펼치다가 해직당했다.[6]

주인규 역시 일찍 사회주의 사상과 관련을 맺었다. 주인규의 매형은 사회주의 운동가인 도용호(都容浩)였다.[7] 도용호는 3·1운동 직후 함흥에서 청년회를 조직했으며 상하이로 건너가서 이동휘(李東輝)의 고려공산당에 가입하여 활동했다. 도용호의 동생 도관호(都寬浩) 역시 신간회 함흥지회 전형위원(詮衡委員)과 고려공산청년회 함경남도 위원을 지냈다. 이렇듯 함흥을 대표하는 사회주의 운동가인 도용호 형제의 이력은 주인규에게도 영향을 끼친 것으로 보인다.

주인규가 사회주의 사상과 밀접한 관련을 맺게 된 또 다른 이유는 그가 사회주의 운동의 영향을 크게 받고 있던 함흥 출신이라는 점도

---

5 나운규는 1919년 3·1운동 이후 시베리아를 유랑하면서 러시아 적군(赤軍)과 백군(白軍)의 전투에 백군의 용병으로 참여하며 러시아혁명의 기운을 몸으로 느꼈다. 시베리아에서 북간도로 온 그는 그곳에서 윤봉춘과 함께 홍범도(洪範圖) 부대에 참여했다. 당시 간도와 연해주의 독립군은 러시아 적군을 지지하면서 사회주의혁명을 조선 독립운동의 방편으로 삼으려 했다.

6 심훈은 1927년 강홍식(姜弘植)의 도움으로 교토(京都) 닛카츠(日活) 타이쇼군촬영소(大將軍撮影所)에서 연구생으로 있었으며 귀국(1927) 후에는 〈아리랑〉 이후 사회적 문제를 가장 잘 묘파했다고 평가받는 〈먼동이 틀 때〉(1927)를 연출했다.

7 도용호와 주인규의 관계에 대해 이소가야 스에지(磯谷季次)는 "주인규의 누이 주인선이 도용호에게 시집갔으므로 주인규와 도용호는 처남 매부 간이었다"라고 기록하고 있다. 이소가야 스에지, 김계일 옮김, 『우리 청춘의 조선: 일제하 노동운동의 기록』(서울: 사계절, 1989), 231쪽.

있다. 공업이 발달한 함흥은 적색노조 활동이 가장 활발했으며 러시아 혁명의 영향을 직접적으로 받고 있던 지역이었다.

도쿄닛신영어학교(東京日進英語學校)[8]를 졸업한 주인규는 1923년 12월 말 함흥에서 창립한 소인극단 예림회(藝林會)[9]에 가입하면서 연극, 영화계에 발을 들여놓았다. 지두한(池斗漢)·박정걸(朴定杰)·서순익(徐舜翊) 등이 주도한 예림회에는 주인규와 행동을 같이하게 되는 김태진(金兌鎭, 예명 남궁운南宮雲)과 이규설(李圭卨)이 회원으로 있었고, 회령 공연에서 합류한 나운규도 있었다. 예림회원인지는 확인되지 않지만 황운(黃雲)도 예림회와 직간접적 관련이 있었던 것으로 보인다. 대부분이 함흥 출신이었던 이들은 사회주의 사상에 적지 않은 영향을 받았으며 실제로 사회주의 계열의 영화운동에 지속적 관심을 기울여 노동자를 소재로 하는 영화의 제작에 직접 참여하기도 했다. 이 중 김태진과 이규설은 카프에 가담해 활동했다.

이처럼 당시 지식인들 사이에 사회주의 사상은 광범위하게 퍼져 있었고 1920년대 중반부터 일부 조선영화에는 사회주의 사상의 영향이라 할 수 있는 흔적이 보이기 시작했다. 대표적인 경우가 〈아리랑〉이다. 〈아리랑〉 이전 조선영화는 〈춘향전〉(하야가와 고슈早川孤舟, 1923), 〈장화홍련전〉(김영환, 1924), 〈운영전〉(윤백남, 1925) 등 고소설에서 소재를 구하거나 〈쌍옥루〉(이구영, 1925), 〈장한몽〉(이경손, 1926), 〈농중조(籠中鳥)〉(이규설, 1926)와 같은 일본의 신파 레퍼토리를 영화화하는 식이 대부분이

8　영화인등록제 실시 당시 주인규의 최종 학력은 도쿄닛신영어학교로 표기되어 있다(東京国立近代美術館フィルムセンター, 『戦時統制下映画資料集: 映画公社旧蔵. 第8巻, 外地関係. 2』, 東京: ゆまに書房, 2014, 559쪽). 주인규가 1923년 12월에 창립된 예림회에서 활약한 것을 보면, 그해 9월 발생한 간토대지진 이후 조선인들에 대한 일제의 학살이 자행되자 그도 많은 조선인 학생과 마찬가지로 일본에서의 학업을 포기하고 고향으로 돌아온 것으로 추정된다.

9　1923년 동명극장(東明劇場)과 함흥극장(咸興劇場)의 설립을 계기로 함흥을 근거지 삼아 지두한(池斗漢) 등이 주도해 만든 극단으로 도쿄 유학 출신의 회원들을 포함하여 20여 단원이 가입해 있었다(「藝林會에 巡廻劇團」, 『朝鮮日報』, 1924. 1. 8, 4면). 단원 중에는 주인규를 비롯해 김태진·안종화·나운규 등 초기 조선 영화인들이 있었다.

었다. 그러나 〈아리랑〉은 농민을 착취하는 지주의 하수인(마름) 오기호 (주인규 분)를 만세 운동에 참여했다가 정신이상이 된 주인공 최영진(나 운규 분)이 살해하는 것으로 그려 옛날이야기, 남의 이야기가 아닌 당시 조선인과 조선 사회를 반영함과 동시에 민중들의 울분을 스크린에 묘 사해내어 조선인 관객들의 열띤 호응과 지지를 받았던 것이다. 이렇듯 검열의 대상인 영화에서 사회주의 사상을 전면에 드러낼 수는 없었지 만 〈아리랑〉은 계급 간 갈등을 에둘러 표현함으로써 사회주의자들이 주 도했던 6·10만세운동의 슬로건 중 하나였던 지주 소작문제를 영화 전 반에 드러내었다. 이러한 흐름을 주인규로 대표되는 조선 영화계의 사회 주의 운동가들이 주도하고 있었다.

2) 노동자영화의 등장

1926년 6·10만세운동 이후 조선영화는 사회적 문제에 대한 관심 을 적극적으로 표현하기 시작했다. 이는 노동 문제와 계급 간 갈등 문 제를 담은 일명 '노동자영화'의 등장을 가져왔다. '노동자영화'의 등장은 1927년, 주인규·김태진·임운학(林雲鶴) 등 조선키네마프로덕션의 주요 인물들이 나운규의 독선적 행동에 반대하여 조선키네마프로덕션을 탈 퇴해 극동키네마로 근거지를 옮겨 황운 등과 함께 노동자를 주인공으 로 하는 영화를 제작하면서 시작되었다. 1923년부터 예림회, 부산의 조 선키네마주식회사, 윤백남프로덕션, 조선키네마프로덕션까지 활동을 함 께했던 나운규와 주인규의 반목은 표면적으로는 나운규의 개인적 행동 에 기인했지만 이후의 행적으로 미루어 생각해보면 사회적 문제를 어떻 게 영화에 담을 것인가에 대한 두 사람 간의 견해 차이가 도사리고 있 었던 것 같다.[10]

---

10 나운규와 주인규의 불화를 옆에서 지켜본 촬영기사 이필우는 영화에서 나운규만 주목받는 데서 온 두 사람 간 갈등이 결별의 원인으로 설명하고 있으나(한국예술연구소 편, 『이영일의 한국영화사를 위

흥미롭게도 주인규 등이 입사한 극동키네마에는 아나키스트 출신의 김태희(金台熙)가 근무하고 있었다. 그는 1920년 7월 만주에서 국내로 폭탄을 반입하다 일경에 체포된, 밀양폭탄사건의 주동 인물로 7년 형기를 마치고 1926년 출옥 후 극동키네마에 입사해 그곳에서 영화 〈괴인의 정체〉(김수로, 1927)에 김극(金克)이라는 예명으로 출연한 바 있었다.[11] 〈괴인의 정체〉에 출연 후 일본으로 건너간 그는 노동운동 관련 일로 구속되었고,[12] 1930년에는 1928년 해산된 조선공산당을 재건하려한 소위 후계공산당사건(後繼共產黨事件)으로 다시 구속되어 2년의 형을 살았으며 출소 직후인 1933년 사망했다.[13] 나운규와 결별한 주인규 등이 극동키네마에 입사한 데에는 사회주의 운동에 영향력을 가지고 있던 김태희의 존재가 작용한 것으로 추측해볼 수 있다.

주인규 등이 극동키네마에 입사한 시기는 극동키네마에서 제1회 작품 〈괴인의 정체〉에 이어 〈낙원을 찾는 무리들〉(황운, 1927)을 제작하기 직전이었다. 김철산(金哲山)과 김수로(金首露)의 주도로 탄생한 극동키네마에서 〈괴인의 정체〉를 제작하기 시작한 시점은 1927년 1월이었으며, 영화의 개봉은 2월 24일에 했다.[14] 영화 제작 경험이 부족한 신인들이 주도하여 만든 〈괴인의 정체〉가 큰 주목을 받지 못한 가운데 주인규 등이 가세한 〈낙원을 찾는 무리들〉은 황운 원작·각색·연출, 이필우(李弼雨) 촬영, 주인규·남궁운·임운학·김철산 등이 출연하여 자연스럽게 주인규 등 영화 제작의 유경험자들이 제작을 주도하는 모양을 띠게되었다. 그러나 노동자를 전면에 내세운 이 영화는 성공적이지 못했다. 총 11권 분량의 필름 중 4권 분량이 삭제당할 정도로 일제의 심한 탄압

한 증언록: 이필우 편』, 서울: 도서출판 소도, 2003, 213쪽), 이는 단편적 해석으로 보인다.
11 http://www.history.go.kr/url.jsp?ID=NIKH.DB-im_101_03860.(accessed 2017. 2. 21).
12 「金台熙氏 釋放」, 『中外日報』, 1928. 1. 19, 3면.
13 「金泰熙氏 病死, 사직동 자택에서」, 『朝鮮中央日報』, 1933. 4. 7, 2면.
14 「記事探偵劇 怪人의正體」, 『東亞日報』, 1927. 2. 23, 5면.

과[15] 출자자인 김철산과 촬영기사 이필우 사이의 금전적 갈등이 문제였다.[16] 이로 인해 극동키네마는 문을 닫을 수밖에 없었다.

〈낙원을 찾는 무리들〉(1927년 6월 11일 개봉)이 상영된 직후 주인규 등은 나운규가 빠져나간 조선키네마프로덕션으로 복귀하게 된다. 당시 나운규는 단성사 운영주 박승필의 도움으로 나운규프로덕션을 만들어 독립한 상황이었다. 나운규가 빠진 조선키네마프로덕션에는 영화 제작 인력이 급히 필요한 상황이었고, 〈뿔 빠진 황소〉의 제작비를 구하기 위해 출자자를 찾아다니던 주인규 등은 조선키네마프로덕션으로 복귀함으로써 영화 제작에 착수할 수 있었다.[17] 〈뿔 빠진 황소〉(1927)는 김태진이 원작·각색·연출을 맡은 작품으로 석탄취인소를 배경으로 술집 작부를 좋아하는 한 노동자가 부자에게 여인을 빼앗기고 죽음에 이르게 되는 이야기다.[18] 〈뿔 빠진 황소〉의 흥행 성공 여부나 관객의 반향 등의 기록은 남아 있지 않지만 이 영화를 마지막으로 조선키네마프로덕션이 영화 제작을 포기한 것을 보면, 영화가 성공적이지만은 않았던 것 같다.

주인규는 〈뿔 빠진 황소〉의 촬영 직후 심훈이 연출한 〈먼동이 틀 때〉(1927)에 출연했다. 1928년에는 김태진과 함께 원산으로 가서 TM영화공장을 조직하고 연극·영화의 제작과 상연/상영을 꾀했다.[19] 당시 원산에서는 문평제유공장의 파업이 진행 중이었는데, 이렇게 시작된 파업

15 이필우는 영화의 내용이 "공산주의 아니냐? 불온하다"는 이유로 총 8권 분량의 영화가 4권 분량으로 삭제당했다고 증언한다(한국예술연구소 편, 『이영일의 한국영화사를 위한 증언록: 이필우 편』, 216쪽). 그러나 당시의 신문기사를 보면 최초 총11권 분량(「樂園을찾는무리들 극동키네마제작 십일권사진」, 『每日申報』, 1927. 6. 7, 3면)이었던 것이 7권으로 바뀌었음을 알 수 있다(「新作朝鮮映畵 樂園을 찾는 무리들」, 『東亞日報』, 1927. 6. 12, 3면). 이필우의 증언은 기억의 오류에서 온 것으로 보인다.
16 「問題의映畵 上演無聞」, 『每日申報』, 1927. 6. 9, 2면.
17 극동키네마에서는 〈낙원을 찾는 무리들〉에 이어 〈뿔 빠진 황소〉의 제작에 착수했던 것으로 보인다. 김태진과 동향으로 일본서 돌아온 김형용(金炯容, 필명 김송金松)이 김태진을 만나기 위해 극동키네마에 들렀을 때 김태진은 자금 부족으로 〈뿔 빠진 황소〉의 촬영을 중단한 채 제작비를 구하러 다니고 있었다고 한다. 金松, 「뜬구름처럼 흘러간 日月」, 『新東亞』 통권 184(1979. 12), 237쪽.
18 「朝키新作品『뿔싸진황소』」, 『東亞日報』, 1927. 10. 19, 3면.
19 「元山映畵工場 實演部公演」, 『朝鮮日報』, 1928. 10. 12, 4면.

은 1929년 1월 22일부터 75일 동안 이어진 총파업(원산총파업)으로 확대되었다. 주인규 등은 이때 원산에서 총파업을 후원하기 위한 활동을 펼쳤다.[20] 원산에서 활동을 마무리 지은 주인규는 1929년 4월 소련에 영화 유학을 추진했다. 그러나 결국 그의 선택은 흥남에 만들어진 조선질소비료주식회사에 노동자로 취업해 노조를 조직하는 일이었다.

3. 코민테른 「12월 테제」와 조선영화

1) 「12월 테제」의 영향과 조선영화

1928년 7~8월에 열린 코민테른 제6차 대회에서는 「식민지·반식민지 국가에서의 혁명운동에 대하여」라는 총 41개항의 문건이 결의되었다. 이 문건의 제36항에서는 조선공산주의운동에 대한 언급이 있는데, 그 주요 내용은 좌우합작으로 1927년에 탄생한 신간회(新幹會) 안의 민족개량주의적 지도자의 영향을 받는 근로대중을 공산주의운동으로 끌어내기 위한 노력을 경주하라는 것이었다. 구체적 행동 방침으로 "단일적 민족혁명당을 시도하는 대신 공동행동위원회를 만들어 여러 민족혁명조직의 행동을 협동·통일하고 프롤레타리아적 공산주의 지도하에 혁명 분자의 사실상의 블록을 형성하도록 힘"쓰며 "새로운 세력, 특히 공업 노동자들을 끌어들여야 한다"[21]라고 권고했다. 이는 노동자·농민·소부르주아지를 총망라하여 대대적 민족혁명운동을 전개하는 중국

---

20 서울의 신흥극장을 이끌던 김형용은 신흥극장이 해산된 후 고향으로 돌아가는 길에 원산에 들러 주인규·김태진 등 영화인들과 함께 막심 고리키 원작의 〈첼카슈(Chelkash)〉를 공연했다고 전한다(金松, 「流浪의 新劇운동시대」, 『新東亞』 통권 185, 1980. 1, 310~311쪽). 김형용의 회고에는 착오가 있는데 단원들의 이름과 상연 레퍼토리로 볼 때 신흥극장이라 언급한 극단은 메가폰이며, 메가폰의 제1회 공연은 1932년 6월 8~10일이었고 해산은 7월 이후였다(「劇界에 新機軸을 내고 劇團메가폰地方巡廻」, 『東亞日報』, 1932. 6. 11, 5면; 「劇團『메가폰』三日부터 仁川公演」, 『東亞日報』, 1932. 7. 2, 5면). 1932년 6월은 주인규가 제2차태평양노조사건으로 체포된 시기였기에 김형용의 원산 공연은 주인규와 김태진이 원산영화공장을 조직하여 활동했던 1928~1929년 사이인 것으로 여겨진다.

21 金正明 編, 『朝鮮獨立運動 卷5』(東京: 原書房, 1967), 733쪽.

의 국민당과 같은 민족적 혁명당을 조직하라는 코민테른의 앞선 지시와는 전면 배치되는 것으로 사실상 좌우합작으로 만든 민족 유일당인 신간회의 분파, 이에 더해 해체를 지시한 것이나 마찬가지였다.

코민테른 집행위원회 정치서기국은 1928년 12월, 「조선 농민과 노동자의 임무에 관한 테제」(이하 「12월 테제」)를 발표하여 위 결정의 실천을 명확히 했다. 「12월 테제」에서는 파벌 싸움에 휩싸인 조선공산당의 해산과 노동자·농민을 중심으로 당을 재건하라는 지시가 있었다. 제4차 조선공산당이 와해된 후 재건되지 못한 상황에서 나온 「12월 테제」로 조선공산당은 지도부를 구성할 필요 없이 자연스럽게 해산되었고 사회주의 운동가들은 농촌과 공장으로 들어가 농민과 노동자들을 토대로 하는 공산당 재건 운동을 시작했다. 그 실천은 적색노조와 적색농조(赤色農組)의 조직으로 나타났다.

1920년대 말부터 전국적으로 격렬히 일어난 노동운동은 영화 제작에도 영향을 끼쳤다. 1930년에 개봉이 확인된 조선영화 10편 중 노동자가 주인공이거나 공장 혹은 탄광이 배경인 영화는 총 8편으로 무려 80퍼센트의 영화가 노동자의 모습을 그리고 있었다. 1930년의 노동자를 주인공으로 하는 영화의 양산은 당시 노동운동의 거센 흐름에 편승해 돈을 벌려는 영화업자들의 의도에서 나온 것이 대부분이었지만, 〈도적놈〉(윤봉춘, 1930)이나 〈바다와 싸우는 사람들〉(양철, 1930)의 경우처럼 사회주의 이념을 지닌 영화인들의 노력으로 보이는 시도도 있었다. 이러한 노동자영화의 양산은 코민테른 제6차 대회와 「12월 테제」의 실천을 영화가 반영하고 있음을 보여준다.

1930년, 노동자를 형상화한 영화들의 폭발적 증가는 이미 예견된 것이었는지도 모른다. 그 전조는 1929년의 영화에서 발견된다. 「12월 테제」가 있기 전인 1928년 서울키노에서 제작한 〈혼가(昏街)〉(김유영,

1929), 진주 남향키네마사에서 제작한 〈암로〉(강호, 1929) 등이 제작 완료 되어 1929년 1월 개봉되었다. 두 작품 모두 카프영화부를 이끌던 윤기정(尹基鼎)과 직설화법의 평론으로 명성을 떨치던 서광제(徐光霽)에게 신랄한 비판을 받았다. 카프영화가 아마추어 수준을 벗어나지 못한 때문이었다. 두 카프영화가 형상화한 인물 역시 노동자, 농민으로 그 수준에 상관없이 영화가 사회를 반영하고 있음을 보여주는 사례라고 할 수 있다.

〈약혼〉(김영환, 1929)은 카프 직속 영화 제작 기관의 영화는 아니지만, 카프를 이끌던 김기진(金基鎭)이 팔봉(八峯)이라는 필명으로 1926년 『시대일보(時代日報)』에 연재했던 장편소설을 원작인 김기진이 직접 각색을 담당하면서 카프의 영향력 아래에서 만들어진 작품이다. 1929년 2월 조선극장에서 상영된 이 영화는 소작쟁의를 소재로 했으며 마지막 장면에서 주인공이 "북쪽나라로 좀 더 좋은 일을 하기 위하여 기약 없이 떠나버"[22]리면서 사회주의 운동가로 헌신할 것이라는 암시를 포함했다.

〈약혼〉은 촬영과 기술의 오랜 경험이 있던 이창용(李創用)·이필우 등이 촬영·현상 같은 기술 부문을 담당했고 변사 출신으로 수많은 영화를 보아 외우고 있던 김영환(金永煥)이 연출을 맡았으며 서월영(徐月影)·박제행(朴齊行) 같은 전문 배우들이 연기하는 등 기성 영화인들이 주축이 되어 만든 작품으로, 영화의 질적 수준에서도 연기 경험이 일천한 임화(林和), 강호(姜湖) 등이 출연한 〈혼가〉, 〈암로〉와 같은 카프영화보다 훨씬 뛰어났음은 물론이다. 〈먼동이 틀 때〉를 연출한 경험이 있는 심훈은 『중외일보(中外日報)』에 게재한 시사평에서 "이제까지 나온 조선의 모든 영화 중에서 가장 높은 레벨에 올 수 있는 작품"[23]이라는 말로

---

22 象德, 「八峯의 原作인 『約婚』을 보고」, 『朝鮮日報』, 1929. 2. 22, 3면.
23 沈熏, 「映畵化한 約婚을 보고」, 『中外日報』, 1929. 2. 22, 2면.

〈약혼〉의 영화적 성과에 대해 극찬했다.

〈약혼〉은 사회적 내용의 영화도 기술적 완성도가 보장된다면 충분히 흥행에 성공할 수 있음을 보여주는 사례였다. 이는 영화제작자들의 민감한 후각을 자극하는 것으로 1930년 노동자영화의 폭발적 증가를 알리는 전조이기도 했다. 흥미롭게도 1929년의 영화와 1930년의 영화는 그 모습이 서로 달랐다. 「12월 테제」가 아직 영향을 끼칠 수 없었던 1929년까지는 노동자가 전면에 드러나지 않았다. 부르주아 계급의 청년이 공산주의 사상에 감화되어 공산주의 운동가가 된다는 〈약혼〉의 경우가 사회적 내용을 담은 영화의 일반적 모습이었다. 「12월 테제」의 정신을 영화에 담기에는 준비 기간이 필요했기 때문이다. 노동자·농민 속으로 들어가서 이들을 조직하고 이를 통해 당을 건설하라는 「12월 테제」의 정신이 깃든 영화는 1930년이 되어야 제작·상영될 수 있었다.

「12월 테제」는 조선의 공산주의가 극좌(볼셰비키)로 방향을 바꿨음을 의미하는 것이었다. 이에 따라 카프 또한 선명한 노선을 드러내기 위해 조직 개편을 시도했음은 충분히 짐작 가능한 일이다. 카프의 영향 아래에 있던 서울키노는 1929년 신흥영화예술가동맹으로 조직을 발전시켰으며 1930년 카프영화부가 신설되면서 조직을 해체하고 카프영화부로 흡수하라는 카프 중앙의 지시를 받는다. 영화 제작을 주도하던 김유영(金幽影)과 영화평론가로 이름을 떨치던 서광제는 이에 반발하여 신흥영화예술가동맹을 고수하기로 하고 카프를 탈퇴했으며, 이들에 반대해 카프영화부로 신흥영화예술가동맹을 흡수하자고 주장했던 윤기정 등은 신흥영화예술가동맹을 탈퇴했다.

카프 소속 영화인의 혼란은 조선공산당이라는 지휘소가 사라진 후에 나타난 운동가들의 시행착오였다. 이는 그동안 조선의 운동가들이 쌓아놓은 역량을 무시하고 다시 원점에서 시작하라고 한 「12월 테제」

의 근본적 문제에서 발생하는 것으로 예술운동의 방향을 둘러싼 논란으로 확산되었다.

김기진은 「12월 테제」하 문학예술의 방향은 예술의 대중화를 통해 획득해야 한다고 밝혔다. 또한 "노동자와 농민 대중은 거의 전부가 무식하므로 매우 복잡한 것도 이해하기 어려운 것이 사실인 동시에 매우 단순한 것─예컨대 포스터 (…) 또한 이해하기 어려운 까닭으로 (…) 가장 통속성을 가진 영화가 가장 중요하다"[24]라고 주장했다. 기성 영화인이 중심이 되어 만든 〈약혼〉의 영화적 성과를 바탕으로 한 듯 보이는 김기진의 주장은 근본적으로 계몽주의적이었으며 조선의 노동자·농민의 현실을 고려한 최선의 방향이기도 했다. 김기진의 예술 대중화 논의는 카프 지도부에 의해 개량주의적·수정주의적 사회민주주의 예술운동으로 평가되어 비판받았으며, 임화를 중심으로 한 카프 지도부는 볼세비키적 대중화의 방침을 재차 확인하는 식으로 대립각을 세웠다.[25]

이처럼 카프 맹원들이 「12월 테제」의 적용을 두고 혼란을 거듭하는 동안 노동자를 형상화한 영화들이 유행처럼 등장했다. 당시는 「12월 테제」의 실천을 위해 운동가들이 공장에 들어가 노조를 조직하는 등 활발하게 노동운동이 전개되던 시기였다. 특히 1929년 1월부터 4개월간 벌어진 원산총파업은 사회적으로 큰 충격을 준 대사건이었으며 같은 해 일어난 광주학생운동은 많은 학생들을 노동운동에 투신하도록 했다. 서울·평양·함흥·부산 등 대도시에서 적색노조가 빠른 속도로 조직된 데에는 이러한 요인이 크게 작용했다. 1930년의 조선영화는 이와 같은 사회 분위기를 반영하듯 노동자를 주인공으로 한 영화들이 주를 이뤘다.

24 金八峯, 「藝術의 大衆化에 對하여」, 『朝鮮日報』, 1930. 1. 1~14.
25 安漠, 「朝鮮프로藝術家의 當面의 緊急한 任務」, 『中外日報』, 1930. 8. 16~22.

2) 1930년, 양산된 노동자영화

1930년 양산된 노동자영화에 대해 이규설은 "신파적 영화에다 대중적 운동의 모습을 삽입하여 대중에게 영합키 위한 상업주의에 불과한 것"[26]이라고 평가절하했다. 실제 영화 제작비 대부분은 단성사로 대표되는 흥행자본가에게서 나왔다.

〈표 1〉 1930년 개봉 조선영화

개봉일	개봉관	제목	연출	각본 각색	노동자 영화	특기사항
1. 5	조선극장	젊은이의 노래	김영환	김영환	×	
2. 13	단성사	아리랑 후편	이구영	나운규	○	철공장 노동자
3. 13	단성사	꽃장사	안종화	최남주	○	공장 노동자
3. 14	조선극장	회심곡	왕덕성	왕덕성	×	
4. 14	단성사	철인도	나운규	나운규	○	광산 노동자
5. 31	단성사	승방비곡	이구영	이서구	○	하층 노동자, 원작 최독견
9. 12	단성사	노래하는 시절	안종화	안석영	○	자유 노동자
10. 1	조선극장, 단성사	정의는 이긴다	윤백남	윤백남	○	광산 노동자, 원작 이광수, 동아일보창간10주년기념
10. 29	조선극장	도적놈	윤봉춘	주인규	○	철공장 노동자, 원작 전영찬
11. 8	조선극장	바다와 싸우는 사람들	양철	이운방	○	어업쟁의
미상	미상	어사 박문수	이금룡	이금룡	×	사극영화. 개봉예정 광고만 있을 뿐, 상영기록이 없음

* 당시 신문 광고를 토대로 재구성

1930년 2월 13일 단성사에서 개봉한 이구영(李龜永) 연출, 나운규 주연의 〈아리랑 후편〉은 1930년에 개봉한 최초의 노동자영화였다. 〈아리랑〉의 성공으로 정점에 있던 나운규는 나운규프로덕션을 해산으로

---

26 李圭卨, 「엑스키네마 二回作 『큰 무덤』을 보고(1)」, 『朝鮮日報』, 1931. 3. 12, 5면.

까지 몰고 간 연이은 실패를 만회하고자 다시 〈아리랑〉을 들고 나왔다. 〈아리랑〉의 속편인 이 작품에서 주인공 영진을 출감 후 철공장 노동자가 된 것으로 설정하여 노동운동이 최고조에 올랐던 시류를 놓치지 않았다. 이 작품의 현상과 편집을 맡았던 이필우는 검열이 통과될지 의심이 들 정도의 작품이었다고 회고했다.[27]

그러나 〈아리랑 후편〉은 카프영화인들과 민족영화인들이 인신공격에까지 이른 논쟁으로 더 유명하다. 카프영화인 서광제·박완식(朴完植) 등의 〈아리랑 후편〉 비판은 민족주의 계열의 본질을 폭로하여 민족주의의 영향하에 있는 노동자·농민을 공산주의 혁명의 블록으로 조직하라는 코민테른 테제의 실천을 보여주는 것이었다.

노동자를 주인공으로 하는 다음의 영화는 3월에 개봉한 안종화(安鍾和) 연출의 〈꽃장사〉로 윤백남(尹白南) 등이 세운 조선문예영화협회(朝鮮文藝映畵協會)의 연구생으로 있던 전남 광주의 부호 최남주(崔南周)가 출자하여 제작한 영화였다. 최남주는 자신이 쓴 원작을 각색했고 최남산(崔南山)이라는 이름으로 출연까지 했다. 연출은 강사인 안종화가, 촬영은 이명우가 맡았다. 그 외 조선문예영화협회의 졸업생들이 출연했다.[28]

〈꽃장사〉의 줄거리는 공장에서 쫓겨난 남자와 부잣집의 하녀로 있으며 정조를 유린당한 여자가 만나 사랑하게 되어 길에서 꽃을 팔며 살아간다는 이야기다. 신흥예술가동맹 주최 합평회에서 평론가 주홍기(朱紅起)는 이 작품에 대해 "노동자를 배반한 작품"[29]이라고 혹평했으며 서항석(徐恒錫)은 "사회적 갈등이 없었던 것"[30]을 결점으로 꼽았고, 그나마 안석영(安夕影)만이 "혹종의 조선영화와 같이 대중을 속이는 기만

27 한국예술연구소 편, 『이영일의 한국영화사를 위한 증언록: 이필우 편』, 238쪽.
28 安鍾和, 『韓國映畵側面秘史』(현대미학사, 1998), 271쪽.
29 「最近에 封切된 두 朝鮮映畵 『꽃장사』와 『悔心曲』」, 『東亞日報』, 1930. 3. 24.
30 같은 글.

적 행동은 아니 하였"[31]다고 위안했을 뿐이다.

〈꽃장사〉는 여러 평론가의 입을 빌리지 않더라도 최남주라는 부호의 '돈의 힘'으로 탄생한 것이므로 계급적 갈등이나 사회의 부조리에 대한 신랄한 비판의식이 담겨 있지 않음은 어쩌면 당연했다. 그렇기에 노동자는 계급적 각성을 통한 혁명의 투사로 키워지는 것이 아닌 부조리한 사회에 안주하는 모습으로 그려졌던 것이다.

나운규는 〈아리랑 후편〉 개봉 2개월 만인 1930년 4월, 〈철인도〉를 제작했다. 〈철인도〉는 서부극의 분위기와 이야기 구조를 조선의 탄광촌으로 옮겨온 작품이었다. 이 영화에서 나운규는 목사의 딸에게 흑심을 품은 탄광 인부 두목이 광부들을 동원하여 나쁜 짓을 꾸미는 식으로 노동자들을 악의적으로 묘사해 카프영화인들의 비난을 받았다. 서광제가 연 비난의 포문에 나운규가 반론을 펴고 다시 윤기정이 나운규를 비판하면서 〈아리랑 후편〉에서 시작된 카프영화인과 민족영화인 간의 인신공격성 비평이 〈철인도〉에서 계속되었다. 나운규에 가해진 신랄한 비판은 〈아리랑 후편〉의 경우와 마찬가지로 조선영화의 중심에 있는 나운규의 반동성을 폭로하고자 한 카프 영화평론가들의 의도에서 나온 것이었다.

최독견(崔獨鵑)의 소설을 영화로 만들어 5월 31일 개봉된 〈승방비곡(僧房悲曲)〉은 당시 일반적인 이야기 구조인 지주(자본가)에게 겁탈(배반)당한 소작인(노동자)의 딸을 그 애인(혹은 가족)이 응징하는 나운규의 〈아리랑〉과 같은 복수담의 이야기 구조를 하고 있었다. 단지 주인공의 직업이 소작인에서 노동자로 바뀐 것뿐이었다. 이와 같은 이야기 구조를 가진 영화로는 9월 12일 개봉된 〈노래하는 시절〉과 10월 1일 개봉된 〈정의는 이긴다〉가 있다. 카프 맹원이던 안석영이 쓴 시나리오를

---

31 같은 글.

안종화가 연출한 〈노래하는 시절〉은 주인공의 직업이 노동자로 표현되었을 뿐, 복수담의 이야기 구조를 따르고 있었다. 이 영화들은 예술의 볼세비키화를 주장하며 「12월 테제」를 받들고 있던 카프 영화평론가들에게 "비현실성, 반계급성이 여지없이 폭로된, 어느 것 하나 괴뢰적 아닌 것이 없는"[32] 작품이라는 비난을 받았다. 그 후 안석영은 잡문을 많이 쓴다는 이유로 카프에서 제명당했다. 동아일보사에서 제작한 〈정의는 이긴다〉는 이광수(李光洙)의 원작을 윤백남이 각색·연출한 영화로 역시 광산을 배경으로 한 복수담의 이야기 구조다. 단지 복수의 방법이 동아일보 신문기자의 폭로라는 것이 다를 뿐이었다.

노동자영화가 흥행자본가들에 의해 상업적 의도로만 제작된 것은 아니었다. 사회주의 운동가들의 실천으로 볼 수 있는 작품들도 있었다. 1930년 4월, 카프영화부의 신설을 계기로 카프영화인들은 신흥영화동맹과 카프영화부로 나뉘는 내홍을 겪었다. 이로 인해 1930년 내내 카프의 조직적 영화 제작 활동은 이루어질 수 없었다. 그러나 대구 지역에서는 사회주의 운동가들이 녹성키네마를 조직하고 무릉도라는 어촌을 배경으로 자본의 침투와 이에 따른 노동자들의 몰락을 그린 양철(梁哲) 연출의 〈바다와 싸우는 사람들〉(1930)을 제작했다. 이 작품은 박완식에 의해 "신경향적 우열한 스토리를 주제로 한 미국영화의 모방품"으로 "사회적 사실과 계급적 표현을 제외하고 어디서 영화예술의 극적 사실을 포착할 것인가?"[33]라는 비난을 받았다. 〈바다와 싸우는 사람들〉은 당대의 부정적 평가에도 불구하고 지방을 근거지로 한 사회주의 영화운동가들의 실천이라는 측면에서 긍정적으로 바라볼 필요가 있다.[34]

---

32 尹基鼎, 「朝鮮映畵는 進展하는가」, 『中外日報』, 1930. 9. 20~25.
33 朴完植, 「綠星키네마映畵 『바다와 싸우는 사람들』」, 『朝鮮日報』, 1930. 11. 16~21.
34 〈바다와 싸우는 사람들〉을 연출한 양철은 해방 직후 좌익 계열의 인물들이 주도한 대구 지역의 영화운동에도 깊숙이 관여하여 10월영화공장이 제작한 〈10월영화뉴스〉(1946)를 연출했다. 양정혜·박창원, 「해방기 대구·경북지역의 연극·영화운동에 관한 사례연구: '10월영화공장'을 중심으로」, 『언론과학연구』 제12권 제2호(한국지역언론학회, 2012), 361쪽.

이 밖에 당시 전문 영화인으로 카프에 깊숙이 가담했던 김태진은 카프의 활동과는 별개로 조선키네마프로덕션에서 김창선(金昌善)이라는 조선식 이름을 사용하던 쓰모리 슈이치(津守秀一)와 광주에서 태양키네마를 조직하고 〈지지 마라 순이야〉를 제작하려 했다.[35] 하지만 상영 기록이 없는 것으로 보아 작품은 완성되지 않은 것으로 보인다.[36]

4. 적색노조 활동과 영화운동

1) 주인규의 영화계 복귀와 황운의 미국행

주인규는 영화 공부를 위해 소련으로 간다는 소문을 남기고 사라졌으나,[37] 소련행이 실패로 끝나자 영화계로 복귀하지 않고 흥남에 세워진 조선질소비료주식회사에 입사하여 적색노조를 조직하고 파업을 주도하다 위장 취업이 들통나 강제 해직 당했다.[38] 그럼에도 불구하고 여전히 흥남자유노조 출판 책임자로 활동하고 있었는데 1930년에는 영화계에 복귀하여 자신이 각본과 주연을 맡은 〈도적놈〉 제작에 착수한다. 주인규의 각본을 윤봉춘이 연출한 〈도적놈〉에 대해 카프 소속의 윤기정은 이를 카프와 동류의 급진적 영화 제작 단체에서 만든 영화로 보았다. 급진적 영화단체에 대해 윤기정은 다음과 같은 네 조건을 제시했다.

1) 단체의 구성분자가 막연하게나마 계급의식을 파악할 것

---

35 「太陽키네마―回作品『지지마라 순희야』撮影近日完了」, 『每日申報』, 1930. 3. 28.
36 김태진·이규설 등과 광주에 내려간 김형용은 최 아무개라는 흥행사가 여주인공 김정숙(金貞淑)을 데리고 사라지면서 공연이 중지되었다고 기록하고 있다(金松, 「流浪의 新劇운동시대」, 315쪽.) 김형용의 회고에는 다소의 오류가 보이는데 그는 이 사건을 1931년 겨울에 있었던 것으로, 영화 제작이 아닌 연극 공연으로 기억하고 있으며 상연 레퍼토리의 원작을 홍효민(洪曉民)의 〈죽지 마라 순이야〉로 기록했다. 그러나 당시 신문 기록을 토대로 살펴보면 1930년 봄에 이루어진 영화 제작으로 이적효(李赤曉) 원작의 〈지지 마라 순이야〉가 맞다.
37 「朱仁圭君이 「모스크바」에」, 『朝鮮日報』, 1929. 4. 6, 3면.
38 이소가야 스에지, 『우리 청춘의 조선: 일제하 노동운동의 기록』, 69쪽.

2) 1, 2인의 의식분자가 조직적으로 지도할 것

3) 제작된 한 개의 작품이 반동적 내용을 표현치 않는 것

4) 영화 내용의 몇 퍼센트라도 계급적 이데올로기를 표현하여 적어도 우월적 작품에까지 레벨이 이르도록 노력하여 제작·상영한 효과가 일반에게 경향적 영화라고 인정되어야 할 것[39]

이와 같은 인식은 윤봉춘의 또 다른 연출작 〈큰 무덤〉(1931)[40]에 대해 카프 소속의 이규설이 "과거(過去)의 신파적(新派的) 영화에다 대중적 운동의 편영(片影)이라도 삽입(挿入)한 것은 시장에 있어서 대중에게 영합(迎合)키 위한 상업주의(商業主義)에 불외(不外)하는 것이다"[41]라고 혹평했던 것과는 전혀 다른 주장이다. 연출을 맡은 윤봉춘보다 배우에서 적색노조의 중심인물로 자리바꿈한 주인규가 영화 제작의 중요 역할을 하고 있음을 보여주는 중요한 단서다.

〈도적놈〉은 부자에게 직업·재산·사랑을 잃고 뿔뿔이 흩어진 동리 사람들이 10년 후 다시 만나 폭동을 일으키고 부자를 살해한 후, 살기 좋은 곳으로 떠나간다는 내용이었다. 이런 과격한 내용은 검열에서 큰 문제가 될 수밖에 없었고, 영화는 많은 부분 삭제당한 후에야 개봉될 수 있었다.

주인규가 〈도적놈〉으로 영화계에 복귀한 그해(1930), 〈낙원을 찾는 무리들〉을 연출한 바 있는 황운은 1930년 4월 미국 남가주대학(서던캘리포니아대학) 입학을 위해 로스앤젤레스에 도착했으나 소지한 입학허가서의 유효 기간이 지난 관계로 남가주대학에서 다시 입학 허가를 받

39 尹基鼎, 「大東映畵社 第一回作品 「도적놈」을 보고서」, 『朝鮮日報』, 1930. 11. 5~8.

40 윤봉춘 연출의 〈큰 무덤〉은 노동자를 소재로 한 영화로서 1930년 제작되었으나 검열로 상영 불가 판정을 받았다가 1년 뒤인 1931년 개봉될 수 있었다.

41 李圭高, 「엑스키네마 二回作 『큰 무덤』을 보고(1)」.

아 어렵게 입경 허가를 받았다.[42] 1년 정도의 짧은 미국 생활을 마치고 귀국한 그는 1931년 11월 함흥에 길안든영화사를 세우고 제1회 작품 〈도로〉의 촬영을 개시한다.

함흥에서 적색노조 활동을 펼친 일본인 이소가야 스에지는 회고록에서 당시 주인규가 발성영화의 상영이 가능한 최신형 영사기를 소유하고 있었다고 회상하고 있다.[43] 주인규의 영사기는 황운이 소유한 것이거나 황운에게서 구입한 것으로 보인다.[44] 주인규와 황운은 같은 함흥 출신으로 〈낙원을 찾는 무리들〉을 함께 만들었으며 비슷한 시기 국외로 나갈 계획을 세웠고 비슷한 시기 영화계로 복귀하여 함께 '길안든영화사'를 세우고 노동자를 형상화한 영화를 만들었다. 이러한 점으로 미루어 이들의 관계가 우연한 관계만은 아니며 황운의 미국행은 주인규의 소련행과 마찬가지로 다른 목적이 있었던 것은 아닌가 생각한다.

2) 제2차 태평양노조사건과 〈딱한 사람들〉

1929년 12월 30일, 영화인들의 망년회가 아성키네마에서 열렸다.[45] 영화인 80여 명이 모인 이 자리에서 영화인들은 『중외일보』에 실린 조선 영화배우를 모욕하는 기사에 대한 취소 및 그간 영화인들에 대해 불합리한 요구를 해온 신문사 학예부 영화 담당 기자들의 친목단체인 '찬영회(讚映會)'를 타도하기로 결의하고, 찬영회 회원인 이서구(李瑞求)가 운영하는 구미 영화 전문 배급사인 동양영화사와 몇몇 신문기자의 집을 습격했다. 이 사건으로 검거된 홍개명(洪開明)·나웅(羅雄)·김형

---

42 「황운군의 상륙 소식」, 『新韓民報』, 1930. 4. 3, 1면.
43 이소가야 스에지, 『우리 청춘의 조선: 일제하 노동 운동의 기록』, 91쪽.
44 길안든영화사의 창립작 〈도로〉의 제작을 알리는 기사에는 "미국에서 새로히 구입한 최신식 캐메라 두 대로써" 촬영을 한다는 내용이 보도되었다(「『咸興』길안든映畵社 一回作『道路』製作」, 『朝鮮日報』, 1931. 11. 11, 5면). 황운이 미국에서 영화 촬영용 카메라를 구입했음을 알 수 있다. 이와 별개로 영사기 역시 구입했을 것으로 추정된다.
45 '찬영회 사건'을 1931년 12월 31일로 기술한 이영일(이영일, 『한국영화전사』[개정판], 143쪽)과 안종화(安鍾和, 『韓國映畵側面秘史』, 186쪽)의 기록은 사실과 다르다.

용·이원용(李源鎔)·김태진 등 5명과 검거되지 않은 나운규·윤봉춘·이규설·임운학·한창섭(韓昌燮)·이진권(李鎭權)·안경석(安景錫)[46] 등 7명이 검사국으로 송치되었다.[47] 이념이나 소속과 관련 없이 영화계 전체가 함께한 이 사건은 기자들이 찬영회를 해체하면서 일단락되었다.

1930년에 들어서 시작된 카프 평론가들의 비난에 가까운 영화평은 신간회와 같은 민족주의 영향하에 있는 영화인들을 폭로한다는 취지였으나 결국은 영화인들을 양편으로 갈라놓는 결과를 가져왔다.

1930년 5월 29일 단성사 지배인 박정현(朴晶鉉)을 중심으로 일군의 영화인들은 조선극장에 모여 카프에 대항하는 '조선영화동인회(朝鮮映畵同人會)'의 창립대회를 열고 임원을 선출했다.[48] 회장은 박정현이 맡았고 부회장은 나운규, 서기는 문일(文一), 재무는 김영환, 간사는 이필우 외 4인이었다. 그 외에도 윤봉춘, 이서구, 안종화, 태홍아(太虹兒), 이구영(李龜永), 함춘하(咸春霞) 등이 참여하여 카프영화인들의 반대편에서 대립각을 세웠다.

1930년부터 시작된 영화인들의 대립은 영화 제작에도 영향을 미쳤다. 1931년 상영된 영화들은 1930년의 노동자영화와는 사뭇 달랐다. 카프 계열의 영화인들은 여전히 노동자를 중심에 둔 경향적 작품인 〈화륜(火輪)〉(김유영, 1931), 〈지하촌〉(강호, 1931) 등을 제작했다. 그러나 조선영화동인회 소속의 영화인들이 만든 영화에서는 노동자들이 사라지고 그 자리를 〈수일과 순애〉(이구영, 1931)와 같은 멜로드라마가 대신했다.

1930년 다시 영화계로 복귀한 주인규는 카프나 조선영화동인회 등의 정치성 짙은 단체에 가입하지 않았다. 적색노조에 깊숙이 참여하고 있는 상황에서 공개된 단체에 몸담는 것은 조직을 노출시킬 수 있는 행

---

46 『동아일보』 기사에는 안경호(安景鎬)로 기록되어 있다. 「暴行映畵排優 十二名送局」, 『東亞日報』, 1930. 1. 18, 7면.
47 「暴行俳優 五名送局」, 『每日申報』, 1930. 1. 15, 2면.
48 「朝鮮映畵同人會創立」, 『中外日報』, 1930. 5. 31, 3면.

동이었음으로 어떠한 사상단체에도 가입하지 않았다. 실제로 카프와 대립각을 세웠던 조선영화동인회의 집회에서조차 형사들이 임석하여 그 결과를 상부로 보고하고 있었다.[49]

1931년 11월, 황운은 함흥에 길안든영화사를 세우고 창립작인 〈도로〉의 제작에 들어갔다. 이 작품에는 소설가 한설야(韓雪野)를 비롯해 김태진·이규설 등이 참여했다.[50] 함흥 인근의 흥남에는 동양 최대의 비료공장인 조선질소비료회사의 공장이 자리 잡고 있었다. 일본 노구치(野口) 재벌이 운영하던 이 공장은 작업 환경이 열악해 사고나 질병으로 수많은 노동자가 죽어나가는 끔찍한 곳이었다. 이런 극악한 환경과 자본주의 모순을 보여준 대공황은 조선인과 일본인 노동자들로 하여금 적색노조를 조직하고 활동하는 데 자극을 주었다. 주인규 또한 정체가 탄로나기 전까지 이곳에서 근무하며 노조를 조직하고 파업을 선동했다.

1931년 말, 나무꾼으로 위장한 주인규는 블라디보스토크에 있는 범태평양노조사무국에서 「10월 서신」을 교부받아 장작더미 속에 숨겨 국내로 돌아왔다.[51] 「10월 서신」은 당시 혁명적 노동조합 조직의 지침이 되는 문건이었다. 함흥으로 돌아온 주인규는 황운이 세운 길안든영화사의 영화 제작에 참여한다. 흥남자유노조의 출판 책임자였던 주인규는 영화를 통해 노동자의 의식화를 꾀하려 했다. 주인규가 개인적으로 가지고 있던 영사기는 그 목적을 위해 준비된 것이었다. 주인규의 가세로 제작 준비 중이던 〈도로〉는 폐기되었고 조선질소비료회사를 배경으로 "불합리한 해고로 인해 생긴 실업자들의 실생활을 그린"[52] 〈딱한 사람들〉의 제작이 추진되었다.

---

49 「[朝鮮映畵同人會] 集會取締 狀況報告(通報)」, 京鍾警高秘[경성종로경찰서 고등경찰 비밀문서] 제185호.
50 「咸興」길안든映畵社 一回作 『道路』製作」, 『朝鮮日報』, 1931. 11. 11, 5면.
51 이소가야 스에지, 『우리 청춘의 조선: 일제하 노동운동의 기록』, 84쪽.
52 「딱한사람들 前篇完成」, 『東亞日報』, 1932. 6. 15, 5면.

1932년 6월 15일, 『동아일보』에 실린 〈딱한 사람들〉의 전편(前篇) 제작 완료 기사에는 황운·주인규·홍개명·김태진 등 기존 영화인들과 길안든영화사의 연구소에서 양성한 것으로 여겨지는 이병일 등 신인 영화인들이 참여했음을 밝히고 있다. 또한 직공 1,500명이 동원되었고 무대예술인들이 찬조 출연 했다고 한다.

황운·주인규를 비롯한 기존 영화인들은 1927년 제작된 〈낙원을 찾는 무리들〉과 〈뿔 빠진 황소〉에서 함께한 전력이 있었다. 황운이 각본·연출을 맡고 김태진·주인규·홍개명 등이 출연한 〈낙원을 찾는 무리들〉은 "우리들끼리 모여서 새 낙원을 만들어야 된다"는 내용을 담은 작품으로 당시 검열관이 "공산주의 아니냐? 불온하다"는 이유로 4권 분량의 필름이 잘려 만신창이가 되고 만 영화였다.[53] 〈뿔 빠진 황소〉는 김태진이 각본·연출을 맡고 주인규·이규설 등이 출연한 영화로 석탄취인소를 배경으로 노동자들의 모습을 그리고 있었다. 이 영화는 1930년 봇물처럼 등장한 노동자영화의 효시였다. 나운규와의 불화로 조선키네마프로덕션을 집단 탈퇴 한 주인규를 비롯한 이들은 나운규가 독립하자 다시 조선키네마프로덕션으로 들어가 〈뿔 빠진 황소〉를 만든 것이었다.

〈딱한 사람들〉은, 주인규·황운을 비롯한 주요 참여 인물들과 영화에 담고 있는 내용을 보았을 때, 〈낙원을 찾는 무리들〉과 〈뿔 빠진 황소〉의 연장선상에 있는 영화였다. 조선질소비료회사를 배경으로 "현 사회의 측면을 중요한 테마로 한"다고 밝힌 〈딱한 사람들〉은 촬영 도중 영화 제작의 중심인물인 주인규가 제2차 범태평양노조사건으로 체포되면서 큰 폭의 변화가 불가피했다. 1932년 6월 19일, 주인규와 동생 주선규는 정사복 경찰 10여 명이 2대의 자동차에 나눠 타고 추적한 끝

---

53 한국예술연구소 편, 『이영일의 한국영화사를 위한 증언록: 이필우 편』, 216쪽.

에 신홍군 동고하천면에서 격투 끝에 체포되었다.[54] 이들 형제의 혐의는 정원에 지하실을 파고 그곳에 인쇄시설을 만들어서 유인물을 제작하고 적색노조의 책임자로 활동한 것 등이었다.

주인규의 체포로 말미암아 노동자의 현실을 취재하여 세미다큐멘터리 혹은 극영화로 담아 노동자들의 의식화 교재로 이용하려 했던 적색노조영화운동은 막을 내리게 된다. 영화 전편(前篇)의 촬영이 끝난 상황에서 주인공인 주인규의 체포는 내용의 변화를 가져왔다. 1932년 10월 5일 단성사에서 개봉된 〈딱한 사람들〉은 회사에서 해고된 노동자가 룸펜으로 전락했으나 건전한 안전지대인 가까운 직장의 문을 두드려 새로운 광명의 길을 밟게 된다는 전혀 다른 내용으로 바뀌었다.[55] 길안든영화사는 〈딱한 사람들〉을 마지막으로 문을 닫을 수밖에 없었다. 이후, 일제강점기 내내 노동자를 전면에서 그린 영화는 만들어질 수 없었다.

5. 맺음말

노동운동이 활발히 전개되었던 1920년대 후반에서 1930년대 초반, 조선영화는 신파적이든 그렇지 않든 노동자의 모습을 반영하고 있었다. 이를 주도했던 부류는 카프 계열의 한 부류와 적색노조 계열의 한 부류가 있었다. 특히 카프영화가 인텔리들이 중심이 되어 노동자의 모습을 피상적으로 그린 것과는 달리 적색노조영화운동은 노동자 속에서 노동자가 중심이 되어 영화를 제작하려 노력했다.

영화라는 매체가 대량의 자본을 필요로 했고 당시 가혹한 검열이 있었던 만큼 적색노조영화운동은 한계를 가질 수밖에 없었다. 이

---

54 「興南事件首腦者 朱仁奎等 被檢」, 『東亞日報』, 1932. 6. 22, 2면; 이소가야 스에지, 『우리 청춘의 조선: 일제하 노동운동의 기록』, 106쪽.

55 「길안든映畵社作品 『딱한사람들』前篇完成」, 『東亞日報』, 1932. 10. 5, 5면.

미 1927년 〈낙원을 찾는 무리들〉과 〈뿔 빠진 황소〉 두 영화를 통해 가혹한 검열을 경험한 주인규는 이런 한계를 극복하기 위해 영사기를 구입하여 일제의 검열이 미치지 않는 상영 공간에서의 영화 공개를 계획했던 것으로 추정된다. 그러나 이러한 노력이 꽃피기 전, 적색노조영화운동은 주인규를 비롯한 노동운동가들이 일제에 의해 체포되면서 1932년 소멸되었다.

노동자들의 의식화를 목적으로 만들어진 엄밀한 의미의 적색노조영화로는 〈딱한 사람들〉 한편으로 한정할 수 있다. 그러나 주인규와 황운을 중심으로 한 공산주의 운동가들에 의해 만들어진 노동자영화라는 넓은 의미에서 본다면 1927년 만들어진 〈낙원을 찾는 무리들〉, 〈뿔 빠진 황소〉와 같은 초기 노동자영화에서부터 〈도적놈〉과 〈바다와 싸우는 사람들〉처럼 1928년 코민테른 「12월 테제」 이후에 함흥·대구·광주·통영 등지에 근거지를 둔 사회주의 운동가들에 의해 제작되거나 제작이 추진되었던 몇 편의 영화 또한 이 부류에 포함할 수 있을 것이다.

적색노조영화운동에 참여한 주요 인물로는 주인규·황운·이병일을 비롯하여 카프에도 관여했던 김태진·이규설 등이 있었다. 카프가 합법적 형태의 대중조직이었던 것에 비해 적색노조영화운동은 함흥을 근거지로 오랫동안 함께 활동했던 인물들을 중심으로 한 느슨한 형태의 조직체였다. 또한 주인규의 구속에도 불구하고 〈딱한 사람들〉이 개봉될 수 있었던 것으로 미루어 주인규를 제외하고 나머지 인물들은 적색노조와 직접적인 관계가 없었던 듯하다. 실제로 일본인 노조운동가로 활동하다 주인규와 함께 체포되었던 이소가야 스에지의 회고록 『우리 청춘의 조선』에는 주인규 이외의 조선 영화인들에 대한 언급은 없다.

끝으로 이 글의 한계를 말해두고자 한다. 신문과 잡지의 지면을 통해 공개적 활동 흔적을 남겼던 카프와 같은 대중조직은 1930년대 초반

사회주의 운동에 가해진 일제의 대대적인 탄압으로 인하여 그 활동이 소멸된 이후에도 남겨진 자료들을 통해 그 활동 내역을 되새김할 수 있었다. 반면 비합법적인 적색노조운동과 연계된 영화운동은 구체적 활동 내역을 남길 수 없었다. 때문에 이 글에서는 많은 부분을 직접적인 자료를 통해 실증하지 못하고 정황 자료들을 통해 설명했다. 이 점은 본 연구의 한계로서 후속 연구를 통해 극복되어야 할 부분이다.

참고문헌

단행본 및 논문

국립문화재연구소 편, 『(대담) 韓國演劇裏面史: 公演藝術 第一代의 藝術人들』(對談: 李杜鉉), 대전: 도서출판 피아, 2006.

金正明 編, 『朝鮮獨立運動 卷5』, 東京: 原書房, 1967.

東京国立近代美術館フィルムセンター, 『戦時統制下映画資料集: 映画公社旧蔵. 第8巻, 外地関係. 2』, 東京: ゆまに書房, 2014.

安鍾和, 『韓國映畵側面秘史』, 서울: 현대미학사, 1998.

양정혜·박창원, 「해방기 대구·경북지역의 연극·영화운동에 관한 사례연구: '10월영화공장'을 중심으로」, 『언론과학연구』 제12권 제2호, 한국지역언론학회, 2012.

이소가야 스에지, 김계일 옮김, 『우리 청춘의 조선: 일제하 노동운동의 기록』, 서울: 사계절, 1989.

이영일, 『한국영화전사』(개정판), 서울: 도서출판 소도, 2004.

이효인, 『한국영화역사강의 1』, 서울: 이론과 실천, 1992.

한국예술연구소 편, 『이영일의 한국영화사를 위한 증언록: 윤봉춘 편』, 서울: 도서출판 소도, 2004.

한국예술연구소 편, 『이영일의 한국영화사를 위한 증언록: 이필우 편』, 서울: 도서출판 소도, 2003.

신문 및 잡지 기사

「劇界에 新機軸을 내고 劇團메가폰地方巡廻」, 『東亞日報』, 1932. 6. 11.

「劇團『메가폰』三日부터 仁川公演」, 『東亞日報』, 1932. 7. 2.

「記事探偵劇 怪人의正體」, 『東亞日報』, 1927. 2. 23.

「길안든映畵社作品『딱한사람들』前篇完成」, 『東亞日報』, 1932. 10. 5.

「金泰熙氏 病死, 사직동 자택에서」, 『朝鮮中央日報』, 1933. 4. 7.

「金台熙氏 釋放」, 『中外日報』, 1928. 1. 19.

「問題의映畵 上演無關」, 『每日申報』, 1927. 6. 9.

「樂園을찾는무리들 극동키네마제작 십일권사진」, 『每日申報』, 1927. 6. 7.

「新作朝鮮映畵 樂園을찾는 무리들」, 『東亞日報』, 1927. 6. 12.

「딱한사람들 前篇完成」, 『東亞日報』, 1932. 6. 15.

「藝林會에 巡廻劇團」, 『朝鮮日報』, 1924. 1. 8.

「元山映畵工場 實演部公演」, 『朝鮮日報』, 1928. 10. 12.

「朝鮮映畵同人會創立」, 『中外日報』, 1930. 5. 31.

「朝키新作品『�째진황소』」, 『東亞日報』, 1927. 10. 19.

「朱仁圭君이 「모스크바」에」, 『朝鮮日報』, 1929. 4. 6.

「最近에 封切된 두 朝鮮映畵『꼿장사』와『悔心曲』」, 『東亞日報』, 1930. 3. 24.

「太陽키네마一回作品『지지마라 순희야』撮影近日完了」, 『每日申報』, 1930. 3. 28.

「暴行俳優 五名送局」, 『每日申報』, 1930. 1. 15.

「暴行映畵排優 十二名送局」, 『東亞日報』, 1930. 1. 18.

「『咸興』길안든映畵社 一回作『道路』製作」, 『朝鮮日報』, 1931. 11. 11.

「황운군의 상륙 소식」, 『新韓民報』, 1930. 4. 3.

「興南事件首腦者 朱仁奎等 被檢」, 『東亞日報』, 1932. 6. 22.

金松, 「뜬구름처럼 흘러간 日月」, 『新東亞』 통권 184, 1979. 12.

___, 「流浪의 新劇운동시대」, 『新東亞』 통권 185, 1980. 1.

金八峯, 「藝術의 大衆化에 對하여」, 『朝鮮日報』, 1930. 1. 1~14.

朴完植, 「綠星키네마映畵 「바다와 싸우는 사람들」」, 『朝鮮日報』, 1930. 11. 16~21.

象德, 「八峯의 原作인 『約婚』을 보고」, 『朝鮮日報』, 1929. 2. 22.

승일, 「라듸오·스폿트·키네마」, 『別乾坤』 제2호, 1926. 12.

沈熏, 「映畵化한 約婚을 보고」, 『中外日報』, 1929. 2. 22.

安漠, 「朝鮮프로藝術家의 當面의 緊急한 任務」, 『中外日報』, 1930. 8. 21~22.

尹基鼎, 「大東映畵社 第一回作品 「도적놈」을 보고서」, 『朝鮮日報』, 1930. 11. 5~8.

_____, 「朝鮮映畵는 進展하는가」, 『中外日報』, 1930. 9. 20~25.

李圭卨, 「엑스키네마 二回作 『큰 무덤』을 보고(1)」, 『朝鮮日報』, 1931. 3. 12.

이병일, 「나의 영화편력」, 『월간 영화』, 1977. 10~11.

기타

http://www.history.go.kr/url.jsp?ID=NIKH.DB-im_101_03860.(accessed 2017. 2. 21)

「[朝鮮映畵同人會] 集會取締 狀況報告(通報)」, 京鍾警高秘 제185호.

서광제의 초기 영화 활동에 관한 연구(1927~1932)

한상언

1. 들어가며

1920년대 중반, 쇼와공황(昭和恐慌)으로 타격을 입은 경성(京城)의 영화관들은 관객 유치를 위해 영화 관람료를 대폭 인하했다. 조선인 극장의 경우 시설이 가장 낙후했던 우미관(優美館)이 1926년 8월, 10전 균일의 파격가를 책정하자 단성사(團成社)와 조선극장(朝鮮劇場)도 가격을 낮추어 대부분의 영화관이 10~30전의 저렴한 관람료를 형성하게 된다.[1] 이로 인해 활동사진관의 수익은 악화되었지만 경성의 영화 관객은 대폭 늘어나게 되어 결과적으로 학생을 중심으로 한 영화광의 성장이 촉진되었다. 1927년 조선영화예술협회(朝鮮映畵藝術協會)에서 연구생을 모집할 당시에 100명 내외의 지원자가 몰렸다는 사실은 학생들을 중심으로 영화팬을 넘어 직접 영화 제작에 참여할 기회를 찾는 사람들이 늘어났음을 방증한다.[2]

---

* 이 글은 필자의 논문 「프롤레타리아 영화운동과 서광제」(『藝術院論文集』 제54호, 2015, 大韓民國藝術院)을 수정·보충한 것이다.

1 한상언, 「「활동사진필름검열규칙」의 검열수수료 문제와 조선영화산업의 변화」, 『현대영화연구』 제12권(한양대학교 현대영화연구소, 2011), 360쪽.
2 安鍾和, 『韓國映畵側面秘史』(서울: 현대미학사, 1998), 133쪽.

영화가 큰 인기를 끌고 있었음에도 조선인들은 영화가 보여주는 환상적인 세상에 도취될 수만은 없었다. 3·1운동의 영향이 짙게 깔려 있던 1920년대, 영화관 밖의 세상은 민족해방운동에 대한 관심으로 폭발 직전의 긴장이 흐르고 있었다.

1917년에 발발한 러시아혁명은 제국주의 체제를 무너뜨릴 모델이었다. 러시아혁명에 자극받은 조선의 학생들과 지식인들은 사회주의 사상을 유행처럼 받아들였다.

소련에서 영화는 최첨단의 예술로써 민중을 계몽시키고 사회주의 혁명에 동참케 만들기에 최적의 도구로 강조되었다. 조선의 관객들은 소련에서 제작한 영화들을 거의 볼 수는 없었다. 그러나 소련영화나 세계 도처의 프롤레타리아 영화에 관한 자료들이 국내에 번역·소개되었고, 이렇게 유통된 정보는 조선의 프롤레타리아 영화운동에서 지침으로 활용되었다.

이 글에서 주목하는 영화인 서광제(徐光霽)는 1920년대의 대표적 영화광이었다. 영화에 관심을 가지고 있던 그는 1927년 조선영화예술협회에 가입하여 영화 활동을 시작한 후, 1930년 무렵부터는 프롤레타리아 영화평론가로 이름을 떨쳤고 일제 말기에는 최초의 친일영화인 〈군용열차(軍用列車)〉(1938)를 연출하기도 했다.

서광제는 일제강점기의 대표적인 영화평론가로서 다수의 글을 남겼음에도 지금껏 친일 영화인으로만 각인되어서 프롤레타리아 영화비평가로써 그의 영화평이나 영화론에 대한 연구는 다소 소홀히 다루어졌다.[3]

이 글은 식민지 시기 영화평론가로 명성이 높았던 서광제의 초기

---

3 서광제에 관한 선행 연구들은 크게 세 가지로 구분된다. 첫째, 1930년의 카프 진영과 민족 진영 사이의 영화 논쟁에 관한 연구물, 둘째, 1934년을 전후하여 영화인의 전향에 관한 연구물, 셋째, 1938년 〈군용열차〉 연출로 본 친일 활동에 관한 연구물이 바로 그것이다. 이 글에서는 구체적인 선행 연구의 목록은 생략한다.

영화평과 영화론을 중심으로, 다양한 영화들이 경쟁하던 식민지 경성의 영화관 안팎에서 일어났던 프롤레타리아 영화운동의 궤적과 영화를 둘러싼 논쟁, 조선의 영화문화에 영향을 준 국경을 넘은 교섭의 흔적을 찾아보고자 한다. 이를 통해 그동안 큰 주목을 받지 못했던 서광제의 초기 영화 활동을 구체화하고 서광제의 글 속에 담긴, 지역적 경계를 넘은 영화 지식의 교류가 조선의 영화문화 형성에서 어떠한 영향을 주었는지, 또한 어떠한 모습의 지형을 만들어냈는지 살펴볼 것이다.

2. 영화 활동의 시작

1) 조선영화예술협회

서광제는 1906년[4] 서울에서 전당포점의 맏아들로 출생했다.[5] 최종 학력은 남대문상업학교 졸업으로 알려져 있다.[6] 그러나 안종화(安鍾和)는 그가 보성전문학교를 중퇴하고 조선영화예술협회에 참여했다고 기억했다.[7] 1925년 6월 개최된 전조선개인정구대회(全朝鮮個人庭球大會)에 보성전문 소속 선수로 이름이 있는 것으로 보아 서광제가 보성전문을 중퇴한 것은 분명한 듯하다.[8]

---

4 『식민지 시대 대중예술인사전』(강옥희·이순진·이승희·이영미, 서울: 도서출판 소도, 2006), 『한국영화감독사전』(김종원 외, 서울: 국학자료원, 2004) 등에는 서광제의 출생년이 1901년으로 기록되어 있다. 그러나 일제강점기에 제작된 영화 인명부 등 당시 기록을 토대로 추산해보면 서광제의 출생년은 1906년이 맞다. 東京国立近代美術館フィルムセンター 監修, 『戦時統制下映画資料集: 映画公社旧蔵. 第8巻, 外地関係. 2』(東京: ゆまに書房, 2014), 553쪽.

5 서광제가 전당포를 운영하던 부모 사이의 큰아들이었다는 사실은 조선영화예술협회에 함께 적을 두고 있던 강호(姜湖)의 기록에 나온다. 강호, 「라운규와 그의 예술」, 『라운규와 그의 예술』(평양: 조선문학예술총동맹출판사, 1962), 75쪽.

6 조선영화인협회에 등록된 영화인을 정리한 영화인 명부에는 서광제의 최종 학력이 남대문상업학교 졸업으로 기록되어 있다. 남대문상업학교는 현재 서울 종로구 혜화동에 위치한 동성중고등학교의 전신이다.

7 安鍾和, 「나와『映畵藝術協會』時代」, 『新天地』 제9권 제2호(1954. 2), 186쪽.

8 선수 명단에 기록된 서광제의 한자명은 '徐光霽'가 아닌 '徐光濟'다(「參加先手三百 運動系空前의盛況」, 『時代日報』, 1925. 6. 26, 2면). 서광제의 다른 글에서 그가 중학교 시대에 정구 선수였다는 기록이 있는바, 선수 이름이 잘못 기재된 것으로 보인다. 「說問」 1. 첫 愛人과 지금 夫人은 同一人이심니까? 2.

『중외일보』에 스페인의 작가 비센테 블라스코 이바네스(Vicente Blasco Ibáñez, 1867~1928)를 소개하는 〈이바네스와 그의 作品〉[9]과 사회주의 예술을 소개하는 〈社會主義的 藝術〉[10]을 번역하여 실은 바 있는 서광제는 1927년 3월 이경손(李慶孫), 안종화, 이우(李愚) 등이 우수한 문예작품을 발굴하여 영화로 만들겠다는 포부로 설립한 조선영화예술협회에 가입하면서 본격적인 영화 활동을 시작하게 된다.[11]

서광제와 더불어 조선영화예술협회에서 활동한 바 있는 김유영(金幽影)은, 조선영화예술협회는 이경손·안종화·김을한(金乙漢)·김영팔(金永八)·한창섭(韓昌燮) 등이 창립을 주도했으며 백하로(白河路, 본명 황흔)·김유영이 가담한 후 카프의 주요 인물이던 윤기정(尹基鼎)·임화(林和)·이종명(李鍾鳴)과 더불어 서광제도 참여했다고 한다.[12] 또한 이들 카프 출신들이 가담 후 조선영화예술협회는 계급적 입장에서 프롤레타리아트를 위한 영화 제작을 목적으로 연구반이 설치되어 연구생을 모집했으며 그해 여름 무렵에는 카프와 다른 성향의 중진 영화인들이 영화인회를 결성했다고 말한다.[13]

서광제가 어느 시점에 조선영화예술협회에 가입했으며 그 위치가 어떻게 되었는지는 안종화의 글을 통해 확인이 가능하다. 안종화는 조선영화예술협회 설립 후 출자를 약속했던 이우의 사정이 여의치 않게 되자 이경손·김을한 등이 협회 운영에서 손을 뗐고, 이때 김유영과 서

멋 살에 異性을 아섯슴니가?, 『三千里』 제6권 제7호(1934. 6), 183쪽.
9   徐光霽, 「이바네스와 그의 作品」, 『中外日報』, 1927. 2. 19~3. 1.
10   徐光霽, 「社會主義的 藝術」, 『中外日報』, 1927. 3. 20~4. 6.
11   「映畵藝協創立과 初作『紅焰』」, 『東亞日報』, 1927. 3. 18, 5면.
12   YY生, 「映畵十年의回顧(3)」, 『東亞日報』, 1931. 7. 29, 4면.
13   이 단체를 실질적으로 이끌었던 안종화는 김유영과는 약간 다른 기록을 남겼다. 안종화는 발기인으로 안종화·이경손·이우·김을한의 이름을 넣었으며, 고한승·김팔봉·안석영·김영팔·이종명이 협회 안에 만들어진 영화인 동호회에 동조했다고 전한다. 또한 유능한 신인을 발굴하고자 모집한 연구생 중 김유영·임화·추영호(秋英鎬)·서광제·조경희(趙敬姬) 등이 활약했음을 기록했다(安鍾和, 『韓國映畵側面秘史』, 132~133쪽).

광제가 자신을 돕기 시작했다고 전한다. 그 자세한 내용을 살펴보자.

實로 나 혼자만이 고군분투로 映畵藝術協會를 死守하게 되는 處地이었다. 이러할 무렵에 나를 제일 먼저 찾아주었던 靑年이 있었으니 그가 바로 金幽影이었다.

그는 新人 詩人으로서 延專 出身인 黃흔이란 젊은 作家와 함께 每日 같이 나를 대해 주었고 映畵藝術協會의 今後 對策까지도 근심해 주었다.

다음(現在는 붉은 陣營으로 가서 나와는 정반대의 對敵이 되었지만) 普專을 中途에 집어던지고 徐光霽가 다음으로 나를 찾았다.

이리하여 세 사람은 나의 意圖를 짐작하고 紙上으로 新人을 募集했다.

八十餘名 應募 中에서 二十名 가량을 人選했다. 三개월간 단기 講座와 實習으로 速成 養成이었다. 第一期 硏究生 一同은 映畵에 한번 出演해 본다는 好氣心에 매우 흥분들 하고 그 熱意가 대단했었다.

第一期 硏究生 중에는 金幽影 徐光霽 等이 首班이었다.[14]

위의 글을 정리하자면 이렇다. 안종화 혼자 고군분투하던 시기, 김유영과 백하로가 찾아와 일을 돕기 시작했고 곧 서광제도 동참했으며, 그 도움은 신인을 모집하는 데 신문에 그 기사를 내는 것과 같은 역할이었다는 얘기다.

또한 "3개월간의 단기 강좌와 실습으로 속성 양성"했다는 내용이 있는바, 신인을 모집한 시기는 영화인회가 조직되던 1927년 7월로 추정된다.[15] 영화인회는 회원으로 이경손, 이익상(李益相), 김기진(金基鎭, 김팔봉金八峯), 고한승(高漢承), 김을한, 유지영(柳志永), 안석주(安碩柱, 안석

---

14 安鍾和,「나와『映畵藝術協會』時代」, 186쪽.
15 조선영화예술협회 회원이었던 강호는 1927년 3월에 연구생을 모집했다고 기록한 바 있다. 강호,『라운규와 그의 예술』, 74쪽.

영安夕影), 심대섭(沈大燮, 심훈沈熏), 최승일(崔承一), 이구영(李龜永), 김영
팔, 나운규(羅雲奎), 윤기정(윤효봉尹曉峰), 안종화, 김철(金哲, 김유영), 임
화(임원식林元植) 등 16명이 참여했으며 이중 심대섭·윤기정·이구영이
간사를 맡았다.[16] 영화인회는, 인적 구성을 통해 알 수 있듯이, 영화 합
평회(合評會)를 개최하는 것 말고도 상설관 측 영화인과 영화 담당 신문
기자의 유기적 관계를 통해 영화 제작과 상영을 홍보할 목적도 있었음
을 알 수 있다.

영화인회를 조직한 직후 조선영화예술협회에서는 연구생을 모집했
다.[17] 김유영과 서광제는 영화인회가 조직되기 이전부터 조선영화예술
협회에서 안종화를 돕고 있었기에 이들은 자연스럽게 연구생이 되었다.
여기에 필명을 떨치던 카프 소속 인사들이 적극적으로 참여하면서 협
회의 성격이 바뀌었다.

1927년 7월 30일 개최된 임시 영화인총회에서는 1. 매월 첫 번째
와 세 번째 일요일에 모임을 갖고, 2. 지식 교환과 영화예술 보급을 위
해 영화 강좌를 개최하고, 3. 회원의 범위를 넓혀 남녀 동호자를 다수
망라하고, 4. 강연회를 수시로 열어 서민층과 자주 접촉할 기회를 갖겠
다는 내용이 결의되었다.[18] 신문기자들과 영화인 사이의 친목 도모를 위
한 모임에서 영화에 관심이 많은 일반인의 참여를 통한 외연 확대라는
협회의 목표 전환은 조선영화예술협회의 질적 변화를 불러왔다.

영화인회가 영화 제작과 상영을 홍보하기 위한 애초 목적과 다른
활동을 전개하자 영화기자들과 상설관 측 인물들이 조선영화예술협회

---

16 「斯界有志糾合하야 映畵人會를 組織」, 『每日申報』, 1927. 7. 5, 3면; 「새로 創立된 映畵人會」, 『朝鮮日報』,
   1927. 7. 7, 2면; 「映畵人會創立」, 『中外日報』, 1927. 7. 6, 3면. 영화인회가 신문사 영화기자, 상설관 문예
   부원을 포함한 기존 영화인과 영화예술에 관계하는 인물들로 구성되었기 때문에 상설관과 기존 영
   화인을 대표하여 이구영, 신문기자를 대표하여 심대섭, 프롤레타리아 영화인을 대표하여 윤기정이 간
   사를 맡았던 것이다.
17 「映畵藝術協會 研究生을 募集」, 『朝鮮日報』, 1927. 7. 12, 2면.
18 「男女會員을大募集 영화인총회에서」, 『每日申報』, 1927. 8. 1, 3면.

와 거리를 두었다. 결국 영화기자들은 1927년 12월, 연예 일반의 연구와 세계 우수 영화 비판 및 소개로써 영화계의 향상 발전을 도모한다는 목적으로 영화기자들의 모임인 찬영회(讚映會)를 조직하여 딴살림을 꾸렸다.[19]

조선영화예술협회는 안종화가 고군분투식으로 이끌었으며 나운규가 가끔씩 연구생들에게 촬영장 견학을 허가하는 식으로 도움을 주었다. 당시 방향 전환을 채택하여 외연 확대에 노력하던 카프에서는 연구생들에게 카프에 가입할 것을 권유했다. 1927년 9월, 김유영이 윤기정의 권유로 카프에 가담했다.[20] 서광제 역시 그와 비슷한 행로를 통해 카프에 가입했던 것 같다. 1927년 9월 이후에는 카프 소속 인물들이 조선영화예술협회를 주도했다.[21]

2) 안종화의 제명과 〈유랑〉의 제작

조선영화예술협회와 관련하여 서광제의 이름이 신문지상에 처음 언급된 것은 1927년 12월, 안종화를 협회에서 제명한 후 선임된 신임 간사 명단에서다.[22] 이 사건에 대해 서광제는 다음과 같이 언급한 바 있다.

[1] 安鍾和 君만 하드래도 釜山朝鮮키네마째부터 映畵界의 投身하야 第一回 作品으로 海의秘曲에 主演하엿다.

오래인 朝鮮映畵界의 經驗이 잇는 만큼 君을 筆頭로 李慶孫 其他 諸氏와

---

19 찬영회에 관한 더 많은 사항은 이효인의 연구(「찬영회 연구」, 『영화연구』 제53호, 한국영화학회, 2012)를 참조하라.

20 현순영, 「김유영론 1: 영화계 입문에서 구인회 결성 전까지」, 『國語文學』 제54집(국어문학회, 2013), 431쪽.

21 서광제와 함께 활동하던 대표적인 인물들로는 카프의 중심인물인 윤기정과, 안종화의 조수 격으로 협회 내에서 두각을 나타내고 있던 김유영, 교토미술학교 출신인 강호, 이미 시인으로 유명했으며 잘생긴 외모로 '조선의 발렌티노'란 별명(이탈리아 출생의 미국영화배우 루돌프 발렌티노의 이름을 딴 별명)의 임화, 미국 영화배우 더글러스 페어뱅크스 흉내를 내며 활극배우를 꿈꿨던 추용호(추적양秋赤陽, 추민秋民 등의 다른 이름 사용), 사회운동가로 나이가 40세에 가까웠던 차곤(車坤) 등이 있었다.

22 「『狼群』撮影中止」, 『東亞日報』, 1927. 12. 26, 3면.

朝鮮映畵藝術協會를 組織한 것도 벌서 二年 前이다. 許多한 波亂을 격근 後 그것도 朝鮮의 典型的 映畵 流浪을 撮影하고 幕을 다덧다.

그때의 所謂 知識階級의 映畵界의 進出이 試驗되엿스니 푸로藝盟의 尹基鼎 君을 비롯하야 林和 金永八 李鍾鳴 其他 諸氏가 直接 間接으로 朝鮮映畵藝 術協會에 關係를 맷게 되엿다.[23]

[2] 이것은 一九二七年에 이러난 朝鮮映畵界에 조고만 鬪爭이엿다. 朝鮮映 畵藝術協會가 組織된지 數個月 後 卽 그해 深冬에 狼群을 撮影하라고 하엿 다. 그때의 主幹格인 監督 ×××가 一週日 後에 萬般準備를하여가지고 로 케-션을 나아가기로 一般 從業員에게 말하얏다. 그러나 一週日이 지나도 록 生필님 數千尺을 購入하여논데 不過하고 아무런 準備도 업섯다. 그러자 從業員은 最後의 二日을 더 延期하여 주고 그 안에 準備를 完全히 하여놋 키를 宣言하얏다. 그러나 最後의 二日이 經過하여도 準備는 되지 못하얏 다. 이째에 從業員은 더 참을 수가 업섯다. 그리고 넘우 獨制的인데 反抗하 야 그리고 넘우 欺瞞的이여서 一大 쿠테다를 口行하엿스니 그날밤에 從業 員 全部가 集合하야 獨際的인 協會의 主幹 ×××의 非行을 暴露식히는 同 時에 그 자리에서 委員制로 變更하여가지고 ×××에 對한 不正事件暴露 報告와 不信任案을 提出하야 滿場一致로 可決하여가지고 그 坐席에서 除名 을 식히는 同時에 其 翌日 中外 朝鮮 東亞 三新聞紙上에 正式으로 口表하엿 다.(그때에 委員은 林和 尹基鼎 金永八 李鍾鳴 金幽影 李愚 車坤 筆者)[24]

(이하 확인이 불가능한 글자는 口로 표기-인용자)

서광제는 [1]에서 안종화의 제명 사건과 이어 연구생들이 중심이 되어 〈유랑(流浪)〉(1928)을 제작했던 것을 "許多한 波亂을 격근 後"라는

---

23 徐光霽, 「映畵界散語」 映畵界의 가을은 엇더한가」, 『中外日報』, 1929. 10. 11, 3면.
24 徐光霽, 「映畵批評小論【二】文壇人의 批評에서 映畵人의 批評으로」, 『中外日報』, 1929. 11. 22, 3면.

구절로 간단히 언급했다. 그러나 [2]에서는 협회를 이끌던 안종화의 독단적이고 불성실한 운영에 회원들이 반발하여 그간 잠복해 있던 안종화에 대한 불만이 일시에 터졌고 그 결과 안종화의 제명과 함께 개인의 독단적 운영이 아닌 위원제 형태로 협회 구성이 변경되었다고 보다 자세히 기록했다.

안종화를 제명한 보다 직접적인 원인은 어떤 것이었을까? 당사자인 안종화는 윤기정이 주도하여 경리 부정, 연구생 조경희에 대한 추행, 예술성과 동떨어진 시나리오 작성을 이유로 회원들을 선동하여 자신을 제명했다고 밝혔다.[25] 서광제가 두 번째 글에서 언급한 "不正事件暴露報告"란 바로 이것을 의미하는 것이다. 이러한 부정사건 중 직접적 제명 원인은 안종화가 협회원들이 지지하고 있던 〈낭군(狼群)〉의 연출을 거부하고 〈고향(故鄕)〉이라는 시나리오를 들고 나왔던 것으로 볼 수 있다.[26]

안종화를 제명한 카프영화인들은 이우가 제공한 생필름만을 획득했을 뿐이었다. 이우가 안종화의 제명을 계기로, 약속했던 제작비 지원을 거부하자 협회원들은 자체적으로 제작비를 마련할 수밖에 없는 상황이었다.[27] 서광제의 글을 계속 살펴보자.

그리하야 一時에 出資者를 잃게 된 從業員 一同은 百方으로 活動하야 其後 一週日이 지난後 從業員 一部 中 三四人이 原作 脚色을 하야 全從業員에게 通過를 식히고 다른 出資者들더러 곳 映畵製作에 着手하게 되엇든 것이다. 그리하야 嚴冬임에도 全從業員은 同志로써 三四十里의 道路를 徒步로 衣食을 서로 飢餓와 凍死만 免하얏섯다. 그래서 結局 製作하야 노은 것

---

25 安鍾和, 『韓國映畵側面秘史』, 134~135쪽.
26 강호, 『라운규와 그의 예술』, 134~135쪽. 안종화는 이 부분에 대해 "카프系 映畵人들이 잠입해 가지고, 地下工作으로 作品 內容을 바꾸려 했던 것"으로 파악한 바 있다(安鍾和, 「나와 『映畵藝術協會』時代」, 188쪽).
27 이우는 안종화 제명 후 선임된 위원 8명 중 한 명이었다. 그러나 이우가 안종화의 제명을 이유로 자금 지원을 거부한 것을 보면 이우의 의사와는 상관없이 출자자인 그를 위원으로 선임한 것으로 보인다.

이 不具의 映畵이남아 意識的 從業員의 血의 結晶인 流浪이 製作되엿든 것
이다.

이것이 아마 朝鮮에서 처음 보는 從業員과 資本主와의 意識的 鬪爭인 것
갓다. 그럼으로 朝鮮映畵의 從業員은 製作所 內部의 非行을 社會의 暴露식
히며 原作이 從業員에 손을 거처 撮影을 하게 하라. 그리고 映畵勞動者의
映畵批評이 잇기를 바라는 것이다.[28]

안종화를 제명한 협회원들은 이종명이 중심이 되어 〈유랑〉이라는
제목의 시나리오를 작성하고 바로 제작에 들어갔다. 부족한 제작비는
생활 형편이 좋았던 서광제와 민우양(閔又洋), 추용호(秋容鎬) 등이 부담
했다.[29] 연출은 김유영, 남녀 주인공 역은 임화와 조경희, 상대적으로 거
대한 덩치와 독특한 외모의 서광제는 여주인공을 추행하려다 미수하는
박춘식 역을 맡았다.

〈유랑〉에 대해 서광제는 부정적 뉘앙스로 "不具의 映畵", "朝鮮의 典
型的 映畵"라 언급한 바 있으나 안종화를 제명하고 〈유랑〉을 제작한 사
건에 대해서는 "朝鮮에서 처음 보는 從業員과 資本主와의 意識的 鬪爭"이
라는 평가를 내렸다. 이러한 평가는 프롤레타리아 평론가로 활동할 당
시 서광제가 영화 노동자들에게 강조한 부분이기도 했다.[30]

3. 프롤레타리아 영화운동 활동

1) 새로운 영화운동의 제안
〈유랑〉을 제작한 직후 조선영화예술협회는 서울키노(경성영화공장

---

28 徐光霽, 「映畵批評小論【二】 文壇人의 批評에서 映畵人의 批評으로」, 『中外日報』, 1929. 11. 24, 3면.
29 강호, 『라운규와 그의 예술』, 135쪽.
30 徐光霽, 「映畵勞動者의 社會的 地位와 任務」, 『東亞日報』, 1930. 2. 24~3. 2.

京城映畵工場)로 개편되었다.[31] 서울키노에는 김유영·임화·추용호 등 기존의 조선영화예술협회원 외에 〈아리랑〉(나운규, 1926)에 출연한 바 있으며, 〈뿔 빠진 황소〉(1927)와 같은 경향적 내용의 영화를 연출한 바 있는 남궁운(南宮雲, 본명 김태진金兌鎭)과 나운규프로덕션에서 〈벙어리三龍〉(나운규, 1929)을 촬영한 손용진(孫勇進) 등이 합류했다.

〈유랑〉의 원작자인 이종명의 언급처럼 "기술자의 결핍, 기구의 불완전, 경비 부족"[32] 등이 〈유랑〉이 성공하지 못한 원인이었던 만큼 영화 제작의 유경험자인 남궁운·손용진 등의 합류는 기술자의 결핍이라는 문제를 해결할 수 있는 기회이자 카프 1차 방향 전환 직후 카프의 외연을 넓힐 수 있는 방법이기도 했다.

서울키노의 설립(1928) 후, 서광제의 이름은 발견되지 않는다. 〈유랑〉을 제작할 당시 서광제가 조달한 자금을 회수치 못한 것이 부담이었을 수 있다. 그때의 경험에서 나온 것 같은 다음의 서술을 살펴보자.

그러나 朝鮮의 모든 情勢가 容恕치 안는 그 만큼 原作問題에 잇서서 더욱이 經濟問題 卽 映畵製作費와 映畵製作 後 朝鮮 內地 配給 巡廻 不完全은 勿論 外國輸出 不可能! 이러한 條件下에 朝鮮映畵는 經濟的 破滅을 當하는 것이다. 그리하야 藝術을 目的하엿든 그들이 非藝術的 行動으론 나갈 수가 업는 것을 覺悟하고 그 會는 解散을 한 것이엿다.[33]

조선영화예술협회의 해산은 곧 서광제 자신의 실패를 의미하는 것이었다. 서광제는 제작비의 부족뿐 아니라 배급과 상영이 불완전하여 제작비조차 회수할 수 없는 상황이 조선영화가 경제적으로 실패할 수

31 「『昏街』製作開始 서울,키노映畵」, 『東亞日報』, 1928. 5. 27, 3면.
32 李鍾鳴, 「『流浪』의 原作者로서」, 『三千里』 제5권 제10호, 1933. 10, 75쪽.
33 徐光霽, 「[映畵界散語] 映畵界의 가을은 엇더한가」, 『中外日報』, 1929. 10. 11, 3면.

밖에 없는 이유라고 꼽았다. 김유영 등이 서울키노에서 〈혼가(昏街)〉(김유영, 1929)를 제작하며 우여곡절을 겪는 중에 서광제는 직접적인 영화 제작 활동과는 거리를 둔 채 문필 활동을 재개했다. 그는 1928년 10월부터 『조선일보』 지면을 중심으로 수필,[34] 독후감,[35] 영화평,[36] 논설[37] 등을 연속해서 게재했다.

1929년 10월, 『중외일보』에 게재한 〈映畵界의 가을은 엇더한가〉[38]를 보면 서광제가 영화 활동의 새로운 전기를 발견한 듯한 느낌을 준다. 그는 글의 말미에 특이하게도 〈平壤에서〉라는 글을 쓴 장소를 부기했다. 왜 평양이란 지역을 강조했던 것일까? 그 실마리는 서광제의 글 속에서 찾을 수 있다. 그는 "開城에서 『무슨 키네마』를 한다는 洪開明君은 어듸서 무엇을 하고 잇는지 (…) 또한 咸興에서 映畵撮影을 하겟다든 南宮雲君 좃차 消息을 알수가 업다"[39]라는 식으로 개성과 함흥에서 영화 활동을 하러 흩어진 영화인들에 대해 언급하고 있다. 그런 글의 말미에 자신은 평양에 있다는 표시를 한 것이다.

1920년대 후반 전국적으로 격증한 노동자·농민의 파업과 쟁의는 진보적 영화인들에게 새로운 활동 방향을 제시했다. 서울키노에서 제작한 〈혼가〉에 출연했던 남궁운은 1928년 10월 주인규(朱仁奎)와 함께 원산노동연합회(원산노련)의 지도하에 문평제유(文坪製油)노조의 파업이 벌어지던 원산에서 원산영화공장을 조직하고 연극 상연과 영화 상영 활동을 전개했다.[40] 원산총파업(1929)이 일어나기 직전이었다. 이후 이들은 근거지를 고향 함흥으로 옮겼다.[41]

---

34 徐光霽, 「[隨筆] 『유토피아』 夢」, 『朝鮮日報』, 1928. 10. 25~26.
35 徐光霽, 「新戀愛와 新婦人─코론타이의 『赤戀』을 읽고」, 『朝鮮日報』, 1928. 11. 9~15.
36 徐光霽, 「朝鮮映畵의 實踐的 理論」, 『中外日報』, 1929. 10. 25~31.
37 徐光霽, 「自由戀愛에 對하여」, 『朝鮮日報』, 1929. 2. 19~21.
38 徐光霽, 「[映畵界散語] 映畵界의 가을은 엇더한가」, 『中外日報』, 1929. 10. 12, 3면.
39 徐光霽, 「[映畵界散語] 映畵界의 가을은 엇더한가」, 『中外日報』, 1929. 10. 11, 3면.
40 「元山映畵工場 實演部公演」, 『朝鮮日報』, 1928. 10. 12, 4면.
41 이효인, 『한국영화역사강의 1』(서울: 이론과 실천, 1992), 103쪽.

나운규의 독선적이고 방탕한 행동에 반기를 들었던 홍개명을 비롯한 나운규프로덕션의 회원들은 프로덕션을 탈퇴하고 청귀(靑鬼)키네마(1929)를 조직했으나 자금 부족 등의 이유로 뜻을 이루지 못했다. 이들 중 홍개명은 개성에서 활동을 모색했다. 이는 조선인들의 영향력이 큰 개성을 중심으로 영화 활동을 전개하려 한 것을 의미한다.[42]

평양에 체류하던 서광제 역시 남궁운이나 홍개명처럼 지방을 근거지로 영화 활동을 전개하려고 했을 수 있다. 아니면 우연히도 평양에 머물고 있었는지는 알 수 없다. 하지만 평양에 머물면서 그가 확인할 수 있었던 것은 객관적 정세가 보다 혁명적인 상황으로 흘러가고 있다는 사실이었다.[43]

서광제가 『중외일보』에 실은 「朝鮮映畵의 實踐的 理論」[44]에는 이러한 정세 인식을 통해 얻어낸 변화된 상황들이 감지된다. 이 글에서 그는 프롤레타리아 예술 활동에서 돈이 없는 것은 문제가 아니며 보다 중요한 것은 프롤레타리아 예술 활동에 참여할 사람 즉 기술자를 양성하는 일이라고 주장했다. 또한 이를 위한 조직인 프롤레타리아영화인동맹의 설립을 강조하며 글의 말미에 자신의 생각을 정리하여 제안했다.

그러면 吾人은 朝鮮映畵界의 몇 가지의 新機抽를 提案하고 多言을 不要할 것이다.

一, 散在的으로부터 集團的으로 卽 全國的 統一的 機關의 鬪爭의 組織이 必要하다.

二, 그럼으로 푸로레타리아映畵藝術이 被××民衆의 ×××意識 昂揚 재문

---

42 이미 개성은 개성키네마가 조직되어 〈이팔청춘〉이라는 영화가 제작되고, 카프 소속의 민병휘(閔丙徽)가 정력적으로 활동하고 있던 지역이었다.

43 당시 평양에서는 원산총파업에 이은 대규모 쟁의인 평양 고무 노동자들의 투쟁(1930)이 격렬하게 일어났다. 고무 노동자들의 파업이 벌어지는 평양에 체류하던 서광제는 영화운동의 새로운 전기가 마련되었다고 생각했던 것 같다.

44 徐光齊, 「朝鮮映畵의 實踐的 理論」, 『中外日報』, 1929. 10. 25~31.

에 生産하는 것으로써

三, 우리는 鬪爭遂行하기 위하야 푸로레타리아映畵人同盟을 組織할 것

四, 그리하야 專門的 技術家를 만들기에 힘쓸 것

五, 그러면 ××的 ××한 檢閱制度 아레에서 如何히 映畵生産을 할 것인가(이것은 우리가 哀願하여서는 안이 된다. 그리고 絶對로 不可能하다고 할 사람은 怠惰와 겁쟁이 以外에는 아모것도 업다. 그러면 映畵人 自信의 勇敢한 現實的 鬪爭에 잇다. 우리는 可能的인 것을 生覺하고 잇는 것은 안이다. 現實的인 것에 生覺을 하며 또한 實行할 것이다. 그리고 假量 撮影을 할 돈이 업드래도 씨네리으라잇트는 左翼的 씨네리오를 쓰라』)

六, 映畵批評家로 特히 朝鮮映畵의 反動的 映畵의 現行犯을 痛烈히 暴露 糾彈하야 映畵製作의 封建主義的 制度를 攻擊할 일

七, 그리하야 藝術部門에 가장 强力의 武器인 映畵를 가지고 우리들의 映畵行動을 始作하자. 그러면 우리는 至今 단 한 개의 無産階級的 朝鮮映畵를 갓지 못하지 안엇느냐. 그러타고 朝鮮映畵界의 大企業家가 잇서서 寄生虫과 가티 映畵藝術을 無理解하야 商人과 가티 映畵를 全혀 商品化식히고 잇지는 안타. 그러면 아직도 朝鮮映畵界는 小手工業時代이다. 이 小手工時代에 잇서서 푸로레타리아의 藝術家로써 無産階級的 朝鮮映畵를 製作하기를 바라는 것이다. 긋흐로 映畵戰의 將校가 될 數만흔 萬人的 技術家를 만들기에 힘쓰며 만히 나오기를 바라는 것이다.[45]

위 제안을 요약하면 다음과 같다. 현재 산재적으로 흩어져 활동하는 영화인들의 역량을 모을 전국적이고 통일적이며 조직적인 기관이 필요하며, 이를 위해 프롤레타리아영화동맹을 조직할 것과 촬영할 자금이 없으면 시나리오 작가는 좌익적 시나리오를 쓰고 비평가는 반동적

---

45 徐光霽, 「朝鮮映畵의 實踐的 理論(3)」, 『中外日報』, 1929. 10. 31, 3면.

영화의 현행범을 통렬히 폭로·규탄하고 영화 제작의 봉건적 제도를 공격하는 식의 비평 활동을 하자는 것이다.

2) 신흥영화예술가동맹 설립

서광제가 제안한 것과 같은 프롤레타리아 영화운동에 동참할 전국적 단위의 영화운동 기관의 설치는 프롤레타리아 영화인들 또한 공유하는 생각이기도 했다.

1929년 12월 9일, 남궁운·윤기정·임화·김유영 등 서울키노의 주역들이 모여 신흥 영화이론의 확립, 엄정한 영화 비판과 연구, 이데올로기를 파악한 영화 제작 등을 목표로 하는 신흥영화예술가동맹(新興映畵藝術家同盟)을 설립하기로 하고 14일 창립대회를 열었다.[46] 신흥영화예술가동맹의 강령과 역원(役員)은 다음과 같다.

綱領

우리들은 現段階에 잇서서 階級意識을 把握한 藝術運動의 一部分인 映畵運動으로써

1, 新興映畵理論의 確立

2, 嚴正한 立場에서 모든 映畵를 批判

3, 映畵技術의 鍊磨

4, 階級的『이데오로기』를 把握한 映畵人의 結成

5, 階級的 利害를 代表한 映畵製作

中央執行委員: 金幽影 羅雄 林華 尹曉峰

常任執行委員: 金幽影 白河路

部署: 庶務部-白河路, 撮影部-金幽影, 研究部-羅雄·石一良, 出版部-尹曉

---

[46] 「新興映畵藝術家同盟新組織」, 『東亞日報』, 1929. 12. 12, 5면.

峰·崔星兒 氏 等이며 會員은 南宮雲 外 數十名이라더라.[47]

신흥영화예술가동맹은, 위 역원들의 면면을 보면 알 수 있듯이, 카프 맹원 중 〈혼가〉의 제작에 참여했던 서울키노의 중심인물인 김유영·백하로·임화·윤기정 등이 주도하고 있었음을 알 수 있다. 서광제는 〈혼가〉 제작에 참여하지 않았기에 신흥영화예술가동맹의 중앙집행위원이나 상임집행위원과 같은 역원에 선임되지는 않았다. 그러나 그가 주장했던 "映畵批評家로 特히 朝鮮映畵의 反動的 映畵의 現行犯을 痛烈히 暴露 糾彈하야 映畵製作의 封建主義的 制度를 攻擊"[48]할 것을 스스로 실천하고 있었다.

신흥영화예술가동맹 설립 직후 발생한 '찬영회사건'은 동맹이 실행한 최초의 실천적 행동이었다. '찬영회사건'이란 조선 영화인들 위에 군림하던 일간지 연예부 기자들의 모임인 찬영회의 해체를 위해 1929년 연말, 신흥영화예술가동맹원들이 중심이 되어 찬영회 회원들에게 폭력을 행사해 김형용(金形容)·남궁운·이원용(李元鎔)·홍개명·나웅(羅雄) 등 영화인들이 폭력행위로 기소된 일이었다.[49] 서광제 역시 이 사건으로 체포되어 유치장에 구류되었다가 불기소 석방된 바 있었다.

찬영회사건은 기자들이 찬영회를 해산하고 기소 영화인에 대해 석방을 탄원하는 것으로 일단락되었다. 하지만 서광제는 이를 계기로 본격적으로 영화계 내의 계급투쟁을 전개하자고 주장했다. 이와 관련한 서광제의 글을 살펴보자.

푸로레타리아 映畵勞動者여 우리들의 陣營의 確固는 우리들의 압날의 事

---

47 「새로운 氣勢로 組織된 新興映畵藝術家同盟」, 『朝鮮日報』, 1929. 12. 16, 5면.
48 徐光霽, 「朝鮮映畵의 實踐的 理論(3)」, 「暴行俳優 五名送局」, 『每日申報』, 1930. 1. 15, 2면.
49 「暴行俳優 五名送局」, 『每日申報』, 1930. 1. 15, 2면.

業 如何의 따를 것이다. 그럼으로 우리 映畵人 淸算이 必要하다. 映畵人이라고 다 同志가 아니다. 反動分子는 速速히 우리의 陣營 內서 물리처야 할 것이다. 朝鮮의 映畵人 全體가 거의 今日까지 『룸펜』의 生活을 하고 왔슴으로 서로서로 同情을 하고 왓섯다. 그러나 至今에는 激烈한 階級戰이 展開된 째이다. 無産階級 文藝運動者가 쁘루조아 文藝家의 排擊, 撲滅에 힘썻든 것과 가티 映畵人은 映畵人이 아니고서는 映畵人의 反動分子를 撲滅시킬 수 업스며 그것이 우리 任務의 하나이다.[50]

서광제는 영화인이라고 다 동지가 아니라며 영화인이 아니고서는 영화계 반동분자를 박멸할 수 없기에, 지금 우리의 진영 내에서 반동영화인을 물리쳐야 하는 것이 우리 임무라고 주장했다. 찬영회사건 이후 그가 조선 영화계의 '반동적 영화의 현행범'으로 지목한 첫 번째 인물은 나운규[51]였다. 방탕과 방종으로 일관한 나운규는 윤봉춘(尹逢春)·홍개명 등 회령 출신 동료들까지도 등을 돌릴 정도로 신망을 잃었다. 〈벙어리三龍〉 제작 이후 나운규와 결별한 이들은 좌익 영화운동에 투신했고 나운규는 일본으로 건너갔다. 나운규프로덕션의 분열에 대한 서광제의 서술을 보자.

朝鮮映畵製作의 最高點을 占領하고 잇는 羅雲奎푸로덕슌의 分裂은 朝鮮映畵人에게 쇽크를 주는 것은 事實이다. 웨 그러냐하면 同푸로덕슌에서 地方巡業 中에 羅雲奎 一個人만 除外하고 全部 脫退하야 다시 새로운 文化的 立場에서 努力하기를 盟誓하엿든 것이다. 그것은 두 말 할 것도 업시 羅雲奎君 個人에 對한 社員 一同의 不滿이엿스니 거긔에는 極端의 個人主義的

50 徐光霽, 「映畵勞動者의 社會的 地位와 任務(四)」, 『東亞日報』, 1930. 3. 1, 5면.
51 찬영회사건 당시 애인 유신방(柳新芳)과 자동차를 세내어 도망간 나운규에 대한 배신감도 나운규를 공격한 한 이유라 할 수 있다.

英雄主義的 行動과 여러 가지 黑幕이 가리워 잇는 것은 事實이다. 그리하
야 洪開明君 外 二三人의 씨네아스트는 오늘날까지 그와 步調를 가티 하
지 안게 되엿스며 그 전에 하여오든 映畵運動을 決코 獨立할 藝術運動이
아니엿든 것을 깨닷고 漸漸 傾向的 씨네아스트로 되여갓든 것이다.[52]

위의 글을 통해 나운규프로덕션에서 지방 순업(巡業) 중 나운규를
제외한 모든 단원이 나운규의 개인주의적이고 영웅주의적인 행위를 성
토하며 나운규프로덕션을 탈퇴하여 좌익 영화운동에 투신했음을 알
수 있다. 나운규는 1년 가까운 시간을 일본의 영화회사에서 지내다가
조선으로 돌아와 단성사 측과 손잡고 〈아리랑 후편〉과 〈철인도〉의 제작
에 참여했다. 그의 복귀는 조선 영화계의 주목을 받을 수밖에 없었다.

1930년 나운규가 제작에 참여한 〈아리랑 후편〉이 개봉(1930. 2)되
자 서광제는 "적어도 映畵는 그 사회의 反射鏡이 되지 안흐면 안이 된
다"며 나운규에 대한 비판을 시작했다. 주된 비판 내용은 프롤레타리아
대중에게 "虛無主義와 宿命論을 注入"시킨다는 것이었다. 이런 점에서 사
회의식을 파악한 영화인에 의해 원작, 각색, 감독, 촬영, 연기가 이루어
져야 한다고 주장했다.[53]

이필우가 서광제의 〈아리랑 후편〉 비판에 대해 "大衆의 生活意識과
現實生活을 써난 非現實性이 어쩌한 것"[54]인지를 알려달라며 반론을 제
기했고, 서광제가 이에 대해 공세적 재반론을 펼치면서 〈아리랑 후편〉
에서 시작된 논쟁은 서광제·이필우 외에 안종화·나운규·윤기정까지
참여하는 논쟁으로 확대되어 〈철인도〉 개봉(1930. 4) 이후까지 이어졌
다. 하지만 이 논쟁은 신흥영화예술가동맹의 해산이라는 문제를 두고

---

52 徐光霽, 「朝鮮映畵藝術史(八)」, 『中外日報』, 1930. 7. 1, 3면.
53 徐光霽, 「아리랑 後篇」, 『朝鮮日報』, 1930. 2. 20~22.
54 李弼雨, 「徐光霽氏의 '아리랑'評을 읽고(上)」, 『朝鮮日報』, 1930. 2. 25, 5면.

카프영화인 사이에 분규가 발생하면서 수면 밑으로 가라앉게 된다.

3) 신흥영화예술가동맹의 해산

1930년 4월, 카프는 조직 개편 및 확대를 통한 '예술운동의 볼세비키화'라는 소위 2차 방향 전환 문제를 제기했다. 이에 따른 사전 준비 작업으로 카프 영향하에 산재해 있던 각종 조직을 카프 휘하로 집결시키기 위한 활동이 전개되었다. 영화계의 경우 카프 중앙에서 활동하던 윤기정의 주도로 신흥영화예술가동맹을 해산하고, 신설되는 카프영화부가 이를 흡수하려 했다. 그러나 1930년 4월 21일 개최된 위원회에서 윤기정의 의도와는 다른 상황이 벌어지면서 결국 아래와 같은 내용이 결의된다.

◇ 決議事項

一, 朝鮮푸로레타리아藝術同盟과 新興映畵藝術家同盟에 關한 件

(朝鮮映畵藝術運動에 잇서서 아즉은 新興映畵藝術家同盟의 存在의 必要를 切實히 感함으로 푸로레타리아藝術同盟에서 本 同盟의 解散 勸告를 우리는 不應하는 同時에 徐光霽 金幽影 兩氏는 푸로藝盟에서 自退하기로 하고 尹基鼎氏는 新興藝盟에서 自退하게 되엿다.)

二, 委員補選에 關한 件

尹基鼎氏의 自退를 承認함

左記 兩氏를 新任中央執行委員으로 選擧함

徐光霽 石一良

三, 部署決定에 關한 件

庶務部 石一良

出版部 徐光霽

撮影部 金幽影

研究部 羅雄

四, 日本푸로레타리아藝術同盟支持의 件

五, 實地映畵製作에 關한 件

六, 支部에 關한 件(保留)

七, 機關紙『映畵術』發行의 件

八, 映畵藝術運動의 今後 方針[55]

위의 내용을 살펴보면, 카프 중앙을 대신하여 윤기정이 제기한 신흥영화예술가동맹 해산 권고에 대해 김유영과 서광제가 적극적으로 반대했음을 알 수 있다.[56] 그 결과 카프 중앙에서 활동하던 윤기정과 임화 (위원회 개최 시 도쿄에 체류)가 신흥영화예술가동맹을 스스로 탈퇴하고 신흥영화예술가동맹을 적극적으로 지지하던 김유영과 서광제 역시 카프를 스스로 탈퇴하여, 윤기정과 임화의 탈퇴로 공석이 된 중앙집행위원 자리는 서광제와 석일량(石一良)이 이어받기로 한 것이다.

김유영과 서광제 등의 적극적인 반대는 신흥영화예술가동맹의 해산이 예정에 없던 의제였을 가능성을 보여준다. 그동안 프롤레타리아 영화운동의 중심 역할을 하던 윤기정의 일방적 해산 권고에 회원 대부분은 방어적 반응을 보였고 김유영과 서광제는 윤기정에게 "朝鮮의 現情勢에 잇서서 媒介團體로써 新映盟을 尙存식힐 必要性이 잇다는 것을 캅푸委員들에게 諒解를"[57] 구하라고 설득했다. 하지만 더 이상의 의견 조율이 어렵게 되자 일단 각자의 노선을 고수하는 쪽으로 결론지었던 것이다.

---

55 「新興映畵藝術家同盟委員會에서 今後 方針 決議」, 『中外日報』, 1930. 4. 23, 3면; 徐光霽, 「朝鮮映畵藝術史(九)」, 『中外日報』, 1930. 7. 2, 3면.

56 김유영은 해체된 신흥영화예술가동맹과 카프영화부의 문제는 서광제가 중간에서 '어떠한 망언'을 전함으로써 발생했다고 전한다. 金幽影, 「徐君의 映畵批評 在批評一『火輪』의 原作者로써」를 읽고」, 『朝鮮日報』, 1931. 4. 18~22.

57 徐光霽, 「映畵化된 火輪과 『火輪』의 原作者로서(上)」, 『朝鮮日報』, 1931. 4. 11, 5면.

그러나 1930년 4월 26일 카프 중앙집행위원회의 조직 개편 결의로 카프영화부가 설립되자 무게중심은 급격히 카프영화부로 쏠리게 된다. 카프의 지도자이자 중외일보 기자인 김기진과 조선일보 기자인 안석영 (安夕影)이 알선하여 〈혼가〉를 제작하고 활동을 멈췄던 서울키노를 부활하는 대신,[58] 신흥영화예술가동맹은 5월 24일 임시 대회를 개최해 카프를 지지하며 해산을 선언하는 것으로 신흥영화예술가동맹과 카프영화부 사이의 분규는 마무리되었다. 다음은 신흥영화예술가동맹 해체선언문 전문이다.

解體宣言

朝鮮의 無産階級藝術運動의 集團的 單一體에 朝鮮푸로레타리아藝術同盟의 映畵部 組織으로 말미아마 그 前의 流動的 媒介體이든 新興映畵藝術家同盟을 解體하고 無産階級藝術運動의 促進을 위하야 積極的으로 朝鮮푸로레타리아藝術同盟 映畵部를 支持함.[59]

해체선언문에는 신흥영화예술가동맹을 무산계급 예술운동의 "流動的 媒介體"로 정의내리고 무산계급 예술운동의 "集團的 單一體"인 카프 영화부의 설립을 계기로 이를 지지하며 신흥영화예술가동맹을 해체하겠다는 내용이 담겨 있다.

신흥영화예술가동맹의 해체 후 서광제는 김유영이 "사변"[60] 혹은 "사소한 분규"[61]라 표현한 이 사건에 대해 조선의 영화운동에 있어 어떤 의미를 지니는지에 대한 역사적 고찰을 시도한다. 조선영화의 발전

---

58 「부활된 『서울키노』」, 『朝鮮日報』, 1930. 4. 28, 3면; 「映畵工場 『서울키노』 復活」, 『中外日報』, 1930. 4. 29, 3면; 「映畵工場 서울키노 復活」, 『每日申報』, 1930. 5. 3, 5면.
59 「新興映藝同盟大會에서 解體」, 『中外日報』, 1930. 5. 26.
60 金幽影, 「徐君의 映畵批評 在批評―『火輪』의 原作者로써」를 읽고」.
61 YY生, 「映畵十年의回顧(4)」, 『東亞日報』, 1931. 8. 1, 4면.

을 초기혼돈시대-발아기-발전기의 3단계로 바라보았던 그는 『중외일보』에 게재한 「朝鮮映畫藝術史」[62]에서 신흥영화예술가동맹의 설립과 카프영화부로의 전환으로 이어지는 시기를 발전기로 규정하고 신흥영화예술가동맹에 대해서는 "朝鮮映畫運動史에 잇서서 最初의 階級的 集團的 투쟁의 組織"[63]으로 평가했다. 또한 "스로강이 純合한 푸로레타리아映畫運動의 ××的 表語가 안인만콤 단지 階級的 立場에서 傾向的 作品을 製作하며 理論에 잇서서도 푸로레타리아映畫理論이 못되여 新興映畫理論이라고 한 맛치 푸로레타리아映畫運動에 잇서서 한 개의 過程的 流動體의 組織인 것에 不過하엿다. 그럼으로 그 過程的 組織體는 當然히 辨證法的으로 엇더한 一定한 時期에 到達하엿슬 째에는 업서지게 되는 것이다"[64]라며 카프영화부로의 전환을 변증법적 관점에서 파악했다. 그렇기에 "至今으로부터는 더욱 전투的인 映畫運動을 하지 안으면 안이 될 客觀的 主觀的 情勢에 이르럿"으며 "이제로부터 우리는 더욱 强烈히 모든 쌜주아 階級의 小市民的 쏘는 純反動的 作品 쏘는 似而非無産階級作品 及 評論에 對하야 徹底的으로 批判 抹殺 克服을 식혀야 하며 嚴正한 푸로레타리아映畫理論을 確立식혀야 하며 짜라서 作品을 製作하여야 한다"[65]라고 주장했다.

4. 〈화륜〉 논쟁과 소비에트영화

1) 〈화륜〉의 원작자

서광제는 부활한 서울키노의 출연부에 이름을 올렸다. 서울키노에서는 조명희(趙明熙) 원작의 〈낙동강〉을 김기진 개작, 김유영 연출, 석일

---

62 徐光霽, 「朝鮮映畫藝術史」, 『中外日報』, 1930. 6. 23~7. 3.
63 徐光霽, 「朝鮮映畫藝術史(九)」, 『中外日報』, 1930. 7. 2, 3면.
64 같은 글.
65 같은 글.

량 각색, 서광제·추적양·백하로 등의 출연으로 제작할 계획을 발표했다.[66] 그러나 〈낙동강〉 제작은 연기되고 대신 서광제와 김유영이 회원으로 있는 조선시나리오작가협회 연작 시나리오인 〈화륜〉을 제작하기로 한다.[67] 〈화륜〉은 김유영·이효석(李孝石)·안석영·서광제가 공동으로 시나리오를 썼는데, 서광제는 16회부터 26회까지 총 11회를 맡아 시나리오를 집필했다.[68]

김유영 연출, 민우양 촬영, 백하로·석일량·황하석(黃河晳)·김해웅(金海雄)·허림(許林)·이엽(李葉)·박정섭(朴正攝)·염철(廉哲)·김연실(金連實)·김정숙(金靜淑) 등이 출연한 〈화륜〉은 조선극장에서 1931년 3월 11일 개봉되었다.[69] 〈화륜〉이 공개된 이후 임화의 비평을 시작으로 신흥영화예술가동맹의 존치를 주장했던 서광제와 김유영이 논쟁을 벌이는 상황이 전개되었다. 임화는 이 영화를 연출한 김유영과 각색자 서광제가 신흥영화예술가동맹을 해체하고 "階級的 映畵運動의 唯一의 組織"이라 할 수 있는 카프영화부를 설립할 당시 이들을 "背叛한 脫走者들"이라면서, 〈화륜〉의 원작은 카프에 대항하기 위해 이들 탈주자들이 주도하여 조직한 조선시나리오작가협회의 회원들이 합작하여 작성한 것인 만큼 "『火輪』을 批判함에 잇서서는 엇더한 反動映畵를 批判하든 째보다도 一層 苛酷 無慈悲할 것"을 요구했다. 그러면서 이 영화에서 "工場內部의 諸 事實을 嚴密히 『階級 對 階級』의 立場에서 取扱하여야 할" 것을 치정관계에서 발단한 것으로 그림으로써 파업을 "제 게집을 爲한 復讐"로 만들어버렸다고 비난하며, 이 "이야기는 푸로레타리아를 假裝한" "發達한 形態의 쁘로주아 映畵"라고 비난했다.[70]

66 「趙明熙 原作 『洛東江』 撮影 서울키노에서」, 『中外日報』, 1930. 6. 7, 3면.
67 「서울키노에서 火輪撮影」, 『朝鮮日報』, 1930. 10. 8, 5면.
68 徐光霽, 「[連作시나리오] 火輪 (16)~(26」, 『中外日報』, 1930. 8. 4~12.
69 「서울키노社製作 火輪 全十二卷」, 『每日申報』, 1931. 1. 10, 5면.
70 金幽影, 「徐君의 映畵批評 在批評-『火輪』의 原作者로써」를 읽고」.

임화의 비평은 신흥영화예술가동맹 해산 당시 카프 중앙의 의견을 지지하는 영화인과 그렇지 않은 영화인 사이의 앙금에서 비롯된 것이었다. 서광제는 임화의 글에 대한 답글에서 조선시나리오작가협회에 본인이 참여한 것은 인식 부족 때문이었음을 시인했으나 신흥영화예술가동맹 해산 당시 있었던 사실은 임화가 잘못 알고 있다고 당시의 사정을 설명했다. 임화의 내용 비판에 대해서는 〈화륜〉이라는 작품은 4인의 연작을 토대로 한 것이 아닌 김유영의 원작·각색·연출이라며 그 과를 김유영에게 돌렸다.[71]

김유영은 서광제의 변명에 대해 서광제야말로 '소부르주아 출신의 인테리'이자 '황당한 성격'을 지닌 인물이라며 출신과 성품을 근거로 서광제를 맹렬히 비난했다. 특히 〈화륜〉 실패의 책임을 자신에게 돌린 부분에 대해서는 4인의 연작을 서광제 스스로 각색했지만 서광제가 각색한 그것은 원작자 4인이 모여 결정한 사항과 달랐으며 표현 역시 황당했다고 전하며 서광제의 "散漫한 脚色을 엇더한 非常手段을 써서라도 階級的 見地의 映畵的 效果를 내여보려고 한 것이 그러한 失策의 歸結을 밝게 되엿다"며 서광제의 수준 낮음을 조롱함과 동시에 서광제 역시 〈화륜〉의 실패에 일정한 책임이 있다고 주장했다. 더불어 검열에 잘려나간 필름을 생각하면 아지프로(agitation propaganda)적인 내용과 형식보다는 리얼리즘적인 것이 보다 적절하다며 〈화륜〉의 제작 과정에서 체득한 자신의 생각을 피력했다.[72]

김유영의 글 이후 〈화륜〉 논쟁은 더는 확대되지 않았다. 서광제는 〈화륜〉을 둘러싸고 일어난 문제들과 카프영화부 직속의 청복키노에서 제작한 〈지하촌〉이 공개되지 못하고 관련자들이 체포된 카프 제1차 검거사건에서 얻은 생각들을 통해 조선의 프롤레타리아 영화운동에 대한

---

71 徐光霽, 「映畵化된 火輪과 『火輪』의 原作者로서」, 『朝鮮日報』, 1931. 4. 11~13.
72 金幽影, 「徐君의 映畵批評 在批評―『火輪』의 原作者로써」를 읽고」.

자신의 입장을 정리하여 발표했다.

映畵批判이라는 그것이 大衆에게 만흔 效果를 준 그 反面에 넘우 無氣力
한 點이 만엇스니 그것은 漠然한 空想的 批判과 確然한 맑쓰主義的 把握
이 업시 다만 映畵製作者에게 주는 忠告文 비슷하엿스며 藝術讚美의 붓
을 앗기지 안엇든 것이다. 아모리 左翼的 文句를 羅列한 批判이라 할지라
도 그것이 現實的 把握이 업슬진대 一文의 價值가 업슬 것이며 따라서 一
種의 유토피아 夢에 不過할 것이다.[73]

서광제는 지금까지의 프롤레타리아 영화운동이 프롤레타리아 영화
제작보다 반동적인 조선 영화를 폭로하는 데 주력했다고 평가했다. 막
연한 공상적 비판과 확연한 마르크스주의적 파악 없는 비평은 아무리
좌익적 문구를 나열한다 해도 일종의 공상일 뿐이라며, 따라서 세계 경
제공황과 좌익 예술 활동에 대한 탄압으로 인해 1년에 한두 작품 정도
만 제작될 것으로 예상되는 조선 영화 제작계의 상황에서 조선영화의
몇십 배 이상의 반동성을 지닌 외국영화에로 그 비평의 대상을 옮기자
고 제의했다.

이러한 생각을 보다 구체화한 글이 「最近의 朝鮮映畵界」[74]이다. 이 글
에서 서광제는 조선 영화 제작계의 상황을 보다 비관적으로 바라보며
영화비평 및 시나리오의 역할과 임무 등에 관해 언급했다.

서광제는 우선 조선 영화 제작에 대해 상설관이라는 판로가 없는
조선에서 영화 제작이 있을 수 없으며 제대로 된 기술자가 없는 상황에
서 우수한 영화를 바랄 수 없다고 전제했다. 이어 "朝鮮의 反動映畵 그것
은 自體의 破滅에 依하여 製作될 수 업슬 것"이라는 점을 분명히 한 후,

73 徐光霽, 「映畵批判에 對한 一考察—外國映畵批判에 對한 新提議」, 『批判』 제1권 제7호(1931. 11).
74 徐光霽, 「最近의 朝鮮映畵界」, 『東亞日報』, 1932. 1. 30~2. 3.

프롤레타리아 영화운동이라는 당면한 과제의 해답을 문필적 활동을
통해 찾아야 한다고 보았다.

> 우리들의 藝術 活動 中에 勞働者 農民의 『이니씨아틔브』를 充分히 發揮시
> 킬 것이 當面의 課題가 되어 잇는 잇재에 映畵라도 時代의 尖端的 藝術品
> 으로써 當面의 任務를 다하겟다하면 朝鮮에 잇서서는 다만 文筆的 活動
> 에 끗칠 것이라고 밋는다. (…) 社會的 正當한 批判은 그 映畵를 『쏀이코
> 트』를 시킬 수도 잇스며 支持를 밧게 할 수 잇슬만큼 批判이란 그것은 社
> 會의 羅針盤인 同時에 偉大한 武器이다. 批判이 업는 곳에 成長이 업스며
> 過誤가 업는 곳에 進展이 업는 것과 가티 映畵란 그 藝術品이 宇宙에 存在
> 하야 잇는 以上 批判은 늘 그것을 向上 시켜준다. 그러나 朝鮮에서는 映畵
> 批判 그것이 넘우나 無氣力하얏다.[75]

위 인용문에서 볼 수 있는 것과 같이 서광제는 영화 제작이 아닌
평론과 같은 문필 활동의 중요성을 역설한 후 정당한 영화 비판의 기능
과 조선에서 영화 비판이 무기력했음을 이야기했다. 이는 서광제가 임
화의 〈화륜〉 비판에 대해 내놓은 답이기도 했다. 그러면서 무기력한 영
화 비판을 외국영화에로 돌리자고 제안했다.

> 매일 數百數千의 未組職的 勞働者 或은 小市民 大衆을 痲痺시킬 外國映畵
> 의 파시씀의 驅歌 宗敎映畵 勞資協助 等 乃至 넌쎈쓰映畵에 이르기까지
> 우리의 日常生活에 넘우나 사이가 버러진 百퍼센트의 아메리카니씀의 純
> 反動映畵는 大氣의 日常生活에 얼마만한 痲醉劑가 되는 것을 아는 映畵批
> 判家는 大衆의 아페 그의 反動性을 發露시키지 안으면 아니된다.[76]

75 徐光霽, 「最近의 朝鮮映畵界(一)」, 『東亞日報』, 1932. 1. 30, 5면.
76 徐光霽, 「最近의 朝鮮映畵界(二)」, 『東亞日報』, 1932. 1. 31, 5면.

정리하자면 서광제의 주장은, 영화비평가의 임무는 일상생활에 마취제가 되는 아메리카니즘의 영화를 대중 앞에서 그 반동성을 발로(發露)하는 데 있다는 것이다.

이어 서광제는 시나리오의 대중화 문제를 제기했다. 특히 "設計圖와 相違된 建築은 設計者의 建築이 아니며 建築者의 任意의 建築物일 것이다"[77]라는 말을 통해 이 문제가 김유영의 비판에 대한 서광제의 답이라는 점을 암시했다. 서광제는 좋은 시나리오의 중요성을 설파하며 "醜作의 씨나리오라 할지라도 監督에 依하야 조흔 作品이 나올 수 잇다고 하는 사람도 잇스나 그것은 監督이 씨나리오를 自己가 脚色을 다시 한번 곳처서 撮影한 것에 不過한 것"이라면서 김유영이 촬영을 위해 재차 각색한 〈화륜〉은 김유영의 〈화륜〉이라는 자신의 생각을 우회적으로 밝혔다. 또한 '황당한 표현'이라는 김유영의 지적을 의식하듯 다음과 같이 자신의 생각을 피력했다.

> 그러면 如何한 形式과 如何한 內容으로 씨나리오를 大衆에게 보여주지 안흐면 아니 되겟는가.
> 末梢神經에 뛰노는 現代人은 決코 映畵詩인 씨나리오를 버리지 안흘 것이며 또한 그 形式이 明確 單純한 等에 잇서서 絶對의 支持를 바들 것이며 그거로써 씨나리오라잇터의 任務는 씨나리오의 大衆化가 問題되는 것이다.[78]

서광제는 시나리오를 대중화하는 데에 어떠한 형식과 내용으로 시나리오를 보여줄 것인가 물으며 그 형식이 명확하고 단순한 것이 절대의 지지를 받을 것이라며 자신의 각색이 정당했음을 간접적으로 변호했다.

---

77 徐光霽, 「最近의 朝鮮映畵界(三)」, 『東亞日報』, 1932. 2. 2, 5면.
78 같은 글.

끝으로 서광제는 조선에서 상영되기 시작하는 토키영화 제작과 상영의 문제 역시 금후 고려해야 할 사항이라면서 글을 마무리지었다.

2) 대안적 영화로서 소비에트영화

서광제는, 앞서 살펴본 대로, 프롤레타리아 영화운동에서 문필적 활동을 강조하며 영화비평의 대상을 조선영화에서 외국영화로 돌리자고 했다. 이는 모범으로 삼아야 할 외국영화를 소개하고 지양해야 할 외국영화를 비판하자는 것으로 서광제가 이미 해오고 있던 문필 활동의 연장이었다.

서광제는 영화 노동자의 의식화와 영화 제작에서 미국식이 아닌 소련식으로 나아가야 한다고 주장했다. 그 연장선상에서 소련의 영화 문화와 영화인에 관한 사항들을 지속적으로 소개해왔다.[79] 이 중에는 국제적으로 알려진 세르게이 M. 예이젠시테인(에이젠슈테인, Sergei M. Eisenstein), 프세볼로트 푸돕킨(푸도프킨, Vsevolod Pudovkin), 지가 베르토프(Dziga Vertov)뿐만 아니라 아브람 룸(Abram Room), 빅토르 A. 투린(Victor A. Turin), 에스피르 슈브(Esfir Shub)와 같은 상대적으로 덜 알려진 감독까지도 그 활동 내역을 소개했다.[80] 서광제는 특히 예이젠시테인을 글에서 자주 언급한 바 있는데 예이젠시테인이 소르본대학에서 진행한 강연[81]이나 푸돕킨, 그리고리 알렉산드로프(Grigori Aleksandrov)와 함께 발표한 「토오키에 관한 선언」[82] 같은 것을 번역하여 소개했다.

서광제는 영화감독 소개 외에 소련의 영화 제작 환경이나 각국의 프롤레타리아 영화운동에 대해서도 관심을 아끼지 않았다. 특히 이와

---

79 徐光霽, 「映畵勞動者의 社會的地位와 任務(四)」, 『東亞日報』, 1930. 3. 1, 5면.
80 徐光霽, 「現露西亞의 映畵監督 展望」, 『朝鮮日報』, 1930. 6. 3~11.
81 徐光霽, 「露西亞 名監督 『에젠슈테인』의 講演」, 『東亞日報』, 1930. 9. 7~23.
82 徐光霽, 「토-키에 關한 宣言」, 『東亞日報』, 1930. 10. 2~7.

사키 아키라(岩崎昶)의 저서인 『映画와 資本主義』에 대한 서평[83]과 「國際 푸로映畵運動 展望」,[84] 「受難期의 日本映畵界」[85]와 같은 글을 통해 일본의 프롤레타리아 영화운동에 대해 자세히 소개했다. 식민지 조선의 상황 이 내지 일본보다 훨씬 엄혹했기에, 활발하게 진행되고 있던 일본의 영 화운동은 조선의 영화운동에 자극이 될 수 있다고 생각했던 것이다.

이러한 문필 활동에 더해 조선에 상영 중인 서양영화에 대한 비판 활동과 진보적 시나리오를 쓰는 문제를 제기한 바 있던 서광제는 〈上海 特急〉·〈24時間〉·〈멕시코의 嵐〉과 같은 서양영화에 대한 비판과 〈뻐스 걸〉(1930)·〈실업군〉(1930)과 같은 시나리오와 〈지하도〉(1933)·〈급행열차 이등실〉(1935)·〈우리 집의 평화〉(1935)와 같은 극작 작업을 수행했다.

5. 나오며

서광제가 대표적인 프롤레타리아 영화평론가로 알려지게 된 것은 1930년 개봉된 〈아리랑〉과 〈철인도〉에 대한 비판에서 시작된 민족영화 인들과의 논쟁 때문이었다. 이 논쟁은 카프의 신흥영화예술가동맹에 대 한 해산 권유로 인한 프롤레타리아 영화인들 사이의 갈등으로 중단되었 는데 카프영화부 설립과 서울키노의 복원 등의 과정을 거치며 서광제 는 카프를 배반한 인물이라는 레테르를 달게 되었다.

서광제는 1931년 〈지하촌〉의 제작 불발과 관련 영화인들이 체포되 는 제1차 카프사건의 경험과 1932년 김유영과 함께 일본 교토의 도카 츠(東活)촬영소로 건너가서 짧게나마 일본의 촬영소 생활을 경험했던 것, 그리고 1934년 카프가 해산되는 신건설사건을 겪으면서 서서히 전 향의 길로 들어서게 되었다. 다음의 글은 서광제의 생각의 변화를 짐작

---

83 徐光霽, 「映畵와 資本主義」, 『東亞日報』, 1931. 8. 24, 4면.
84 徐光霽, 「國際푸로映畵運動 展望一日本·獨逸·亞米利加·佛蘭西」, 『批判』(제2권 제8호), 1932. 9.
85 徐光霽, 「受難期의 日本映畵界」, 『批判』(제2권 제10호), 1932. 11.

하게 한다.

[1] 그러면 엇더케 하면 朝鮮映畵를 다시 살닐수 잇슬까? 여기에 絶對로 悲觀할 것은 안이고 첫재로 우리는 文學이 印刷業과 製紙工業에 依하야 近代社會의 代表的인 藝術이 된 것과 갓치 映畵도 撮映機 錄音 再生裝置機械 트릭크 原象 燒付(印畵) 技術 等等의 進步的 發展 技術을 研究함으로써 朝鮮映畵를 再建식힐 수 잇고 둘째로 健全한 母體의 所有者가 幼兒를 完全히 養育식힐 수 잇는 것과 갓치 우리는 完全한 映畵製作의 母體(撮影所)를 가져야 하며 셋재로 映畵의 生命線(配給網)을 가져야 한다.[86]

[2] 百개의 씨나리오를 쓰고 千개의 映畵理論을 쓴들 어린애 나키 前에 포대기 장만도 유분수요 남의 어린애 잘 크는 것 부러워하는 것도 유분수지 機械文明이 나날이 發達하는 外國의 映畵만 보고 朝鮮映畵하면 의레히 코우슴을 치는 이것이 누구의 罪일가?
是也라 非也라 할 것 업시 이제부터일지라도 늦지는 안타. 정말 朝鮮의 映畵藝術을 살닐랴면 두말할 것도 업시 撮影所를 가져야 한다. 朝鮮의 映畵藝術을 살넌다느니보다 文化人으로써 羞恥를 면할나면 劇場과 撮影所쯤은 看板으로도 가져야 할 것이 안인가(이것은 정말 속이 답답한데서 나온 말이지만……)[87]

이전까지 서광제의 논조는 프롤레타리아 영화 제작이 여의치 않은 상황에서 반동적인 서양영화에 대한 비평 활동, 진보적 내용의 시나리오 작성과 같은 문필적 활동을 대신할 것을 주장했다. 하지만 프롤레타리아 영화운동에 대한 관심이 사그라지고 토키영화의 압박이 거세지게

---

86 徐光霽, 「映畵藝術 本質의 把握과 技術的 轉換期(上)」, 『朝鮮日報』, 1934. 6. 10, 부록 1면.
87 徐光霽, 「朝鮮的 藝術運動의 再出發」, 『朝鮮日報』, 1934. 10. 3, 3면.

되자 문필적 활동이 채우지 못하는 빈자리는 영화 제작의 매커니즘과 경제적 합리화가 차지하게 되었다. 이에 대한 민감한 반응은 결국 영화 설비와 자재, 인력이 준비된 촬영소의 설치, 거대 자본의 기업 등장, 일제의 전쟁 승리로 귀결되었다. 서광제는 결국 이러한 생각을 실천한 끝에 1938년 최초의 친일영화로 꼽히는 〈군용열차〉의 연출을 맡게 된 것이다.

이 글은 서광제의 영화 활동 전반기에 해당하는 1927년부터 1932년까지를 서광제의 글을 통해 복원해본 것이다. 그동안 서광제는 일제강점기 대표적 영화평론가로 알려져 있었지만 그의 활동과 그가 관심을 두고 있었던 프롤레타리아 영화운동을 둘러싼 내외부 환경은 카프를 중심으로 서술된 글이나 김유영이나 임화와 같은 그의 주변 인물들이 남긴 글들을 통해 이해되어왔다. 이 때문에 때론 과격하게 자신의 생각을 펼쳤던 서광제의 글은 돌출적이거나 충동적인 글로만 인식되었던 것이 사실이다. 이 글을 통해 확인할 수 있었던 것은 서광제의 글들이 즉흥적이고 경박한 생각의 표출이 아닌 나름의 합리적인 이유와 근거에 바탕하고 있음을 확인했다는 점이다. 이는 1930년을 전후하여 일어났던 프롤레타리아 영화운동을 보다 입체적으로 이해하는 데 도움을 줄 수 있다.

더불어 조선의 프롤레타리아 영화운동의 참고 자료로서 인용된 소련과 일본 등지의 영화와 영화운동, 영화 제작에 관한 각종 정보들은 상품으로서 조선에 영향을 주었던 할리우드영화와는 다른 목적으로 서광제를 비롯한 프롤레타리아 영화운동가들을 통해 국경을 넘어 조선까지 전달되었음을 보여준다.

참고문헌

서광제 저작

徐光霽, 「[隨筆]『유토피아』 夢」, 『朝鮮日報』, 1928. 10. 25~26.

_____, 「[連作시나리오] 火輪(16)~(26)」, 『中外日報』, 1930. 8. 4~12.

_____, 「[映畵界散語] 映畵界의 가을은 엇더한가」, 『中外日報』, 1929. 10. 11~12.

_____, 「[映畵時評] 東洋映畵社作品『僧房悲曲』批判」, 『朝鮮之光』, 1929. 6.

_____, 「國際푸로映畵運動 展望-日本·獨逸·亞米利加·佛蘭西」, 『批判』 제2권 제8호, 1932. 9.

_____, 「露西亞 名監督『에젠슈테인』의 講演」, 『東亞日報』, 1930. 9. 7~23.

_____, 「社會主義的 藝術」, 『中外日報』, 1927. 3. 20~4. 6.

_____, 「受難期의 日本映畵界」, 『批判』 제2권 제10호, 1932. 11.

_____, 「新戀愛와 新婦人-코론타이의 『赤戀』을 읽고」, 『朝鮮日報』, 1928. 11. 9~15.

_____, 「아리랑 後篇」, 『朝鮮日報』, 1930. 2. 20~22.

_____, 「映畵勞動者의 社會的地位와 任務」, 『東亞日報』, 1930. 2. 24~3. 2.

_____, 「映畵批判에 對한 一考察-外國映畵批判에 對한 新提議」, 『批判』 제1권 제7호, 1931. 11.

_____, 「映畵批評小論【二】 文壇人의 批評에서 映畵人의 批評으로」, 『中外日報』, 1929. 11. 22.

_____, 「映畵藝術 本質의 把握과 技術的 轉換期(上)」, 『朝鮮日報』, 1934. 6. 10.

_____, 「映畵와 資本主義」, 『東亞日報』, 1931. 8. 24.

_____, 「映畵化된 火輪과 『火輪』의 原作者로서」, 『朝鮮日報』, 1931. 4. 11~13.

_____, 「이바네스와 그의 作品」, 『中外日報』, 1927. 2. 19~3. 1.

_____, 「自由戀愛에 對하여」, 『朝鮮日報』, 1929. 2. 19~21.

_____, 「朝鮮的 藝術運動의 再出發」, 『朝鮮日報』, 1934. 10. 3.

_____, 「朝鮮映畵小評-벙어리三龍, 먼동이틀째, 暗路, 昏街를 보고」, 『朝鮮日報』, 1929. 1. 29~30.

_____, 「朝鮮映畵藝術史」, 『中外日報』, 1930. 6. 23~7. 3.

_____, 「朝鮮映畵의 實踐的 理論」, 『中外日報』, 1929. 10. 25~31.

_____, 「最近의 朝鮮映畵界」, 『東亞日報』, 1932. 1. 30~2. 3.

_____, 「토-키에 關한 宣言」, 『東亞日報』, 1930. 10. 2~7.

_____, 「現露西亞의 映畵監督 展望」, 『朝鮮日報』, 1930. 6. 3~11.

단행본 / 논문류

YY生, 「映畵十年의回顧」, 『東亞日報』, 1931. 7. 22~8. 2.

강옥희·이순진·이승희·이영미, 『식민지 시대 대중예술인사전』, 서울: 도서출판 소도, 2006.

강호, 「라운규와 그의 예술」, 『라운규와 그의 예술』, 평양: 조선문학예술총동맹출판사, 1962.

金幽影, 「徐君의 映畵批評 在批評-『'火輪'의 原作者로써』를 읽고」, 『朝鮮日報』, 1931. 4. 18~22.

김종원 외(한국영화감독협회 기획), 『한국영화감독사전』, 서울: 국학자료원, 2004.

東京国立近代美術館フィルムセンター 監修, 『戰時統制下映画資料集: 映画公社旧蔵. 第8巻, 外地関係. 2』, 東京: ゆまに書房, 2014.

安鍾和, 「나와 『映畵藝術協會』時代」, 『新天地』, 1954. 2.

_____, 『韓國映畵側面秘史』, 서울: 현대미학사, 1998.

李鍾鳴, 「「流浪」의 原作者로서」, 『三千里』 제5권 제10호, 1933. 10.

李弼雨, 「徐光霽氏의 '아리랑'評을 읽고」, 『朝鮮日報』, 1930. 2. 25~28.

이효인, 「찬영회 연구」, 『영화연구』 제53호, 한국영화학회, 2012.

_____, 『한국영화역사강의 1』, 서울: 이론과 실천, 1992.

林和, 「서울키노映畵 火輪에 對한 批判」, 『朝鮮日報』, 1931. 3. 25~4. 3.

한상언, 「「활동사진필름검열규칙」의 검열수수료 문제와 조선영화산업의 변화」, 『현대영화연구』 제12권, 한양대학교 현대영화연구소, 2011.

현순영, 「김유영론 1: 영화계 입문에서 구인회 결성 전까지」, 『國語文學』 제54집, 국어문학회, 2013.

신문기사

「[說問] 1. 첫 愛人과 지금 夫人은 同一人이십니까? 2. 몇 살에 異性을 아섯습니가?」, 『三千里』 제6권 제7호, 1934. 6.

「男女會員을 大募集 영화인총회에서」, 『每日申報』, 1927. 8. 1.

「『狼群』撮影中止」, 『東亞日報』, 1927. 12. 26.

「부활된 『서울키노』」, 『朝鮮日報』, 1930. 4. 28.

「斯界有志糾合하야 映畵人會를 組織」, 『每日申報』, 1927. 7. 5.

「새로운 氣勢로 組織된 新興映畵藝術家同盟」, 『朝鮮日報』, 1929. 12. 16.

「새로 創立된 映畵人會」, 『朝鮮日報』, 1927. 7. 7.

「서울키노社製作 火輪 全十二卷」, 『每日申報』, 1931. 1. 10.

「서울키노에서 火輪撮影」, 『朝鮮日報』, 1930. 10. 8.

「新興映藝同盟大會에서 解體」, 『中外日報』, 1930. 5. 26.

「新興映畵藝術家同盟新組織」, 『東亞日報』, 1929. 12. 12.

「新興映畵藝術家同盟委員會에서 今後 方針 決議」, 『中外日報』, 1930. 4. 23.

「映畵工場 서울키노 復活」, 『每日申報』, 1930. 5. 3.

「映畵工場 『서울키노』 復活」, 『中外日報』, 1930. 4. 29.

「映畵人會創立」, 『中外日報』, 1927. 7. 6.

「映畵藝術協會 研究生을 募集」, 『朝鮮日報』, 1927. 7. 12.

「映畵藝協創立과 初作 『紅焰』」, 『東亞日報』, 1927. 3. 18.

「元山映畵工場 實演部公演」, 『朝鮮日報』, 1928. 10. 12.

「趙明熙 原作 『洛東江』 撮影 서울키노에서」, 『中外日報』, 1930. 6. 7.

「參加先手三百 運動系空前의 盛況」, 『時代日報』, 1925. 6. 26.

「暴行俳優 五名送局」,『每日申報』, 1930. 1. 15.

「『昏街』製作開始 서울,키노映畵」,『東亞日報』, 1928. 5. 27.

식민지도시와 근대성의 영화적 재현
: 기록영화 〈경성〉과 식민권력의 자기재현

주은우

1. 제국 일본, 식민지 조선, 그리고 영화와 선전

이 글은 식민지 조선의 수도를 촬영한 기록영화 〈경성(京城, Keijō)〉 (시미즈 히로시, 1940)에 대한 분석을 통해 일제 식민권력이 어떻게 식민지를 재현하는 동시에 자기 자신을 재현했으며, 그를 통해 어떻게 자신의 식민지 지배를 정당화했는지, 그 구체적인 한 사례를 검토하려 한다.

조선총독부(산하 철도국)가 제작한 기록영화로서 〈경성〉은 식민권력의 선전정책 특히 시각적 선전정책의 맥락에 위치 지울 수 있다. 조선총독부를 중심으로 해서 일본 식민권력은 인쇄매체에 실어 전달한 말과 글을 통한 담론적 설득과 선전뿐만 아니라 박람회나 전람회 같은 이벤트, 관광산업, 그리고 사진, 영화 등 다양한 시각매체를 활용한 시각적 선전에도 지대한 노력을 기울였다. 이러한 시각적 선전은 조선에 대한 식민지배 초창기부터, 아니 더 거슬러 올라가 공식적 병합 이전 일본이 조

* 이 글은 『사회와 역사』 제92집, 2011년 겨울 호(한국사회사학회)에 게재되었던 「식민지도시와 근대성의 영화적 재현: 기록영화 〈경성〉과 식민권력의 자기재현」을 일부 수정·보완한 것이다. 한국영상자료원에서의 〈경성〉 관람과 관련 자료 수집에 많은 도움을 준 김한상 박사에게 감사한다.

선반도를 식민화하려 획책할 때부터 이미 시작되었으며, 그 대상 또한 조선인을 넘어 외국인과 무엇보다 일본 자국민까지 포괄하는 것이었다.[1]

시각적 선전의 중요성은 특히 식민지에서 더 클 수 있었다. 시각 매체를 통한 실재의 재현과 이미지들의 유통은 서구 사회에서는 이미 19세기부터 폭발적으로 증가했지만, 시각적 재현의 폭증은 서구에만 고유한 현상이 아니라 식민지에서도 실재의 모사(simulation)나 이미지 조작 등을 통해 더욱 심각한 의미를 지니고 이루어진 식민지 근대성의 한 특징이었으며(조형근·박명규, 2011: 178), 낮은 문자해득률과 지배자와 피지배자 간의 낮은 신뢰 수준을 특징으로 하는 식민지적 상황은 정보통제와 선전에 있어 시청각매체의 비중을 높이고 사진이나 기록영상이 식민지 정책의 '진정성'을 담보하는 중요한 선전매체가 되는 경향을 야기했기 때문이다(정근식, 2009: 42). 이는 식민지 조선에서도 뚜렷한 사실이었는데, 특히 식민지배 말기 일제가 '국어(즉 일본어)' 상용 정책을 강제하고 조선어와 한글의 사용을 금지함으로써 초래된 복잡한 언어·문자 상황은 식민지 조선에서의 정보통제와 선전에 있어 시각매체의 중요성을 더 한층 강화한 면이 있었다.[2] 영화는 이러한 시각적 선전의 매체로서 그 중심적인 위치에 있었다. 제국 일본의 지배 엘리트들은 영화의

---

1 메이지(明治) 정부 초창기 이른바 '정한론(征韓論)'이 대두될 때부터 일본 내에서 만화를 통해 제국주의적 팽창과 식민화 정책의 당위성이 선전·전파된 실상에 대해서 한상일·한정선(2006)을 참조.

2 일제 말기까지도 일본어에 능숙한 조선인은 여전히 소수였다. 예컨대 "일제가 징병제 선전의 중요성을 집중적으로 거론한 1942년에만 해도 그나마 일본어를 조금이라도 이해할 수 있는 조선인은 전체 조선인의 2할에 해당하는 500만 명을 조금 넘는 데 불과했다." 그러나 '국어' 상용 정책 때문에 조선어영화를 만들 수는 없었으므로, 농촌에서 순회 상영 하는 영화에 대해서 조선어판을 따로 만드는 방안이 강구되거나 극영화에 조선어 해설이 첨부되기도 했다(이준식, 2004: 737). 언어·문자 상황의 복잡성에 기인한 선전의 한계는 물론 일제 말기에 국한된 것이 아니라 식민지 지배 기간 전반에 걸친 것이었다. 예컨대 박람회의 경우에는 전시물을 일본어로 설명함으로써 조선인 관람객에게 소외감과 지루함을 유발하여 선전의 효과성을 저해하고 관람객이 박람회 본회장보다 식당과 매점이나 여흥장에 몰리게 하는 결과를 낳기도 했다(신주백, 2004: 369, 381~382). 이런 경우 조선인 관람객은 민족적 차원과 정보 해독 및 습득의 차원이라는 이중의 차원에서 소외감을 겪었을 것이다. 다른 한편, 토키(talkie) 즉 발성영화의 도입과 친일영화의 관계를 다루는 것으로서는 이화진(2005), 김려실(2006: 3부)을 참조.

대중적 영향력을 잘 인식하고 있었으며, 또한 이러한 인식은 식민지 조선을 통치하던 총독부 관료들에게 있어서도 마찬가지였다.[3]

프랑스에서 뤼미에르 형제가 영화 촬영기이자 영사기인 시네마토그라프(cinématographe)를 발명한 해인 1895년, 일본은 청일전쟁의 승리를 통해 자신들의 첫 식민지(타이완, 랴오둥遼東 반도, 펑후澎湖 섬)를 획득하고 본격적인 제국으로서의 행군을 시작했다.[4] 2년 뒤인 1897년 오사카를 통해 영화가 처음 소개되자 곧 이 새로운 테크놀로지의 이데올로기적 가치를 인식한 제국 일본은 이른바 '북청사변(北淸事變)'이 일어난 1900년 의화단(義和團) 진압을 위해 제5연대를 파병하면서 처음으로 일본인 뉴스영화 카메라맨들을 함께 중국으로 보냈다. 1904년 제국 일본군은 다시 러일전쟁의 현장에 뉴스영화 카메라맨들을 파견했으며, 이들은 러시아군을 패퇴시키는 일본의 잘 훈련된 근대적 육군과 해군의 활약상을 카메라에 담아 서구 열강과 어깨를 나란히 하는 제국 일본의 이미지를 자국민과 세계인들에게 과시하였다(Baskett, 2008: 7).

이후 일본이 제국의 판도를 넓혀감과 나란히 혹은 그에 앞서서, 일본영화 역시 새로운 영토와 세력권에 카메라를 들이대어 현지의 모습을 일본 국민들에게 전해주는 동시에 서구 문명을 앞서 받아들인 일본의 모습을 식민지와 준식민지의 주민들에게 영사하며 일본국의 발전상과 지배의 정당성을 대내외에 선전하였다. 기록영화든 극영화든 장르의 경

---

3 전시체제하 일본의 파시즘이 강화될수록 '사상전의 무기'로서 영화의 중요성은 더욱더 강조되었다. 예컨대 만철(滿鐵) 즉 남만주철도주식회사의 제14대 총재를 지냈고(1935~1939) 삼국동맹 성립 당시 외무대신이었던(1940~1941) 마쓰오카 요스케(松岡洋右)는 어떤 문장이나 귀로 듣는 것보다 영화가 더 빠르게 인간의 머리에 들어가기 때문에 "백만언의 말과 글보다 영화가 제일"이라고 보았으며, 심지어 "영화는 국운을 좌우한다"라고까지 주장했다. 또 1943년 당시 식민지 조선에서 검열 업무의 주무 부서인 총독부 경무국 도서과의 과장이었던 모리 히로시(森浩)는 조선의 경우 오락기관이 적기 때문에 영화의 영향력과 지도력은 다른 무엇보다 뛰어나며 "영화의 중요성은 내지(內地)에서 갖는 그것보다도 실질적으로는 몇 배"나 된다고 보았다(이준식, 2004: 702).
4 물론 일본은 1874년 타이완 출병으로 청의 간섭을 배제하고 타이완을 자신의 세력권 아래 두었으며 1879년에는 류큐(琉球)를 공식 병합 하여 오키나와(沖繩) 현을 설치함으로써 제국으로서의 행보를 이미 오래전에 시작한 상태였다.

계를 넘어 일본 '제국의 영화'는 이렇게 타이완, 조선, 만주, 그리고 동남 아시아와 남양군도(南洋群島)에 이르기까지 이른바 '대동아공영권(大東亞共榮圈)' 전체를 아우르는 '매혹의 제국(attractive empire)'을 스크린에 구축해나갔고(Baskett, 2008), 만주사변 이후 소위 '15년 전쟁'[5] 기간 동안 선전과 설득을 통해 국민을 동원하고 이데올로기적 판타지와 지배의 욕망을 상영하는 '제국의 은막'으로서의 자신의 임무를 충실히 수행하였다(High, 2003).

조선반도에서 일본이 영화를 정치적 도구로 이용한 것은 식민지배 이전에 이미, 식민화의 주역 이토 히로부미(伊藤博文)에 의해 시작되었다(복환모, 2004: 251~254; 2006). 을사보호조약 체결(1905) 직후 초대 통감으로 부임한 이토 히로부미는 격심한 항일투쟁으로 인해 일본 국내에서 일어난 식민지 정책 비판 여론을 무마하고자 자신의 예전 경험을 살려[6] 영화를 이용했다. 이토의 의뢰를 받은 도쿄 소재 요시자와상점(吉澤商店) 사장 가와우라 겐이치(河浦謙一)와 카메라맨 고니시 아키라(小西亮)는 한국의 평화로운 모습만을 촬영해 일본에 소개했다. 또한 교토 소재 요코다상회(橫田商會)는 1907년에 〈한국풍속(韓國風俗)〉 및 〈통감부원유회(統監府園遊會)〉를 제작해 오사카 소재 벤텐자(弁天座)에서 상영했고, 1908년에는 이토의 한국 여행을 기록한 〈한국일주(韓國一週)〉[7]를 만들어 도쿄 간다(神田) 소재 긴키칸(錦輝館)에서 상영했다. 또 이토는 자신이 기획한 1909년 초 순종의 전국 순행 및 이를 수행한 자신의 대중연설 장면을 요코다상회로 하여금 영화로 제작해 상영토록 하기도

---

5 1931년 만주사변에서 시작하여 중일전쟁과 태평양전쟁으로 일본이 연합국에 항복하게 되는 1945년 까지를 말한다.

6 그는 이미 타이완에서 식민지 통치 초기에 현지의 항일무장투쟁이 집요하게 계속되자 일본 관련 영화를 상영하여 타이완인의 일본에 대한 위화감을 없애려 시도한 전력이 있었다(복환모, 2004: 251; 2006).

7 복환모(2004: 252)에 따르면 원래 제목에 '一週'로 표기되어 있다 한다. 이 영화가 이토 히로부미의 한국 여행을 기록한 것이라는 사실은 배스킷(Baskett, 2008: 8)의 간단한 언급에 따른 것이다.

했다.[8] 다른 한편, 이토는 1907년 선진 문물 수학이라는 명분을 내걸어 인질로 데려간 어린 영친왕의 일본 도착과 환영받는 모습, 일상생활 등을 요코다상회로 하여금 촬영하게 하여 1908년 봄 한국 황실과 창덕궁에서 상영토록 했는데, 이는 〈오이소해안의 한국 황태자(大磯海岸の 韓國皇太子)〉(1908) 같은 뉴스영화를 이용해 영친왕의 신변을 걱정하는 한국 황실의 우려를 달래고 한국의 여론과 민심의 동요를 무마하기 위한 것이었다(복환모, 2004: 251~254; 2006; 정근식, 2009: 50~51; Baskett, 2008: 8).

하지만 영화가 식민지 조선의 지배 도구로서 제도화되어 조직적으로 이용되기 시작한 것은 3·1 독립운동 이후부터라고 할 수 있다. 비록 무력으로 진압되었지만 3·1운동은 일제의 '무단통치(武斷統治)'를 종식시켰고, 1919년 8월 제3대 조선총독으로 부임한 사이토 마코토(斎藤実)는 이른바 '내선융화(內鮮融和)'로 표방되는 조선인 동화를 달성하기 위해 소위 '문화정치(文化政治)'를 실시하면서 무엇보다 '주지(周知)와 선전(宣傳)' 정책을 강조했다. 이를 위해 조선총독부는 인쇄매체, 영화, 시찰단 상호 파견, 박람회 개최 등 다양한 수단을 동원했는데, 그 일환으로 1920년 4월 조선총독부 관방문서과(官房文書課)에 활동사진반(活動寫眞班)을 설치하였다.[9]

'주지와 선전' 정책은 한마디로 조선 내외에 총독부의 시정(施政)을

---

8 복환모에 따르면 이 영화는 〈한국관(韓國觀)〉이란 제목으로 1909년 6월 도쿄의 긴키칸에서 상영되었다. 그런데 최길성에 따르면 같은 제목의 영화가 1910년 '요시자와상사'에 의해 제작·상영되었다고 하는데, 다시 복환모에 따르자면 순종의 지방 순행은 요시자와상점에 의해 슬라이드로 촬영되어 환등영화용으로 판매되었다고 하므로 이와 연관된 것으로 보인다. 다른 한편, 이 영화는 일본적십자사와 애국부인회 등에 의해 한국에서도 상영되었다(복환모, 2004: 254; 최길성, 2009: 41).

9 사이토 총독은 이토 히로부미와 마찬가지로 식민 통치에 영화를 이용하는 것에 적극적이었고, 개인적으로도 일상생활에서 영화를 가까이하고 있었다. 다른 한편, 제3대 한국통감으로서 1910년 한국병합을 주도하고 제1대 조선총독으로서 무단통치를 실시했던 데라우치 마사타케(寺內正毅)에게도 합방 직후부터 일본 영화계로부터 동화정책의 수단으로 영화를 이용하라는 제안들이 있었으나 무단통치하에서 데라우치와 총독부 당국에 의해 적극적으로 받아들여지지는 않았다(복환모, 2004: 259~260).

주지시키고 일본과 조선의 사정을 상호 소개함으로써 내선융화를 이룬다는 것이었으며(복환모, 2004: 258), 따라서 이 시기 선전의 초점은 식민지 조선의 정보를 일본 본토에 긍정적으로 전달하는 동시에 조선인들로 하여금 일본을 직접 보게 함으로써 조선과 일본의 발전 격차를 실감하고 발전에의 욕망을 창출케 하여 총독부의 정책에 호응하도록 하는 것이었다(정근식, 2009: 51). 이에 따라 총독부 활동사진반은 그 초창기에 조선 소개 영화와 일본 소개 영화 두 가지 범주의 영화를 제작했다. 전자는 3·1운동 이후 일본의 조선에 대한 불안감을 억제할 방안으로서 안정된 조선의 모습을 일본에 소개하고 총독부의 시정을 선전하기 위한 것으로, 1920년에는 〈조선사정(朝鮮事情)〉을, 1923년에는 〈조선여행(朝鮮の旅)〉을 제작해 일본 각지에서 순회 상영 하였다. 후자의 범주는 일본의 사정을 조선에 소개하여 조선 민중의 일본에 대한 위화감을 없애고 동화를 도모하기 위한 것으로 1920년 〈내지사정(內地事情)〉과 '군수단 내지시찰여행(郡守團內地視察旅行)'의 기록영화를 만들어 조선 각지에서 순회 상영 하였고 이듬해 이른바 '4·16전선시정 대선전'(혹은 '시정주지운동')에서도 이런 영상물들을 활용하였다(복환모, 2004: 261~269; 최길성, 2009: 41~55; 정근식, 2009: 51~52).

총독부 활동사진반의 이 영화들은 커다란 성공을 거두었다. 일본에서의 예상외의 큰 호응에 힘입어 총독부는 〈조선사정〉을 미국에도 보내 조선인과 일본인을 대상으로 상영하였고, 〈조선여행〉은 매년 새롭게 제작되었으며, 1926년에는 대상을 확대하여 만주와 간도에 조선의 상황을 소개할 목적으로 한 〈조선여행〉이 만들어지기도 했다. 또 조선 내에서의 순회 상영의 성공은 활동사진반의 역량을 넘어섰기 때문에 각 도에 영사반이 설치되게 하였으며, 경찰조차도 순회 영사가 내선융화의 가장 효과적인 방법임을 인식하게 되었고, 체신국에서 영화반을 신설하고(1922) 철도국과 외사과에서도 영사반을 설치하는 등 각 행정기관들도 영화를 적극적으로 이용하게 되었다(복환모, 2004: 261~273).[10] 이후 총독부 활동사진반에 의한 영화 제작 및 상영 활동은 일제강점기 말기까지 계속되었는데,[11] 이는 "관청의 영화이용 면에 있어서 일본보다 앞서 실행되었으며, 대만총독부 문교국의 영화반과 만주철도의 영화반보다도 일찍" 시작된 것이었다(복환모, 2004: 250).[12]

신설된 1920년부터 1926년까지 짧은 기간 동안 무려 238권, 11만 3,400미터에 달하는 영화를 제작하고 조선과 일본 각지에서 848회나 영사할 만큼 활동사진반의 활동은 초기부터 엄청난 것이었다.[13] 또 조선총독부는 제작한 필름을 소장하고 필요에 따라 각 기관에 임대했는데, 1921년부터 1928년까지 연임대수가 3,672권에 달할 만큼 총독부는 조선인 동화와 식민지 통치의 수단으로서 영화의 이용에 박차를 가했다(복환모, 2004: 273~274). 더욱이 1920년대 후반에 들면 각 행정기관 이외에 각종 공공단체나 심지어 동양척식주식회사도 선전영화를 제작하였다(정근식, 2009: 53~54). 이리하여 1920년부터 1937년 말까지

---

10 체신국은 가장 먼저 독자적으로 시정 방침의 주지와 선전을 위해 영화를 이용한 관청이었다. 체신국은 활동사진반이나 민간 영화 제작사에 우편저금에 대한 선전영화 제작을 의뢰하여 수 편의 영화를 소장하고 순회 영사를 전개했다. 윤백남 감독의 극영화 〈월하의 맹서〉(1923) 역시 저금 장려를 목적으로 총독부 체신국이 의뢰해 제작한 계몽영화다(복환모, 2004: 271; 최길성, 2009: 51~52).

11 1920년 11월 조선총독부 제2인자인 경무총감 미즈노 렌타로(水野練太郎)를 위원장으로 하는 조선정보위원회가 설치되자 활동사진반의 업무는 이 위원회에 귀속되었다(그러나 위원회의 활동은 뜸했고, 업무는 문서과 내에 신설된 정보계 등 실무진에서 처리했다). 총독부가 3·1운동 이후 조선인의 민심이 어느 정도 달래졌다고 판단하고 1924년 12월 정보위원회를 해체했을 때, 활동사진 관련 업무는 '내외사정에 관한 소개에 관한 사항'을 다루는 내무국 사회과로 이관되었다. 1932년 2월 조선총독부의 사무분장규정이 개정되자 활동사진에 관한 사무는 관방 문서과로 다시 이관되었다. 일본에서 정보위원회가 설치된 이듬해인 1937년 7월 즉 중일전쟁 발발 직후 조선중앙정보위원회가 설치되었으며, 활동사진의 촬영과 영사 업무는 여전히 문서과의 정보계가 주로 담당했다. 1941년 11월 태평양전쟁 발발 직전에는 문서과 내 정보, 영화, 보도의 3계가 증원되었다(정근식, 2009).

12 1929년 사회과장 가미우치 히코사쿠(上內彥策)의 보고에 따르면 1926년 신축된 조선총독부 청사 5층 서북쪽에 활동사진실이 있었는데, 조선에서 유일한 미국제 발보아 촬영기와 호엘 소부기(燒附器)를 갖추고 있었다(정근식, 2009: 53). 활동사진반은 뒤에 문서과 '영화반'으로 개칭되었다(정확히 언제 개칭되었는지는 확인하지 못했다. 중일전쟁 발발 이후에는 '영화반'으로 불린 것이 확실해 보인다).

13 이에 관해서는 배병욱(2006)도 볼 것.

18년 동안 조선총독부는 의뢰받은 영화를 제외하고도 총 679권에 달하는 선전영화를 제작했으며(정근식, 2009: 55; 최길성, 2009: 53), 구입 영화 49종을 포함하여 총 349종을 보유하였다(정근식, 2009: 56).[14]

중일전쟁 발발 이듬해인 1938년 '국가총동원법(國家總動員法)'이 실시되고, 1939년 10월 시행된 일본의 '영화법'을 따라 1940년 1월 '조선영화령(朝鮮映畵令)'이 공포되고 같은 해 8월부터 시행되면서 식민지 조선에서의 영화정책 또한 질적인 전환을 하였다. 조선총독부의 '적극적 지도' 아래 영화사업 등록제를 통해 영화의 제작과 배급이 국가권력에 완전히 종속되고 전쟁동원을 위한 극영화가 제작되는 등, 제국 전반에 걸친 '전시동원체제'에 상응하여 조선의 영화계는 '영화신체제' 혹은 '영화임전(臨戰)체제'로 돌입한 것이다(이준식, 2004; 김려실, 2006: 4~5부; 이영재, 2008; 한국영상자료원 엮음, 2007; 최길성, 2009: 제3장). 이 체제 아래서 조선총독부 역시 자기 자신의 영화 활동을 계속하였다. 예컨대 태평양전쟁이 발발하기 직전인 1941년 11월에 신설된 정보과 역시 영화를 제작했으며, 총독부는 1940년부터 1942년까지 3년간 15본 55권의 영화를 제작하고 구입한 영화 350본 630권을 영화계발협회를 통해 대출했다(정근식, 2009: 71). 식민지 조선에서도 '영화와 전쟁'의 관계가 긴밀해질수록 식민권력의 '시각기계', 혹은 시각기계로서의 식민권력 역시 더 힘차게 돌아가고 있었던 것이다.[15]

2. 기록영화, 〈경성〉

〈경성〉은 조선총독부 철도국이 의뢰하여 당시 일본의 메이저 영화

---

14 정근식은 조선총독부 관방 문서과가 펴낸 『조선총독부키네마(朝鮮總督府キネマ)』(1938. 3; 1939. 10)의 내용을 정리하여 이렇게 밝히고 있다. 그에 따르면 총독부 제작 영화들 중 제목이 제시된 영화들은 총 229종 449권이며, 총독부 보유 영화들 중 56종 157권이 목록에 실려 있다(정근식, 2009: 55~56). 같은 글을 한 번 더 인용하면 "1937년 말 조선총독부 문서과는 직접 제작한 영화 678권, 외부에서 구입한 영화 143권을 소장하고 외부에 대출사업을 하고 있었다"(정근식, 2009: 69).

15 영화와 전쟁의 관계에 대한 흥미로운 통찰과 '시각기계'에 대해서는 Virilio(1989, 1994)를 참조.

사 중 하나인 쇼치쿠(松竹)에서 왕성하게 활동하고 있던 극영화감독 시미즈 히로시(清水宏)가 메가폰을 잡고 대일본문화영화제작소(大日本文化映画製作所)가 제작한 기록영화다(흑백, 상영시간 약 24분).[16] 〈경성〉은 1939년에 제작이 의뢰되고 1940년에 만들어져 공개되었다.[17] 다시 말해 이 영화는 중일전쟁의 발발과 함께 조선을 비롯한 제국 일본 전역에서 선전 수단으로서의 영화의 중요성이 한참 고조되고 있던 한가운데(사후

16 〈경성〉의 필름은 1992년 한국영상자료원이 일본으로부터 입수하여 공개하였다(실제 한국영상자료원은 이 영화를 1983년 4월에 쇼치쿠영화사로부터 입수한 것으로 알려지기도 하는데 확인하지는 못했으며, 현재 '한국영상자료원 한국영화데이터베이스http://www.kmdb.or.kr/'에서 '경성'을 검색해보면 지금 언급할 1992년의 『서울신문』의 기사가 『대한매일』이란 제호로 게시되어 있다). 1992년 11월 7일 자 『서울신문』 12면에는 한국영상자료원이 〈경성〉을 비롯하여 극영화 〈망루의 결사대(望樓の決死隊)〉(이마이 다다시, 1943), 〈젊은 모습(若き姿)〉(도요다 시로, 1943), 〈사랑의 맹서(愛の誓い)〉(최인규, 1945; 〈사랑과 맹서愛と誓ひ〉가 원제목으로 알려져 있다), 문화영화 〈아름다운 이웃사랑(隣人愛の麗客)〉(오카자키 렌지, 1938. 당시 기사에는 '이웃사랑의 아름다움', 제작연도 미상'으로 알려졌다) 등의 1940년대 작품 5편을 일본에서 입수하여 월내 상영한다는 기사가 실렸고(「40년대 미공개 영화 5편 "햇빛"/ 영상자료원, 일서 입수 월내 첫 상영」), 같은 해 12월 7일 자 『동아일보』는 한국영상자료원이 위의 영화들과 함께 기록영화 〈처용무(處容舞)〉와 〈향령무(響鈴舞)〉 및 제작연도 불명의 문화영화 〈아름다운 이웃사랑〉을 일본 및 국내에서 입수했으며, 12월 8일 자체 영사실에서 관련 학계 및 평론가들을 대상으로 〈망루의 결사대〉·〈처용무〉·〈경성〉의 시사회를 가질 예정이라고 보도했다(「日帝시대 희귀필름 7편 공개」). 이후 〈경성〉은 1997년 제2회 부산국제영화제 '아시아 초창기 영화 특별전'에서 소개되는 등(『경향신문』, 1997. 9. 21, 17면, 「순종황제 장례 기록영화 첫공개 / 영상자료원, 일제치하 한국 생활상 담은 3편도 / 24일 프레스센터서 상영」. 그런데 이 기사에서는 〈경성〉이 다른 기록영화 〈고요한 아침의 나라〉[1910], 〈한국의 주요 마을들〉[1923], 〈순종황제 인산습의〉[1926]와 함께 최근에 입수된 것처럼 보도되고 있다) 여러 행사나 전시회를 통해 비교적 많이 일반에게 공개된 필름에 속하게 되었으며, 현재 한국영상자료원에서 관람할 수 있다.

17 1939년 10월 26일 자 『조선일보』 조간 4면에 「文化映畵 "京城" 製作完成」이란 표제의 기사가 보도되었다. 그러나 〈경성〉과 관련하여 영화 제작의 의뢰, 감독 시미즈 히로시의 방한, 제작 완성과 시사에 대해 보도하고 있는 다른 신문기사들(『동아일보』, 1939. 10. 26, 12. 3, 1940. 1. 2, 5. 29, 6. 9, 6. 28; 『매일신보』 1940. 1. 23 등)을 보면 실제로 〈경성〉은 촬영도 1940년에 들어와서 시작되었고 같은 해에 제작·완성되어 일반에게 공개되었던 것으로 판단된다(이에 대해서는 뒤에서 다시 언급할 것이다). 이와 관련하여 1940년 7월 15일 자 『매일신보』 4면에는 「철도국의 관광선전영화 『友』와 『京城』 두 작품의 시사를 보고 늦긴 일이지만……"으로 시작하는 김정혁의 「文化映畵의 理念─友와 京城을 보고」란 글이 게재되기도 했다. 기록영화 〈경성〉을 언급하고 있는 문헌들 역시 대부분 〈경성〉의 제작연도를 1940년으로 표기하고 있으며(예를 들면, High, 2003: 440), 한국영상자료원 한국영화데이터베이스에도 〈경성〉의 제작연도는 1940년으로 기재되어 있고(http://www.kmdb.or.kr/movie/md_basic.asp?nation=A&p_dataid=02231&keyword=경성), 1997년 야마가타국제다큐멘터리영화제(山形国際ドキュメンタリー映画祭 '97, Yamagata International Documentary Film Festival '97)에서 〈경성〉이 상영되었을 때에도 1940년 작품으로 소개되었다(http://www.yidff.jp/97/cat111/97c113.html). 2011년 청계천문화관에서 열린 '이방인의 순간포착, 경성 1930'전(3월 29일~6월 26일)에서도 〈경성〉이 상영되었는데, 이 전시회에서는 1939년 작품으로 ─〈경성 1939〉란 제목을 붙여─ 소개되었다(『중앙일보』, 2011년 3월 31일 자 기사 등 참조).

적으로 보자면 또한 태평양전쟁 발발 전야에), 조선영화령의 시행과 더불어 조선에서 '영화신체제'가 가동되기 직전에 만들어진 것이다.

1) 기록영화와 〈경성〉

중일전쟁이 발발한 1937년경에 이르면 '대일본제국'은 미국까지도 제치며 세계에서 가장 많은 영화를 생산하는 나라가 되어 있었고, 태평양전쟁이 한창이던 1943년경이 되면 군사적으로 승승장구하는 가운데 아시아의 드넓은 지역에서 뉴스·교육·오락의 주된 원천으로서 할리우드를 대체하게 될 참이었다(Baskett, 2008: 3).[18] 이 시기 식민지 조선의 영화시장 역시 크게 성장한 상태였다. 1922년에 이미 관객 수는 96만 1,532명으로 100만 명에 육박하고 있었는데―여기에는 학교나 병원 마당에서 무료로 영화를 관람했던 지방과 농어촌 관객은 빠져 있다― (유선영, 2003: 364), 1930년에는 500만 명을 넘어섰고, 외국영화의 수입과 상영이 철저히 통제되고 있던 상황에서도[19] 〈경성〉이 기획·제작 의뢰된 1939년에는 1,722만 명을 넘어서고 있었으며, 〈경성〉이 제작되어 상영된 1940년부터는 2,000만 명이 넘는 관객이 영화관을 찾고 있었다.[20] 그런데 1938년 미국 상무부는 일본이 품질은 별로 고려하지 않는 대량생산을 통해 내수시장용 영화를 세계에서 가장 많이 생산하는 나라라

---

18 1940년 일본영화협회에 따르면, 일본 정부는 미국이 548편의 영화를 생산한 데 비해 일본은 580편의 영화를 제작한 것으로 보고했다(영국 150편, 독일 125편, 프랑스 121편, 중국 75편, 이탈리아 37편, Baskett, 2008: 174, n. 11).

19 1926년 8월부터 '활동사진필름취체규칙'을 시행해 각도에서 행하던 검열을 경무국 도서과로 통합했던 일제는 1934년 8월에는 외국영화의 상영 제한을 핵심으로 하는 '활동사진영화취체규칙'을 제정했다. 이후 총독부는 극장에서 상영되는 영화 중 외국영화가 차지하는 비율이 1934년 9월 1일부터는 4분의 3, 1936년에는 3분의 2, 1937년 이후부터는 2분의 1을 넘지 못하도록 규제하였다(이준식, 2004: 707).

20 이준식(2004: 704~706) 참조. 이에 따르면, 관객 수는 1930년 511만 1,529명, 1937년에는 1,195만 9,932명, 1939년에는 1,722만 3,304명, 1940년에는 2,169만 524명, 1941년에는 2,508만 6,843명으로 집계되었으며, 이 가운데 7~8할이 조선인이었다고 한다. 물론 1940년대 총동원체제하에서의 관객 규모에 대해서는 '추천영화'와 선전영화를 보도록 하기 위해 특히 학생들의 단체 관람 등 조직적인 관객 동원이 이루어졌음을 감안할 필요가 있다(이준식, 2004: 728~733).

고 보고하는 가운데, 뉴스영화의 대량생산이 이 막대한 영화 제작 편수에 많은 기여를 하고 있음을 시사하고 있었다(Baskett, 2008: 174, n. 11). 〈경성〉의 생산 맥락을 살펴보려 할 때에도, 먼저 〈경성〉이 바로 기록영화라는 기본적 사실에서부터 출발할 필요가 있을 것이다.

앞장에서도 살펴보았듯이 제국 일본의 선전영화는 1900년 의화단을 진압하기 위해 파병할 때 카메라맨을 동반시키면서 시작되었다. 시바타 쓰네키치(柴田常吉)와 후카타니 코마키치(深谷駒吉)는 새로 수입된 고몽(Gaumont) 카메라와 20롤의 필름을 가지고 8,000명의 군대를 따라 베이징으로 향했으며, 이들이 촬영한 영화는 일본 최초의 '시사영화(時事映画, 지지에이가)'로 불리게 되었다(Nornes, 2003: 3).[21] 1931년 만주사변의 발발로 뉴스영화에 대한 관객들의 요구가 급증했는데, 이와 동시에 만주를 침공한 군대의 도움을 받아 촬영된 기록영상들에 의해 '편집영화(編集映画, 헨슈에이가)'로 알려지게 되는 영화들이 또한 나타났다. 1930년대 전반기 동안 많이 제작된(특히 1933년은 절정의 해였다) 이 편집영화는 표준적인 뉴스영화들과는 차별화되는 것으로서 오늘날 통상적인 용법에서 '기록영화(documentary)'로 받아들여지는 논픽션영화들에 근접하는 최초의, 그리고 이행기적인 영화였다(Nornes, 2003: 50~55). 이 편집영화들은 얼마 안 가 자신의 특질을 상실해갔고, 일본에서 통상적 의미에서의 기록영화에 해당하는 영화들에는 곧 '문화영화(文化映画, 분카에이가)'란 명칭이 주어졌다. 대략 1930년대 중반부터 나타난 문화영화는 교육과 계몽을 목적으로 한 영화를 두루 통칭하는 것으로 극영화와 대립될 뿐 아니라 단순한 뉴스영화와도 구별되었다.[22]

---

21 이들의 영화는 1900년 10월 18일부터 도쿄의 긴키칸에서 〈북청사변활동대사진(北清事変活動大寫真)〉(일본활동사진회日本活動寫真會 제작)이란 제목으로 상영되었다(위키피디아 일본어판 '錦輝館' 항목 참조). 조희문은 1901년 9월 14일 자 『황성신문』에 실린 영화감상기를 분석하면서 이 기록영화가 서울에서 상영되었을 것이라고 추론한 바 있다(조희문, 1992: 37~39).

22 뉴스영화 제작자들이 사건 그 자체에 기초해서 영화를 만드는 반면, 문화영화나 편집영화 등의 새로운 영화제작자들은 각본과 상상된 구조에 의지해서 영화를 만들었다(Nornes, 2003: 57).

그리고 1937년 중일전쟁의 발발은 "문화영화의 영광의 나날들"(High, 2003: 92~148)을 가져왔다.

'문화영화'란 명칭이 정확히 언제 출현했는지에 대해서는 합의되는 바가 없고 여전히 논란의 대상이다(Nornes, 2003: 55). 문화영화는 교육영화, 교재영화, 학술영화, 기록영화, 시사영화, 선전영화 등을 포함하는 것으로 통용될 정도로 그 범위와 정의가 포괄적이고 모호한 편이다. 이 명칭이 일본 제국과 그 식민지들에서 정식화된 계기는 1939년의 영화법 제정으로 보이며, 그 이전에는 '(사회)교화영화'나 '선전영화' 등으로 불리거나 '군사영화', '위생영화' 등으로 세분화되어 지칭되기도 했다(김한상, 2009: 16). 그런데 이 '문화영화'란 명칭은 독일어 'Kulturfilm'를 직역한 것이었다(김한상, 2009: 16; 정근식, 2009: 67).[23] 히틀러 집권 후 나치독일은 그 선전 효과에 주목하여 문화영화를 강제적으로 영화관에서 상영하게 하는 등 다양한 문화영화 육성 정책을 펼쳤으며, 1930년대 이후 일본의 선전 영상에 관련된 정책은 1936년 제정된 독일의 영화법을 포함하여 나치독일의 정책을 모방한 측면이 강했다(정근식, 2009: 68). 따라서 문화영화가 제국 일본의 중요한 선전 수단으로 기능하게 된 것은 자연스러운 일이기도 했는데,[24] 1939년의 일본 영화법은 시나리오 단계에서 검열을 받는 극영화와 달리 기록영화는 후반 작업 단계까지 검열을 받지 않게 했을 뿐 아니라 논픽션물에 대해서는 검열 수수료도 면제해주었으며, 문부대신의 인증제도를 공식화하고 문부대신에 의해 "국가정신의 교화 혹은 국민의 지적 능력의 계발에 공헌"한다고 인정된

---

23 독일의 '문화영화(Kulturfilm)'는 제1차 세계대전 이후 설립된 UFA영화사가 극영화 제작 후 남은 자투리 필름으로 다큐멘터리를 만들면서 시작되어 하나의 양식으로 자리잡았다고 한다(김한상, 2009: 16).

24 일본의 좌파 영화평론가 이와사키 아키라(岩崎昶)는 이미 1936년경에 일본에서의 '문화'라는 말의 자의적인 사용은 '국가정책'을 위해 자본주의를 심미화(미학화)하는 것에 다름 아니라고 날카롭게 비판하였다(Nornes, 2003: 57). 그로부터 3년 뒤에 영화법의 실제 입안자이며 '일본의 괴벨스'라고도 불리던 다테바야시 미키오(館林三喜男)가 쓴 글에 따르면, 영화법은 '문화'정책의 일환이며 문화정책이란 "국가가 문화를 육성해서 국민적인 범위로 확대 전개하는 정책"이었다(이준식, 2004: 709).

영화(극영화 제외) 즉 "대중교육에 유익한" 영화의 강제상영을 가능하게 함으로써 문화영화/기록영화 양산의 길을 터주었다(Norens, 2003: 63).[25] 이와 같이 1939년의 영화법과 정부의 영화정책은 본격적인 "일본 기록영화의 황금기"를 개시시켰다. 그러나 그것은 어디까지나 "어두운 지평선을 지닌 황금시대"였다(Nornes, 2003: 48).

문화영화/기록영화와 관련된 일본의 이러한 정책은 조선총독부의 영화정책에도 큰 영향을 끼쳤다. 식민지 조선에서 검열과 선전을 두 축으로 하는 정보통제는 1930년대에는 일본의 그것과 점차 하나의 유기적인 체계를 구성해갔고 특히 1935년경부터는 식민모국과 식민지의 정보통제가 일원적으로 움직이는 경향을 보이기 시작했는데(정근식, 2009: 44~45, 58), 1940년의 조선영화령 역시 영화위원회 설치에 관한 "제19조의 규정을 제외하고는 같은 법에 따른다"라고 할 정도로 일본 영화법을 거의 그대로 적용한 것이었고, 일제는 이를 "법에서의 내선일체의 구현"이라 선전했다(이준식, 2004: 710). 따라서 조선영화령 역시 우수영화를 지정·장려하는 내용과 더불어 문화영화 상영을 강제하는 내용을 포함하고 있었다(이준식, 2004: 710; 정근식, 2009: 69~70). 총독부는 영화령의 이 규정에 입각해 1941년 1월 1일부터 문화영화의 강제상영 제도를 실시했고, 태평양전쟁 발발(1941년 12월 7일) 이후 1942년 7월 10일부터는 뉴스영화의 강제상영 제도를 실시했다(이준식, 2004: 730).

그런데 식민지 조선에서는 문화영화/기록영화를 강제상영할 수 있는 제도적 수단이 그 이전에 이미 마련되어 있었다. 이는 아마 검열과 선전의 문제는 식민모국에서보다 식민지에서 더 심각한 사안이었기 때문일 것이다. 조선총독부는 1933년 기존의 '활동사진필름취체(取締)규칙'

---

25 문화영화의 강제상영을 명문화한 것은 영화법 제15조였다(김한상, 2009: 18). 영화법이 공포된(9월. 시행은 10월부터) 1939년에 문부대신의 인증을 받은 기록영화는 985편이었으나 이듬해 그 수는 4,460편으로 뛰어올랐고, 논픽션영화만 상영하는 영화관까지 생겨났다(Nornes, 2003: 63).

을 개정하여 "영화내용이 사회공익에 관한 것", "관공서 학교 공공단체 등이 공익을 위하여 사용하는 영화", "신문사 통신사가 공익을 위하여 무료로 공개할 영화" 등의 경우에는 검열 수수료를 면제하여 이른바 '사회교화영화'가 보다 쉽게 제작되고 상영될 수 있는 조건을 마련했다. 그리고 이듬해인 1934년 8월에 공포하여 9월 1일부터 시행한 '활동사진영화취체규칙'에는 "사회교화영화의 특별취급" 조항과 "사회교화에 필요하다고 인정할 때에는 강제상영"이라는 조항을 두어 '사회교화영화' 즉 문화영화를 의무적으로 상영하게 할 수 있는 길을 열었다(김한상, 2009: 17; 2010: 82).[26] 이렇듯, 식민지 조선에서는 적어도 1930년대 중반부터는 문화영화의 제작과 상영에 유리한 조건이 마련되어 있었다. 더구나 1934년의 활동사진영화취체규칙은 문화영화의 강제상영을 가능케 한 외에도 "수입영화의 허가제도"를 통해 외국영화의 수입을 통제했기 때문에 부족해진 영화 공급을 채우기 위해서라도 상영관이 문화영화에 눈을 돌리게 만들었다.[27] 그러므로 1940년에 제작된 〈경성〉은 자신이 관객 대중과 만날 수 있는 안정적인 기회를 가진 가운데 만들어졌던 것이다.

2) 관광문화영화와 〈경성〉

〈경성〉의 생산 맥락을 검토할 두 번째 출발점은 이 영화가 조선총독부 철도국에 의해 제작되었다는 사실이다. 사실 철도국은 식민지 조선의 행정기관 가운데 자체적으로 가장 활발히 영화를 제작·보급해온 기관 중의 하나였다. 앞장에서도 언급되었듯이, 1920년 신설된 조선총독부 활동사진반의 영화 제작과 순회 상영이 성공적인 것으로 판명되

---

26 배스킷에 따르면 이 법령은 어떤 영화든지 매 상영 때마다 조선총독부 영화반(활동사진반)이 제작한 영화를 함께 상영하도록 했으며, 이 때문에 평균 한 달에 두 편 정도 제작하던 영화반의 제작 편수가 중국에서의 상황을 알리는 영화에 대한 관객의 요구와 맞물려 급상승했다(Baskett, 2008: 23).
27 최길성(2009: 53)의 지적을 인용하자면, "외화의 금지로 영화 제작이 활발해지게 되자 애국고취 및 선전영화들이 갑자기 쏟아져나왔다."

자 총독부 산하 각 기관들은 활동사진반이나 민간 영화 제작사에 의뢰하여 선전영화를 제작하고 순회 영사를 하기 시작했는데, 가장 규모가 큰 것이 바로 여행을 담당한 철도국이었다(정근식, 2009: 52, 55). 철도국은 곧바로 영사반을 설치하여 관광영화 등의 상영회를 개최하고 여객 유치에 힘을 기울였는데, 특히 1918년에 남만주철도주식회사와 공동으로[28] 도쿄, 오사카 및 시모노세키에 설치하여 조선과 만주의 풍경과 산업을 선전하고 있던 선만안내소(鮮滿案內所)에 관광안내용 영화, 영사기 및 영사기사를 두고 일본 내 부현청(府縣廳), 교육회, 청년단, 재향군인회, 학교 등과 공동으로 강연회와 함께 상영회를 개최하거나 영화 및 영사기를 임대해주었다. 1920년대에 철도국 영사반이 일본 순회 영사를 위해 소장하고 있던 영화들은 주로 총독부 활동사진반이 제작한 것들로서 〈조선여행(朝鮮の旅)〉(1925), 〈금강산〉,[29] 〈사계의 행사〉(1927), 〈신라왕조의 유적을 찾아서〉, 〈선녀와 나무꾼(羽衣天女物語)〉(1926) 등이었다(복환모, 2004: 272).

앞에서 살펴본 기록영화/문화영화의 맥락에서 볼 때 철도국이 생산해온 이런 영화들은 관광문화영화라 할 수 있을 것이며(김한상, 2010), 이런 성격은 1930년대 후반에 오면 더 강해졌다. 이 시기에 오면 일본 본토와 조선 등에서 철도 당국이 의뢰하고 닛카츠(日活)·쇼치쿠 등의 영화사에서 제작하는 방식이 주요한 흐름을 이루게 되었다. 또한, 조선총독부 철도국이 닛카츠에 의뢰하여 1938년에 〈대금강산보(大金剛山譜)〉를 제작했을 때 당시 일본과 조선 양쪽에서 대스타였던 무용가 최승희(崔承喜)를 주연으로 발탁하고 대중작가 하마모토 히로시(濱本浩)에

---

28 조선총독부 철도국과 남만주철도주식회사는 신의주를 통해 철도 자체가 연결되어 있듯이 긴밀한 관계를 유지했다. 특히 1917년부터 만철은 조선철도의 경영까지 위탁받아 설비 개선을 담당했으며, 이는 1925년 그 관리를 조선총독부에 되돌려줄 때까지 7년 반 동안 계속되었다(고바야시 히데오, 2004: 86).

29 1921년부터 동명의 영화가 다수 제작되었다.

게 시나리오를 의뢰했던 것처럼 대중적 요소를 고려하고,[30] 일본의 각본가들과 감독, 촬영기사들을 조선으로 초청해 취재케 하고 로케이션 촬영을 하는 등 다양한 방식의 투자가 이루어졌다(김한상, 2010: 82~83). 철도국이 쇼치쿠에 의뢰하여 제작한 〈경성〉 역시 이러한 흐름 속에 만들어진 대표적 관광문화영화라 할 수 있으며, 그 외에도 이런 경향의 작품들로는 철도국이 쇼치쿠에 제작 의뢰한 〈겨울의 조선〉(1939), 〈약동하는 조선〉(1939?), 〈동무〉(1940), 닛카츠에 제작 의뢰한 〈조선의 여행〉(1938), 〈대륙에의 길〉(1939) 등이 있었다(김한상, 2010: 83).[31]

일본은 러일전쟁 직후인 1906년부터 『아사히신문(朝日新聞)』이 최초의 만한관광(滿韓觀光)을 추진하고 문부성과 육군성이 공동으로 만주 수학여행을 주최하는 등 자국민들의 국내여행을 넘어 만주와 조선으로의 관광여행을 적극 육성하였다(임성모, 2010: 39~46). 이해 4월 경의선이 전부 개통되고 1911년 11월 1일 신의주와 안둥(安東)을 연결하는 압록강 교량의 완공에 의해 시모노세키-부산 간의 연락 항로를 중개로 하여 일본 내지에서 조선을 거쳐 만주 펑톈(奉天)까지 직통 운송 체계가 확립되면서(서기재, 2005: 76) 일본의 거대한 '동아시아 철도네트워크'(진시원, 2004)가 본격적으로 구축되기 시작하는 동시에 일본인들의 만주·조선 관광도 급성장하게 되었다. 당연히 철도는 여기서 큰 역

---

30 일본에서의 최초의 '한류' 스타로서의 최승희에 대해서는 Atkins(2010: 169~175) 참조. 일본 본토에서 식민지 조선의 문화가 누린 인기와 유행에 대해서는 같은 책(147~186)을 보라. 한편 〈대금강산보〉는 토키로 만들어졌다고 한다(최길성, 2009: 54).

31 조선총독부 철도국과 함께 선만안내소를 설치한 만철 역시 이 시기에 〈비경 러허(秘境熱河)〉(1936), 〈초원 바르가(草原バルガ)〉(1936), 〈만철 삼십년(滿鐵三十年)〉(1938), 〈만주 대두(滿洲大豆)〉(1938) 등의 관광문화영화들을 만들었다(김한상, 2010: 83). 이 영화들은 아쿠타가와 코조(芥川光藏)가 감독을 맡았는데, 그는 1923년에 설치된 만철 영화반을 이끈 인물이다(고바야시 히데오, 2004: 192). 만철 영화반은 중일전쟁 발발 한달 뒤인 1937년 8월에 만주국과 만철이 공동출자 하여 만영(滿映: 만주영화협회)을 설립한 뒤에도 계속 기록영화와 뉴스영화를 제작해오다가 1944년 6월 1일 만영에 흡수되는 형식으로 해소되었다(당시에는 만철영화제작소. 김려실, 2011: 46~48). 만철 영화반에 대해서는 고바야시 히데오(2004: 192~194), 만영에 대해서는 김려실(2011), 강태웅(2010), 고바야시 히데오(2004: 194~198) 참조.

할을 하였다. 예컨대 일본 철도원은 1913년부터 영문으로 된 동아시아 관광안내서를 지속적으로 간행하여 일본·조선·만주·지나(支那) 등을 관광지로 소개했으며, 1924년 2월에는 철도성, 만철, 일본우선(郵船)주식회사, 오사카상선주식회사, 타이완철도회사 등의 대표자들이 일본여행문화협회를 발족시키고 잡지 『여행(旅)』을 창간하였다(김한상, 2010: 89~90). 1920~1930년대가 되면 조선인들 역시 '내지'뿐만 아니라 제국 일본이 '국민적 위령공간'(임성모, 2010: 47~56)으로 만든 만주로의 여행에 활발하게 나섰고,[32] 1930년에는 '재팬 투어리스트 뷰로(Japan Tourist Bureau)'의 경성안내소가 본격적인 업무를 개시했다(이경훈, 2010: 296~297). 일본 '내지'와 조선과 만주를 연결하는 이 관광네트워크의 구축과 육성은 제국의 '관광식민주의'를 통해 제국의 '표상공간의 통합'을 촉진하는 과정이기도 했다(김백영, 2008: 12). 1939년 10월 교토에서 개최된 제2회 동아관광회의는 '대동아공영권의 관광판'이라고 할 수 있는 '동아관광블록'이란 구상을 제출함으로써 고노에 후미마로(近衛文麿) 수상이 제시한 '동아신질서(東亞新秩序)'를 관광산업으로써 뒷받침하고자 하였다. '대동아공영권'은 '대동아관광권'으로 번역된 것이다(이경훈, 2010: 289).

일본, 조선, 만주의 철도 당국들이 주도한 관광문화영화들은 이 동아관광블록을 스크린에 펼침으로써 제국의 신민들이 확장되는 제국의 영토들을 이미지(image)들을 통해 체험하게 하여 글자 그대로 '동아신질서'의 '상상적 지리(imaginative geography)', '심상지리'로서의 대동아(이상우, 2008)를 구축하는 역할을 하였다. 예컨대 만철과 조선총독부 철도국이 관광흥보용으로 제작한 〈만주여행(滿洲の旅)〉(1937)의 '내지'편이나 오사카상선주식회사가 제작한 〈조선 주유여행(朝鮮周遊の旅)〉

---

32 이경훈(2010)은 식민지 조선의 근대문학을 통해 이를 분석하고 있다.

(1937)의 '내지' 편은 여행의 출발지로서 일본 본토를 자리매김하고 있고, 만철영화제작소가 제작한 〈내선만 주유여행(內鮮滿周遊の旅)〉(1937)이나 일본철도성 국제관광국이 영어로 제작한 〈동경-북경: 조선과 만주국을 거쳐(Tokyo-Peking: Through Tyosen and Manchoukuo)〉(1939)처럼 조선·만주 등을 독립된 장으로 연결하는 옴니버스 구성을 취해 여행의 주체로서의 일본인들에게 조선을 거쳐 만주와 북중국으로 점차 영토를 확장해가던 자국의 경계를 확인시켜주는 교육적 역할을 수행했던 것이다(김한상, 2010: 90~92).[33]

조선총독부 철도국이 기획·의뢰하여 제작된 〈경성〉 역시 관광문화영화로서 제국의 상상적 지리를 재현하고 동아신질서의 심상지리를 구축하는 데 한몫을 하고 있다고 할 수 있다. 물론 〈경성〉이 재현하고 있는 지리적·물리적 공간은 그 소재인 경성이라는 도시에 국한되어 있다는 점에서 글자 그대로 동아관광블록을 이미지화하고 있는 위의 영화들과는 차이가 있다. 또한, 조선을 소재로 한 다른 관광문화영화들이 주로 자연경관이나 명승고적에 초점을 맞추고 여타 매체에서 재현된 스테레오타입화된 이미지를 많이 활용하는 경향이 있는 데 비해, 〈경성〉은

---

33 영어 내레이션과 자막을 동반한 〈동경-북경〉은 일차적으로 서양인들을 관객이자 잠재적 관광객으로 설정하여 만든 영화지만, 그 일부인 '조선(Tyosen)' 편은 〈조선소묘(朝鮮素描)〉란 제목으로 일본어로 더빙되어 일본 내에서 상영되었다. 일본 철도성 국제관광국이 기획·의뢰하고 도호(東宝)영화사가 제작한 이 영화는 '조선' 편(12분)이 2004년 한국영상자료원에 의해 오사카플래닛영화자료도서관(Osaka Planet Film Bibliotheque)에서 발견·수집되었다. 2008년에는 도호스텔라주식회사 니치에이 아카이브(株式会社東宝ステラ日映アーカイブ)에서 기존의 '조선' 편(10분 45초) 외에도 '만주국(Manchoukuo)' 편, '북중국(North China)' 편이 수록되어 있는 38분 판본이 발견되었다. 이 영화는 연구가 상당히 이루어졌다. 이에 대해서는 김한상(2010), 김려실(2008), 오카와 히토미(2007), 최길성(2009: 288~296)을 보라. '조선' 편은 2008년 6월부터 한국영상자료원 홈페이지에서 〈동경-북경(조선과 만주를 거쳐)〉이란 제목으로 VOD 서비스가 제공된 바 있고(김한상, 2008), 최길성(2009)의 책의 DVD 부록에 수록된 바 있다. 한편, 아직 '내지' 편은 발견되지 않아 일본 부분이 있는지 확인되지 않으나, 애니메이션으로 만들어진 오프닝 타이틀 시퀀스는 도쿄에서 출발하여 조선과 만주를 거쳐 북중국으로 갔다가 도쿄로 바로 돌아오는 여정의 기하학적 표현을 통해 대동아의 심상지리 공간을 형상화하고 있으며(김한상, 2010: 98), 이로써 이 영화가 일본인 시점에 선 관광 주체의 응시를 실현하고 있음을 가시화해주고 있다(관광은 기본적으로 집 혹은 일상의 공간으로 '돌아옴'을 전제로 한다. Urry, 1990: 3).

조선총독부가 조선과 경성의 발전된 모습을 선전하고자 하는 기획 아래 제작되었다는 점에서도 그 차이가 있다. 예컨대 1939년 『동아일보』는 10월 26일 자 기사에서 "철도국에서는 종래 풍광을 주로 하는 조선의 선전에 노력해오던바 이번은 약진 조선의 산업과 문화 면을 대대적으로 선전코저 전번 내선(來鮮)한 가등(加藤), 빈본(濱本), 소도(小島) 三씨에 각색을 위촉하야 북조선의 공업과 어업을 주제로 한 『약진하는 조선』三권 경성 도시미를 표징하는 『대경성』二권의 순문화영화를 송죽(松竹) 문화영화부에 의뢰 작성키로 되엇다"라고 보도하고 있고,[34] 12월 3일에는 "철도국에서는 금번 송죽대선촬영소(松竹大船撮影所)에 의뢰 조선을 내외에 선전하는 영화 두 개를 작성키로 되엇다. 하나는 비약적 약진을 하고 잇는 조선의 실상(實相)을 종합적으로 하나는 문화도시로서의 약진 경성의 발전을 그린 것으로 청수굉(淸水宏) 감독 이하 『카메라맨』一행은 내촌 내선 『크랭크』를 개시할 터이라 한다"라고 보도하고 있다.[35] 조금 과감하게 말하자면, 종래의 관광문화영화가 '보는 주체'로서의 식민모국이 '보여지는 대상/타자'로서의 식민지를 응시하는 외부적 시선(라캉적 의미에서의 큰타자의 시선)을 구현하고 있던 데서, 근본적으로 주체로서의 식민지/식민지 주민의 시선을 구현하는 것은 아니라 하더라도 식민권력이 자신이 보여주고 싶은 식민지의 이미지를 식민모국에 제시하는 방식으로 시선의 미묘한 변화를 감지할 수 있는 것이다.[36]

34 「文化, 産業朝鮮을 映畵로서 宣傳」, 『東亞日報』, 1939. 10. 26, 석간 2면(띄어쓰기는 필자가 수정). 이 기사에서 〈대경성〉은 보도일자 및 유사한 주제와 관련된 후속 보도들로 미루어 볼 때 〈경성〉을 말하는 것일 가능성이 커 보인다. 『조선일보』 1939년 10월 26일 자 조간 2면에도 「風致宣傳에서 産業, 文化轉換—觀光客誘致新方策」이란 제목으로 문화영화 〈약동하는 조선〉과 〈대경성〉의 제작 방침을 알리는 기사가 게재되었다(이에 대해서는 김한상, 2010: 83에서 재인용).

35 「朝鮮의 宣傳映畵 鐵道局에서 製作」, 『東亞日報』, 1939. 12. 3, 조간·석간 2면(띄어쓰기는 필자가 수정). 이 기사에서는 시미즈 히로시 감독이 앞의 10월 26일 자 기사에서 철도국이 각색을 위촉했다고 언급한 세 사람과 협의했다는 내용이 포함되어 있다. 이로 미루어 볼 때도 앞의 기사에서 말한 〈대경성〉은 시미즈 히로시가 감독한 〈경성〉일 가능성이 크다.

36 임성모(2010: 43, 57~58)는 1906년 『오사카 아사히신문(大阪朝日新聞)』에 실린 만한순유선(滿韓巡遊船)의 항로(도)와 1929년 만철의 관광홍보 책자에 수록되었던 선만조감도(鮮滿鳥瞰圖)를 비교하면

그러나 앞에서 살펴보았듯이 이 시기에 많이 제작되었던 관광문화영화들이 형성하고 있던 맥락(context)을 고려하면, 다른 관광문화영화들과의 상호텍스트적인(intertextual) 관계 속에서 〈경성〉이라는 텍스트(text)가 생산하는 의미작용은 단순히 하나의 도시를 재현하는 데 그치지 않고 '동아신질서'의 상상적 지리를 구성하는 한 부분으로서 역할을 했을 가능성이 크다.[37] 더구나 〈경성〉이 제작된 1940년은 신화에 등장하는 아마테라스 오미카미(天照大神)의 직계 후손으로서 일본 황실의 시조가 된 진무천황(神武天皇)이 기원전 660년에 즉위한 지 2,600년이 되는 해였다는 점을 고려할 필요가 있다. 일본은 천황제 이데올로기의 핵심으로서 자신들이 주장하는 '만세일계(萬世一系)'의 황실 탄생 2,600주년을 기념하기 위해 다양한 작업을 하였다. 1940년에만 제국 전역에서 총 1만 3,000개에 이르는 기념행사가 열렸고―그중 1만 1,000개는 일본 본토에서 열렸다―(헨리, 2008: 73),[38] 존재하지도 않았던 진무에서 출발하는 황실의 신화적 탄생과 그 계보를 고증하기 위한 갖가지 역사적 작업을 포함한 '국사(國史) 붐'이 일었으며, 일본 내 역사적 유적지 탐방 여행, 조선 여행 및 '국민적 위령공간'으로서의 만주의 성지순

서, 전자가 만주를 원경화하고 있는 '간사이(關西) 중심주의'적 시선을 구현하고 있는 데 비해 후자는 일본 본토를 원경화하고 있는 대륙 중심적, 일종의 '만주 중심주의'적 시선을 구현하고 있으며, 일본과 만주의 관계를 서로 다르게 바라보고 있는 이 두 시선은 1930년대 '제국의 역류'를 예감케 하는 시선이라는 흥미로운 논의를 하고 있다. '1939년'에 표방된 〈경성〉의 기획 의도에 나타나고 있는 시선과 이미지의 변화를 이와 연관시켜보는 것도 흥미로울 것이라 생각된다. 한편, 제국과 식민지 간의 시선과 재현의 관계에 대해서는 많은 연구와 논의가 축적되어왔다. 예컨대 Thomas(1994) 참조. 시선(응시)을 매개로 한 주체와 타자/이미지의 관계에 대해서는 Lacan(1979: 65~120), 주은우(2003: 제1장) 참조. 이와 관련하여 푸코의 사유에 내재하는 '가시성의 배치' 개념에 대해서 Deleuze(1988)를 보라.

37 마치 〈동경-북경〉의 '조선' 편이 ―실재한다면 '일본' 편과― '만주국' 편 및 '북중국' 편과 함께 이어지는 사슬의 한 고리인 것처럼 〈경성〉은 다른 관광문화영화들이 형성하는 거대한 '동경-북경' 의미망의 한 부분으로서 의미작용 했을 것이다. '재현'은 단순한 '반영(reflection)'이 아니라 의미를 생산하는 실천으로서의 '의미작용(signification)'이란 점을 염두에 둘 필요가 있다(Hall, 1997).

38 그중 제일 중요한 것은 다음의 여섯 가지였다. 일본 만국박람회 개최(결국 취소됨), 진무가 야마토(大和)에서 권력 기반을 확립했던 성지인 가시하라신궁(橿原神宮)의 개보수, 진무 관련 여타 장소들의 조사 및 보존, 황실 묘지 개보수, 국사박물관 설립, 일본문화 조사 자료의 편집 및 출판(헨리, 2008: 73).

례 여행이 대규모로 장려되었다(Ruoff, 2010). 조선 여행 진흥책의 일환으로 재팬 투어리스트 뷰로의 조선사무소들은 에세이와 사진 현상공모를 하기도 했으며, 철도뿐 아니라 비행기 여행이 공세적으로 선전되었고(Ruoff, 2010: 112~116),[39] 이해에 경성에서는 천황제 이데올로기와 대동아공영권 선전물로 치장된 조선대박람회가 『경성일보』 주최로 개최되었다(헨리, 2008).[40] 철로와 항로로 표시된 예전의 만선관광 안내도와 마찬가지로 이 시기에 제공된 비행기 항로도 역시 일본-조선-만주를 잇는 '대동아관광권'의 심상지리적 공간을 가시화하고 있었는데,[41] 이런 맥락에서 관광문화영화 〈경성〉은 적어도 조선을 바라보는 일본인들이나 만주인들의 시선에는 일개 도시의 기록영상이란 의미를 넘어 제국이 형성한 '동아신질서'를 구성하는 한 공간으로 의미작용 했을 가능성이 클 것이다.

3) 시미즈 히로시와 〈경성〉

〈경성〉의 생산 맥락과 관련하여 마지막으로 검토할 사항은 관광문화영화로서 이 기록영화가 시미즈 히로시라는 극영화감독에 의해 만들어졌다는 사실에서 출발한다. 앞서 언급했듯이, 전시체제가 강화되고 있던 상황에서 1939년 조선총독부 철도국은 "약진하는" 조선을 선전하고자 조선 북부의 공업과 어업을 주제로 한 문화영화 1편과 경성의 도시미를 보여줄 문화영화 1편을 기획하여 쇼치쿠영화사 문화영화부에 제작을 의뢰했고,[42] 쇼치쿠는 당시 자신의 쇼치쿠오후나촬영소(松竹大船

---

39 1940년 당시 후쿠오카(福岡)를 경유하여 도쿄와 경성을 오가는 여객기가 매일 운항되었으며 비행시간은 편도 6시간이 조금 안 되었다(Ruoff, 2010: 113).

40 『경성일보』는 자신의 공식 후원자였던 총독부와 군의 지원을 받아 조선대박람회, 미에(三重) 현의 이세신궁(伊勢神宮)에서 경성의 조선신궁으로의 성화 봉송, 가시하라 신사 참배를 위한 조선인 학생 대표단의 파견, 황궁과 다수의 신사를 포함한 일본의 성지를 방문하기 위한 50명 단위의 유료 단체여행, 조선에서의 산문경시대회 등 다섯 가지 기념행사를 후원했다(헨리, 2008: 74).

41 항로도는 Ruoff(2010: 114)를 볼 것.

42 앞에서 인용한(각주 34, 35) 「文化, 産業朝鮮을 映畵로서 宣傳」, 『東亞日報』, 1939. 10. 26, 석간 2면;

撮影所)에 소속되어 있던 시미즈 히로시 감독에게 이 작업을 배정했으며, 촬영기사를 대동한 시미즈 일행은 1940년 1월 22일 오후에 아카쓰키(あかつき, 暁)를[43] 타고 경성역에 도착했다.[44] 시미즈가 조선총독부 철도국으로부터 제작을 의뢰받은 문화영화는 〈경성〉과 〈동무(ともだち)〉 두 편으로(이준식, 2004: 716), 그는 이 두 영화를 동시에 만들었다(田中眞澄·木全公彦·佐藤武·佐藤千広 編, 2000: 144~145).[45] 〈경성〉과 〈동무〉는 같은 해 5~6월경에 완성된 것으로 보이는데, 언론의 보도로 보건대 〈경성〉보다 〈동무〉가 먼저 당국 및 영화 관계자들에게 공개된 것으로 보인다.[46] 하여튼 이 두 영화는 1940년 6월 28일 시사회를 가진 후 일반에

「朝鮮의 宣傳映畵 鐵道局에서 製作」, 『東亞日報』, 1939. 12. 3, 조간·석간 2면 참조. 10월 26일 자 기사가 실린 같은 면에는 맨 위에 「戰時體制再强化」란 큰 표제의 기사가 실려 있다. 12월 3일 자 기사에는 "청수 감독의 문화영화는 이것이 처음으로 동씨는 전번 조선 왓을 때 빈본(濱本) 소도(小島) 가등(加藤)의 三문사와 협의한 결과 영화비평가 암기창(岩崎昶) 씨를 동행 우수한 문화영화를 완성할 터이다"라고 보도하고 있다(띄어쓰기는 필자가 수정. 암기창은 앞의 각주 24에서 언급된 바 있는 이와사키 아키라이다). 한편 『조선일보』, 1939년 10월 26일 자 조간 2면에도 「朝鮮 文化映畵, 鐵道局 宣傳方針」이란 기사가 게재되었는데, 앞에서 (재)인용한 기사와 같은 것일 가능성이 높아 보인다(각주 34 참조).

43 1936년 12월 1일에 개통된 특급열차로서 대전과 대구만 정차하고 경성과 부산 간을 6시간 45분 만에 주파했다. 위키피디아 한국어판(ko.wikipedia.org) '부산광역시의 교통' 항목, 네이버 두산백과 '한국의 급행열차' 항목 참조.

44 「鐵道映畵撮影코저 淸水宏監督 入城」, 『매일신보』, 1940. 1. 23, 3면; 「鐵道局 文化映畵 松竹에서 撮影」, 『東亞日報』, 1940. 1. 23, 조간 2면. 앞의 『매일신보』 기사는 도착시간까지 보도하고 있다. "제작책임자인 청수굉(淸水宏) 감독 외 二명은 二十二일 오후 한시 四十五분에 경성역에 도착되는 『아카쓰끼』로 입성하엿다"(띄어쓰기는 필자가 수정). 따라서 앞에서 언급한 바 있는 『조선일보』, 1939년 12월 15일 자 조간 4면의 「文化映畵 "京城" 製作完成」이란 기사는 오보일 가능성이 크다(각주 17 참조).

45 〈동무〉가 처음부터 조선총독부 철도국의 제작 의뢰를 받았던 것인지는 다소 모호하다. 이 점은 지금까지 참조한 당시의 언론보도 내용, 특히 기획 단계에서의 언론보도 내용에 비춰 봐도 그렇다. 사실 〈동무〉는 "〈경성〉 촬영 중에 착상을 얻어" 현지에서 만들어진 "즉흥적 소품"으로 소개되기도 한다(田中眞澄·木全公彦·佐藤武·佐藤千広 編, 2000: 144). 하지만 〈경성〉과 〈동무〉는 모두 공식적으로 '대일본문화영화제작소(쇼치쿠문화영화)'가 제작한 '조선총독부 철도국 영화'임은 분명한 사실이다(같은 책: 144~145에서 소개하고 있는 해설 자료 참조).

46 1940년 5월 16일 자 『조선일보』 조간 4면에는 "움직이는 경성 완성"이란 단신 보도가 있다. 그러나 〈동무〉의 완성을 알리는 다른 보도들은 도쿄에서 군(軍) 시사를 했다고 알리고 있는 가운데 「鐵道局 製作映畵 "동무들" 完成」, 『東亞日報』, 1940. 5. 29, 석간 2면), 〈동무〉가 〈경성〉보다 영화 관계자들에게 먼저 공개되었음을 암시하고 있다. "朝鮮鐵道局에서 松竹大船에 依賴製作한 兒童映畵 『동무』는 各方面의 好評을 博하고 잇는데 國際文化振興會의 斡旋으로 이 映畵를 베니스에서 審査하는 콩쿠-르에 出品하기로 되엇으며 **같은 大船作品 "京城"도 近近倒着될 모양이다**"(「朝鮮鐵道의 『동무』 映畵콩쿠르에 出品」, 『東亞日報』, 1940. 6. 9, 석간 5면. 띄어쓰기는 필자가 수정. 강조 역시 필자가 추가).

공개되었다.[47] 특히 단편 극영화 형식으로[48] 제작된 〈동무〉는 각 방면에 서 좋은 반응을 얻었다.[49]

시미즈 히로시(1903~1966)는 34년에 걸친 자신의 영화 경력 과 정에서 무려 160편이 넘는 영화를 만든 베테랑 감독이다(McDonald, 2001: 174). 특히 그는 오즈 야스지로(小津安二郎), 미조구치 겐지(溝口健 二), 나루세 미키오(成瀬巳喜男), 시마즈 야스지로(島津保次郎) 등과 함께 1930년대 이른바 '일본영화의 황금기'를 이끌어간 인물이다. 그러나 그 는 얼마 전까지도 영화사 연구에 있어 별다른 주목을 받지 못했으며,

---

47 "철도국에서 송죽대선(松竹大船)에 의뢰하여 제작한 문화영화 "경성(京城)"과 "동무"는 이번에 완성 되어 二十八일 정오에 출입기자단과 오후四시반부터는 각 관계자를 다수히 국우회관(局友會館)에 초 대하여 시사회를 열기로 하얏다", 「"京城"과 "동무" 鐵道局映畵 完成」, 『東亞日報』, 1940. 6. 28, 석간 2면; "鐵道局의 觀光宣傳映畵 『友』와 『京城』 두 作品의 試寫를 보고 늣긴 일이지만……", 김정혁, 「文化 映畵의 理念-友와 京城을 보고」, 『每日新報』, 1940. 7. 15, 4면(각주 17 참조). (두 기사 모두 띄어쓰기 는 필자가 수정함.)

48 '문화영화'는 그 포괄적이고 모호한 정의로 인해 때때로 "교육계몽을 목적으로 한 극영화를 포괄"하 기도 했다(김한상, 2010: 81).

49 이덕기(2009: 130~131)는 일본에서 발행된 『관광조선(觀光朝鮮)』 1940년 7월 호에 실린 〈동무〉의 소개 기사(「映画物語 〈ともだち〉」)에 의거하여 이 영화의 내용이 일본에서 전학을 온 아이가 옷을 바 꿔 입는 것을 계기로 조선 아이와 친구가 되는 이야기임을 파악해내면서, 이 영화가 아동물을 통 해 교묘히 '내선일체(內鮮一體)'의 이데올로기를 선전하고 있다고 판단한다. 〈동무〉의 각본은 시미즈 히로시가 직접 썼는데(田中眞澄·木全公彦·佐藤武·佐藤千広 編, 2000: 50~51에 각본이 전재되어 있 다), 일본의 영화학자 및 영화평론가들도 이 영화의 설정과 내용이 당시 국가권력이 내건 '내선융화 (內鮮融和)'의 슬로건과 연관된 것으로 평가한다(같은 책: 144). 한편, 이덕기는 〈동무〉가 조선에서 상 영될 당시의 제목은 알 수 없다고 유보하고 있는데(이덕기, 2009: 130 각주 18), 당시 신문기사들 역 시 이 영화를 〈동무들〉, 〈友〉, 〈동무〉 등 여러 가지로 지칭하고 있다. 그러나 이 영화가 시사회를 갖는 등 일반에게 공개되기 시작한 6월부터는 상이한 신문들이 모두 〈동무〉로 표기하고 있는 것으로 보아 조선에서 상영될 당시 제목이 '동무'일 가능성이 큰 것 같다(「철도국 영화 『동무』 호평」, 『朝鮮日報』, 1940. 6. 5, 조간 4면; 「朝鮮鐵道의 『동무』 映畵콩쿠르에 出品」, 『東亞日報』, 1940. 6. 9, 석간 5면 [각주 46 참조]; 「"京城"과 "동무" 鐵道局映畵 完成」, 『東亞日報』, 1940. 6. 28, 석간 2면[각주 47 참조]). 당 시의 신문기사들에서도 알 수 있듯이, 시미즈 히로시의 문화영화 〈동무〉는 베니스국제영화제 출품 이 알선되기도 하는 등 각 방면에서 큰 호평을 받은 것으로 보인다. 도쿄에서 군 시사를 했을 때는 "쎈세이슌을 이르킨 것으로 조선철도국영화 최근의 걸작이라 한다"라고 보도되었다(「鐵道局製作映 畵 "동무들" 完成」, 『東亞日報』, 1940. 5. 29, 석간 2면[띄어쓰기는 필자가 수정. 각주 46 참조]). 이덕 기(2009: 131~132)에 따르면 〈동무〉는 안석영의 〈지원병〉이 완성되자 1940년 6월 10일 도쿄에서 함 께 시사회를 가지기도 했는데, 그는 지원병 선전영화가 아동영화와 나란히 상영되었다는 사실이 의 미심장하다고 지적하고 있다. 일본에서 〈동무〉는 같은 해 7월 20일 도쿄의 호가쿠자(邦楽座) 등의 극 장에서 개봉되어 일반 관객들과 만나기 시작했다(田中眞澄·木全公彦·佐藤武·佐藤千広 編, 2000: 144 참조).

최근에 들어서야 재조명되고 있는 감독이다. 이는 특히 서구에서 주목받은 오즈, 미조구치, 나루세라는 3인의 거장의 그림자에 그가 가려졌을 뿐 아니라,[50] 스튜디오가 요구하는 어떤 장르의 영화라도 척척 만들어내는 그의 재능이 양산한 다작에 대한 편견, 마치 즉흥적으로 대충 만들어내는 듯이 보이는 그의 현장 스타일 등에 기인한 결과였다.[51] 그러나 그의 당대 동료 영화인들은 그를 천재라 평가하기도 했다.[52] 시미즈는 오즈, 나루세, 시마즈 등과 서로 같은 동료로서 쇼치쿠에 소속되어 활동했다.[53] 그가 만든 영화들은 일본영화사에 있어 가장 유명한 장르의 하나인 '아동물'에 지대한 공헌을 한 것으로 가장 잘 알려져 있지만, 실제로는 다양한 장르를 넘나들었다. 그의 영화들은 그동안 평범한 멜로드라마로 치부되어왔으나, 최근의 연구들은 〈대학의 도련님(大学の若旦那)〉(1933), 〈항구의 일본 아가씨(港の日本娘)〉(1933) 같은 그의 무성영화들에서 근대화되는 일본 사회에서 서구적 근대와 일본적 전통의 충돌에 대한 성찰을 읽어내는데(Drew, 2004), 이는 〈감사합니다씨 / 아리가토상(有りがたうさん)〉(1936), 〈안마사와 여자(按摩と女)〉(1938) 등

---

50 특히 같은 쇼치쿠에 있었던 오즈 야스지로의 명성은 그가 비평계로부터 주목받지 못하는 데 큰 역할을 했다. 시미즈와 오즈는 같은 해에 태어났다. 하지만 2003년 오즈 탄생 100주년은 곳곳에서 갖가지 행사를 통해 기념되었으나 시미즈는 이듬해에서야 뒤늦게, 그것도 일본이 아닌 '홍콩국제영화제(Hong Kong International Film Festival)'에서 '탄생 101주년'이 기념되었다(Jacoby, 2004).

51 "즉흥성의 포에지(即興するポエジー)"란 부제를 달고 있는 田中眞澄・木全公彦・佐藤武・佐藤千広 編(2000)을 보라. 영어권 비평가들 역시 한결같이 시미즈 히로시의 스타일을 특징짓는 단어로 'casual'이란 수식어를 사용한다(McDonald, 2001; Drew, 2004; Jacoby, 2004 등). 드루(Drew, 2004)는 촬영 현장에 방문객이 찾아왔을 때 촬영기사로 하여금 촬영을 계속하게 하고 자신은 방문객과 담소를 나누곤 하던 시미즈의 모습에 대한 목격담을 전하고 있다. 이런 모습은 오즈 야스지로나 미조구치 겐지에게게선 상상할 수 없는 모습이었다.

52 "나는 시미즈처럼 영화를 찍지는 못한다"(오즈 야스지로). "오즈나 나 같은 사람들은 중노동을 해서 영화를 만들지만, 시미즈는 천재다……"(미조구치 겐지). Drew(2004)의 모두(冒頭)에서 재인용.

53 시미즈 히로시는 1922년에 쇼치쿠에 입사했다(쇼치쿠가마타촬영소). 그는 1943년 10월 초에 쇼치쿠오후나촬영소 전속에서 나와 쇼치쿠교토(京都)촬영소에 잠시 소속되었다가, 1945년에 쇼치쿠를 사직했다(이해 2월에 개봉된 〈필승가(必勝歌)〉(쇼치쿠의 오후나촬영소와 교토촬영소 공동제작)가 그가 쇼치쿠에서 만든 마지막 작품이다)(田中眞澄・木全公彦・佐藤武・佐藤千広 編, 2000: 168). 종전 이후에 시미즈의 작품 활동은 여러 영화사들을 통해 이루어졌다. 그는 자신의 독립제작사 '벌집영화(蜂の巣映画)'를 설립하기도 했고(1948), 신도호(新東宝)나 다이에이(大映)에서 영화를 만들기도 했다.

1930년대 후반으로 가면서 일본적 근대 속에 내재한 모순과 일본 사회의 집단적 편견에 대한 성찰로 이어졌으며(Drew, 2004; Jacoby, 2004), 이러한 성찰은 〈바람 속의 아이(風の中の子供)〉(1937)나 〈아이의 사계절(子供の四季)〉(1939), 〈벌집의 아이들(蜂の巣の子供たち)〉(1948)에서도 볼 수 있듯이 그의 가장 유명한 장기인 아동물의 저변에도 면면히 흐르고 있었다(Jacoby, 2004).[54]

그렇다면 스튜디오 시스템의 대표적인 베테랑 극영화감독인 시미즈가 어떻게 해서 관광문화영화인 기록영화 〈경성〉을 찍게 되었을까? 소속사인 쇼치쿠가 그에게 기록영화 제작을 배당했을 때는 이유가 있었을 것이다. 먼저 그의 개인적 스타일에서 이유를 찾을 수 있을 것 같다. 앞서도 언급했듯이 그는 오즈 같은 동료들에 비해 겉보기에 별로 힘들이지 않고 영화를 만들어냈으며, 공장제 시스템을 가동하면서 소속 감독들에게 힘든 제작 일정을 요구하기로 유명했던 쇼치쿠에서 장르를 불문하고 스튜디오가 요구하는 어떤 영화들도 척척 만들어냈다(Drew, 2004; McDonald, 2001). 이 같은 그의 다재다능한 작업 스타일이 식민지 당국이 의뢰한 문화영화 제작 업무를 시미즈에게 배당한 이유의 하나로 작용했을 수 있을 것이다.

또 시미즈 히로시의 미학적 스타일 역시 기록영화 제작과 친화성을 가지고 있었다. 〈경성〉이 제작될 당시 쇼치쿠는 오후나촬영소에서 영화를 생산하고 있었지만, 1936년 오후나로 이전하기 전까지는 1920년에 문을 연 가마타(蒲田)촬영소에서 영화를 생산하고 있었다. 쇼치쿠영화사는 경쟁사인 다이에이 등과 자신을 차별화하기 위해 일찍 '신파(新派)' 스타일의 영화와 결별하고 할리우드 스튜디오 시스템과 미학적 스타일을 받아들였다. 이렇게 하여 리얼리즘에 입각한 '서민극(庶民劇, 쇼민게키)' 장

---

54 1930년대 후반에서 전후(戰後)까지 이어지는 그의 아동영화들에 대해서는 McDonald(2001)를 보라.

르 중심의 쇼치쿠 전통이 확립되었는데, 쇼치쿠가마타촬영소는 간토대지진(關東大地震, 1923) 이후 도쿄에 남아 활동할 수 있었던 유일한 스튜디오로서의 이점을 최대한 살려[55] 1920~1930년대 번창하던 근대적 소비문화와 도시적 삶의 면모를 카메라에 담아내고 있었다(Wada-Marciano, 2008). 시미즈 히로시의 미학적 스타일은 쇼치쿠의 이러한 스타일에 잘 부합하는 것이었다. 특히 시미즈는 동료들과 달리 야외 로케이션 촬영을 선호했으며, 미리 치밀한 각본을 준비하지 않을 때도 많았고, 그의 카메라는 클로즈업으로 인물에 다가가기보다는 자주 인물을 원경에 배치해 인물이 배경 공간의 일부가 되는 시미즈의 특징적인 장면들을 만들어냈으며, 인물이 빠져나간 공간 그 자체를 통해 풍부한 감정을 전달하기도 했다(McDonald, 2001). 시미즈의 이러한 카메라 구사와 미학적 스타일은 리얼리즘을 강하게 부각시켰다.[56] 바로 이러한 그의 리얼리즘적 미학 스타일이 쇼치쿠의 개성뿐만 아니라 기록영화 제작과도 많은 친화성을 갖는 것이었다고 할 수 있을 것이다.

그러나 일본의 정치적·사회적 변동과 연관된 더 중요한 제도적 이유를 거론할 수 있는데, 그것은 앞에서 살펴본 제국 일본에서의 기록영화/문화영화의 전통과도 밀접히 연관된다. 기록영화는 늘 극영화에 비해 주변적인 장르로 대접받아왔지만, 제국 일본의 군국주의가 절정으로 치닫던 1930년대 말에 이르면 픽션과 논픽션이 서로 중첩되는 영역으로 보일 정도로 극영화 자체가 기록영화 스타일에 강하게 영향을 받는 상황이 초래되었다. 기록영화가 세계를 정확하게 재현한다는 주장은 전시기(戰時期)에 더 힘을 얻었고, 이에 따라 기록영화 제작 양식과 극

---

55 다른 영화사들의 촬영소들은 지진으로 막심한 피해를 입어 교토를 비롯해 다른 지역으로 이전할 수밖에 없었으나, 쇼치쿠가마타촬영소는 별다른 피해를 입지 않았다.
56 전후에 만든 〈벌집의 아이들〉 같은 영화는 전후 이탈리아의 네오리얼리즘적 면모를 띠기도 했다. 이 영화에서 시미즈는 성인 주인공 역에 비전문 배우를 캐스팅했고 영화 속의 고아들 역을 위해 자신이 사재를 들여 돌보고 있던 전쟁고아들을 출연시켰다(McDonald, 2001: 185 이하 참조).

영화 제작 양식이 융합되기 시작했던 것이다. 이것은 무엇보다 선전영화 성격의 전쟁극영화를 만들라는 국가적 요구와 관련해서, 기록영화가 전쟁 소재에 극영화보다 앞서 접근한다는 이점을 누리고 있었고, 또 극영화에 비해 기록영화는 선전을 위한 문화영화로서 보다 직접적이고 명시적으로 그 정치적 성격을 드러낼 수 있다는 이점을 갖고 있기 때문이었다(Nornes, 2003: 94~95).

하지만 극영화에 기록영화적 스타일이 들어온 또 다른 중요한 이유는 1930년대 후반이면 주요 영화사들이 극영화와 기록영화 모두 제작하게 되었다는 데 있었으며, 심지어 어떤 영화사들은 자사 소속 극영화감독들에게 기록영화를 제작하도록 요구하기까지 했다는 데 있었다(Nornes, 2003: 96). 특히 이 점에 있어서 시미즈 히로시의 소속사였던 쇼치쿠는 훨씬 노골적이었다. 이미 언급한 것처럼 쇼치쿠는 무성영화에서 유성영화로 이행하면서 기술적 이유 등으로 인해 1936년 1월 가마타에서 오후나로 촬영소를 이전했는데, 이 시기는 일본이 초내셔널리즘적 천황제와 그 이데올로기로의 정치적 변동을 겪는 시기와 맞물렸다. 가마타 시절 할리우드 스타일의 수용에 앞장섰던 촬영소장 키도 시로(城戸四郎)는 오후나로 이전하면서 "쇼치쿠는 지나사변을 지지한다"라고 선언하며 국가의 요구에 부응하는 영화 제작에 앞장섰으며, 나중에는 자신이 직접 중국으로 건너가 만영(滿映)의 스타 이향란(李香蘭, 리코란)이 출연하는 〈소주의 밤(蘇州の夜)〉(노무라 히로마사野村浩將, 1942)이란 선전영화를 제작하기도 했다(Wada-Marciano, 2008: 123~127).[57] 키도 시로는 특히 문화영화 강제상영을 규정한 1939년의 영화법 제15조가 독일의 문화영화(Kulturfilm) 정책에서 아이디어를 얻은 자신의 발상에서 나

---

57 이향란의 캐스팅에서도 알 수 있듯이 쇼치쿠 중국 지부는 만영과도 밀접한 연계를 맺고 영화를 제작했다. 이런 분위기 속에서 시미즈 역시 타이완 원주민 여성을 주인공으로 한 〈사욘의 종(サヨンの鐘)〉(1943) 같은 영화를 만들고 있었다(Wada-Marciano, 2008: 123).

온 것이라고 주장하기도 했는데(High, 2003: 121), 그의 지휘 아래 쇼치
쿠오후나촬영소는 감독 후보들에게 극영화 제작을 위한 일종의 테스트
로서 기록영화를 만들 것을 요구하기까지 했다(Nornes, 2003: 96). 하지
만 이는 쇼치쿠에서만 일어난 일은 아니었다. 중일전쟁 발발 이후 군국
주의가 강화되는 가운데, 쇼치쿠의 중견감독이었던 오즈도 문화영화 제
작에 손대야 했을 뿐만 아니라 미조구치나 우치다 토무(內田吐夢) 같은
다른 영화사의 극영화감독들도 거의 모두 몇 편의 문화영화를 만들어야
했다(Nornes, 2003: 96).[58] 또 이에 따라 점점 더 많은 극영화들이 기록영
화/문화영화적 스타일을 포함해가게 되었다(Nornes, 2003: 96~97). 시미
즈 히로시가 식민지의 철도 당국이 제작을 의뢰해온 문화영화 〈경성〉과
〈동무〉를 감독하게 되었던 것은 이런 시대적 흐름 속에서였던 것이다.

3. 〈경성〉의 식민지 수도 재현과 근대성

1) 〈경성〉의 경성 재현

영화 〈경성〉은 1940년 당시의 서울의 모습을 약 24분간 음악을 동
반한 흑백의 이미지들로 펼쳐낸다. 〈경성〉의 영상 이미지와 사운드의 구
체적인 전개는 〈표 1〉에 정리되어 있는 바와 같다. 먼저 '조선총독부 철

---

58 대부분의 극영화감독들은 자신들이 이 같은 압력에 의해 기록영화/문화영화를 만든 것에 대해 자랑
스러워하지 않았다. 예를 들어 우치다 토무는 1941년의 한 좌담회에서 과거 마키노교육영화(牧野教
育映画)에서 교육영화를 만들었느냐는 질문을 받자 그저 빙그레 웃기만 했다(Nornes, 2003: 96)('마
키노교육영화'는 1921년 '마키노교육영화제작소(牧野教育映画製作所)'로서 발족되었다가 1923년 '마
키노영화제작소マキノ映画製作所'로 바뀌었다). 영화학자들 역시 극영화감독들의 기록영화/문화영화
제작 이력에 대해서는 좀처럼 언급하지 않는다. 시미즈 히로시에 대한 글들에서도 대체로 사정은 마
찬가지다(McDonald, 2001; Drew, 2004; Jacoby, 2004; 2008: 268~273). 그러나 田中眞澄·木全
公彦·佐藤武·佐藤千広 編(2000: 144~145)에서는 문화영화인 〈경성〉과 〈동무〉가 소개되고 있다(특
히, 앞의 각주 49에서도 언급했듯이, 극영화 형식을 띤 〈동무〉는 시나리오가 수록되어 있다. 같은 책:
50~51). 시미즈 히로시는 전후에도 〈나라(奈良)〉(1952), 〈나라에 있는 옛 불상들(奈良には古き仏た
ち)〉(1953), 〈도쇼다이지에서—할머니와 아이들(唐招提寺にて—お婆さんと子共たち)〉(1954)과 같은 관
광홍보 또는 교육 목적의 단편영화들을 만들었다(같은 책: 154~155).

〈표 1〉 기록영화 〈경성〉의 영상과 사운드 전개

('시간' 단위는 '분:초'로서 필자의 관람에 기초해 측정한 근사치이며 오차가 있을 수 있음)

시간	영상	사운드
00:00	**[타이틀 시퀀스]** 朝鮮總督府鐵道局映画 (자막 먼저 뜨고 철도국 깃발이 그 배경으로 들어와 오버랩)	
00:17	文映 (깃발 모양 로고) 大日本文化映画製作所 製作	
00:27	京城 清水宏作品	음악 커짐
00:35	스태프 명단	
00:47 00:55	**[도입부 시퀀스]** 조선신궁(1개 숏: 하늘을 배경으로 남산 위 실루엣. 지붕 윤곽만 뚜렷) 명동성당(3개 숏: 건물 전면 – 지붕과 종탑 – 종탑(첨탑)	종소리
01:16 01:45 02:04	**[경성역 시퀀스 1]** 플랫폼(기차가 들어오고 승객들이 내림) 기차에서 내린 뒤 이동하는 사람들. 대합실을 가득 메운 사람들 대합실에 있는 사람들의 다리와 발 이미지	음악이 활기차지기 시작 남녀혼성합창 시작(02:04)
02:15 02:25	**[거리와 어린 학생들 시퀀스]** 거리를 오가는 아이들(학생들)의 이미지들(여러 종류의 숏들 연속) 대로, 전차가 지나가고 전차 선로를 건너는 학동들 거리와 골목을 지나가는 아이들(어린 학생들)의 이미지들	
02:49 03:18 03:39	**[등교와 출근 시퀀스]** 학생들의 등교(보통학교, 중등학교) 관공서 직원들의 출근(조선총독부) 쇠창살 너머로 건물 벽면의 '國民精神／昂揚' 표어 전체를 보여줌	
03:43 03:57 04:19 04:43 04:49 05:09	**[근대적 일상생활 시퀀스 1]**(공적 공간의 하루 일과 시작) 운동장을 가득 채운 학생들의 부감(俯瞰)숏 아동들을 줄 세우는 교사, 배구하는 여학생들 웃통을 벗고 반바지 차림으로 모자를 쓴 남학생들의 (군사)체조 경성제국대학 지원병 훈련소(행군하며 정문을 나서는 숏, 연병장 훈련 숏) 주식거래소	합창 없이 활기찬 음악 (03:57)
05:32 05:32 ~06:09 06:22 ~06:33 07:00 ~07:10 07:11 07:32	**[이동촬영 거리 시퀀스]** 근대화된 대로 시퀀스(6개 숏) 숏 1: 본정 1정목 교차로 광장 분수대를 중심에 둔 360도 파노라마숏 　　(조선은행–경성우편국–미츠코시백화점–경성역 방면–조선은행) 숏 3: 카메라가 화면 왼쪽에서 오른쪽으로 이동하며 덕수궁앞–태평통과 　　조선총독부청사–경성부청사를 보여주며 황금통 방면으로 빠져나감 숏 6: 카메라가 화면 오른쪽에서 왼쪽으로 이동하며 남대문통 1정목 대로 　　및 동일은행(현 조흥은행) 등을 보여주는 숏 조선 시장과 사람들 조선인 주택가가 배경에 등장	관악기 위주 의 낮은 음악 (합창없음. 낮지만 역동적) (05:32)

시간	영상	사운드
07:45 08:43 09:12 09:42 10:30 11:08	**[조선인들의 일상생활 시퀀스]** 거리의 좌판: 책, 고무신, 군밤, 호떡, 밀가루반죽, 도장(?), 엿, 광주리 머리에 짐을 이고 가는 아낙네들(5개 숏) 　아이를 업고 가는 모습, 아이가 젖을 빠는 모습, 등에 업힌 아이 모습 거리에서 놀고 있는 아이들(골목, 천변) 거리의 풍경: 장기 두는 노인들, 물지게 지고 가는 여인, 장난감 행상, 　　　　　 장작을 패고 있는 장작 판매상들, 장작을 잔뜩 싣고 말 　　　　　 한 필이 끄는 수레를 움직이려 애를 쓰는 마부와 짐꾼들, 　　　　　 그리고 그 옆을 지나가는 지게꾼 빨래터 풍경(부감숏에서 시작하여 6개 숏으로 구성) 한강 변의 빨래 말리는 장면	
11:19 11:47 11:49	북촌 조선인 주택가 　　　롱숏으로 잡은 기와집 지붕들 　　　눈 내린 정경(롱숏) 　　　지붕들 사이로 난 골목, 빨래 넌 모습을 보여주는 부감숏 조선인 주택 지붕들과 그 너머 보이는 조선총독부청사 골목과 사람들, 기와집 골목, 초가집 골목	조용하고 다소 정적인 음악(11:19)
12:01 12:23 12:41	**[조선 궁궐 시퀀스 1]** 근대식 건물과 벚꽃 덕수궁 전각 지붕과 근대식 건물들(경성부청사, 부민관 등 포함) 경복궁과 조선총독부(3개 숏)	
12:45 13:08 13:22 13:39	**[근대적 일상생활 시퀀스 2]** 근대식 건물들의 스카이라인(팬숏) 근대적 건물 내부와 창문 밖으로 보이는 궁궐 중정과 옥상에서 공놀이하는 사람들 동물원(동물들의 모습, 구경하는 사람들의 얼굴)	음악 활기 띠기 시작 (12:45) - - - - - - 약간 코믹함
14:08 14:46 15:07 15:16	**[조선 궁궐 시퀀스 2]** 덕수궁: 대한문(카메라 틸트업tilting up), 덕수궁 경내(석조전 배제) 경복궁: 경회루(물에 비친 이미지에서 시작하여 틸트업) 돌담길의 먼지바람 돌계단 모퉁이의 바람	음악 분위기 복합적 애조 띤 음악
15:27	**[작업장 시퀀스]** 직물공방, 공예품, 수예공방, 칠기공방	활기 띤 음악 (15:27)
16:35 16:49 17:04	**[스포츠 시퀀스]** 경마장 야구경기 골프장	
17:32	**[경성역 시퀀스2]** 경성역 청사 전면 모습, '부산행' 표지판, 계단을 내려가는 사람들, 플랫폼: 국수가게, 선물 판매원, 전송객들	

시간	영상	사운드
18:25	**[근대적 소비공간 시퀀스]** 극장(외관, 〈信子〉 상영 중) 전차, 동대문(남대문?), 전차 탑승 모습, 전차 내부와 승객, 운전석 화신 앞 종로 거리	남녀혼성합창 재개(18:25)
19:22	진고개 일대 일본인 상권 지역 풍경(본정 또는 명치정)	
19:54	조선인 시장과 상가(남대문시장?)	
20:12 20:38	미츠코시백화점 내부 백화점 셔터 내려오는 숏(내부에서 바깥으로 향한 시점)	
20:48 21:26 21:37 21:43	**[야간의 소비공간 시퀀스]** 도심의 야경, 가로등, 야간 거리의 만보객들 쇼윈도 밤의 거리 가두 포목점(조선인 상인)	느린 합창 (20:48)
21:57	서양식 레스토랑 식사하는 일본 여성 고객과 조선인 웨이트리스(미디엄숏)	
22:24 22:37	일본식 주점(바) 저렴한 일본식 식당(덴푸라)	
22:54 23:17 총 23:36	기생집 연회와 가무 앉아 있는 기생의 미디엄 풀 숏	조선 음악과 노래(22:50)

도국 영화'라는 자막이 뜨고 그 배경으로 철도국 깃발이 떠오른 다음
'대일본문화영화제작소 제작'[59]임을 알리는 숏(shot)으로 컷하고, 다시
제목 '경성'과 '시미즈 히로시 작품'이라는 자막으로 이루어진 숏과 연이
어 제작 스태프들의 명단이 나오는 숏 등 네 개의 숏으로 구성된 타이
틀 시퀀스가 지나가면 첫 번째 장면으로 멀리서 남산에 자리 잡은 조
선신궁(朝鮮神宮)을 보여주는 숏이 등장한다.

---

59 〈경성〉은, 앞에서 살펴본 당시 신문기사에서 적시하고 있듯이, 쇼치쿠오후나촬영소의 문화영화부에
의뢰되어 제작되었다. 〈경성〉과 〈동무〉에 대한 다나카 마사스미 등(田中眞澄·木全公彦·佐藤武·佐藤千
広 編, 2000: 144~145)의 소개 기록을 참조하면, '대일본문화영화제작소(大日本映畵文化映画製作所)'는 바
로 '쇼치쿠문화영화부(松竹文化映画部)'를 의미한다. 이 영화를 언급하고 있는 문헌에 따라서는 제작
사가 '대일본문화영화제작소'로 명기되어 있기도 하다(High, 2003: 440). 일본 철도성 국제관광국의
의뢰하에 도호에서 제작한 〈동경-북경〉의 경우에도 제작사가 '일본영화신사(日本映畵新社)'로 명기되
기도 한다(한국영상자료원 한국영화데이터베이스 홈페이지 참조).

〈경성〉이 제작되고 상영된 1940년이 진무천황 즉위 2,600주년이라는 맥락을 생각해본다면, 이 도입부 시퀀스의 조선신궁 장면은 매우 짧지만 그 의미는 작지 않다. 조선신궁은 천황제 이데올로기의 핵심으로서의 '국체(國體)' 관념과 '국가신도(國家神道)' 질서를 구현하는 상징적 공간이다. 1925년에 완공되어 남산에서 경성 시가지를 굽어보고 있던 조선신궁은 〈경성〉이 제작될 때쯤에는 건립 10주년을 기념하는 봉축대제를 치른 지도 벌써 5년을 지나고 있었다. 주지하듯이 조선신궁은 단순한 종교적 공간이 아니라 식민지 조선을 일본의 국가신도 질서 속으로 흡수하려는 정치적 공간이었다.[60] 따라서 일본 황실의 신화적 탄생 2,600주년의 해에 제작된 〈경성〉이 조선신궁 장면으로부터 시작한다는 것은 식민지와 그 수도 경성이 이제는 천황의 통치와 제국 일본의 질서 속에 완벽하게 포섭되어 있음을 말하는 시각적 선언과도 같다. 마치 같은 해 황실 기원 2,600주년을 기념하여 경성에서 개최된 조선대박람회 내 시정기념관에서 '내선일체'의 표어 아래 두드러지게 전시된 조선신궁의 대형 파노라마와 조선인 가족이 참배하는 디오라마와 맞닥뜨리는 것(헨리, 2008: 90~91)과도 같은 것이다.

그러나 시미즈 히로시의 카메라는 짧게(약 12초), 또 조용하게 조선신궁 건물의 실루엣만을 멀리서 보여주기 때문에 ―올려다보는 카메라 각도이므로 천황에 대한 경외심을 손상시키지는 않지만― 그 시각적 선언은 그리 요란하지 않다. 오히려 조용하고 담담한 시각적 진술에 가깝다고 해야 할지도 모르는데, 이는 이제 '내선융화'를 지나 '내선일체'를 표방할 만큼 식민지 조선의 제국의 질서 내로의 포섭이 안정화되었다는 식민 당국의 자신감을 반영한 것일 수도 있다. 다른 한편, 조선신궁은 완공된 그때부터 특히 '내지인'들에게는 "경성 관광의 첫 번째

---

60 조선신궁에 관해서는 김백영(2005: 155~162), 김수진(2011) 참조.

코스"(김수진, 2011: 119)로 자리 잡고 있었다는 점을 감안한다면, 관광 문화영화의 성격을 가진 〈경성〉이 조선신궁부터 보여주며 시작하는 것은 자연스러운 일일 수도 있다. 또 다른 한편, 앞에서 지적된 것처럼 〈경성〉의 제작 의도가 예전의 풍광 위주의 선전에서 벗어나 식민 당국이 지난 30년간 자신의 통치를 통해 식민지에서 이룬 발전을 전면에 내세워 선전을 수행하기 위한 것이었음을 감안할 때도 첫 장면이 조선신궁인 점은 의미가 있다 할 것이다. 조선신궁은 아마테라스 오미카미와 함께 1912년에 사망한 메이지천황을 제신으로 모시는 신궁인데, 메이지천황은 생전에 이미 '현인신(現人神)'으로서 추앙의 대상이었던 동시에 '문명'의 상징이었기 때문이다(김백영, 2005: 161). 말하자면, 황실 기원 2,600주년의 해는 한국병합 30주년의 해이기도 했던 것이다.

뒤이어 카메라는 세 개의 숏을 통해 명동성당을 잠시 보여준 다음, 기차가 도착하고 거기서 하차한 승객들을 포함하여 사람들로 북적이게 되는 경성역 플랫폼과 역사 로비로 직행하는데, 이때부터 경성의 분잡한 하루가 시작된다. 여기서부터 〈경성〉은 경성의 이곳저곳과 시민들의 다양한 삶의 모습을 거쳐 해가 진 밤거리와 유흥의 공간까지 경성의 하루를 재현한다. 이런 면에서 〈경성〉은 1930년대에 전 세계적으로 출현했던, "도시생활의 하루(a day in the life of the city)"라는 내러티브 (Easthope, 1997: 132)를 중심으로 전개되는 '도시교향곡(city symphony)'의 하나라 할 수 있다.[61] 이렇게 보면 조선신궁과 명동성당 장면으로 구성된 도입부 시퀀스는 경성의 새벽에 해당하는데, 그렇다면 조선신궁의 이미지는 식민지 신민들이 편안히 잠잘 수 있도록 경성을 품어주는

---

[61] 도시교향곡의 대표적인 작품은 발터 루트만(Walter Ruttmann)의 〈베를린, 대도시의 교향곡(Berlin: Die Sinfonie der Großstadt / Berlin, Symphony of a Great City)〉(1927)과 지가 베르토프 (Дзига Вертов / Dziga Vertov)의 〈카메라를 든 사나이(Человек с киноаппаратом / Man with a Movie Camera)〉(1929)를 꼽을 수 있다. 전자에 대해서는 Natter(1994), 후자에 대해서는 Roberts(2000) 등을 참조하라. 다나카 마사스미 등(田中眞澄·木全公彦·佐藤武·佐藤千広 編, 2000: 145)은 〈경성〉이 루트만의 〈베를린, 대도시의 교향곡〉을 연상시킨다고 쓰고 있다.

천황의 보호를 표현하는 것으로 읽힐 수도 있다. 그리고 명동성당 장면과 그에 동반되는 종소리는 이 땅에 들어온 서구 문명의 상징으로서 새벽을 깨우고 근대적 삶의 아침을 연다. 이후 〈경성〉이 재현하는 1940년의 경성의 하루는 앞의 〈표 1〉에서와 같이 전개되는데, 이를 시퀀스별로 다시 정리해보면 다음과 같다.[62]

① 타이틀 시퀀스(46초) - ② 도입부 시퀀스(29초) - ③ 경성역 시퀀스 1(59초) - ④ 거리와 어린 학생들 시퀀스(34초) - ⑤ 등교와 출근 시퀀스(54초) - ⑥ 근대적 일상생활 시퀀스 1(1분 49초) - ⑦ 이동촬영 거리 시퀀스(2분 13초) - ⑧ 조선인들의 일상생활 시퀀스(4분 16초) - ⑨ 조선 궁궐 시퀀스 1(44초) - ⑩ 근대적 일상생활 시퀀스 2(1분 23초) - ⑪ 조선 궁궐 시퀀스 2(1분 19초) - ⑫ 작업장 시퀀스(1분 08초) - ⑬ 스포츠 시퀀스(57초) - ⑭ 경성역 시퀀스 2(53초) - ⑮ 근대적 소비공간 시퀀스(2분 23초) - ⑯ 야간의 소비공간 시퀀스(2분 48초)

루오프(Ruoff, 2010: 109~111)는 '경성명소(京城名所)'라는 제목으로 이 시기에 발행된 32매의 사진엽서[63] 세트 가운데서 1940년경 조선을 방문한 일본인들이 전형적으로 조우하는 세 가지 테마를 재현하는 세 장의 엽서를 선별하고 있는데, 조선총독부, 경회루, 동대문 밖 조선인 마을이 그것이다. 이 세 가지는 각각 일본에 의해 도입된 근대성, 한국의 '한때 발전되었던 문명'의 범례들을 보존하려는 일본의 노력에 대한 증거, 그리고 여전히 원시적이고 낙후된 토착문화의 증거를 재현한다.

이 세 가지 테마는 관광문화영화로서의 〈경성〉에서도 식별해낼 수 있다. 타이틀 시퀀스와 도입부 시퀀스를 제외하면, 첫째, 시퀀스 ③~⑥과 시퀀스 ⑦의 전반부 1분 39초간(〈표 1〉에서 7분 10초 부분까지), 시퀀

---

62 이 시퀀스 구분은 필자의 판단에 따른 구분으로서 절대적인 것은 아니다.
63 사진엽서는 식민지 시대에 대한 중요한 이미지 자료로서 연구가 진행되어왔다. 그 선구적 작업 가운데 하나로는 권혁희(2005)를 보라. 다른 한편 식민지 조선에서의 사진에 관해서는 이경민(2008, 2010)을, 민속사진 혹은 인류학적 작업에 의한 사진에 대해서는 최길성(2009: 81~242)을 참조.

스 ⑩, 시퀀스 ⑫~⑯, 말하자면 14개의 시퀀스 가운데 11개의 시퀀스가 이런저런 이미지들을 통해 식민지 근대성을 재현하는 부분에 해당한다 할 수 있다(약 15분 28초 분량). 둘째, 시퀀스 ⑨와 ⑪은 한때 발전되었으나 이제 쇠락하고 멸망한, 그러나 현재 일제에 의해 박제화되어 보존되고 있는 과거 조선 문명의 흔적을 재현하는 부분이다(약 2분 3초 분량). 세 번째로, 시퀀스 ⑦의 짧은 후반부 34초간과 시퀀스 ⑧은 여전히 원시적이고 낙후된 토착문화와 생활양식을 재현하는 부분이라 할 수 있다(약 4분 50초 분량).

2) 〈경성〉과 근대성의 이미지들

시미즈의 〈경성〉은 근대성의 이미지들이 압도적이다. 상영 시간 면에서 볼 때 근대적 삶을 묘사하고 있는 15분 28초 분량은 타이틀 시퀀스와 도입부 시퀀스를 제외한 22분 21초 가운데 약 69퍼센트를 차지하는데, 그 내용도 이동촬영으로 찍은 도심의 잘 정비된 대로들과 높이 솟은 '현대적' 건물들, 기차와 전차 등 근대적 교통수단, 백화점과 남촌 일대 흥청거리는 소비공간, 가로등이 훤히 밝혀진 야간의 상점가와 유흥공간, 아침에 등교하고 출근하는 학생들과 시민들 및 학교와 직장에서의 활기찬 일과의 시작, 근대화의 도정에 있는 작업장, 동물원과 경마장·야구장·골프장 등의 각종 레저공간 등 다양하다. 한마디로 영화 〈경성〉에서 식민지도시 경성은 명실상부한 근대도시로서 재현되고 있다. 이는 역동적이고 근대화된 도시의 미적 이미지들을 선전의 중심 테마로 삼고자 한 식민 당국의 기획 의도가 실현된 것이기도 하며, 1940년 당시 경성의 현실을 실제로 반영한 것이기도 하다. 경성은 식민권력에 의해 1910년대 중반부터 1920년대 중반에 걸쳐 식민지 행정수도로서의 면모를 완비하게 되고, 1920년대 중반부터 1930년대 중반까지 소비자본주의의 발전에 의해 식민지 자본주의적 도시로 성장했기 때문이다. 더구나 1934년 조선총독부의 '조선시가지계획령(朝鮮市街地計劃令)'이 공포되고 1936년부터 경성부역(京城府域) 확장이 시행됨으로써 〈경성〉이 촬영되던 1940년경에는 이른바 '대경성(大京城)'이 실현되고 있었다(김백영, 2005).[64] 일본인 주거지와 상업지구 중심의 발전된 남촌과 조선인 주거지와 상업지구 중심의 북촌, 그리고 군사지역 용산 이외에도 서대문 중심의 서부 경성, 청량리·왕십리 방면의 동부 경성, 공장지대화되어가는 노량진·영등포 중심의 강남 지역이 추가된 경성은 1936년경에는 면적에 있어 제국 일본 제6위의 대도시, 인구에 있어 제국 일본 7대 도시의 반열에 올라 있었다(김백영, 2005: 238).[65]

〈경성〉이 식민지 조선의 수도에 가득 찬 근대 생활의 이모저모를 재현할 때는 높고 활기찬 음악과 남녀 혼성합창이 동반됨으로써, 사운드 역시 근대성의 이미지들이 표출하는 역동성을 한층 배가시킨다. 도입부의 명동성당 장면에서의 종소리와 함께 음악이 활기차지기 시작하면서 카메라는 경성역 플랫폼으로 직행하며, 기차에서 내린 사람들이 역사를 가득 메우면서 남녀 혼성합창이 시작된다(시퀀스 ③). 이어서 전차가 지나가는 잘 정비된 대로와 학교에 가는 것으로 보이는 아이들의 다양한 영상들이 제시된다. 거리를 오가는 아이들의 영상은 여러 개의 숏을 통해 상당히 오래 지속되는데(약 34초), 이는 '아동물'에 능숙한 시미즈 히로시 감독의 장기가 발휘되는 부분이기도 하며, 구세대와 달리

---

64 앞에서 거론된 1939년 10월 26일 자 『동아일보』 기사에서 문화영화 〈대경성〉 기획에 대해 보도되고 있는 이유는 아마 이 '대경성' 구상에 기인할 것이다.

65 1940년 조선대박람회는 1915년 조선물산공진회(朝鮮物産共進會)나 1929년의 조선박람회(朝鮮博覽會)를 비롯하여 이전의 주요 박람회들이 경복궁에서 열렸던 것과 달리, 경복궁이 아니라 동경성역(1942년에 청량리역으로 개명) 부근의 바바초(馬場町)에 위치한 철도국 소유 미개발지에서 열렸다. 바로 '대경성'으로 불리며 최근 급팽창하고 있던 동부 경성에 위치하면서 한반도와 일본 제국의 여러 지역을 연결하는 대다수의 중요 철도선이 만나는 요충지에서 새 시대를 여는 박람회, '대동아의 대전당(大東亞の大殿堂)', '대흥아권축쇄의 전당(大興亞圈縮刷の殿堂)'을 개최한다는 의미를 담고 있었던 것이다(헨리, 2008: 78~84).

'내선일체'가 이미 내면화되었다고 여겨지는 어린 신세대에 대한 일제 식민권력의 기대를 반영하는 부분이기도 하다(시퀀스 ④).[66] 이런 성격은 중고등학생들의 등교 장면이 이어짐으로써 강화된다. 연이어 총독부 청사로 보이는 장중한 관공서 건물로 들어가는 공무원들의 출근 장면이 나오는데, 건물 벽면에 부착되어 있는 '국민정신의 앙양(國民精神ノ昂揚)' 표어를 보여주는 장면은 '내선일체'와 '황민화'의 요구를 문자화하여 시각적으로 전달한다(시퀀스 ⑤). 이어서 학교 운동장과 어린 학생들, 열과 오를 맞춰 집단 체조 하는 남학생들, 경성제국대학, 지원병 훈련소, 주식 거래소 등을 통해 학교와 직장 등 공적 공간에서 하루 일과가 활기차게 시작되는 모습을 보여주는데, 애초에 식민지 주민들을 규율화된 근대적 주체로 훈육하는 기제였던 체육 교육이 명약관화하게 군사화된 이미지들과 훈련받는 지원병들의 이미지들은 1940년대 초입 식민지 경성의 근대성이 군국주의와 전시체제의 그림자가 짙게 깔린 것임을 드러냄과 동시에 도입부 조선신궁의 자장 안에서 식민지의 내선일체화된 신민들이 자발적 황군으로서 복무할 준비가 되어있음을 선전한다(시퀀스 ⑥).[67]

주식거래소 장면에서 컷한 다음부터 영화 〈경성〉은 근대화된 경성의 도심 거리를 수평 이동 하는 카메라의 시점으로 보여준다. 본정(本町) 1정목(丁目) 입구 교차로 즉 조선은행과 미츠코시(三越)백화점[68] 앞

66 조선군보도부가 지원병제도를 선전할 목적으로 제작한 극영화 〈그대와 나(君と僕)〉(허영, 1941)에 등장하는 정오의 묵도(默禱) 장면에서는 내선일체를 내면화한 어린이와 그렇지 못한 노인 세대의 대비가 묘사되기도 했다(이준식, 2004: 719 각주 51).

67 체육 교육의 군사화에 대해서는 신주백(2006) 참조. 한편, 식민지 조선에서는 1938년 2월 26일부터 지원병제도가 실시되었다. 이때부터 '내선일체'가 특히 강조되었다(이영재, 2008, 48~55). 1942년 5월 8일에는 1944년부터 조선에서도 징병제를 실시할 것이며 발표되었다. 그러자 이제 조선에서는 (징병제의 전제인) 내선일체가 더 이상 목표가 아니라 이미 달성되었고 따라서 징병제를 실시해야 한다는 논조의 선전이 시작되었다(이준식, 2004: 720~727. 특히 720, 725). 1944년 말 징병제가 실시되기 전까지 즉 1938년에서 1943년 사이에 일본 육군은 조선인 80만 8,000명의 입대 신청을 받았지만, 결국 동화가 덜되었다는 이유로 1만 6,830명만 입대를 허가했다. 하지만 1944년 말부터는 강제징집제도에 의해 11만 명 이상의 조선인들이 육해군에 복무했다(렌리, 2008: 85~86 각주 28).

68 현재의 신세계백화점 본점. 이 자리에 위치했던 미츠코시백화점 경성점은 1930년에 개장했다. 미츠코시백화점은 1904년에 개장한 일본 최초의 백화점이었다. 미츠코시를 중심으로 일본의 백화점의

교차로 광장 분수대를 중심으로 카메라가 360도 회전하는 파노라마숏이 등장하고, 연이어서 프레임 좌우로 방향을 바꿔가며 이동하는 카메라가 5개의 숏을 통해 태평통과 조선총독부(원경)와 경성부청사(전경), 남대문통 1정목 대로 등 경성의 행정·금융의 중심지들을 보여주는데, 이 부분은 영화 〈경성〉과 식민지 수도 경성의 근대성이 내용과 형식 양면에서 가장 두드러지는 부분이라 할 수 있다. 마치 소비에트 작가 베르토프의 〈카메라를 든 사나이〉(1929)를 연상시키는 이 6개의 트래킹숏들은 약 1분 39초간 연속되면서 식민도시 경성의 활기찬 리듬을 시각적으로 더할 나위 없이 잘 전달해준다. 이 6개의 이동촬영 숏들은 카메라가 잡아내고 있는 대상들 자체가 근대도시로서의 경성의 면모를 한눈에 깨닫게 해주는 대표적인 근대성의 랜드마크들일 뿐만 아니라, 그 대상들을 훑고 지나가는 카메라의 시선 역시 19세기 서구의 대도시에서뿐만 아니라 20세기 전반기 제국 일본의 수도 및 이 시기 식민지 조선의 수도에서도 일상화된 '유동적 시각(mobile vision)',[69] 다시 말해 자본주의 도시공간에서 전형적으로 실현되는 최첨단의 근대적 시각을 담지하고 있다. 영화 〈경성〉이 "학병 훈련 모습을 보여주면서도 자본과 소비의 상징인 백화점과 은행을 재현하는 순간에는 전쟁과 무관한 경탄을 전"하는(김소영, 2006: 15) 이유는 바로 이 시퀀스에서 실현되고 있는 카메라의 이 '현대적인' 유동적 시각에 힘입은 바 큰데, 이 시각은 베르토프가 말하는바, 인간적 부동성에서 해방되어 부단히 움직이면서 운동을 기록하는 기계적 눈에 다름 아닌 것이다(Vertov, 1984: 17). 그것은 시미즈 히로시 판 '영화의 눈(kino-eye)'이다(시퀀스 ⑦).

역사에 대해서는 하쓰다 토오루(2003) 참조.

69 이에 대한 논의는 이론적으로는 잘 알려져 있다시피 벤야민의 유명한 '산책자(만보객, flâneur)'론에서 실질적으로 출발된다(벤야민, 2010). 19세기 서구 도시에서의 유동적 시각에 대해서는 주은우(2003: 제4장), Schivelbusch(1986), Friedberg(1994) 등을 참조. 근대 일본과 식민지 조선에서의 유동적 시각에 대해서는 하쓰다 토오루(2003), 이성욱(2004) 참조.

이동촬영은 계속 이어지면서 상영 시간이 7분 11초에 이르는 지점부터 조선인들의 시장과 주택가로 진입하는데, 여기서부터 덜 근대화된 혹은 아직 전통이 남아 있는 조선인들의 일상생활을 보여준다(시퀀스 ⑧). 이어서 2개의 조선 궁궐 시퀀스(⑨와 ⑪)를 통해 덕수궁과 경복궁을 서성거리던 카메라는(쉬는 시간에 근대식 건물 중정中庭에서 혹은 옥상에서 다양한 공놀이를 하는 사람들과 창경원으로 개칭된 창경궁에 설치된 근대식 동물원을 그 사이에 보여준다. 시퀀스 ⑩) 직물공방으로 들어가면서 다시 근대 생활의 영역으로 복귀한다.

직물·공예품·수예품·칠기제품을 생산하는 작업장들을 보여주는 장면들은 전통적 생산품들의 생산방식이 근대화되어가고 있는 모습을 보여준다. 매뉴팩처 단계에 있는 이 작업장들의 이미지들은 전통과 근대가 혼용되어 있는 이미지들이라고도 할 수 있는데, 마치 카메라가 과거 왕조의 흔적에서 빠져나와 다시 식민지 근대성의 영역으로 들어가는 도중의 점이지대를 통과하는 듯한 느낌을 주기도 한다(시퀀스 ⑫). 이 노동의 공간들에서 나온 〈경성〉의 카메라는 뚝섬 경마장, 경성운동장의 야구경기, 능동의 골프장 등 근대적 스포츠와 여가공간을 보여준다. 경기장 숏과 관중석을 가득 메운 관중들 얼굴의 클로즈업숏을 교차편집 해 보여주는 경마장과 야구장 장면은 1940년대 초입부의 식민지 조선인들이 대중들을 위한 근대 스포츠에 이미 친숙함을 보여주는 한편, 계급적 진입 장벽이 두터운 텅 빈 골프장의 정경에서는 전통과 근대가 삐걱거리며 공존하는 식민지 근대성에 내재한 부조화가 노정되기도 한다(시퀀스 ⑬).[70] 다시 경성역으로 돌아간 카메라는 이번에는 경성역 청사의 전면을 보여주고(일종의 설정 숏의 역할을 한다) 행선지 부산의 표

---

[70] 양복을 입은 신사가 골프채를 휘두르는 옆에 한복 차림의 남성 캐디가 있는 모습이나 각각 한복과 양장 차림으로 필드에 서 있는 두 여성의 뒷모습(그리고 한복 차림의 여성의 손에 골프채가 쥐어져 있다) 등은 전통과 근대의 마찰을 자신의 영화에 담아냈던 감독 시미즈 히로시의 코믹 감각이 잘 드러나는 부분이기도 하다.

지판을 흘깃 쳐다본 다음, 다시 플랫폼으로 들어가 경성에서 볼일을 마치고 돌아가는 사람들과 전송객들을 보여준다(시퀀스 ⑭).

경성역을 떠난 카메라는 영화관 외관을 잠깐 보여주는데, 시미즈 감독 자신의 작품인 〈노부코(信子)〉(1940)가 상영되고 있다.[71] 전차 정류장을 지켜보던 카메라는 만원 전차에 올라 승객들과 고난을 함께하다 화신백화점 앞 종로에 내리고, 진고개 일대 본정 아니면 명치정 어디인 듯한 일본인 상권 지역을 멈춰선 듯한 산책자의 시선으로 '관찰'하다가 남대문시장일 듯한 시장 거리를 관통해 미츠코시백화점 안으로 들어간다. 약 2분 23초 동안 계속되며 경성의 소비공간을 보여주는 이 시퀀스에서 가장 흥미로운 점은 이 근대적 소비공간을 메우고 있는 사람들의 대다수가 조선인으로 보인다는 점이다. 진고개 일대의 상가 거리는 일본어 간판으로 가득 차 있지만, 그 사이를 오가는 사람들은 대부분 조선 복장을 하고 있거나, 적어도 일본 옷을 입은 행인은 찾아보기 힘들며 심지어 양장을 입은 '모던걸'도 단 두 명 정도가 화면에 포착될 뿐이다.[72] 백화점 안에서도 고객들은 대부분 조선인들이다(아기를 업은 한 조선 여성이 물건을 사는 장면은 가슴 위 숏으로 제법 길게 보여준다). 1930년대에 본정 등 일본인 거주 지역에 월경하는 조선인이 등장했다면(이영재, 2008: 119), 1940년 〈경성〉 속의 이 지역은 흡사 조선인에 점령당한 듯한 형국이다. 어쨌든 〈경성〉은 1940년 경성의 조선인들이 근대 소비문화를 내면화하고 그 공간 속에서 하등 거북함을 느끼지 않는 자연스러운 소비 주체임을 보여준다. 이 시퀀스는 백화점 내부에서 정문을 통

---

71 경성역 장면 다음의 장면이며 일본영화가 상영되고 있는 점으로 보아 본정이나 명치정 등 남촌에 위치한 극장일 듯한데(십중팔구 명치좌明治座일 가능성이 커보인다), 시미즈 히로시 감독의 유머 감각이 다시 번쩍이는 짧은 한 순간이다. 남촌의 극장들 목록은 김백영(2005: 214) 참조.

72 1941년의 한 좌담회에서 명치좌 지배인은 5년 전에는 본정에서 일본영화를 상영할 때 조선인 관객이 1할 정도에 불과했으나 지금은 50퍼센트에 이르며, 여름에는 종로 거리에 조선인이 유카타를 입고 다니는 것이 목격된다고 전하며, 여기에는 영화의 영향이 큰 것 같다고 말하고 있다(한국영상자료원 엮음, 2007: 271~272).

해 바깥의 근대화된 거리를 내다보는 시점에서 위에서 아래로 암전 처리 하듯 백화점 셔터가 내려오면서(혹은 반대로 셔터가 내려오듯 암전 처리 되면서) 끝난다(시퀀스 ⑮).[73]

주간의 근대적 소비공간 시퀀스를 마감한 셔터 혹은 암전 처리와 함께 어둠이 내리고 거리의 가로등이 불을 밝힌다. 〈경성〉의 카메라는 어둠이 내린 거리를 활보하는 경성의 야간 만보객들, 환한 조명의 쇼윈 도, 조선인 상인의 가두포목점 등을 보여주며 어둠이 짙게 내린 거리를 오가는데, 〈경성〉의 이 시퀀스는 1940년의 경성의 밤이 가난하고 낙후된 식민지도시의 칠흑 같은 어둠에 싸여 있는 것이 아니라 가스등과 뒤이은 전기의 발명을 통해 빛의 도시가 된[74] 근대 서구 대도시들의 밤과 다를 바 없다는 것을 보여준다.[75] 이어서 〈경성〉은 크고 화려한 서양식 레스토랑의 내부를 보여주고, 뒤이어 흡사 그것과 대비를 이루는 듯한 일본식 주점과 저렴한 식당을 보여준다. 주간의 소비공간과 달리 야간의 그것은 일본인들이 지배하고 있다. 레스토랑 장면은 식사하고 있는 일본 여성들과 시중드는 조선인 웨이트리스를 한 프레임 속에서 보여주며, 주점과 식당의 바에 앉아 있는 고객들 역시 일본인이 대부분이다. 〈경성〉의 마지막 장면은 기생들이 춤을 추고 손님들 옆에 앉아 시중을 들고 있는 연회 장면이다. 잘 알려져 있다시피, 기생은 내지 일본인 남성들에게 있어 식민지 조선에 대한 성적 판타지의 중핵을 이루었고, 이 성

---

73 김소영(2006: 15)으로 하여금 〈카메라를 든 사나이〉에 나오는 커튼이 내려오는 장면을 연상케 한 장면이 바로 이 장면인데, 표현주의 작가 무르나우(Friedrich Wilhelm Murnau)의 〈마지막 웃음(Der Letzte Mann / The Last Laugh)〉(1924)이 막 시작한 부분에서 엘리베이터를 타고 내려오는 카메라의 시점 장면을 연상시키기도 한다. 한편, 소비문화와 그 공간은 식민지 조선과 경성에서도 1920년대 그 어디쯤에서 형성되기 시작한 근대성의 선두 주자이자 표징이었다. 이에 대한 선구적 연구로 김진송(1999); 신명직(2003); 노형석·이종학(2004)을 보라. 식민지 도시에서의 소비문화의 공간과 식민지 소비 주체에 대하여 문학작품의 분석을 통해 광범위한 논의를 펼치고 있는 것으로 이성욱(2004)을 보라.

74 이에 대해서는 Schivelbusch(1995) 참조.

75 이처럼 경성의 밤을 불야성으로 묘사하는 것은 당시 기사나 문학작품에 자주 등장했다. 이성욱(2004) 참조.

적 상상력은 식민지배 이전부터 시작되어 식민지배가 막을 내린 후에
도 이어졌다(이경민·중앙대DCRC, 2005; Atkins, 175~184; 권혁희, 2005:
2부 7장). 그러므로 관광문화영화로서 일본인 관광객을 중요한 타깃으
로 삼을 〈경성〉이 기생의 이미지로 끝을 맺는 것은 당연한 일일지도 모
른다. 이 장면에서는 유일하게 조선 음악과 노래가 흘러나오는데, 연회
가 벌어지고 있는 방 안을 바라보던 카메라가 공간을 가로질러 건너가
맞은편에서 반대 방향으로 바라보는 가운데 무심한 듯 앉아 있는 조선
기생을 풀숏으로 보여주다 화면이 끊기듯이 영화가 끝난다(시퀀스 ⑯).

4. 〈경성〉과 식민권력의 자기재현

조선총독부 철도국이 식민지 조선을 선전하기 위해 기획한 기록영
화/관광문화영화 〈경성〉이 이렇듯 풍부하고 압도적인 근대성의 이미지
들로써 식민지 수도 경성을 재현하고 있다는 것은 총독부로 대표되는
식민권력이 한국병합 이후 30년 동안 식민지 조선에서 자신이 이룩한
근대화를 대내외에 선전하고 그를 통해 자신의 식민지 지배를 정당화
하려 했다는 것을 드러내준다. 사실, 식민지 지배의 후기로 갈수록 식민
지 조선을 재현하는 방식이 전통의 요소들이나 원시적이고 낙후된 사
회의 특징들을 중심으로 재현하던 초기의 경향에서 벗어나 근대성의
요소들과 문명화된 사회의 특징들을 중심으로 재현하는 경향이 증대
하는 것은 다양한 매체들에서 공통적으로 찾아볼 수 있는 변화였다.[76]

〈경성〉에서 조선의 전통적 요소들이나 생활양식, 1940년 당시에도
여전히 남아 있던 상대적으로 덜 발전되고 낙후된 면모들로써 경성을
재현하는 부분은 시퀀스 ⑦의 짧은 후반부 34초간과 시퀀스 ⑧인데,
우선 상영 시간의 측면에서 이 부분의 분량은 경성의 근대성을 재현하

---

76 예를 들어 조선미술전람회에서 나타나는 이러한 두 경향 사이의 동요와 후자로의 점진적 변화에 대
해서는 목수현(2011); 채승희(2010)를 참조하라.

는 부분들에 비해 절대적으로 적다(약 4분 50초 분량으로서 타이틀 시퀀스와 도입부 시퀀스를 제외한 22분 21초 가운데 22퍼센트 정도를 차지한다). 그 내용은 책, 고무신, 군밤, 호떡, 광주리 등을 판매하는 거리의 다양한 좌판들, 머리에 짐을 이고 가는 아낙네들(5개의 숏), 아이를 업고 가는 모습, 골목이나 천변에서 놀고 있는 아이들, 사람들이 살아가는 다양한 거리의 풍경, 부감숏에서 시작하여 6개 숏으로 구성된 빨래터 풍경, 한강 변의 빨래 말리는 장면, 북촌 조선인 주택가(롱숏으로 보여주는 기와집 지붕들, 눈 내린 정경, 지붕들 사이로 보이는 골목이나 빨래가 널린 모습), 골목과 사람들의 이미지 등으로 이루어져 있다.

시퀀스 ⑦의 짧은 후반부는 발전된 근대 경성의 도심을 보여주던 카메라의 이동촬영이 연속적으로 이어지는 부분이지만, 조선인 시장과 주택가로 질주해 들어간 카메라는 이국적 타자성을 수집하고 분류하는 민속학적 시선으로 전환되어 위와 같은 이미지들을 나열적으로 포착해 보여준다.[77] 그러나 1940년의 경성이 상당 정도 식민지 근대성이 실현된 조선의 중심지인 만큼, 〈경성〉이 재현해내는 조선의 전통적 생활양식에 대한 이미지들도 절대적으로 원시적이고 낙후한 타자성의 이미지들이라고는 하기 어렵다. 관광문화영화로서 〈경성〉은 이국적인 타자를 스펙터클 대상으로 삼는 관광 여행객의 응시를 실현해야 했지만, 1940년 경성에서 발굴되어 재현되는 타자성의 이미지들은 차이만이 지배하는 타자성이라기보다는 차이와 동일성이 혼용된 '친숙한 이국성'의 이미지들이 주가 될 수밖에 없었다. 또한 처음부터 발전되고 역동적인 식민지를 선진의 포인트로 삼고자 했던 식민 당국의 기획 의도와 제국 일본의 주요 도시로 성장·발전된 경성의 현실로 인해, 〈경성〉에서 재현되는 전통성의 이미지들은 정적이고 수동적이고 여성적으로 재현되던 예전과는

---

77 식민지 조선에서의 일본 민속학자들의 작업과 그들의 관점에 대해서는 Atkins(2010: 52~101)를, 조선을 촬영한 인류학적·민속학적 사진과 그 시선에 대해서는 최길성(2009); 권혁희(2005) 등을 참조.

상당히 다른 모습을 보여준다. 시퀀스 ⑧의 내용들에서 볼 수 있듯이, 여성과 아이·노인 등 상대적으로 약하고 보호의 대상으로 간주될 수 있는 이미지가 주류인 것은 여전하지만, 식민지 수도에 남아 있는 전통성의 요소들은 그 자체로도 상당히 역동적인 모습을 보여주기 때문이다.[78]

다른 한편, 멸망한 과거의 왕조와 문명의 흔적을 재현하는 것은 시퀀스 ⑨와 ⑪로서, 합해서 약 2분 3초 분량이며, 이는 근대성의 이미지들이나 전통성의 이미지들에 비해 매우 낮은 비중을 차지한다(9퍼센트). 시퀀스 ⑨는 덕수궁 전각 지붕과 그 위로 보이는 근대식 건물들, 경복궁과 조선총독부 건물이 보이는 3개의 연속 숏 등으로 구성되며, 시퀀스 ⑪은 덕수궁과 경복궁의 이미지들로 이루어져 있다. 쇠락한 조선 왕조의 궁궐들, 그러나 일제에 의해 정비된 옛 궁궐의 이미지들은 조선이 자신의 무능력으로 인해 멸망했고 따라서 일본의 식민지 지배는 자연스러운 결과라는 것, 스러져간 왕조는 자신의 문명과 문화마저 제대로 관리하지 못한 데 비해 조선의 문화들을 조사하고 보존하는 일본 식민권력의 지배는 그만큼 정당하다는 것을 웅변하는 상징적 이미지들이다.[79]

흥미로운 것은 〈경성〉에서 이 전통적인 조선인의 생활 이미지들과 조선 왕조의 흔적들에 관한 이미지들이 압도적인 근대성의 이미지들에 의해 앞뒤로 완전히 포위되어 있는 형국으로 배치되어 있다는 점이다. 이는 현실의 도시 경성을 형성하고 있는 공간적 배치와도 직결된다. 경성은 식민지 도시들의 여러 유형 가운데서도 전형적인 이중도시의 특징

---

78 시퀀스 ⑦의 말미 34초간의 2개의 트래킹숏들은 조선인들의 시장과 거리 모습을 대단히 역동적으로 재현하며, 시퀀스 ⑧에서의 숏들 역시 결코 정적이라고 하긴 어렵다. 한편, 전통문화나 생활양식을 중심으로 조선을 재현할 때의 전형적인 이미지들과 관련해서는 권혁희(2005); 김수진(2011); 이경민(2010); 목수현(2011); 조형근·박명규(2011); 채승희(2010); 최길성(2009) 등을 참조할 수 있다.
79 조선의 문화재를 발굴·조사·정리하고 이를 통해 식민권력을 정당화한 시도에 대해서는 Atkins(2010: 102~146) 등을 보라. 이 작업은 식민통치 초기부터 시작되었으며, 특히 무단통치 시기에는 발굴 현장에 항상 헌병경찰이 있었다.

을 띠는 데다(하시야 히로시, 2005; 김백영, 2005), 조선총독부와 경성부청, 조선신궁 등이 완공되어 식민지 행정수도로서의 면모를 갖추고 진고개 남촌을 중심으로 소비자본주의적 공간이 번창하게 되면서 군사지역 중심의 용산과 함께 일본 식민권력의 공간이 조선인 거주 지역과 상권 중심의 북촌을 부채꼴 모양으로 둘러싸게 되었다(김백영, 2005). 통합체적(syntagmatic) 축의 차원에서 볼 때, 조선신궁에서 시작하여 식민지 근대성의 일상과 발전된 도심의 이미지들의 군집과 근대화되고 있는 노동과 여가의 공간 및 근대적 소비문화 공간의 이미지들의 군집이 전통적 생활양식 및 쇠락한 왕조의 흔적을 담은 이미지들의 군집을 앞뒤에서 포위하고 있는 〈경성〉은 바로 부채꼴 모양의 이중도시로서의 경성의 물리적 공간 배치를 영화적으로 재연(再演)하고 있는 것이다.

이것은 기록영화로서 〈경성〉이 현실의 경성을 충실히 재현하려는데서 발생한 자연스러운 결과일 수도 있지만, 그 자체로서 식민권력의자기재현과 정당화라는 의미작용으로서 기능할 수도 있다. 〈경성〉을 기획하면서 식민권력은 식민지 조선의 수도 경성에 실현된 근대성으로써자신을 선전하려 의도하고 있기 때문이다. 이런 포위를 통한 식민권력의 자기재현은 개별 시퀀스들에서도 나타나는데, 그 가장 통렬한 경우는 바로 쇠락한 조선 왕조의 상징인 옛 궁궐들을 보여주는 시퀀스에서나타난다. 시퀀스 ⑨는 카메라가 근대식 건물과 일본의 국화인 벚꽃을제법 길게 포착하다가 덕수궁 경내를 보여주는데, 몇 개의 연속적인 숏들에서는 덕수궁 전각들의 지붕이나 궁궐 담장 위로 경성부청 건물과부민관을 비롯하여 덕수궁 일대의 근대 건축물들이 올라와 있다. 즉,이 숏들에서는 하나의 이미지 프레임 안에서 근대식 건물들 특히 일제가 건축한 근대식 건물들이 조선 왕조의 마지막 왕들이 기거하고 통치했던 덕수궁을 아래로 굽어보면서 사방으로 포위하고 있는 것이다(카메라는 이 근대식 건물들을 앙각숏으로 올려다본다). 더구나 이 숏들에는 일본의 국화인 벚꽃을 보여주는 숏들이 선행하여 미리 진로를 선점하고 있다. 이런 재현은 다른 방식으로도 실현되고 있다. 시퀀스 ⑨와 ⑪ 사이에 배치된 시퀀스 ⑩은 근대적 일상생활을 보여주는 시퀀스인데, 근대식 건물들의 내부와 그 안의 사람들을 보여주는 한 장면에서는 창문 밖으로 조선 왕조의 궁궐이 보인다. 여기에선 근대 건축물들의 창문틀이 궁궐을 가두는 프레임 역할을 하고 있는 것이다.

그러나 〈경성〉에는 훨씬 더 짧으면서도 식민권력이 자신의 지배를 더 직접적이고 웅변적으로 재현하는 장면이 있는데, 그것은 시퀀스 ⑨에서 경복궁과 총독부 청사를 동시에 보여주는 이미지들에서 찾을 수 있다. 3개의 연속 숏으로 구성된 이 장면에서는 각각의 숏들에 있어 이미지 프레임 안에서 경복궁과 총독부가 차지하는 비율이 점차 변화해 나간다. 첫 번째 숏에서는 경복궁이 이미지 프레임 속에서 큰 비율을 차지하고 있으며 총독부 청사는 경복궁 전각의 너머로 부분적으로 보일 뿐이다. 그러나 두 번째 숏에서는 이미지 프레임 안에서 경복궁이 차지하는 공간적 비율이 작아지는 반면 총독부의 그것은 첫 번째 숏에서보다 훨씬 커지고 있다. 세 번째 숏에서는 급기야 경복궁은 실질적으로 거의 사라지고 총독부 건물이 이미지 프레임의 대부분을 차지하게 된다. 즉, 이들 이미지의 연쇄는 권력이 스러져간 옛 왕조에서 식민권력으로 이전되었고 그것이 자연스러운 것임을 단 3개의 숏으로서 효과적으로 전달하는 대단히 경제적인 몽타주 시퀀스를 형성하고 있는 것이다. 이 3개의 연속 숏은 에이젠슈테인(Сергей Эйзенштейн / Sergei M. Eisenstein)의 저 유명한 〈전함 포템킨(Броненосец Потёмкин / The Battleship Potemkin)〉(1925)의 후반부에 등장하는 '잠에서 깨어나는 사자

(민중)'의 몽타주(역시 단 3개의 숏으로 구성되었다)를 연상시킨다.[80] 결국 1940년 당시 발전된 근대도시로서 재현되는(재현될 수 있는) 경성을 통해 식민지에서 자신이 성취해온 업적을 선전하고 그럼으로써 30년에 걸친 자신의 지배를 정당화하기를 원했던 제국 일본의 식민권력은 〈경성〉에서 자기 자신 역시 대단히 근대적인 이미지 제시 방식을 통해 재현되고 있는 것이다.[81]

---

80 일본에서 1930년대 전반 '편집영화'가 등장할 당시 좌파 기록영화 집단인 프로키노(Prokino) 영화인들을 통해 소비에트영화이론이 소개되고 있었다(Nornes, 2003: 50~51). 다른 한편, 다수의 프로키노 영화인들이 이후 쇼치쿠영화사에 들어가 활동했다는 점에서(Wada-Marciano, 2008: 73 이하, 93 이하 등을 참조) 시미즈를 비롯한 쇼치쿠의 감독들이 소비에트영화에 대해 잘 알고 있었을 가능성이 있다.

81 〈경성〉에서 식민권력이 재현되는 이 장면들이 통렬한 만큼, 대안적 의미화의 가능성을 안고 가슴을 저리게 하는 장면들도 있다. 예컨대 시퀀스 ⑪에서의 경회루와 연못에 비친 그 그림자의 틸트업숏(21초로서 상당히 긴 편이다), 궁궐 담장을 따라 카메라를 향해 돌진해오는 먼지바람을 보여주는 숏(9초), 궁궐 담장 구석 돌계단 모퉁이에 이는 바람에 낙엽들이 소용돌이치는 숏(11초)과 여기에 동반되는 심상찮은 분위기의 애조 띤 음악은 강렬한 애수를 불러일으킨다. 더구나 이 장면들은 바로 식민권력을 경제적으로 재현해주는 장면들과 가깝게 인접하여 따라온다. 김소영은 이렇게 지적한다. "〈경성〉에서 가장 흥미롭게 생각하는 것은 이 영화가 자의식으로 구성해내는 시각장의 소음과 닫힘이다. 계몽과 선전이라는 프로파간다의 선명성과는 동떨어진 의미화로 〈경성〉은 돌풍이 갑작스레 일으킨 먼지로 프레임을 채우고 숏을 끝낸다. 돌담길을 걸어오던 두 사람이 카메라 앞으로 다가오면서 일어나는 일이다. (…) 지속적으로 양가성을 견지하는 회의에 빠진 프로파간다 영화로서의 〈경성〉은 바로 이때 비판적이며 자기반영적 측면을 무심결에 드러낸다. 심금을 울리지 않을 수 없다."(김소영, 2006: 15). 필자는 이 '심금을 울리는 장면'에 대한 논평에 전적으로 동의하는 입장에 있다. 또한 필자는 조선 기생의 무심한 듯한 눈길과 표정을 포착하고 있는 〈경성〉의 마지막 장면 역시 여기에 추가하고 싶다. 그러나 시각장의 이 소음과 자기반영성은 식민권력의 자기재현과 양립 불가능한 것이 아니며, 이 장면의 의미화는 텍스트 〈경성〉을 구성하는 다른 장면들로 이루어진 맥락(컨텍스트)이 부과하는 한계와 함께 생각할 필요가 있을 것이다. 하여튼 이 '심금을 울리는 장면'은 이동촬영 장면과 함께 〈경성〉을 매력적인 영화로 만드는 가장 중요한 장면의 하나라 할 것이다. 또한 이는 식민주의가 결코 통일된 프로젝트가 아니라 내적으로도 모순을 안고 있는 것임을 다시 한 번 일깨워준다(Thomas, 1994: 51 등). 필자는 〈경성〉의 텍스트 내부에서 표출되고 있는 이 소음 또는 균열과 자기반영성이 시미즈 히로시의 감독으로서의 자의식과 요란스럽지 않게 표현되는 그의 비판의식(앞에서도 언급했듯이 그는 근대 일본 사회의 내적 모순이나 집단적 편견 등을 비판적으로 다룬 것으로 평가된다. 특히 〈감사합니다씨(아리가토상)〉에서는 비록 처음부터 계획했던 것은 아니라고 하지만 당시 일본영화로서는 극히 드물게도 식민지 조선인들의 문제가 언급되기도 한다), 그리고 이 영화를 '도시교향곡'으로 만들어주는 요소들 중에서도 특히 파노라마적 시각 및 무엇보다 유동적 시각과 관련된다고 생각하는데, 여기서는 이 문제를 차후의 과제로 미루어둔다.

참고문헌

강태웅(2010), 「만주국 극영화의 제상(諸相)—만주영화협회의 제작방향 변화를 중심으로」, 동국대학교 문화학술원 한국문학연구소 편, 『제국의 지리학, 만주라는 경계』, 서울: 동국대학교출판부.

고바야시 히데오(小林英夫)(2004), 임성모 옮김, 『만철: 일본제국의 싱크탱크』, 서울: 산처럼.

권혁희(2005), 『조선에서 온 사진엽서: 19세기 말 20세기 초 제국주의 시대의 사진엽서를 통해 본 시선의 권력과 조선의 이미지』, 서울: 민음사.

김려실(2006), 『투사하는 제국 투영하는 식민지: 1901~1945년의 한국영화사를 되짚다』, 서울: 삼인.

_____(2008), 「기록영화 〈Tyosen〉 연구」, 『상허학보』 제24집, 상허학회.

_____(2011), 『만주영화협회와 조선영화』, 서울: 한국영상자료원.

김백영(2005), 「일제하 서울에서의 식민권력의 지배전략과 도시공간의 정치학」, 서울대학교 사회학과 박사학위논문.

_____(2008), 「공간의 제국화, 풍경의 식민화: 철도제국주의와 관광식민주의」, 『감성과 사회』, 한국사회사학회·성신여대인문과학연구소 공동심포지움 자료집.

김소영(2006), 「스미즈 히로시가 본 경성 1940」, 『NEXT Plus』 No. 12, 영화진흥위원회.

김수진(2011), 「식민 권력의 자기 기념과 시각적 선전—조선신궁기념사진집 『은뢰(銀賴)』를 중심으로」, 『사회와 역사』 제89집, 한국사회사학회.

김진송(1999), 『서울에 딴스홀을 許하라: 현대성의 형성』, 서울: 현실문화연구.

김한상(2008), 「고전영화관—〈동경-북경(조선과 만주국을 거쳐)〉 '조선(Tyosen)' 편」, 『NEXT Plus』, No. 52, 영화진흥위원회.

_____(2009), 「1930~1940년대 조선에서의 문화영화 상영」, 〈발굴된 과거 네 번째: 고스필모폰트 발굴영상 모음(DVD)〉 해설자료집, 서울: 한국영상자료원.

_____(2010), 「조선·만주 관광 문화영화와 '동아신질서'의 극장 경험—일본 도호 니치에이 아카이브 소장작 〈동경-북경〉 발견조사 보고를 중심으로」, 『영화연구』 제43호, 한국영화학회.

노형석[글]·이종학[사진 및 자료 제공](2004), 『모던의 유혹 모던의 눈물: 근대 한국을 거닐다』, 서울: 생각의 나무.

목수현(2011), 「조선미술전람회와 문명화의 선전(宣傳)」, 『사회와 역사』 제89집, 한국사회사학회.

박명규·김백영(2009), 「식민 지배와 헤게모니 경쟁: 조선총독부와 미국 개신교 선교세력 간의 관계를 중심으로」, 『사회와 역사』 제82집, 한국사회사학회.

배병욱(2006), 「1920년대 전반 조선총독부의 선전영화 제작과 상영」, 『지방사와 지방문화』 제9권 제2호, 역사문화학회.

벤야민, 발터(Benjamin, Walter)(2010), 김영옥·황현산 옮김, 『보들레르의 작품에 나타난 제2제정기의 파리 / 보들레르의 몇 가지 모티프에 관하여 외』, 서울: 도서출판 길.

복환모(2004), 「1920년대 초 조선총독부 「활동사진반」의 역할에 관한 연구」, 『영화연구』 제24호, 한국영화학회.

_____(2006), 「한국영화사 초기에 있어서 이토 히로부미(伊藤博文)의 영화 이용에 관한 연구」, 『영화연구』 제28호, 한국영화학회.

서기재(2005), 「일본 근대 여행관련 미디어와 식민지 조선」, 『일본문화연구』 제14집, 동아시아일본학회.

신명직(2003), 『모던뽀이, 京城을 거닐다: 만문만화로 보는 근대의 얼굴』, 서울: 현실문화연구.

신주백(2004), 「박람회—과시·선전·계몽·소비의 체험공간」, 『역사비평』 여름호(통권 제67호), 역사비평사.

_____(2006), 「체육교육의 군사화와 강제된 건강」, 『식민지의 일상: 지배와 균열』, 공제욱·정근식 편, 서울: 문화과학사.

오카와 히토미(2007), 「일제시대 선전영화에 표상된 조선의 이미지: 『朝鮮素描』(1939)를 중심으로」, 이화여자대학교 한국학과 석사학위논문.

유선영(2003), 「극장구경과 활동사진 보기: 충격의 근대 그리고 즐거움의 훈육」, 『역사비평』 가을 호(통권 제64호), 역사비평사.

이경민(2008), 『경성, 사진에 박히다: 사진으로 읽는 한국 근대 문화사』, 서울: 산책자.

_____(2010), 『제국의 렌즈: 식민지 사진과 '만들어진' 우리 근대의 초상』, 서울: 산책자.

이경민[글]·중앙대DCRC[사진](2005), 『기생은 어떻게 만들어졌는가: 근대 기생의 탄생과 표상공간』, 서울: 아카이브북스.

이경훈(2010), 「식민지와 관광지―만주라는 근대 극장」, 동국대학교 문화학술원 한국문학연구소 편, 『제국의 지리학, 만주라는 경계』, 서울: 동국대학교출판부.

이덕기(2009), 「영화 <수업료>와 조선영화의 좌표」, 『한국극예술연구』 제29집, 한국극예술학회.

이상우(2008), 「심상지리로서의 대동아(大東亞): 1940년대 전반기 희곡에 나타난 반서양주의와 인종적 상상력」, 『한국극예술연구』 제27집, 한국극예술학회.

이성욱(2004), 『한국 근대문학과 도시문화』, 서울: 문화과학사.

이영재(2008), 『제국 일본의 조선영화―식민지 말의 반도: 협력의 심정, 제도, 논리』, 서울: 현실문화.

이준식(2004), 「일제 파시즘기 선전 영화와 전쟁 동원 이데올로기」, 『동방학지』 124, 연세대학교 국학연구원.

이화진(2005), 『조선영화―소리의 도입에서 친일 영화까지』, 서울: 책세상.

임성모(2010), 「팽창하는 경계와 제국의 시선―근대 일본의 만주여행」, 동국대학교 문화학술원 한국문학연구소 편, 『제국의 지리학, 만주라는 경계』, 서울: 동국대학교출판부.

정근식(2009), 「일본 식민주의의 정보통제와 시각적 선전」, 『사회와 역사』 제 82집, 한국사회사학회.

조형근·박명규(2011), 「식민권력의 식민지 재현전략―조선총독부 기관지『朝鮮』의 사진이미지를 중심으로」, 『사회와 역사』 제90집, 한국사회사학회.

조희문(1992), 「草創期 韓國映畵史 연구: 映畵의 傳來와 受容(1896~1923)」, 중앙대학교 연극영화학과 박사학위논문.

주은우(2003), 『시각과 현대성』, 서울: 한나래.

진시원(2004), 「동아시아 철도 네트워크의 기원과 역사―청일전쟁에서 태평양전쟁까지」, 『國際政治論叢』 제44집 제3호, 한국국제정치학회.

채승희(2010), 「조선미술전람회를 통해 본 식민지 문화정치 연구」, 서울대학교 사회학과 석사학위논문.

최길성(2009), 『영상이 말하는 식민지 조선』, 서울: 민속원.

한국영상자료원 엮음(2007), 『고려영화협회와 영화신체제 1936~1941』, 서울: 한국영상자료원.

한상일·한정선(2006), 『일본, 만화로 제국을 그리다: 조선병탄과 시선의 정치』, 서울: 일조각.

하시야 히로시(橋谷弘)(2005), 김제정 옮김, 『일본제국주의, 식민지 도시를 건설하다』, 서울: 모티브.

하쓰다 토오루(初田亨)(2003), 이태문 옮김, 『백화점: 도시문화의 근대』, 서울: 논형.

헨리, 토드 A.(Henry, Todd A.)(2008), 「제국을 기념하고, 전쟁을 독려하기: 식민지 말기(1940년) 조선에서의 박람회」, 『아세아연구』 제51권 제4호(통권 제134호), 고려대학교 아세아문제연구소.

田中眞澄·木全公彦·佐藤武·佐藤千広 編(2000), 『映画読本·清水宏―即興するポエジー, 蘇る「超映画伝説」』, 東京: フィルムアート社.

Atkins, E. Taylor(2010), *Primitive Selves: Koreana in the Japanese Colonial Gaze, 1910~1945*, Berkeley and Los Angeles: University of

California Press.

Baskett, Michael(2008), *The Attractive Empire: Transnational Film Culture in Imperial Japan*, Honolulu: University of Hawai'i Press.

Deleuze, Gilles(1988), *Foucault*, Minneapolis: The University of Minnesota Press.

Drew, William M.(2004), "Hiroshi Shimizu—Silent Master of the Japanese Ethos," *MidnightEye: Visions of Japanese Cinema*, http://www.midnighteye.com/features/hiroshi_shimizu.shtml(2011년 11월 접속).

Easthope, Antony(1997), "Cinécities in the Sixties," in David B. Clarke(ed.), *The Cinematic City*, London and New York: Routledge.

Friedberg, Anne(1994), *Window Shopping: Cinema and the Postmodern*, Berkeley and Los Angeles: University of California Press.

Hall, Stuart(1997), "The Work of Representation," in Stuart Hall(ed.), *Representation: Cultural Representations and Signifying Practices*, London: SAGE Publications Ltd in association with the Open University.

High, Peter B.(2003), *The Imperial Screen: Japanese Film Culture in the Fifteen Years' War, 1931~1945*, Madison: The University of Wisconsin Press.

Jacoby, Alexander(2004), "Hiroshi Shimizu: A Hero of His Time," *Senses of Cinema*, Issue 32, http://www.sensesofcinema.com/2004/feature-articles/hiroshi_shimizu/(2011년 11월 접속).

_____(2008), *A Critical Handbook of Japanese Film Directors: From the Silent Era to the Present Day*, Berkeley: Stone Bridge Press.

Lacan, Jacques(1979), *The Four Fundamental Concepts of Psycho-anal-*

ysis, London: Penguin Books.

McDonald, Keiko I.(2001), "Saving the Children: Films by the Most "Casual" of Directors, Shimizu Hiroshi," in Dennis Washburn and Carole Cavanaugh(eds.), *Word and Image in Japanese Cinema*, Cambridge: Cambridge University Press.

Natter, Wolfgang(1994), "The City as Cinematic Space: Modernism and Place in *Berlin, Symphony of a City*," in Stuart C. Aitken and Leo E. Zonn(eds.), *Place, Power, Situation, and Spectacle: A Geography of Film*, Lanham: Rowman & Littlefield Publishers, Inc.

Nornes, Abé Mark(2003), *Japanese Documentary Film: The Meiji Era through Hiroshima*, Minneapolis: University of Minnesota Press.

Roberts, Graham(2000), *The Man with the Movie Camera*, London and New York: I.B.Tauris Publishers.

Ruoff, Kenneth J.(2010), *Imperial Japan at its Zenith: The Wartime Celebration of the Empire's 2,600th Anniversary*, Ithaca and London: Cornell University Press.

Schivelbusch, Wolfgang(1986), *The Railway Journey: The Industrialization of Time and Space in the 19th Century*, Berkeley and Los Angeles: University of California Press.

_____(1995), *Disenchanted Night: The Industrialization of Light in the Nineteenth Century*, Berkeley and Los Angeles: University of California Press.

Thomas, Nicholas(1994), *Colonialism's Culture: Anthropology, Travel and Government*, Princeton: Princeton University Press.

Urry, John(1990), *The Tourist Gaze: Leisure and Travel in Contemporary Societies*, London: SAGE Publications.

Vertov, Dziga(1984), *Kino-Eye: The Writings of Dziga Vertov*, Annette Michelson(ed.), Berkeley: University of California Press.

Virilio, Paul(1989), *War and Cinema: The Logistics of Perception*, London and New York: Verso.

_____(1994), *The Vision Machine*, Bloomington: Indiana University Press.

Wada-Marciano, Mitsuyo(2008), *Nippon Modern: Japanese Cinema of the 1920s and 1930s*, Honolulu: University of Hawai'i Press.

1920년대 후반∼1930년대 초반 조선영화비평사 재검토

하승우

들어가며

2006년 한국영상자료원은 〈미몽(죽음의 자장가)〉(양주남, 1936) 등의 식민지 시기 조선영화들을 대중에게 공개했다. 2008년에 한국영상자료원은 국내에 현존하는 가장 오래된 무성영화인 〈청춘의 십자로〉(안종화, 1934)를 발굴하기도 했다. 이런 흐름에 조응하기라도 하듯, 식민지 시대 조선영화를 다루는 연구들이 최근 10여 년간 봇물처럼 쏟아지고 있다. 이 시기 조선영화사에 관한 최근의 연구들 중에서 조선영화비평사 부분에만 한정하여 살펴보면, 많은 연구가 조선영화비평사를 조선프롤레타리아예술동맹(이하 카프) 영화운동과의 관계라는 측면에서 검토하고 있음을 알 수 있다. 조선영화비평사를 언급할 때, 카프 영화운동과의 연관성을 강조할 수밖에 없는 것은 당대의 좌파적 영화 실천이 영화 제작보다는 비평 분야에서 적극적으로 전개되었기 때문이다. 예컨대 김려실은 카프 영화운동이 실패할 수밖에 없었던 것은 "당시 영화산업의 구조가 카프의 사상과 조화되지 못했다는 점", "[카프] 조직 내부의 분

* 이 논문은 2013년도 정부재원(교육과학기술부)으로 한국연구재단의 토대연구지원을 받아 수행된 것이다(NRF-2012S1A5B4A01035829).

열", 조선총독부의 "필름의 삭제와 압수" 등에서 볼 수 있는 것처럼 "외부 탄압"에 기인한다고 주장한다.[1] 이순진은 〈아리랑 후편〉(이구영, 1930)을 둘러싼 논쟁에 대해 언급하면서, 서광제·윤기정 등 좌파적 관점에 입각한 영화비평이 "조선영화의 비평에서 리얼리즘을 하나의 비평방법론으로 제기"했을 뿐 아니라, 이들의 비평 경향이 "영화의 계몽적 성격"에 주목한 것이라고 주장한다.[2] 이런 시각은 조선영화비평사 연구와 관련해서 유용한 논점들을 제공한다. 그러나 이 글에서는 위 연구들과는 다른 차원에서 조선영화비평사를 살펴보려고 한다. 궁극적으로 이 글은 당시에 개진되었던 비평적 논점들을 들여다보면서도 단순히 그 논점들을 소개하는 방식을 취하기보다는 어떠한 조건과 방식을 통해 그 논점들을 쟁점화할 것인가에 주목하고자 한다. 이는 현상들에 대한 새로운 해석을 추가하는 것이라기보다는 현상들 자체를 인식하는 조건 곧 '문제틀(problematics)' 자체를 바꾸는 작업이기도 하다. 따라서 이 글의 핵심적 목적은 1920년대 후반부터 1930년대 초반에 이르기까지 조선영화비평사를 새로운 각도에서 바라볼 수 있는 프레임의 확립에 있다.

이 글이 다루는 대상은 1920년대 후반부터 1930년대 초반에 이르기까지 조선영화비평사, 특히 프롤레타리아 영화운동(이하 프로 영화운동)에 기반 한 비평들이다. 주지하다시피, 1920년대 중반부터 1930년대 중반까지 무성영화 10년간은 조선영화사에서 획기적 시기로 인식된다. 1926년 나운규의 〈아리랑〉을 시작으로 영화 제작이 활성화되었을 뿐 아니라 영화에 대한 본격적인 이론적·비평적 작업 역시 활발하게 진행되었기 때문이다. 그런데 이 시기에서 간과할 수 없는 것은 첫째, 이 시기 제작된 영화 대부분은 필름이 유실된 영화라는 점이다. 그러므로 유

---

1   김려실, 『투사하는 제국 투영하는 식민지: 1901~1945년의 한국영화사를 되짚다』(서울: 삼인, 2006), 125~127쪽.
2   이순진, 「카프 영화운동과 경향파 영화」, 김미현 책임 편집, 『한국영화사: 開化基에서 開花期까지』(서울: 커뮤니케이션북스, 2006), 62쪽.

실된 필름들과 이 필름들에 대한 영화사 서술 간에 근본적으로 비대칭적 공백이 발생하는데, 이 공백을 어떻게 조명할 것인가의 문제가 조선 영화사 연구에서 매우 중요한 과제로 남아 있다. 이런 점에서 김소영의 주장은 매우 생산적인 계기를 제공한다. 김소영은 "영화 현존/부재 상태의 영화이론"이 "탈식민적 지식 생산의 조건" 즉 식민지 지식 생산의 과정 및 조건을 환기시킨다고 강조한다.[3] "텅 빈 아카이브"는 "군부 독재와 더불어 고통받았던 식민지 역사의 징후이자 지표다"[4]라는 것이다.

둘째, 사회주의 이념의 유입과 더불어 조선 영화계에서도 프로 영화운동이 본격적으로 개진되었다는 점이다. 그리고 바로 이 점에 이 글의 초점을 맞추려고 한다. 그렇다면 프로 영화운동을 둘러싼 쟁점들이란 무엇이고, 그 쟁점들을 어떠한 관점에 입각해서 바라보아야 하는가? 이를 검토하기 위해서는 당시 이 운동이 카프와 맺고 있던 관계를 검토할 필요가 있다. 그러나 프로 영화운동이 카프의 노선 및 지침으로 완전히 환원되는 것은 아니었다. 특히 서광제와 김유영은 큰 틀에서 보면 좌파적 영화운동 진영에 속하지만 온전히 카프 영화운동에 귀속되지는 않았다. 이런 맥락에서 이 글은 1920년대 후반부터 1930년대 초반에 이르기까지 형성된 프로 영화운동을 카프와의 관계망 속에서 조망하면서, 당대 조선영화의 비평적 담론 장에 어떤 논점들이 형성되었는지 검토한다. 특히 프로 영화운동을 카프의 노선 변경 과정 즉 대중화운동에서 창작방법론으로의 전환이라는 측면에서 살펴볼 것이다. 이를 위해, 아래의 장에서는 프로 영화운동의 출발점으로 간주되는 윤기정의 글을 되짚고, 윤기정의 주장이 카프 진영 내에서의 노선 변경과 관련을 맺고 있다는 점, 그리고 윤기정의 서광제 비판을 어떤 조건과 이론적 틀

3 Kim Soyoung, "Comparative Film Studies: Detour, Demon of Comparison and Dislocative Fantasy," *Inter-Asia Cultural Studies*, Vol. 14, No. 1(2013), p 46.
4 같은 곳.

거리에 입각하여 들여다보아야 하는지 검토할 것이다.

또 이 글은 조선영화비평사의 핵심적 논쟁 가운데 하나인, 〈아리랑 후편〉에 관한 쟁점을 재검토하면서 이 논쟁을 기존의 시각과 차별화된 차원에서 살펴보려고 한다. 〈아리랑 후편〉은 〈아리랑〉(나운규, 1926)의 흥행 대성공에 힘입어 그 영광을 재연하기 위해 만들어진 영화였다. 그러나 영화 개봉 후, 좌파적 영화운동 진영에 속해 있던 비평가들로부터 격렬한 비판이 쏟아졌다. 이에 이필우·나운규 등의 영화제작자들은 영화 제작 현실과 일치하지 않는 비평적 기조에 대해 재비판하면서 격렬한 논쟁 구도를 형성했다. 기존의 연구들은 이 구도를 카프영화인 대 비카프영화인의 대립으로 보거나, 아니면 영화를 제작하는 진영과 영화를 비평하는 진영의 대립으로 보는 경향이 있다. 그러나 이 글은, 이러한 견해들과 다르게, 이 논점을 영화 제작과 영화비평의 근본적 불화를 사고하는 것과 그렇지 않은 것의 대립 구도에 입각해서 재검토하려고 한다. 물론 〈아리랑 후편〉 논쟁이 조선영화비평사를 모두 포괄하는 것은 아니다. 그러나 이 쟁점을 새로운 시각에서 바라볼 수 있는 프레임을 정초할 수 있다면 조선영화비평사를 근본적으로 재구성할 수 있는 계기를 마련하는 데 기여할 수 있을 것이라고 판단된다.

프로 영화운동의 징후적 독해
: 대중화운동, 창작방법론, 도식성을 중심으로

카프는 1925년에 조직된 이후 몇 차례에 걸쳐 노선을 수정했다. 1927년 이후, 카프는 정치투쟁으로서 문예운동의 성격을 분명히 하면서 대중화운동을 펼친다. 그러나 여기서 말하는 '대중화'라는 단어는 통상적 차원과는 매우 다른 의미다. 1920년대 후반부터 1930년대 초반까지 카프 운동의 중심 과제였던 대중화운동을 통해, 카프 작가들은 자신들을 대중의 전위로 규정하고 프롤레타리아 혁명의 내용을 담은 문학을 대중에게 가져감으로써 대중을 의식화하려고 시도했다. 대중의 의식화 과정을 통해 카프 작가들이 의도한 바는 대중적 혁명 집단을 조직함으로써 사회주의 혁명의 기획을 완성하고자 한 것이었다. 마르크스주의 이념을 현실 속의 대중에게 전달하는 것을 골자로 하는 대중화 운동은 카프의 운동 논리가 급진화하고 있음을 나타내는 지표이며 통상적으로 이해되는 '대중화'와는 다른 차원의 의미를 내포한다.

이런 맥락에서, 윤기정의 「최근문예잡감」(1927)은 좌파적 영화운동의 본격적 전개를 알리는 글이며, 카프의 대중화운동이라는 맥락 속에 위치하고 있다. 그는 이 글에서 예술의 특수성을 주장하는 다원론을 비판하면서 문예운동의 계급적 성격을 강조한다. 윤기정이 기각하는 다원론은 다음과 같은 주장에 근거한다. "정치는 정치로서의 특수체계가 있고, 경제는 경제로서의 특수체계가 있고, 문예는 문예로서의 특수체계가 있다고 각자의 특수성만을 고취하고 주장하는"[5] 것이다. 그러나 윤기정에게 문예와 경제의 분리는 프로 예술운동의 본분을 망각하는 것이며, 예술지상주의의 또 다른 판본에 불과한 것이다. 그래서 그는 문예와 경제의 분리보다는 통합을, 혹은 문예를 경제적 관점에서 바라보려고 했다. "예술운동에 있어서 예술의 독립적 특수체계를 주장하는 이유는 전무산계급운동과 문예운동을 의식적으로 분리하고자 하는 행동이다. 소위 프롤레타리아의 예술이라고 운운하면서 전무산계급운동과 합류되어 진전되지 않는다면 그것이 무슨 프로예술이 될 것인가?"[6] 그는 이어서 현 단계 문예운동의 임무가 "목적의식적 내용의 주입"[7]이라는 점을 분명히 한다. 윤기정의 글에서 확인할 수 있는 것은 프로 예술운

5   윤기정, 「最近文藝雜感(其三)」, 『朝鮮之光』 제74호(1927. 12). 서경석 편, 『윤기정 전집』(서울: 역락, 2004), 399쪽에서 재인용.
6   같은 책, 400쪽.
7   같은 곳.

동의 볼셰비키화다. 윤기정의 논점은 예술운동의 독자성보다는 정치운동으로서의 예술운동을 강조하는 것이며, 예술운동을 정치운동을 위한 선전·선동의 도구로 간주하는 것에 바탕을 두고 있다.

윤기정의 비평 논조는 카프의 대중화운동, 볼셰비키화와 관련되어 있는 것처럼 보인다. 위에서도 언급했듯이, 흔히 대중화운동이라고 하면 대중의 자발성을 강조하거나 대중의 감성에 일치하는 예술의 생산을 도모하는 것으로 생각하기 쉬우나, 당시에 카프가 주장한 대중화운동은 일반적 차원에서 사용되는 대중화운동과 다른 의미를 지닌다. 즉 카프의 대중화운동은 프롤레타리아 예술을 생산하여 이를 대중에게 전달하고 그럼으로써 대중을 선전·선동하여 프롤레타리아 혁명을 완성하는 데 일조하는 것이었다. 따라서 카프가 제기한 대중화운동은 대중이 스스로 창발적 예술 활동을 진행하는 것과는 거리가 멀었으며, "예술을 대중에게로 가져가는 것, 그래서 대중을 촉발하여 투쟁에 나아가게 하는 것"에 주된 초점을 맞추었다. 이로써 카프 작가들은 "대중들 스스로 자신의 예술을 창작하고 향유하는 것에 대한 인식은 부족"했다고 말할 수 있다.[8] 당시 카프 작가들이 결여하고 있던 것은 프롤레타리아 전위로서 자신들의 지위와 역할에 관한 반성적 인식이었다. 대중이 스스로 무엇을 욕망하고 있는가에 관한 인식이 부족했을뿐더러 대중을 매개하는 전위로서 자신들의 지위를 반성적으로 성찰하지 못했던 것이다.

이에 따라 카프 진영 내에서는 도식성의 문제가 불거지기 시작한다. 도식성은 단적으로 말해 마르크스주의 이념과 현실 사이의 불일치를 지시한다. 곧 이는 카프 작가들의 인식방식이 대중의 실제적 체험에 기초한 것이 아닌 추상적 인식방식에 머물러 있음을 비판하기 위해 만들어진 표현이다. 도식성의 문제가 제기된 것은 카프 작가들이 조선이

---

8 역사문제연구소 문학사연구모임, 『카프문학운동연구』(서울: 역사비평사, 1990), 62쪽.

당면한 구체적 현실을 추상적으로 인식한 것에서 비롯한다. 전위로서의 카프 작가들에게 "서구의 위치는 무의식화되었는데, 이로써 개념과 대상을 동일시하는 추상적 인식방식이 발생했다."[9] 서구의 상황과 조선의 상황 사이에 놓인 근본적 차이가 제거되고, 이에 따라 "서구중심주의가 무의식화"[10]된다. 도식성의 문제를 해결하기 위해, 카프 진영 내에서는 창작방법론이 대두된다. 창작방법론은 마르크스주의 이념과 현실의 불일치를 해소하려는 일련의 움직임을 뜻한다. 곧 이는 조선의 현실을 구체적으로 바라보는 과정이었다. 창작방법론은 "도식성으로 표현된, 위기에 빠진 주체를 재건하고, 동시에 이념과 현실을 통일함으로써 진정한 리얼리즘문학을 완성하는 방법이었을 뿐만 아니라, 전위와 대중의 불일치를 통일시킴으로써 혁명적 조건을 조성하는 핵심적 계기였다."[11] 이러한 기조 즉 도식성 비판과 창작방법론의 전개 등은, 앞서 살펴본 윤기정의 글, 「최근문예잡감」에서도 맹아적으로 발견된다. 윤기정은 프롤레타리아의 문예운동을 강조하면서도 프롤레타리아 전위에 '생활의지'가 있어야 한다고 강조한다. "대중의 생활의지와 합류되어 나아가지 않으면 아무리 무산계급 문예운동자라도 임무를 다하였다고 인증할 수 없는 것이다."[12] 윤기정의 창작방법론에 대한 모색은 1931년에 발표한 그의 「영화이론과 비평의 근본적 의의」에서 더욱 두드러지게 나타난다. 윤기정은 이 글에서 서광제를 실명으로 거론하며 그의 논조를 "소부르주아적 환상"이라고 비판한다. "신문이나 잡지에 기개(幾個)의 영화이론과 영화비평이 게재되었다고 신흥영화운동이 상당히 성장하고 또한 비약적 발전을 한 것이라고 생각하는 것은 절대로 인식부족이 아니면 소부르

---

9 김지형, 『식민지 이성과 마르크스의 방법: 김남천과 임화의 창작방법론 연구』(서울: 소명출판, 2013), 411쪽.
10 같은 곳.
11 같은 책, 23쪽.
12 윤기정, 「最近文藝雜感(其三)」, 서경석 편, 『윤기정 전집』, 406쪽에서 재인용.

주아적 환상이다. 그리고 영화이론이나 영화비평을 과대평가함으로써 소시민적 심리의 발로인 공명심과 명예욕을 만족시키려 함이다."[13] 윤기정은 이 글에서 영화 제작에 영향을 끼치거나 도움을 주지 않는 영화이론을 '부차적'인 것이라고 폄하한다.

> 한 개의 영화이론은 직접 제작 사업에 도움이 있지 않고는 이론적 의의와 가치가 전혀 없는 것이다. 영화이론의 영향은 작품 제작의 정당한 코스를 결정하는 것이니 내용과 형식 다시 말하면 프롤레타리아 리얼리즘에 입각한 백 퍼센트의 정당한 스토리와 최가능의 기술을 XX적으로 표현하는 데 있지 않으면 안 된다. (…) 또한 문예작품에 있어서도 침투의 방법으로 XXX를 문제는 것과 같이 영화에 있어서도 반드시 상영이 문제됨으로 조선과 같이 객관적인 조건이 불리한 곳에서 영사망을 어떻게 획득할 것인가를 생각하게 된다. 그러므로 여기에 관한 이론 전개가 필요하다. 이와 같이 직접 실천적 이론이 아니고는 영화운동에 있어서 제이의(第二義)이요 부차적인 역할도 도저히 감행할 수 없다.[14]

윤기정은 조선영화가 원활하게 제작되지 못하는 상황에서 초기 영화비평가의 역할이 "기성 영화내용의 폭로, 비판, 묵살 등을 감행"하는 것임을 인정한다. 그러나 그는 현 단계 영화비평가의 과제가 단지 부르주아 영화를 비판하는 것을 넘어서 "신흥영화 제작과 그 발전을 위하여 전 노력을 집중하는 데 있다"라고 주장한다.[15] "그러므로 우리들은 부르주아 비판으로부터 우리들의 전진을 위한 자기비판의 방향으로 전화되어야 한다. 여기서 비로소 우리 영화비평가의 본무대가 전개되는

---

13 윤기정, 「영화이론과 비평의 근본적 의의」, 『朝鮮之光』 제94호, 1931. 1. 서경석 편, 『윤기정 전집』, 539쪽에서 재인용.
14 같은 책, 538쪽에서 재인용.
15 같은 곳.

것이니 신흥 영화 비판의 근본적 역할은 생산되는 작품, 직접 제작사업에 원조되는 동시에 기성영화에 대한 예리한 비판의 XX가 되어야 한다. 영화비평을 그 이상 평가한다는 것은 소시민적 심리에서 나오는 무모한 자기도취의 환상적 과중평가이다."[16] 윤기정의 주장 이후에, 프로 영화비평은 새로운 전기를 맞이하게 된다. "그 이전의 이론과 사상을 바탕으로 대중의 계급성과 교화성만을 강조하는 이론투쟁운동에서," "영화 제작과 상영, 배급 등 영화조직과 활동적인 문제들을 다루는 경향으로"[17] 바뀌게 된 것이다.

그렇다면 윤기정이 비판한 서광제의 비평적 관점은 무엇이었을까? 이 지면에서 서광제의 모든 논점을 정리할 수는 없을 것이다. 그럼에도 불구하고 서광제의 비평적 관점들을 짧게 정리하면 다음과 같다. 서광제는 「영화 노동자의 사회적 지위와 임무」(『동아일보』, 1930. 2. 24~1930. 3. 2), 「영화연구—노서아 명감독 『에젠슈테인』의 강연(파리 "소르본" 대학에서)」(『동아일보』, 1930. 9. 7~9. 23), 「영화와 자본주의」(『동아일보』, 1931. 8. 24), 「최근의 조선영화계」(『동아일보』, 1932. 01. 30~2. 2) 등의 글에서 당대 조선의 영세한 영화 제작 여건을 비판하는 태도를 보였다. 이는 서광제에게 프롤레타리아 영화 제작의 어려움으로 다가오는데, 프롤레타리아 영화 제작이 없는 탓에 영화 비판도 생산적이지 못하다는 결론으로 이어진다.

윤기정은, 앞서도 언급했듯이, 서광제의 비평적 태도를 강도 높게 비판했다. 이를 윤기정이 서광제 개인에 대해 제기한 비판으로 볼 필요는 없을 것이다. 대신에 윤기정의 주장을 카프 진영 내에서의 대중화운동과 도식성, 창작방법론의 시각에서 살펴볼 필요가 있다. 대중화운동

---

16 같은 책, 538~539쪽에서 재인용.
17 전평국, 「초창기 한국영화비평에 관한 연구: 1920~1930년대 중반까지를 중심으로」, 『한국콘텐츠학회 논문지』 제5권 제6호(한국콘텐츠학회, 2005), 203쪽.

을 통해 카프 작가들은 마르크스의 이념을 대중에게 전파하려고 했다. 그러나 대중은 프롤레타리아 전위들이 생각한 대중의 상과는 거리가 멀었다. 이에 따라 도식성의 문제가 제기되기 시작했고, 카프 작가들은 대중의 현실적 감각에 맞는 형식과 내용을 고려하게 된다. 바로 이것이 창작방법론이 기본적으로 뜻하는 바다. 김지형에 따르면, 창작방법론의 모색을 통해 카프 작가들은 조선의 현실과 마르크시즘의 이념을 종합하는 '식민지 이성'을 전개하고자 했다. 이는 카프 작가들이 수용한 마르크시즘이 "보편적인 것이 아니라, 서구에 한정된 마르크시즘임을 깨닫는 과정"[18]이다. 창작방법론의 핵심적 의미를 "'식민지 이성'을 생성하는 과정"[19]에서 찾은 김지형의 시각에 따르면, "이성이 감성에 주어진 대상과 오성의 개념을 종합함으로써 대상에 대한 인식을 형성하는 과정"이라면 "감성에 주어진 대상은 조선의 구체적 현실이고 오성의 개념은 마르크시즘이다." 감성과 오성의 불일치가 도식성으로 표현되었다면, "창작방법론은 이와 같은 불일치를 통일해가는 과정이며, "'식민지 이성'"을 생산하는 과정인 것이다.[20] 그는 카프 운동 진영 내에서의 대중화 운동과 도식성, 창작방법론의 문제를 마르크스의 방법 즉 현실적 구체성에서 추상으로, 그리고 추상에서 사유의 구체성으로의 상승과 연결한다. 김지형의 시각은 카프 문학을 포함한 당대의 프롤레타리아 예술 운동을 새로운 시각에서 바라볼 수 있는 계기를 안겨다준다.

그러나 필자는 김지형의 관점과 조금 다른 시각을 취하는데, 왜냐하면 김지형이 구체에서 추상으로, 다시 추상에서 구체로의 마르크스의 방법을 다소간 선형적 관점에서 파악하고 있다는 판단이 들기 때문이다. 대신에 이 글은 구체에서 추상으로, 다시 추상에서 구체로의 과정

---

18 김지형, 『식민지 이성과 마르크스의 방법: 김남천과 임화의 창작방법론 연구』, 37쪽.
19 같은 책, 412쪽.
20 같은 곳.

을 비선형적 왕복 운동으로 바라보려고 한다.[21] 이는 물론 구체에서 추상으로, 추상에서 구체로의 마르크스의 방법을 폐기하자는 뜻이 아니다. 여기서 강조하고 싶은 바는, 구체와 추상 혹은 추상과 구체 사이에 통약 불가능한 균열 혹은 모순이 존재하고 있고 이 모순과 균열을 흠이나 하자가 아닌 생산적인 조건으로 인식할 필요가 있다는 것이다. 일례로 카프 작가들의 추상적 인식방식은 현실과의 적합성을 결여하고 있어서 이미 그 자체로 모순을 내포하고 있었다. 또한 창작방법론을 통해 추상을 구체로 발전시킨다 하더라도, 이때 모순과 균열의 문제는 사라지지 않는다는 점이다. 창작방법론을 현실과 이념 사이에서 발생하는 불일치를 '종합' 혹은 '통일'하는 과정으로만 인식해서는 곤란하며, 대신에 이 사이에서 발생하는 모순과 아포리아를 가능성의 조건으로 인식할 필요가 있다.[22] 요점은 구체와 추상 사이에서 혹은 추상과 구체 사이에

---

21 이에 대해서는 칼 맑스, 김호균 옮김, 『정치경제학 비판 요강 I』(서울: 백의, 2002), 71~72쪽 참조.

22 이 지점에서 마르크스주의의 위기를 사고했던 루이 알튀세르(Louis Althusser)의 저작을 살펴볼 필요가 있다. 알튀세르는 마르크스주의의 위기와 모순을 은폐하려는 시도들에 맞서 「제라르 뒤메닐의 『《자본》의 경제법칙 개념』에 대한 「서문」에서 이러한 위기와 모순들이 마르크스주의의 변형을 위한 창조적 계기로 인식될 수 있다고 역설한다. 알튀세르에 따르면, 『자본』의 논리적 구성은 가치에서 잉여가치로, 또 이 잉여가치에서 자본으로 전화되는 과정을 포함한다. 자본의 자기운동 과정은 자본의 재생산 과정으로 이어지며, 『자본』의 제1권에서 제3권에까지 이르는 전 과정을 포괄하는 논리를 구성한다. 그러나 여기서 중요한 것은, 자본의 자기운동 과정을 구성하는 각각의 부분이 실제로 논리적으로 연결되고 있는가 하는 물음이다. 알튀세르에게 상품에서 가치로, 가치에서 잉여가치로, 잉여가치에서 자본으로 전화하는 과정은 겉으로 보기와는 달리 하나의 개념이 다른 개념을 연역적으로 전제하는 것이 아니다. 예컨대 상품과 가치는 별개의 논리와 구성을 필요로 하는 장이며, 각각의 장은 별도의 논리를 필요로 한다. 여기서 끌어낼 수 있는 한 가지 결론은 마르크스의 개념들이 유기적으로 연관되어 있는 것이 아니라 각각의 개별적 영역에서만 한정적 지위를 차지한다는 점이다. 또한 『자본』에는 '이론적'이고 논리적인 부분과 더불어 '역사적'인 부분이 공존한다. 마르크스는 노동일(勞動日)에 대한 분석, 매뉴팩처에서 기계제로의 이행에 대한 분석, 본원적 축적에 대한 분석의 장 등에서 이론적 분석보다는 역사적 분석에 치중한다. 일각에서는 『자본』 전체의 '서술방식'과 비교해볼 때 마르크스가 착취의 역사적 형태를 분석한 부분을 부차적 영역으로 간주하기도 한다. 그러나 이 부분은 단순히 부차적이거나 주변적인 부분이 아니다. 마르크스가 『자본』에서 행한 역사적 분석은 "매우 중요하며 전적으로 다른 '분석'이 개입하는, 단속적이고(intermittents) 끝날 수 없는(interminable) 장" 들이다. 역사적 분석들 역시 알튀세르에게는 '이론적' 가치를 지닌다. 왜냐하면 "이론다운 '이론'이 되기 위해서는 이론은 열려 있는 동시에 닫혀 있어야 —자신의 한계들 속에 잡혀 있어야— 하기 때문이다." 따라서 『자본』을 구성하는 역사적 분석에 관한 장들은 『자본』의 '외부'이며, 『자본』의 논리적 구성을 "가로지르고 방해하는 것"으로서 "『자본』의 폐쇄만큼이나 (…) 그 우연성에 대해" 상세하게 밝혀준다. 루이 알튀세르 외, 서관모 엮음, 『역사적 맑스주의』(서울: 새길, 1999), 120~121쪽 참조.

서 발생하는 모순을 은폐하는가 아니면 그 모순을 있는 그대로 드러내는가를 일별하는 데 있는 것이지 모순 자체가 문제는 아니라는 점이다.

이런 관점에 따라 윤기정의 비판을 현재적 시점에서 다시 살펴볼 필요가 있다. 윤기정의 지적대로, 서광제의 비평적 논점은 영화 제작 현실의 여건을 고려하지 못한 것 곧 추상적 비평으로 간주될 수 있다. 이는 옳은 말이다. 비평적 대상은 현실의 대상에 적합해야 하며, 추상적 이론은 구체화됨으로써 이론의 현실적 적합성을 유지하는 데 기여해야 한다. 그러나 이론 혹은 비평이 아무리 뛰어나더라도 이론과 현실 사이에는 기본적으로 통약 불가능한 간격이 있을 수밖에 없다. 그리고 이러한 비대칭적 간격을 무조건 비판적으로만 바라볼 필요도 없다. 오히려 이론의 고유함이 드러날 수 있다면, 이는 현실과의 적합성이라는 차원에서라기보다는 현실과의 간격을 인정하고 그 간격을 통해 새로운 이론을 지속적으로 도모하는 것이 아닐까? 또한 아마도 바로 이 지점에서 서광제의 논점은 영화 이론/비평 현실의 근본적 간격을 사고하는 것으로 재구성될 수 있을 것이다. 필자의 주장은 〈아리랑 후편〉 논쟁을 검토하면서 더욱 뚜렷하게 부각될 것이다. 아래에서는 〈아리랑 후편〉 논쟁이 카프 진영 대 비카프 진영 간의 대립도 아니고, 영화를 제작하는 진영과 영화를 비평하는 진영 간의 대립도 아니며, 궁극적으로는 영화 제작과 영화 이론/비평 사이의 간격과 모순을 사고하는 진영과 그렇지 못한 진영 간의 대립이라는 점을 강조할 것이다.

〈아리랑 후편〉의 논점 재검토

〈아리랑 후편〉은 조선영화비평사의 핵심적 논쟁 가운데 하나다. 이외의 것으로는 〈먼동이 틀 때〉(심훈, 1927)를 둘러싼 논쟁, 〈화륜〉(김유영, 1931)을 둘러싼 논쟁 등이 있으나, 이 글에서는 〈아리랑 후편〉을 둘러싼 논쟁이 조선영화비평사를 근본적으로 재구성할 수 있는 여지를 남기고

있다는 전제하에 이 논쟁에 집중할 것이다.[23]

서광제는 1930년 2월 『조선일보』에 「영화시평―〈아리랑 후편〉」이라는 제목으로 나운규가 제작한 〈아리랑 후편〉을 강도 높게 비판한다. 나운규가 사이비 프롤레타리아성을 묘사하고 있다는 것이다. "청춘남녀의 연애의 갈등과 사이비 프롤레타리아성을 가진 기만적 행동을 묘사하여 놓는 것이 원작자가 아니다. 적어도 정확한 사회의식을 파악한 사람의 손으로 원작 하여지고 각색하여지고 감독하여지고 (…) 사회적 갈등, 노동자 농민의 생활 상태를 촬영하여 놓는 기사라야 한다."[24] 한편 제작진영을 대표하는 이필우는 서광제의 비판에 다음과 같이 반박한다.

형은 제작자로서의 고충이 어떠한 것이며 검열 표준이 어떠한 것쯤은 잘 짐작하실 것으로 믿습니다. 이 영화의 어느 구석에 장난이 숨어 있으며 이 영화 어느 구석에 저널리즘의 발로가 숨어 있었습니까? (…) 군은 적어도 최전위파로 나서신 비평가로 생각하는 우리로서 앞으로 군의 탁월한 명문(名文)은 새 우리들의 광명으로 인도하실 힘 있는 분 중의 한 분으로 믿고 있을 것을 말씀하여 두며 따라서 무모한 이론적 비평을 떠나 간독한 지도자로서의 애정과 성의와 가장 비익(裨益)될 만한 다만 읽기 위한 비평보다 비평을 위한 비평을 떠나 감정에만 끌리는 비평을 떠나 제작자의 주위환경을 잘 보살펴 줌, 즉 한 무게 있는 비평에 또한 뜻을 기울여줄 수 있는 평가로서 그 지위를 쌓아주심을 간망합니다. 군 자신이 영화인이라고 자처하니 한 마디 더 부탁합니다. 한 시간이라도 속히 군의 뜻대로 만든 작품을 우리들에게 보여주기를. 만일 군은 할 수 없으면서, 못하면서, 자신이 없으면서도 이 평문을 썼다면 군이 우리들에게 준말은

---

23 〈아리랑 후편〉에 대한 혹독한 비판은 서광제뿐만 아니라 남궁옥·윤기정 등 카프 진영 비평가들에 의해서도 행해졌으나 여기서는 이필우·나운규·서광제에게만 초점을 맞추기로 한다.

24 서광제, 「영화시평―〈아리랑 후편〉」, 『朝鮮日報』, 1930. 2. 22, 5면. (이하 옛 신문기사 인용문의 일부 맞춤법과 띄어쓰기 등은 현대에 맞게 수정했음을 밝힌다.)

한 마디의 잠꼬대가 되고 말 것입니다. 만 마디 잡담보다 일촌의 진출이 나마 실행을 귀중히 아는 우리들에게 군의 고교(高敎)를 기다리면서.[25]

이필우는 이 반박문에서 제작자의 고충을 강조하면서 검열이 자행되는 현실적 맥락에서 영화를 제작하는 것이 얼마나 어려운 작업인지 강조한다. 또 그는 영화 제작을 하지 않고 비평 작업에만 몰두하는 서광제를 겨냥하며 제작 현실에 충실한 비평 작업을 전개해줄 것을 요구하고 있다. 서광제는 이필우의 주장에 대해 다시 반론을 펼친다. "작품의 내용 전부가 진취성이 없으며 새로운 생활의 창조성이 없다. 그러한 작품이 무슨 이데올로기가 존재할 것인가"라고 반문하면서, 서광제는 다음과 같이 말한다.

논문화(論文畵)라는 것은 무엇을 의미하는 것인가. 실천적 이론, 지도적 이론이 없이는 아무런 것이든 간에 생산할 수 없다. 가옥을 건축함에 있어서 그의 설계가 있다. 그 후에 내막의 장치는 소유자의 임의이다. 이론과 실천은 인과의 관계를 갖고 있다. 이론만 있고 실천이 없는 곳에는 투쟁이 있을 수 없으며 이론이 없는 실천은 파멸을 의미하는 것이다. 이론과 실천은 병행하여야 한다. (…) 프롤레타리아 평자더러 영화 제작을 주문하는 그들은 우리들의 경제의 무능을 업수이 여겼으며 조선영화계를 자기네들 독무대인 것으로 자인하였다. 군들이 무슨 진출이 있으면 실행이 있는가? 팬 대중을 기만하고 우롱시키는 그들은 상품의 수용자가 없어진다는 것을 아는가?[26]

이필우는 서광제의 반론에 대해 "모든 것을 이따위 공론을 늘어놓

25 이필우, 「서광제씨의 〈아리랑〉평을 읽고」, 『朝鮮日報』, 1930. 2. 27, 5면, 1930. 2. 28, 5면.
26 서광제, 「신영화예술운동급 〈아리랑〉평의 비평에 답함」, 『조선일보』, 1930. 3. 6, 5면.

는 것이 이들 손에서 작품 하나라도 나온 후에 말하자"[27]며 영화 비평에 대한 제작의 우위를 다시금 강조한다. 나운규 역시 이필우와 유사한 맥락에서 제작 여건을 고려하지 않는 비평의 태도를 문제 삼는다.

"프롤레타리아 이데올로기는 없었을망정 의식적으로 부르주아의 노예가 된 영화인은 하나도 없다. 다소간이라도 부르주아지의 작품이 있었다면 그것은 인식 부족이다. 왜 그러냐 하면 우리들은 매일 이 현실에 생활고를 느끼는 프롤레타리아의 한 사람이기 때문이다. 영화가 완전한 작품도 못 되는 형편에 영리는 무엇이냐. 여기에서 군 등이 말하는바 계급적 입장에서 만들라는 영화가 무엇인지 잘 안다. 그러나 그것을 직접 다시 말하면 폭로와 투쟁으로 직접 행동을 묘사한 작품이 이 땅에서 발표된 줄 아느냐. 그렇게 믿는 군이야말로 현실을 망각한 공론배 들이다."[28]

〈아리랑 후편〉의 논쟁은 조선영화비평사에서 매우 중요한 논점 가운데 하나다. 그러나 지금까지의 선행 연구를 검토해볼 때, 이 논쟁을 어떻게 해석할 것인가의 문제는 그다지 명확하지가 않았다. 일각에서는 이를 카프 진영 영화인 대 비카프 진영 영화인 간 대립의 차원에서 바라보기도 한다. "카프와 비카프 두 진영은 당대의 논객과 영화제작자라는 기본적 차이 이외에도 변증법의 유물론적 사관으로 계급적 갈등과 의식, 노동자 현실을 반영하는 영화를 제작해야 된다는 카프 측의 주장에 반해, 자본·기술로 특징 지워지는 제작의 조건과 한계, 재미와 오락을 통한 흥행적 요소, 검열과 탄압이라는 현실적 입장에서 영화를 접근하려는 비카프 측의 지향점이 본질적으로 달랐기 때문에 평행선을 달

---

27 이필우, 「영화계를 논하는 망상배들에게-제작자로서 일언」, 『중외일보』, 1930. 3. 24, 3면.
28 나운규, 「현실을 망각한 영화평자들에게 답함」, 『중외일보』, 1930. 5. 19, 3면.

릴 수밖에 없었다."²⁹ 또 다른 이는 이 논쟁을 영화를 제작하는 진영과 영화를 비평하는 진영 간 갈등의 차원에서 분석하기도 한다. 실제로 이 정배는 조선영화비평사를 연구한 논문에서 이들의 논쟁이 카프와 비카프 간의 이념적 대결 구도가 아니라 영화감독을 포함한 제작자들과 비평가 사이의 갈등이라고 해석한다. "두 차례에 걸친 비평논쟁을 카프와 비(非)카프 간의 이념적 대결 구도로 해석하는 일부 영화사가들이 있다. 그러나 비평문의 내용을 살펴보면 영상의 리얼리티나 민중의 재현방식을 놓고 치열하게 논쟁하지 않았다는 것을 알 수 있다. 민중의 삶을 영화 속에 드러내고자 하는 노력은 모두에게 있었음을 알 수 있다. 결국 서로의 감정을 건드리는 것은 '이론적으로 그렇다면 당신이 한번 실제로 영화를 제작해보라'는 부분이다. 따라서 이들의 논쟁은 영화감독을 포함한 제작자들과 이것을 분석하는 비평가 사이의 갈등이다. 아리랑, 그 후의 이야기를 한편에서는 지나친 리얼리티라고 비평하고 다른 편에서는 리얼리티의 부족이라고 비평하는 것은 당시 영화가 리얼리티에 입각에서 영화를 제작해야 한다는 것에 대해 공통적으로 동의하고 있었다는 것을 의미한다."³⁰

〈아리랑 후편〉의 논쟁을 카프 진영과 비카프 진영의 대립만으로 해석하는 것은, 이정배가 지적한 것처럼, 일면적일 수 있다. 그렇다고 해서 이 논쟁을 영화를 제작하는 진영과 영화를 비평하는 진영 사이에서 발생하는 갈등으로만 판단하는 것도 문제의 핵심을 고찰하는 것 같지는 않다. 이 논쟁은 확실히 현상학적으로는 영화 제작 진영과 이론 진영 간의 갈등에 기반 하고 있는 것처럼 보이지만, 실제로는 영화 제작과 비평 사이에서 발생하는 모순과 아포리아(aporia)를 사유하는가 그렇지 않은

---

29 전평국, 「초창기 한국영화비평에 관한 연구: 1920~1930년대 중반까지를 중심으로」, 206쪽.
30 이정배, 「한국영화비평사 연구-1945년 이전 시기를 대상으로」(강원대학교 국어국문학과 박사학위논문, 2009), 106쪽.

가의 관점에서도 바라볼 수도 있기 때문이다. 이는 영화 제작과 비평의 모순과 아포리아를 미완성이나 결핍으로 보는 대신, 그것을 영화연구의 변형(transformation)을 위한 생산적 계기로 삼을 수 없는지에 관한 물음과 연관된다.

이와 동일한 맥락에서, 제작과 비평 사이에 발생하는 모순과 아포리아를 극복 대상으로 설정하는 대신, 그것을 새로운 가능성을 창출할 수 있는 조건으로 인식할 필요가 있다. 아포리아는 문자 그대로 길 없음을 뜻한다. 그러나 중요한 것은 아포리아는 길이 없는 상태에서 새로운 길을 찾는 과정을 뜻하기도 한다는 점이다. 여기서 살펴보아야 할 문제는, 모순과 아포리아에도 불구하고의 논리가 아니라, 바로 그 모순과 아포리아로 인해 새로운 무엇인가가 도출될 수도 있다는 점이다. 따라서 필자는 1920년대 후반에서 1930년대 초반에 이르기까지 조선영화비평사의 쟁점들을 이데올로기적 대립 구조(카프 대 비카프)도 아니고, 영화 제작자와 비평가 사이의 대립도 아니며, 영화 제작과 비평의 불안정한 불화 혹은 비대칭성을 강조하는 진영과 영화 제작 및 비평의 일치를 강조하는 진영 사이의 대립으로 볼 필요가 있다고 주장한다. 이런 문제 설정에 입각하여 〈아리랑 후편〉 논쟁을 재검토하면, 이 논쟁은 열악한 영화 제작 현실과 이에 관한 이론적/비평적 관점 사이에서 발생하는 근본적인 비대칭성을 사유하는 진영과 그렇지 못한 진영 간의 대립으로 재구성될 수 있을 것이다.

결론을 대신하여

지금까지 필자는 프로 영화운동의 시발점으로 간주되는 윤기정의 주장을 카프 노선 변경의 맥락 속에서 살펴보고, 이를 서광제의 비평적 논점과 비교하면서 현재적 시점에서 조선영화비평사를 재검토할 수 있는 가능성이 있는지 살펴보았다. 또 이 글에서는 〈아리랑 후편〉 논쟁이 영화 제작 진영과 영화 이론/비평 간의 대립이 아닌, 제작과 비평의 근본적 모순을 사유하는 진영과 그렇지 못한 진영 간의 대립으로 볼 수 없는지 검토해보았다. 영화 제작과 이론/비평의 모순과 아포리아를 극복해야 할 하나의 장애물로 보는 대신 가능성의 조건으로 인식할 때, 우리는 아마도 조선영화비평사를 근본적으로 새로운 시각에서 바라볼 수 있는 계기를 마련할 수 있을 것이다.

참고문헌

국문

김려실, 『투사하는 제국 투영하는 식민지: 1901~1945년의 한국영화사를 되 짚다』, 서울: 삼인, 2006.

김지형, 『식민지 이성과 마르크스의 방법: 김남천과 임화의 창작방법론 연구』, 서울: 소명출판, 2013.

나운규, 「현실을 망각한 영화 평자들에게 답함」, 『중외일보(中外日報)』, 1930. 5. 19.

루이 알튀세르 외, 서관모 엮음, 『역사적 맑스주의』, 서울: 새길, 1999.

서광제, 「영화시평―〈아리랑 후편〉」, 『조선일보』, 1930. 2. 20~22.

서광제, 「신영화예술운동급 〈아리랑〉평의 비평에 답함」, 『조선일보』, 1930. 3. 4~6.

서광제, 「최근의 조선영화계」, 『동아일보』, 1932. 1. 30~2. 2.

서광제, 「영화 노동자의 사회적 지위와 임무」, 『동아일보』, 1930. 2. 24~1930, 3. 2.

역사문제연구소 문학사연구모임, 『카프문학운동연구』, 서울: 역사비평사, 1990.

윤기정, 「최근문예잡감」, 서경석 편, 『윤기정 전집』, 서울: 역락, 2004.

윤기정, 「영화이론과 비평의 근본적 의의」, 서경석 편, 『윤기정 전집』, 서울: 역락, 2004.

이순진, 「카프 영화운동과 경향파 영화」, 김미현 책임 편집, 『한국영화사: 開化基에서 開花期까지』, 서울: 커뮤니케이션북스, 2006.

이정배, 「한국영화비평사 연구―1945년 이전 시기를 대상으로」, 강원대학교 국어국문학과 박사학위논문, 2009.

이필우, 「서광제씨의 〈아리랑〉평을 읽고」, 『조선일보』, 1930. 2. 25~28.

이필우, 「영화계를 논하는 망상배들에게—제작자로서 일언」, 『중외일보』, 1930. 3. 24.

전평국, 「초창기 한국영화비평에 관한 연구: 1920~1930년대 중반까지를 중심 으로」, 『한국콘텐츠학회논문지』 제5권 제6호, 한국콘텐츠학회, 2005.

칼 맑스, 김호균 옮김, 『정치경제학 비판 요강 I』, 서울: 백의, 2002.

영문

Kim Soyoung, "Comparative Film Studies: Detour, Demon of Comparison and Dislocative Fantasy," *Inter-Asia Cultural Studies*, Vol. 14, No. 1, 2013.

도래(해야)하는 식민지 조선영화의 고유성
: 임화의 조선영화론 재고

손이레

잠재성 속의 영화이론

이 글은 1940년대 초, 임화(1908~1953)가 생산한 조선영화에 관한 이론을 재고하면서, 영화신체제하의 조선영화를 둘러싼 경합적 담론 양상을 다룬다.[1] 식민지 조선영화사에서 임화의 위치는 특별하다. 혹자는 임화만이 식민지에서 영화를 이론적으로 또 체계적으로 사유했던 유일한 인물이라 강조하기도 한다. 그러나 임화가 "유일한" 체계적 영화이론가라는 주장은 과장된 것이다. 우선 체계성을 갖춘 영화이론이라는 관념은 근대에 형성된 것으로, 과거의 "이론가"를 규정하기에 적절치 않

---

[1] 가토 아츠코는 1939년 10월 내지(內地)에서 시행된 영화법을 기점으로 한 제국 일본의 영화정책 시기를 영화법 제정, 영화신체제, 영화임전(臨戰)체제로 구분한다. 이는 아시아-태평양 전쟁의 진행 양상에 대한 제국 일본 정부의 문화정책적 대응을 중심으로 제기된 시기 구분으로, 총동원체제로 미끄러져 들어가는 제국 영화계의 흐름을 기술하는 데에 유용하지만, 동시에 정종화의 지적처럼 이미 영화법 시행 이전부터 즉 만주사변으로부터 예비되어온 영화 통제의 흐름을 포괄하기에는 그 관점의 폭이 넓지 않다. 제국 일본의 전쟁과 그 문화적 무기로서 영화 즉 귀축영미(鬼畜英美)의 슬로건하에서 구축된 거대 영화제국(일본과 미국) 사이의 "영화전"이라는 관점은 사실상 전시체제하의 영화사에서 식민지배의 문제를 누락시킨다. 영화신체제의 식민지적 조건과 변용은 이 글의 범위를 넘는다. 加藤厚子, 『総動員体制と映画』(東京: 新曜社, 2003); 정종화, 「조선영화의 전시체제: 2세대 조선영화인과 영화 국책」, 한국영상자료원 한국영화사연구소 엮음, 『일본어 잡지로 본 조선영화 3』(서울: 한국영상자료원, 2012), 313~332쪽.

을 수 있기 때문이다. 특히나 20세기 전반 동아시아의 맥락에서 '理論 (이론)'이라는 단어의 의미가 역사적으로 달랐다는 점을 고려한다면, 오늘날의 이론 개념을 기준으로 임화의 영화담론을 비롯한 당대의 영화담론을 재단할 수는 없다.[2] 이 글은 임화의 조선영화론을 오늘날 우리가 '이론'이라 부르는 어떤 체계를 초과하는 것으로 이해하고 식민지 후기의 조선 영화담론을 재검토하고자 한다. 즉 이 글은 존재하지 않는 영화들, 존재해야 하는 영화들, 그리고 이들을 논하고 상상하기 위한 이론, 혹은 김소영이 "잠재성들로 존재한다"라고 말한 이론에 주목한다.[3] 1940년대 초반 임화의 영화론이 영화 매체의 보편적 가능성을 논한 것이 아니었음은 물론이다. 그렇다고 해서 그가 조선영화를 단순히 당대의 역사적 보편이었던 제국 일본의 영화권 속에 배치하고 하나의 특수성으로만 규정하려 한 것도 아니었다. 오히려 그는 보편과 특수의 길항 관계로는 환원되지 않는 '보이지 않는 영화', 혹은 앞으로 도래할 영화에 대해 논하고 있었다.

보이지 않는 영화, 혹은 도래할 영화에 대한 논의는 오늘날의 —그리고 당대의— 아카이브적 조건을 드러낸다. 임화가 유일한 영화이론가였다는 주장은 식민 후기 영화사가들의 오랜 한탄 즉 분석 대상으로서 영화의 부재라는 문제와 무관치 않다. 하지만 정말로 임화는 유일한 영화이론가였는가? '이론'이 역사화되어야 하는 개념이라는 점에 동의한

---

2 '이론(理論)'이라는 번역어를 만든 것은 일본이었고 이것이 신속히 조선어와 중국어에서도 채택되었다. 하지만, 같은 한자로 표기되는 이 단어가 실제로 어떻게 사용되었고 무엇을 지칭했는가는 보다 복잡한 사정이 있다. 이를테면 빅터 판(Victor Fan)은 1920~1940년대 중국에서는 '이론(lilun)'보다는 '평론(pinglun)'이 더 자주 사용되었던 용어였으며, 아직 영화연구가 분과학문으로서 체제를 갖추기 이전에는 두 용어가 긴밀하게 접촉하고 있었다고 지적한다. 이는 단순히 이론(theory)을 중화민국 시기의 중국 맥락에서 역사화하는 것뿐만 아니라 넓게는 이론(theory) 자체에 대한 역사화를 요청하는 것으로, 조선어에서의 '이론' 개념에 대해서 역시 별도의 고찰이 필요하리라 생각한다. Victor Fan, *Cinema Approaching Reality: Locating Chinese Film Theory*(Minneapolis: University of Minnesota Press, 2015).

3 Kim Soyoung, "Comparative Film Studies: Detour, Demon of Comparison and Dislocative Fantasy," *Inter-Asia Cultural Studies*, Vol. 14, No. 1(2013), p. 49.

다면, 임화 말고도 영화의 매체적 가능성에 대해 논했던 필자를 발견하기란 —비록 충분히 많지는 않았을지라도— 어렵지 않다. 김정혁은 조선영화령(1940) 이후 기업화 국면에서 조선영화를 제국의 지도 속에 배치하고자 했고, 박기채 역시 영화감독의 입장에서 보다 실용적 관점에서 조선영화 개념을 구체화하는 글을 다수 발표한 바 있다. 김유영 역시 카프와는 약간 거리를 둔 채로 지속적으로 프롤레타리아 영화의 관점에서 운동을 조직하고자 했다. 그리고 누구보다 카프 시절부터 여러 비평 논쟁에 참여하고 이후에도 영화문화에 관련한 의견을 꾸준히 피력했던 서광제가 있다. 이창용(창씨명 히로카와 소요廣川創用)은 일본의 영화평론가 하즈미 쓰네오(筈見恒夫)와 이지마 다다시(飯島正)와의 좌담에서 서광제를 몇 안 되는 영화평론가 중 한 명으로 꼽기도 했다.[4]

유일한 영화이론가로서 임화라는 언술은 사실 에런 제로가 일본영화 연구에서 "이론 콤플렉스(theory complex)"라 부른 것을 드러낸다. 일본영화 연구의 이론 콤플렉스란 일본에서는 서양과는 달리 영화의 내재적 능력에 대한 체계적 논리가 정립된 적이 없다는 인식 즉 "영화이론의 존재 여부에 대한 초조한" 태도를 일컫는다.[5] 이는 식민지 조선의 영화이론에 대한 태도에도 적용이 가능하다. 말하자면, 오늘날의 연구자에게 식민지 조선의 영화이론이란 곤경의 표현이다. 그 존재 여부에 대한 강박 때문이다. 조선 영화이론의 부재 또는 존재에 관한 질문에 있어 우리는 흔히 두 태도와 직면하게 된다. 하나는 조선에는 영화이론이 없었다는 것이고, 다른 하나는 조선**에도** 영화이론이 있었다는 것이다. 임화가 유일한 영화이론가이며 따라서 분석 대상으로서 가치가 있다는 주장은 이 두 태도를 동시에 드러낸다. 그것은 "식민지 조선에는 영화이론

---

4   「座談会朝鮮映画新体制樹立のために」, 『映画旬報』(1941. 11. 1), 15~22, 46쪽.
5   Aaron Gerow, "Introduction: The Theory Complex," *Review of Japanese Culture and Society* XXII(December 2010), p. 4.

이 없었다"는 주장을 임화의 영화론을 통해 반박하는 동시에 그 영화이론 자체가 있기는 했으되 희박하게 존재했음을 암시한다. 질문이 남는다. 이미 조선영화에 관한 담론이 어떻게 귀결되었는지를 알고 있는 오늘날의 영화사가들이 사후적으로 당대의 담론에 참여한다는 것은 무엇을 의미하는가. 식민지와 제국의 길항 속에서 파괴된 이론의 자리를 논하며 그 부재를 재확인할 것인가, 아니면 거꾸로 그럼에도 불구하고 존재했던 흔적들을 중심으로 이론을 추출해낼 것인가?

그런데 제로가 제기하는 "이론 콤플렉스"를 곧바로 식민지 조선에 적용할 수는 없다. 일본의 이론 콤플렉스가 전후(戰後) 일본영화 연구라는 맥락 속에서 도출된 것이라면, 식민지 조선의 이론 콤플렉스는 역사적으로 보다 복잡한 관계 속에서 구조화되어 있는 것이다. 이를테면 앞서 이창용이 서광제를 소수의 영화평론가 중 한 명으로 거명하는 좌담회의 맥락으로 돌아가보자. 이 자리에서 당시 신진 영화사업가로 부상하던 이창용은 조선에는 영화평론가가 '없음'을 한탄한다. 이는 조선영화를 둘러싼 부재에의 강박이 단순히 어제오늘의 일이 아님을 드러낸다. 그러나 다른 한편 우리는 이것이 단순히 부재에 대한 한탄이 아니라 두 유명한 내지인 영화평론가 앞에서의 '고백'임에 또한 주목해야 한다. 사토 다다오(佐藤忠男)는 『일본영화이론사(日本映画理論史)』에서 전전(戰前)의 일본영화에는 영화이론이 없었다고 규정한다. 좌담회의 시점 즉 1941년은 체계적인 이론은 없었고 오로지 산발적인 평론과 영화 작가들의 수공업적 지식 전달 과정만이 존재했던 시대, 즉 조선에서만이 아니라 일본에서도 영화이론이 없었던 시대였던 것이다. 우리는 바로 이 시대에 식민지인 이창용이 식민지 조선에는 그나마의 평론조차도 존재하지 않았다고 고백하는 장면을 목격하게 된다. 식민지인은 영화이론이 부재하는 제국 일본의 담론장 안에서 자기 영화이론의 부재를 고백하고 있는 것이다. 이는 이미 1931년에 서광제가 쓴 이와사키 아키라(岩崎旭)의 『영화와 자본주의(映画と資本主義)』(1931) 서평에서 조선 영화담론을 "탁상공론" 이라고 칭한 데서도 드러난다. 영화학자 김소영은 서광제의 "탁상공론"이 라는 표현을 영화의 활동성과 대비시켜 부동성(immobility)으로 독해한 다. 김소영의 해석처럼 조선영화의 부동성은 선구적인 프롤레타리아 영화이론가 이와사키 아키라라는 "비교의 악마(demon of comparison)"를 출몰시키는 것이다. 식민지와 내지의 불균형적 담론 전개 과정 속에서 우리는 "하나의 한탄, 일본과 같은 수준의 프롤레타리아 영화운동을 조선에서도 요청하는 한탄의 소리"를 듣는다.[6]

바로 이 한탄과 갈망으로 압도된 조선 영화담론은 하나의 이론으로서 "잠재성" 속에 있다. 이 잠재성은 물론 실현되지 못했다. 이미 소실된 필름들에 관한 후대 영화사가들의 작업은 그 한탄과 갈망의 연장선 위에 있고, 따라서 상실된 것의 복원을 목표로 한다. 하지만 후대 영화사가로서 우리는 이미 당대 담론의 귀결이 어떠하였는가를 알고 있다. 우리는 잠재하는 영화이론들이 영화이론으로서 충분한 체계를 이루기 전에 파괴되고 소멸되었음을 안다. 영화이론은 끝내 존재하지 않았고 서광제의 한탄과 이창용의 고백은 오늘날까지 반복된다. 잠재성은 결국 실현되지 않은 것으로서만 규정된다.

하지만 당대를 살아가고 있던 사람들에게 미래란 오늘날 우리가 알고 있는 역사적 사실로 반드시 귀결되는 것은 아니었다. 즉 아직 황민화가 완료되지 않았던 시점, 아직 전쟁이 결론이 나지 않았던 시점, 아직 해방이 찾아오지 않았던 그 시점에 서 있던 식민지 조선인에게 '미래'란 우리가 '과거'로서 알고 있는 것과 필연적으로 같지 않다. 이 글은 임화의 영화론을 당대의 다양한 모색이 선형적 흐름을 따라가는 역사기술

6　Kim Soyoung, "Comparative Film Studies: Detour, Demon of Comparison and Dislocative Fantasy," p. 48.

의 반대 방향 즉 완전한 파괴가 가시화되기 이전, 파괴된 잔해의 압도적인 시각성이 현존했던 모든 잠재성을 모조리 비가시화하기 이전의 시점을 취하여 재고하고자 한다. 말하자면 비록 실현되지 못했지만 분명히 존재했던 어떤 이론의 잠재성을 논하려는 것이다.

이 글은 재닛 풀이 식민지 후기 조선의 근대주의자들이 "미래가 사라지던 시대"에 미래를 상상해야 했던 조건들을 탐구했던 문화사 기술의 방식을 따른다.[7] 이는 과거를 역사적 결과로서 판단하는 것이 아니라 미래-이전(future anteriority)으로서 읽는 것이며, 다시 말해 미래를 '未來=아직 오지 않음'이었던 시간성으로 이해하는 것이다. 이 글은 이러한 시간성 속에서 1940년대 초반 임화의 조선영화론을 어디에도 환원되지 않는 '고유성'에 관한 모색으로 재고함으로써 조선영화의 미래=未來를 이론화하고자 한다.[8]

고유성의 절합: 제국 일본의 보편과 조선영화의 특수성을 넘어서

알려져있다시피 임화가 식민지 조선의 문화사에서 차지하는 중요성은 문학 영역에 국한하지 않는다. 임화는 카프를 이끌던 1920년대 후반부터 이미 배우로서 영화에 출연하기도 했고 문화비평가로서 막 이름을 알렸을 때에 영화비평을 발표하기도 했다. 1929년 무렵 임화는 영화와 연극을 공부한다는 명목으로 도일하는데, 이는 단순히 명목상이라고만 보기는 어렵다. 그는 적어도 조선으로 돌아온 뒤 1931년에는 "필름채 어둠 속에 사라져버린" 영화 〈지하촌〉(강호, 1931)에 개량주의 인텔리겐차로 출연하기도 하는 등 영화와 꾸준한 인연을 유지하고 있었

---

7   Janet Poole, *When the Future Disappears: The Modernist Imagination in Late Colonial Korea*(New York: Columbia University, 2015).

8   임화, 「朝鮮映畵發達小史」, 『三千里』 제13권 제6호(1941. 6), 196~205쪽; 임화, 「朝鮮映畵論」, 『春秋』 제2권 제10호(1941. 11, 이하 「41년 조선영화론」), 82~91쪽; 임화, 「朝鮮映畵論」, 『每日申報』 1942. 6. 28~30(이하 「42년 조선영화론」). (세 글의 인용은 기본적으로 원문을 따르되 현대어에 맞게 고쳤다.)

다. 그가 보다 본격적으로 영화계에 다시 모습을 드러낸 것은 카프 해산(1935) 후 폐렴 요양 치료로 몇 년을 보낸 뒤인 1930년대 후반이다. 이 시기에는 일본 제국의 영화의 황민화(皇民化)가 본격적으로 전개되고 있었다. 일본 내지에서는 1939년 4월 영화법이 제정됨에 따라 영화 신체제가 구축되고 있었다. 이 영화법이 시행되자 일본의 영화산업은 급속도로 재편되기 시작했다. 크고 작은 영화 제작 회사 십수 개가 쇼치쿠(松竹), 도호(東宝), 다이에이(大映)로 통합되었고 정부는 생필름 물자를 직접 통제하기 시작했다. 모든 영화의 제작과 배급은 정부 통제 아래에 들어가게 되었다. 이 법은 즉각 조선 영화계에 영향을 끼치게 되어, 이듬해인 1940년 1월 식민지 조선에서도 조선영화령이 제정된다. 조선영화령은 영화사업 등록제, 영화인협회 결성, 영화 제작 및 상영에 대한 포괄적 규제, 사전 사후 검열, 문화영화 의무상영 등의 강력한 통제책들을 골자로 하는 등 대부분 내지의 영화법과 유사했다. 영화신체제 하 일련의 영화정책 중 식민지 영화인들이 가장 큰 관심을 두었던 것은 총독부의 영화회사 설립 문제였다. 식민지의 영화인들은 기업화야말로 조선영화가 처해 있는 처참한 현 상황을 타개할 수 있는 가장 결정적인 방책이라고 믿었던 만큼 ―비록 구체적 방안에 관해서는 논자별로 온도차가 있기는 했지만― 영화신체제를 위한 일련의 정책적 변화가 영화 제작의 안정적 기반을 제공해줄 중요한 계기라고 생각했다. 결국 1942년 5월 조선영화배급사 설립에 이어 9월 군소 영화회사 10여 개를 통합한 조선영화제작주식회사가 탄생함으로써 식민지 영화의 생산과 유통은 총독부의 전면 통제 아래 놓이게 된다.

임화가 고려영화협회의 촉탁으로 임명된 것이 바로 이러한 전환기였다. 이 기간에 임화는 니시키 모토사다(西龜元貞)가 쓴 〈집 없는 천사〉(최인규, 1941)의 시나리오를 번역하고 고려영화협회의 신작 〈김옥균

전)의 자료 조사를 하는 한편 영화연구에도 몰두했던 것으로 알려져 있다. 임화의 영화론은 이 시기에 집필된 그의 다른 글과 마찬가지로 모두 일정 정도 당대의 사회적 문제에 개입하는 형식을 띄고 있었다. 여기서 다루는 글 세 편 역시 이런 맥락에서 기본적으로 영화신체제와 관련한 임화의 개입으로 이해되어야 할 것이다. 이를 보다 분명하게 하기 위해서 스스로 비평가를 자임했던 임화에게 '비평'이란 어떠한 작업이었는지를 영화 문제와 관련지어 살펴보자.[9] 그에게 '비평'이란 단순히 특정 범주에 따라 판단을 내리는 행위가 아니었다. 임화에게 비평이란 담론과 사건의 흐름을 잠시 멈추고 보다 높은 안계(眼界)에 서서 사건을 조망하여 전선을 재확인하는 것을 의미했다. 1941년 1월, 바로 조선영화령 발표를 앞두고 기업화 논의가 보다 본격화되던 당시, 종합잡지 『조광(朝光)』은 "조선영화의 신출발"이라는 제목의 좌담회를 개최한다. 여기서 임화는 이처럼 혼란스러운 전환기에 어째서 "비평의 고도"가 확보되어야 하는지 드러낸다. 좌담회에는 감독 네 명(안석영, 방한준, 서광제, 이병일), 제작자 한 명(고려영화협회의 이창용), 배우 한 명(이금룡), 그리고 평론가 두 명(박치우, 임화)이 참석했다.[10] 좌담회는 그 제목이 지칭하듯 조선 영화산업이 영화신체제하에서 어떠한 역할을 담당해야 하는지를 토론하는 자리였다. 참석자 대부분이 조선영화의 참담한 사태를 토로하며 기업화의 긴급성을 역설하고 있었던 것은 물론이다. 좌담회 중반쯤 입석하여 한참을 침묵으로 일관하던 임화는 거의 끝에 가서야 그때까지의 논의에 조심스럽게 반론을 제기한다.

---

9 임화는 자신이 (문학) 비평 작업에서 지향하는 바에 대해 여러 차례 밝혔다. 구체적으로는 「朝鮮的 批評의 精神」(『朝鮮中央日報』, 1935. 6. 25~29), 「批評의 高度」(『朝鮮文學』, 1939. 1), 「作家와 文學과 剩餘의 世界—特히 批評의 機能을 中心으로 한 感想」(『批判』, 1938. 4; 이후 「意圖와 作品의 落差와 批評」이라는 제목으로 개작되어 평론집 『文學의 論理』[1940]에 수록) 등을 참고.
10 여기서 철학자 박치우는 거의 아무런 의견도 피력하고 있지 않다. 그의 좌담회 참석 경위에 대해서는 별도의 연구가 필요할 것이다.

신인 발견, 양성 제도, 프로듀서 문제도 문제되겠지만 내 생각으로는 조선에도 영화비평이 있어야 하겠다는 말입니다. 신인이 조감독에서만 나온다는 것도 이상한 것이 그 회사에서 그 회사 사람을 보는 것과 딴 사람이 비평적 눈으로 보는 것과는 다를 줄 압니다. 즉 제삼자의 눈으로 냉정히 보아 비평하는 데서 수준의 향상이 있지 않을까 합니다. 그러므로 회사 기구도 중요하지만 비평 문제를 소홀히 해서는 안 될 줄 압니다.[11]

여기서 임화가 말하는 비평이란 경제 논의로 점철된 1940년대 초반의 기업화 담론에 비판적 개입을 시도하는 것이었다. 그가 보기에는 주어진 조건을 재검토하여 대안적이지는 않더라도 다른 길을 상상해보는 것이야말로 시급한 일이었다. 임화는 식민정책의 변화에 수동적으로 반응하면서 제국 일본 내에서 조선영화의 요구 사항들을 관철하기 위한 협상 조건을 규명하고자 했던 당대의 많은 논자와는 궤를 달리하고 있었다. 그렇다면 당대에 그의 비평 활동이 지향하고 있었던 것은 무엇인가?

이에 답하기 위해서는 임화가 반복적으로 사용하는 "고유성"이라는 표현을 이해할 필요가 있다. 그는 모든 문제가 "신회사 설립" 문제로 환원되는 당대의 논의로부터 거리를 두면서 조선영화의 "고유성"을 주장한다.

요컨대 먼저 예술적 재출발의 문제와 기업적인 비약의 문제를 이야기할 제 잠시 언급한 것처럼 모든 문제가 **하나의 중심**을 가운데로 부절(不絕)히 순환하고 있는 게 현금(現今)의 조선영화의 문제다. 오직 여기에 있어 신회사의 문제가 이 모든 문제의 원심(圓心)처럼 보아지는 것은 예술과

---

11 「朝鮮映畫의 新出發: 座談會」, 『朝光』(1942. 1), 149쪽.

기업이란 두 가지 과제 중 기업화의 문제가 선도(先到)한 때문이요, 또 현하(現下)의 전환의 사실상의 중심이 기업 조직의 탄생을 둘러싸고 운행되고 있기 때문이다. 요컨대 신회사의 문제라는 것은 재래류(在來流)의 대자본의 투하라든가 회사 합동이 아니라 예술과 기업을 종합한 말하자면 기업적·예술적인 핵심의 문제로서의 성격을 띠고 있음을 생각할 필요가 있다.[12]

"하나의 중심"이란 "신회사의 문제"를 가리킨다. 임화의 "예술성"은 이와 같은 구심적 담론 구성에 개입하기 위한 전략적 개념이다. 백문임은 임화의 예술성 개념이 단순히 기업성의 적대적 위치에서 발화되는 것이 아니라 오히려 기업성과 변증법적으로 분리 불가능한 것이었다고 지적한다.[13] 말하자면 임화는 기업성이라는 경제적 담론의 반대편에서 예술성이라는 "낭만적 고처"를 확보하고자 했다기보다는, 동시대 영화인들로 하여금 정치와 기업화의 원심(圓心) 주변으로 밀려난 예술의 문제를 토론할 것을 시급하게 요청하고 있었다는 것이다.[14] 백문임은 이 예술과 산업의 변증법에 국민영화와 조선영화의 변증법을 중첩시킨다.[15] 즉 임화가 기업화 테제의 안티테제로서 조선영화의 예술성을 제기함으로써 국민영화 건설의 맥락에서 "일로부터 만들어나갈" 영화를 상상하고자 했다는 것이다.

그렇지만 이렇게 본다면 임화의 주장은 일본 제국의 구도 내에서 조선영화의 위치를 모색하던 당대 여타의 주장과 얼마나 다른 것인가? 백문임 역시 주장하듯, 비록 그 개념의 내용은 달랐을지라도 예술성을

---

12 임화, 「42년 조선영화론」(1942. 6. 30). 이하 강조는 인용자.
13 백문임, 「조선영화의 존재론: 임화의 「조선영화론」(1941)을 중심으로」, 『상허학보』 제33집(상허학회, 2011); 백문임, 「林和의 조선영화론: 영화사의 좌표와 '예술성과 기업성'의 변증법을 중심으로」, 『대동문화연구』 제75집(성균관대학교 대동문화연구원, 2011).
14 백문임, 「조선영화의 존재론: 임화의 「조선영화론」(1941)을 중심으로」, 178쪽.
15 백문임, 「林和의 조선영화론: 영화사의 좌표와 '예술성과 기업성'의 변증법을 중심으로」.

강조한 것은 비단 임화만이 아니었다. 조선영화가 국민영화와의 길항 관계에서 생성되어야 한다는 주장이 굳이 임화로부터 도출되어야 할 필연성은 어디에 있는가?

백문임은 예술성과 기업성, 국민영화와 조선영화라는 두 변증법의 중첩을 임화의 「41년 조선영화론」과 「42년 조선영화론」이 발표되던 사이에 개봉된 〈집 없는 천사〉와 〈그대와 나(君と僕)〉(허영, 1941)를 둘러싼 논쟁으로부터 설명한다. 임화가 니시키 모토사다의 일본어 대사를 조선어로 번역했던 〈집 없는 천사〉는 일본 제국 내 조선영화의 불안정한 위치를 드러내면서 매우 큰 논쟁을 불러일으켰다. 〈집 없는 천사〉는, 알려져 있듯, 내지 개봉 당시 문부성의 추천 영화로 선정되어 제국 정부의 지원하에 일본 전역에 개봉될 예정이었다. 하지만 내무성의 개입으로 인해 영화는 몇 장면의 검열 삭제를 거치게 되고, 결국 문부성은 개작된 영화에 대해서는 추천을 하지 않겠다는 입장을 밝혀 〈집 없는 천사〉의 추천은 사실상 취소되는 사태에 이른다. 〈집 없는 천사〉 개봉에 기대를 품고 있었던 식민지 조선의 영화인들은 당혹감을 감출 수 없었다. 피터 하이는 『제국의 은막』에서 〈집 없는 천사〉의 조선어 사용이 문제의 원인이었을 것이라고 추측하고 있지만, 사태는 보다 복잡했다. 〈집 없는 천사〉의 개작은 그가 추정한대로 "알려지지 않은 관계자"에 의해 이루어진 것이 아니라[16] 내무성의 검열관에 의해 결정된 것이었던 만큼, 영화 일부가 제국의 통치 전략과 불화했음을, 나아가 그 통치 전략 자체가 부처(내무성과 문부성) 사이에 일치하지 못했음을 보여주기 때문이다.

김희윤에 따르면 〈집 없는 천사〉 논쟁은 단순히 조선어영화를 둘러싼 해프닝이 아니라 일본 제국의 좌표에서 조선영화의 위치를 재고

---

16 Peter B. High, *The Imperial Screen: Japanese Film Culture in the Fifteen Years' War, 1931~1945*(Madison: University of Wisconsin Press, 2003).

하는 계기였다.[17] 〈집 없는 천사〉 개봉(1941. 2. 19) 이후에 열린 1941년 10월『에이가순보(映畵旬報)』 좌담회에서, 내지의 영화평론가 하즈미 쓰네오는 이 영화의 검열이 궁극적으로는 〈집 없는 천사〉가 조선영화로서 갖는 위치와 관련이 있음을 시사하며, 부분적으로는 이 문제의 원인에 "조선어로 된 영화를 환영하지 않을" 몇몇 일본인이 있다고 밝힌다.[18] 그러자 〈집 없는 천사〉의 제작자인 이창용은 즉각 반박하기를, 조선(어)영화를 일본 내지의 시장에 소개하는 것이 조선이 황민화운동에 "어떻게 반응하는가"를 보여주는 데서 매우 중요하다고 말한다. 이창용에게 조선영화는 언어와 의복을 포함하는 조선적인 것과 함께 인식되어야 했다. 김희윤이 주장하듯, "결국 추천을 둘러싼 소동은, 영화적 재현의 문제―조선어와 복장―로만 국한될 수는 없다. 일본 측 관계자들은 그것을 재현의 층위로 덮어두고 싶었을지도 모르나, 이창용이 되묻는 것은 바로 그 지점이다. 그들이 재현의 층위로만 문제를 좁혀가는 것에서, 이창용은 역설적으로 조선영화의 필요성에 대한 그들의 냉담한 의식을 꼬집는 것이다."[19] 즉 내지인 비평가와 관료가 조선영화의 특수성을 거부하던 바로 그 지점에서, 이창용과 같은 식민지 영화제작자들은 제국 일본이 설정한 아시아영화의 보편적 좌표 위에서 조선영화의 위치를 타진하고 있었다.

그러나 이창용이 미처 알아차리지 못했던 사실은 조선영화의 모든 특수성이 일거에 거부되지는 않았다는 점이다. 이를테면 이후의 식민지 영화 〈망루의 결사대(望樓の決死隊)〉(이마이 다다시, 1943)나 〈조선해협〉(박기채, 1943)은 일본인과 조선인 사이의 인종적 차이를 드러내는 지표로서 조선 민요나 전통 의상, 심지어 몇몇 조선어 단어를 채용함으로써

---

17 김희윤, 「〈집 없는 천사〉의 일본 개봉과 '조선영화(朝鮮映畵)'의 위치」, 한국영상자료원(KOFA) 엮음, 『고려영화협회와 영화신체제: 1936~1941』(서울: 한국영상자료원, 2007), 230~237쪽.
18 「座談会朝鮮映画新体制樹立のために」, 15~22, 46쪽.
19 김희윤, 「〈집 없는 천사〉의 일본 개봉과 '조선영화(朝鮮映畵)'의 위치」, 234쪽.

소위 조선적인 것을 적극적으로 이용하고 있었다. 더욱이 만주영화협회에서 제작된 영화들이 기실 중국어와 중국 의복을 적극적으로 전시하고 있었다는 점을 고려할 때, 일본 제국의 관료들이 영화에서의 인종성 재현을 싸잡아 거부했던 것은 아니었다. 실은 내지의 당국이 〈집 없는 천사〉에서 불편함을 느꼈을 지점은 식민지 언어의 사용에 있는 것이 아니라, 영화의 내지 개봉 당시 일부 평론가들이 지적했듯이, "왠지 모를 우울한" 분위기에 있었을 것이다. 일본 제국의 영화적 미래를 열어야 할 아시아영화는 밝고 명랑해야 했지만, 〈집 없는 천사〉의 '사실주의적' 고아 묘사는 식민지적 현실의 어두운 측면만을 관객들에게 전달하는 것으로 보였던 것이다.[20]

이렇게 본다면, 이창용이 깨닫지 못했던 것은 그뿐만이 아니었다. 제국 일본의 아시아영화 프로젝트로 상정된 보편주의와 그 안에서 위치를 확보하고자 했던 식민지 조선영화의 특수주의 사이 공모 관계야말로 조선영화의 위치를 끊임없이 재조정하는 기제로 작동하고 있었다. 사카이 나오키는 보편주의와 특수주의가 "상호 강화하고 보강한다"라고 주장하며 이렇게 말한다. "그것들은 실제로 갈등에 놓인 적이 단한 번도 없다. 오히려 서로가 서로를 필요로 하며, 모든 수단을 동원하여 대칭적이고 상호 지원적인 관계를 형성하기를 도모해야만 한다. 이는 그 안전하고 조화로운 단일언어적 세계에 엄연한 위협으로 다가올 대화적 관계를 피하기 위해서다."[21] 조선영화의 지역적 특수성은 그것이 주장되는 바로 그 순간에 이미 제국의 보편이 설정한 대동아공영권의 대

---

20 이에 관해서는 이미 당대의 내지 평론가들의 반응을 통해 살펴볼 수 있다. 1941년 〈집 없는 천사〉의 일본 배급을 담당했던 도와상사(東和商社)를 경영한 가와키타 나가마사(川喜多長政)를 기념하는 가와키타영화문화재단의 자료를 한국영상자료원이 수집하여 편찬한 『고려영화협회와 영화신체제: 1936~1941』(2007)에 그 풍부한 반응이 번역·수록되어 있다.

21 Naoki Sakai, "Modernity and Its Critique: The Problem of Universalism and Particularism," *Translation and Subjectivity: On "Japan" and Cultural Nationalism*(Minneapolis: University of Minnesota Press, 1997), p. 163.

의에 복무하는 특수성과 결부되어 있었다. 1941년 시점의 식민지 조선 영화는 시장의 경계를 확장하기 위해서 민족적·지역적 특수성을 가시화함으로써 제국 일본에 동참하고자 했다. 그러나, 〈집 없는 천사〉 사태에서 관찰되듯, 보편이 상정한 한계를 초과하는 특수성은 인정되지 않았다. 그러나, 우리가 보편성과 특수성의 농간을 뒤집어 생각해본다면, 조선영화의 불안정한 위치란 제국의 중심에 내재해 있던 모종의 불안을 드러내는 지표이기도 했던 것이다. 이는 바로 대동아공영권 건설에 바람직하지 않은 순전한 타자에 대한 불안이자, 어떠한 총체성으로도 환원되지 않는 것에 대한 불안이다. 따라서 이창용과 같은 식민지 영화제작자들이 일본 제국이 확장시킨 시장에서 더 넓은 관객을 확보하기 위해서는 보편주의와 특수주의 사이의 조정이 불가피했다. 특수가 인지되고 그 가치를 인정받는 것은 오로지 보편과 암묵적으로 또 명시적으로 교통할 때만 가능했기 때문이다.

임화는 "앞으로 만들어나가야 할 조선영화"를 논하면서 이와 같은 문제의식 즉 제국의 보편과 식민지의 특수 사이에 위치를 조정해야 한다는 문제의식 자체를 문제 삼고 있었다. 말하자면 임화는 제국 일본 내에서 조선영화의 위치를 확보하고자 했던 것이 아니다. 아래 「42년 조선영화론」의 마무리 부분에서 임화가 예술성을 어떻게 강조하고 있는지를 살펴보자.

왜 그러냐 하면, 신회사의 탄생과 더불어 얻을 것은 이미 정부나 당국의 방침에 명백하고 또 벌써 여러 예술 부문이 그 방향을 걸어온 국민적 예술의 길이란 극히 일반적인 방향이라고 생각되기 때문이다. 국민적 영화라는 것은 다른 예술이 그러하듯이 이미 만들어진 범주가 아니라 일로부터 만들어나간 세계 가운데서 더욱 생소한 영역일 뿐만 아니라 특히 특수한 국민적 예술로서의 우수한 조선영화의 문제란 것은 일층 진중한 문제이기 때문이다. 이것을 고구(考究)하는 데서만 이 전환은 가치 있는 것이며 그 책무는 여태까지 조선영화를 위하여 심혈을 기울인 모든 사람의 어깨 위에 있는 것이다.[22]

표면적으로 임화는 영화신체제하의 기업화라는 조건을 인정하고 있지만, 행간을 읽어보면 꼭 그렇지만도 않다는 것을 알 수 있다. 우선, 그가 신회사 설립을 논하면서도 국민영화의 건설이 아닌 조선영화의 예술성을 강조하고 있다는 점에 주목하자. 「42년 조선영화론」에서 임화가 반복적으로 이야기하는바, 국민영화 건설이라는 문제 그리고 기업화의 문제는 총독부 시책에 의해서 어떻게든 해결될 일이다. 여기서 임화가 강조하려는 것은 총독부의 시책이나 제국의 기획이 결코 해결할 수 없는 지점 즉 **"특수한** 국민적 예술로서의 우수한 조선영화"에 대한 고민이다. 여기서 "특수한"이라는 표현은 보편주의의 쌍으로서 특수주의, 혹은 전체를 구성하는 것으로서 부분의 개념과는 다르다. 그것은 "고유성(singularity)" 즉 어떠한 것으로도 환원되지 않는 가상적 유동의 개념으로 이해되어야 한다. 같은 글에서 임화는 앞서 아래와 같이 쓴 바 있다.

그러나 먼저도 말한 것처럼 이것[조선영화가 일본이나 할리우드와 같은 우수한 작품을 생산하지 못하는 것]은 조금도 비난의 대상이 되지는 아니한다. 왜 그러냐 하면, 건강한 사람의 살아가는 생리가 있듯 병약한 사람의 살아가는 생리가 또한 스스로 **고유**하기 때문이다.[23]

여기서 임화는 조선영화의 무력함을 병약한 사람의 생리에 비유해

---

22 임화, 「42년 조선영화론」(1942. 6. 30).
23 같은 글.

서 표현한다. 병약한 사람의 생리와 건강한 사람의 생리를 비교함으로써 임화가 말하려는 것은 전자를 후자로 개선하기 위한 만병통치약의 긴요함이 아니라 병약한 사람이 자기 삶을 유지하기 위한 "고유한" 생리다. 말하자면 임화는 조선영화의 병약한 생리가 개선되어 건강한 사람이 되어야 한다고 즉 기업화를 통해 온전한 산업의 모습을 갖추어야 한다고 주장하는 것이 아니다. 논점을 심화하기 위해 「41년 조선영화론」에서 임화가 고유성을 제기한 부분을 길게 인용한다.

그러나 이들로 하여금 무모에 가까운 용기와 모험에 가까운 행동을 부른 것은 개개인의 경우에 있어 그 직접의 동기가 자못 구구할 것이나 근본적으로 다른 모든 문화 영역을 지배하고 있던 문화의 정신이라고 할까 예술의 의욕이라고 할까 좌우간 영화를 자기표현의 예술적 수단으로서 형성하려는 정신에 근저를 두고 있었던 것만은 사실이다. 조선영화 150본 가운데 149본이 태작(駄作)이라고 하더라도 여태까지의 조선영화의 근본 동력이 대범하게는 이곳에 있었다고 봄이 공평한 관찰일 것이다. 이러한 사정은 예술에 있어 행복된다고는 못할지라도 많이 호적(好適)한 조건이라고 아니할 수 없다. 태작을 만듦으로써, 실패를 거듭함으로써 그들은 조선영화의 성장에 참여했던 것이다. 바꿔 말하면 예술가로서 그들은 비록 실패하고 태작한 경우일지라도 제3자의 견제를 받음이 적게 자기의 의도를 표현할 수 있었던 것이다. 그들은 자기의 실패를 후회하지 아니할 수 있었던 것이다. 오직 우수한 기계설비가 그들을 도와주지 아니한 것이 한(恨)될 따름이다. 그러나 생각하면 자본의 유력한 원호(援護)를 받지 못했다는 것은 비단 영화에 한하는 사실이 아니다. 문학도, 연극도, 음악도, 미술도 그 은혜를 취할 수는 없었다. 그것은 조선의

모든 근대 문화의 공통한 환경임에 지나지 않는 것이다.[24]

임화는 할리우드나 일본의 스튜디오 시스템과 같은 온전한 자본주의적 영화산업의 지원을 받지 못한 식민지 조선의 고유한 영화 제작 경험을 강조하고 있다. 그는 식민지 조선영화가 투기자본의 원호를 받지 못한 만큼 그 폐해도 받지 않았다고 지적한다. 이는 물론 "조선의 모든 근대 문화의 공통한 환경"으로서 식민지적 조건으로, 식민지 조선의 문화 생산 토대를 피폐화하는 억압이었다. 그러나 동시에 그것은 일정 수준의 "자유"를 주었던 것 즉 "조선영화의 성격을 어느 정도로 독자화하여 가까운 예만 하더라도 일본영화보다 훨씬 이질적인 물건을 만들" 조건이기도 하다.[25] 여기서 임화는 태작을 제작했던 역사, 혹은 걸작의 연쇄로 쓰일 세계영화사의 관점에서는 누락될 역사를 자유의 역사로 도치한다. 이 자유의 역사라는 시간성 속에서 조선영화는 일정 수준의 고유성을 확보할 수 있는 셈이다. 이는 당대 다른 논자들이 식민지 조선영화에서 자본의 필요를 역설하던 것과는 확연히 구분되는 관점이라 할 수 있다. 임화는 조선영화가 "건강한 사람의 생리"를 유지하는 일본이나 할리우드 산업에 필적하는 수준으로 상승시키는 것에 초점을 두지 않았다. 대신 임화는 조선영화가 비록 태작을 만들 자유에 봉착할 뿐이더라도 그 자유를 성취해야 한다고 역설하고 있었다. 이런 의미에서 그가 「42년 조선영화론」에서 "특수한 국민적 예술로서의 우수한 조선영화"라 말하며 사용한 "특수한"이라는 표현은 조선영화의 고유성이라는 관점에서 이해되어야 할 것이지 보편성에 의해 규정되는 특수성을 가리키는 것이 아니다. 즉 임화가 조선영화를 새롭게 하고자 요청하고 있었던 것은 국민영화(보편)와 조선영화(특수) 사이의 변증법적 공생 관계에

24 임화, 「41년 조선영화론」, 89쪽.
25 같은 글, 91쪽.

갇혀 일본 제국의 지도에 조선영화를 위치 짓는 위상학적 존재론에 대한 집착이 아니라, 어느 것으로도 환원되지 않는 고유성을 발견함으로써 새로운 앎의 체계를 탈/구축하는 인식론적 전환이었다.

고유성 발견의 방법으로서 역사기술

1941년 6월 임화는 『삼천리』에 「조선영화발달소사」를 발표한다. 에릭 카즈딘이 지적한 대로 "네이션이라는 개념이 근본적으로 뒤흔들리던 시대"에 직면한 지식인들은 일종의 위기 관리 전략으로서 역사기술에 몰두하게 된다.[26] 하지만 임화에게 역사기술은 과거로의 도피적 회귀나 호고주의(好古主義)적 감상의 발흥이 아니었다. 그것은 조선영화의 고유성을 발견하기 위한 방법으로 취해졌다. 「조선영화발달소사」가 게재된 『삼천리』의 해당 호는 영화신체제 특집으로 꾸며졌다. 해당 특집은 임화의 영화사를 비롯하여, 조선영화인협회 결성 1주년 기념 축사, 미국영화의 해악을 다룬 비평, 조선영화 기업화에의 제언, 조선과 일본의 문화 교류에 관한 역사에 이르기까지 다양한 읽을거리를 싣는다. 이런 잡지 특집의 맥락에서 임화의 조선영화사 역시 기업화 열풍과 완전히 무관하다고는 할 수 없겠다. 하지만 기업화 담론이 투기자본적 시간성 즉 제국이 약속한 미래에 정향되어 있었던 반면, 임화의 역사는 과거를 현재와의 관계 속에서 재론함으로써 사라진 미래를 모색하고 있었다.

그러한 역사란 현재가 위기에 봉착해 있을 때만 발견되는 것인 터, 임화는 현재가 과거가 남긴 자취와 그것이 상상했던 가능성과 분리되지 않은 채 뒤엉켜 있다고 보았다. 그 뒤엉킨 현재로부터 우리가 과거를 역사로 인지해야 할 의무감을 느끼게 되는 것은 특정한 조건하에서만 가능하다. 그것은 바로 "재래에 통용되어오던 현실 이해의 방법이나 행

---

26 Eric Cazdyn, *The Flash of Capital: Film and Geopolitics in Japan*(Durham: Duke University Press, 2002), p. 53.

위의 기준 내지는 공상(미래에 대한)의 구도(構圖)가 일체로 통용이 정지되는 순간"이다.[27] 바로 이러한 순간이야말로 임화가 「41년 조선영화론」에서 주장한 "생성에 관한 사정"을 탐사해야 하도록 요청하는 순간인 것이다.

> 극히 평범한 일이나 조선영화를 이야기함에 있어 먼저 일고를 요하는 사항으로 조선영화 **생성에 관한 사정**이란 게 있다. 물론 조선영화라는 것은 광범한 의미에서 조선 근대문화의 일종이요 그것의 생성과 더불어서 발생한 것이어서 그것은 자명한 일이요 재고의 여지가 도무지 없는 사실이다. 그러나 지금 조선영화를 그 생성의 사정에 있어서 다시 한 번 돌아본다는 필요는 영화가 좌우간 편견을 가지고 생각되어지기 때문이다.[28]

영화 생산 양식에서의 경제적 의존성에도 불구하고, 임화는 영화가 "문화와 예술로서의 존엄과 시대에 대한 결코 천박치 않은 자각"을 지녀야 할 의무를 지닌 예술이라고 주장한다.[29] 앞서 말했듯이 이것은 영화가 기업성을 중심으로만 논의되는 편향된 담론장에 반발하면서, 예술의 문제를 전면에 내세움으로써 조선영화가 다른 문화 형식과 함께 형성된 문화적 환경을 강조하려 했던 것이다. 이 과정에서 역사기술이란 임화에게 조선영화의 고유성을 발견하기 위한 방법을 제공한다. 이는 단순히 민족 재현의 문화적 위기에 관한 불안으로 점철된 역사기술적 동기와는 구분되는 것이다. 그는 1939년에 쓰고 1940년 『문학의 논리』에 개작되어 실린 「역사·문화·문학」에서 아래와 같이 서술한다.

---

27 임화, 「역사·문화·문학: 혹은 시대성이란 것에의 일 각서」, 임화문학예술전집 편찬위원회 편, 『임화문학예술전집 3: 문학의 논리』(서울: 소명출판, 2009), 576쪽. 초출은 『동아일보』에 1939년 2월 18일부터 3월 3일까지 연재된 것으로, 이후 1940년 학예사에서 출간된 『문학의 논리』에도 개작되어 실렸다. 위 인용은 『문학의 논리』 판본을 저본으로 한 『임화문학예술전집 3: 문학의 논리』에서 취한다.

28 임화, 「41년 조선영화론」, 82쪽.

29 같은 글, 84쪽.

다만 문화사이고 정치사이고 간에 역사과정 가운데는 우리가 봉건시대니 혹은 시민사회니 하는 추상화된 개념으로 포착할 수 없는 무수한 면이 나타난다는 것이다. 대전(大戰) 후기, 혹은 대전 전기, 혹은 나치스 시대, 기타 여러 가지의 명칭으로 불러지는 것인데, 이것은 결국 역사의 특수한 구체적인 기간에 있어서의 **고유한** 표현이다.

그것은 당대인이 현대라고 생각한 한 역사면이 성격화된 것이다. 문화의 양식, 정치의 제도, 기타가 모두 이 시대와 **관계되는 것이다. 여기에 시대성이라는 것의 큰 의의도 있다.**[30]

역사를 쓸 때 중요한 것은 각 역사적 국면의 고유한 표현을 찾아내는 것이다. 과거를 탐구하는 이와 같은 긴급성에 처해서, 임화는 위기라는 감각을 압도하고 있는 지금-여기의 조건을 강조하고 있다. 역사에 대한 이러한 발견적 접근은 임화의 시간성에 대한 이해와 결부되어 있다.

그것은 먼저도 말한 바와 같이, 현재의 일부분이 아직 과거 가운데 살고 있음에도 불구하고 우리가 의식하는 것은 **과거 가운데 살아 있는 현재가** 아니라 **현재 가운데에 살아 있는 과거**다. 그것은 곧 **현재 가운데 살아 있는 미래**에 대하여 우리의 주요한 관심이 향해 있기 때문이다.[31]

임화는 과거, 현재, 미래의 시간성이 복잡하게 뒤얽혀 있는 상을 "현실성"과 "가능성"의 개념을 통해 설명한다. 지나친 도식화의 위험이

---

30 임화, 「역사·문화·문학: 혹은 시대성이란 것에의 일 각서」, 592쪽. 강조 부분은 임화가 1940년 평론집 『문학의 논리』 출간 당시에 직접 1939년 발표된 원문을 수정한 것이다. 임화는 1939년 2월 18일부터 3월 3일까지 『동아일보』에 연재된 「역사·문화·문학: 혹은 시대성이란 것에의 일 각서」에서 "고유한"이라는 표현 대신 "특수한"이라고 쓰고, "관계되는 것이다~의의도 있다"를 "관계되는 것이나 타일로 미루고 이만 둔다"로 글을 마무리 짓는다. 여기서 임화가 고유성과 시대성을 연관 지어 사유하고 있었음을 엿볼 수 있다.

31 같은 글, 577쪽.

있기는 하지만, 위의 복잡한 서술을 현실성과 가능성이라는 개념을 중심으로 정리해보면 아래와 같다.[32]

1. 과거 가운데 살아 있는 현재: 과거의 가능성 중 현실화된 것
2. 현재 가운데 살아 있는 과거: 현실화된 것 중 한때 가능성이었던 것
3. 현재 가운데 살아 있는 미래: 현재의 가능성 중 미래에 현실화될 것

현실성으로 가득 찬 "현재 가운데 살아 있는 과거"는 미래를 상상하는 현재의 시좌(視座)를 함축한다. 임화는 흥미롭게도, 우리가 일상에서는 "과거 가운데 살아 있는 현재"는 인지하지 못한 채, 그와 동형의 움직임인 "현재 가운데 살아 있는 미래"에만 주목한다고 지적한다. 그에 따르면, 한편으로 그것은 "현재 가운데 살아 있는 미래" 즉 현재의 가능성 중 미래에 현실화될 것이란 이미 (현재에) 현실화된 (과거의) 가능성들을 인지하는 의도성을 나타내고, 다른 한편 그것은 현재 역시 가능성의 형식을 취해왔음을 인식하는 것으로 대체된다. 이처럼 1과 2의 관계가 과거와 현재의 관계 속에서 거울 이미지를 형성한다면, "과거 가운데 살아 있는 현재"는 과거에서 현재로 그리고 다시 미래로 이어지는 선형적 발전을 이룩하기 위해서는 극복되어야 하는 것이다.

하지만 임화가 역사를 통해 모색하려는 것은 과거에서 현재 그리고 미래로 이어지는 일방통행적 교통 관계에서 도출되지 않는다. 그것은 과거의 가능성과 현실화된 가능성들 사이의 관계, 지금 우리가 조건으로 처해 있는 관계를 인식할 때 가능하다. 이는 현실성과 가능성 사이의 혼종을 시사하지만, 동시에 과거와 미래의 접촉면으로서 현재의 어떠한

---

32 여기서 현실성과 가능성이라는 두 개념을 질 들뢰즈가 앙리 베르그송을 경유하여 이론화한 '현실적인 것(l'actuel)' 및 '잠재적인 것(le virtuel)'과 대응시켜볼 수도 있을 것이다. 그러나 이에 대해 엄밀하게 추적하는 것은 필자의 역량 밖이다.

가능성이 현실화되는가가 쉽게 인식되지 않는다는 점 역시 지적하고 있다. 가능성과 현실성의 뒤엉킴으로부터 현재는 가능성이 현실화되고 현실성의 조건 속에서 다시금 또 다른 가능성을 배태하는 지점에 위치하는 것이다.

이러한 뒤엉킨 시간성에 대한 이해를 중심으로 임화의 「조선영화발달소사」의 역사기술 구조를 살펴보자. 「조선영화발달소사」에서 임화는 조선영화사를 5개 시기로 구분하는데, 이는 대체로 글의 5개 섹션과 일치한다. (1) 활동사진의 시대(1900년대~1920년), (2) 영화 제작 시대의 시작(1920~1926년), (3) 무성영화의 시대 혹은 나운규의 시대(1926~1933년), (4) 좌익 영화운동과 신세대 영화인 등장으로 혼란스러웠던 시대(1928~1935년, 이 시대는 무성영화 시대와 상당 부분 겹치는데, 이에 관해서는 곧 서술하겠다), (5) 첫 조선어 발성영화 이후 동시대까지 (1935~1941년).

임화는 첫 번째 시기인 "활동사진의 시대"에 아직 활동사진이 예술로 인정되지 않았다고 한다. 이는 조선뿐만 아니라 외국에서도 마찬가지인데, 여기서 임화는 다소간 암시적으로 '활동사진'과 '영화'를 구분해서 표현한다. 일본의 초기 영화 시대에도 '활동사진(活動寫眞)'으로부터 '영화(映畵)'로의 언어적 전환으로 대변되는 움직임이 있었다. 소위 순영화극운동(純映畵劇運動)이라 불리는 이 운동은 기존의 혼종적 형식의 볼거리에 그치던 영화를 하나의 산업이자 예술로서 승화해야 한다고 주장하면서 일본영화를 할리우드영화를 모델로 개선하고자 했다.[33] 임화의 "활동사진의 시대" 논의는 이와 같은 일본영화사의 이전 논의들과 맥락을 함께하는 한편, 이후 「41년 조선영화론」에서의 "감상만의 시대"라는 성격 규정과 함께 식민지적 문화 형성의 조건으로서 논의된다.

---

[33] Aaron Gerow, *Visions of Japanese Modernity: Articulations of Cinema, Nation, and Spectatorship, 1895~1925*(Berkeley: University of California Press, 2010).

말하자면 임화의 "활동사진의 시대" 논의는 일본의 순영화극운동이 영화를 단순한 볼거리로부터 엄연한 예술의 지위로 향상시키기를 지향했던 것 즉 기존의 영화문화를 '활동사진'으로, 그들의 지향을 '영화'로 부르면서 가치를 상대화했던 것과는 달리, 제작의 역사 이전 볼거리 경험의 역사 자체를 조선영화의 형성 과정으로 포함시킨 것이다. 이를 백문임의 지적처럼 "[영화 제작의] '지체'에 대한 관점을 수정"한 것으로 이해할지는 추후의 상세한 논의가 필요하다.[34] 이 글에서는 잠정적으로 이를 「조선영화발달소사」와 「41년 조선영화론」 사이에 존재하는 비평적 목적의 차이, 혹은 개입의 방향성에 따르는 차이로 간주한다. 사실 임화는 「41년 조선영화론」에서도 "제작의 역사의 시작이라는 것이 문화적 예술적인 자립의 시초라는 것은 물론이다"라고 강조했는데, 이는 임화가 「조선영화발달소사」에서 개진했던 관점 즉 "엄밀한 의미의 영화사는 당연히 제작의 개시로부터 비롯해야 할 것"이라고 주장했던 바와 크게 다르지 않다.[35] 말하자면 1941년 6월에 발표된 「조선영화발달소사」가 발달사—'발달'의 함의에 대해서는 뒤에서 기술하겠다—로서 조선영화의 역사를 기술하는 과정에서 구경의 시대로부터 연쇄극(連鎖劇)까지를 전사(前史)로 위치 짓는 한편, 같은 해 11월에 발표된 「조선영화론」은 그와 같은 영화의 역사로부터 식민지적 조건을 보다 분명하게 드러내고 조선영화의 고유한 성격에 천착하고 있었던 것이다.

전사였던 활동사진의 시대 다음에 찾아오는 두 번째 시기는 역시 영화의 시대 즉 조선에서 처음으로 영화의 "창조"가 시작되던 시기다. 이 시기는 김도산이 1920년 조선 최초의 연쇄극을 제작하면서 시작된다. 임화는 이 시기가 "일로부터 올 좀 더 확고한 기초와 방향을 가진 조선영화의 준비를 위하여 은연중에 토대가 쌓아지고 있는 시대"라고

---

34 백문임, 「조선영화의 존재론: 임화의 「조선영화론」(1941)을 중심으로」, 189쪽.
35 임화, 「41년 조선영화론」, 84쪽; 임화, 「조선영화발달소사」, 197쪽.

지적하는 한편,[36] 연쇄극이 아직은 근대 연극으로부터 그 자양분을 얻고 있었다는 점에서 이 시기의 영화가 아직은 "독립된" 예술은 아니었다고 주장한다. 영화의 독립성은 또 다른 의미에서 검토되기도 한다. 이를테면 조선인이 제작한 첫 장편영화 〈월하의 맹서〉(윤백남, 1923) 역시 임화의 관점에서는 영화가 예술 장르로서 아직 독립성을 확보하지 않은 것이었다. 왜냐하면 〈월하의 맹서〉가 총독부의 저축 장려 정책의 일환으로 제작되었기 때문이다. 즉 "전자[연쇄극]가 만일 연극의 부속물이라면 후자[〈월하의 맹서〉]는 관청의 광고지와 같은 한 선전수단에 지나지 않기 때문이다."[37] 즉 조선영화가 독립성을 담보한 예술 장르로서 성장하기 위해서는 그 제작 과정에서 여타 예술 장르는 물론 식민 당국의 정치적 통제로부터 자유로이 그 자신의 미학과 기술을 성취해야 했던 것이다. 이러한 독립성이 임화에게 처음 인지되는 것은 1923년 〈춘향전〉(하야가와 고슈) 개봉 이후다. 임화에 따르면, 〈춘향전〉은 연극 예술은 물론 정부 기구의 속박으로부터 벗어나서 제작된 영화였다. 임화는 여기서 〈춘향전〉이 조선인과 조선의 풍경을 통해 대중에게 익숙한 고전 서사를 전개했던 점에서 그 대중적 영향력을 발견한다.

이와 같은 시도가 정점에 이르는 것이 바로 「조선영화발달소사」의 세 번째 시기를 여는 〈아리랑〉(나운규, 1926)이다. 임화가 이 영화를 높게 평가하는 이유는 그 조선적 가치다. 임화에 따르면, 〈아리랑〉이라는 "조선영화의 모뉴멘트"는 "조선영화가 소박하나마 참으로 영화다운 게 되고, 또 조선영화다운 작품을 만들기" 위한 길을 개척했다.[38] 〈아리랑〉 이후, 나운규는 일약 조선 영화계 최대의 스타로 발돋움하게 되고, 1933년까지 그가 제작한 영화들은 어떤 다른 영화도 필적하지 못할 만

---

36 임화, 「조선영화발달소사」, 200쪽.
37 같은 글, 198쪽.
38 같은 글, 201쪽.

큼 대중의 사랑을 누렸다. 이런 의미에서 임화는 이 무성영화의 시대를 "나운규의 시대"라고도 부른다.

네 번째 시기는 이전 세 번째 시기와 상당 부분 겹치는데, 이는 카프가 조직된 1928년부터 조선영화의 첫 번째 토키가 생산되는 1935년까지를 다룬다. 이 시기는 암흑기로 묘사되는 동시에 해결책을 모색하던 시기로도 설명된다. 식민지 조선의 영화 제작은 교착상태에 놓여 있었던 한편, 좌익 영화인들부터 새로운 영화 테크닉으로 무장한 영화 감독과 배우 등 신세대의 등장을 통해 다음 시대를 예비하는 시기이기도 했던 것이다. 더욱이 당대 기술적 문제에 관한 적극적인 토론은 다음 세대 영화인이 토키를 제작하는 결정적인 계기를 제공하기도 했다. 임화는 유성영화를 둘러싼 영화계의 상황을 아래와 같이 서술한다.

한 상설관에서 외국과 내지의 영화는 모두 토키인데 유독 조선영화만이 구태의연한 무성에 머물러 있다고 한 것은 기이했을 뿐만 아니라 관중으로 하여금 이것도 영화인가 하는 의문을 일으킬 만큼 부자연하고 '아나크로닉[anachronic]' 했을 것은 상상하고도 족한 일이다.[39]

이러한 분위기에서 조선 최초의 토키영화 〈춘향전〉(이명우, 1935)이 제작되며 "조선영화발달사"의 다섯 번째 시기가 열린다. 임화는 이 영화가 조선의 첫 번째 토키였던만큼 처음에는 환영을 받았지만, 발성영화 테크놀로지는 관객의 취향을 만족시키기엔 턱없이 부족했다고 지적한다. 왜냐하면 경성의 관객은 이미 1931년 조선극장에서 개봉한 〈모로코(Morocco)〉(요제프 폰 스턴버그, 1930)를 비롯해 할리우드의 세련된 토키영화에 익숙했기 때문이다. 〈춘향전〉 이후에는 조선어 토키영화에 대해

---

39 같은 글, 204쪽.

서 관객도 평론가도 결코 호의적이지는 않았다. 이러한 상황을 타개한 것이 이규환의 〈나그네〉(1937)였다. 〈나그네〉는 "어느 정도까지 내지인의 원조를 얻었는지는 별문제로 하고라도 토키 시대에 들어온 조선영화를 비로소 반석의 토대 위에 올려놓은 작품"으로, "사람들은 〈아리랑〉을 볼 때와 같이 기뻐하였다. 이 사실은 기술에서만 아니라 내용에 있어서도 관중의 요구의 한 부분을 만족시켜준 것을 의미하는 것이다."[40] 여기서 임화가 〈나그네〉의 성공을 통해 강조하려는 것은 단순히 기술적 성취가 아닌 예술성이라는 비평적 가치이고, 이는 그가 리얼리즘이라 부르는 것으로 집약된다.

임화의 역사기술에서 각각의 시기는 앞서 말한 가능성과 현실성의 교차 속에서 구분된다. 현실성이건 가능성이건 그 자체로 긍정적 요소일 수는 없다. 과거로부터 가능성으로 남았던 것 중 현재에 현실화된 것들이 일종의 긍정적 조건인 동시에 부정적 조건을 이룬다면, 이는 여전히 미래에 대한 또 다른 가능성들을 배태하고 있기도 한 것이다. 이와 같은 현실성과 가능성의 변증법은 나운규의 시대(세 번째 시기)와 신세대 및 암흑기로 묘사되는 시대(네 번째 시기) 사이의 중첩으로부터 보다 분명히 드러난다. 이들 중첩된 두 시기가 특별히 중요한 이유는 1920년대 중반부터 1930년대 중반에 이르는 10년의 거의 일치하는 두 시기의 중첩이 각각의 시기가 현실화된 조건과 그것이 배태하는 가능성의 혼재를 드러내기 때문이다. 이 시기에 나운규는 조선 무성영화 시장의 가능성을 발견하지만 동시에 재정적 곤란을 겪게 된다. 좌익 영화 평론가들은 나운규의 영화를 부르주아 대중-민족 영화로 신랄하게 비판했으며, 무엇보다 결정적으로 경제적 공황의 시대에 특히 식민지 조선의 영화계와 같이 빈약한 경제 상황에서 영화를 제작하는 것이 녹록지

---

[40] 같은 곳.

않았다. 그만큼 스튜디오 시스템은 엄두도 낼 수 없었던 조선의 영화인 들은 영화마다 개별적 투자를 모집해야만 했고, 영화는 일회성 투기자 본이 구축한 장에서 생산 및 소비될 수밖에 없었다. 더욱이, 제아무리 나운규의 영화가 인기가 있었다고는 하나 그것이 조선의 영화시장을 잠 식하고 있었던 서양영화와 경쟁하기에는 기술적으로도 무리가 있었다. 이러한 어려움은 식민 시기 내내 조선 영화계를 괴롭히는 문제였다.

이와 같은 상황이 "현재 가운데 살아 있는 과거"라면, 임화에게 있 어서 미래는 과거로부터 결정(結晶)된 현실성과 미래를 결정할 또 다른 현실성을 직조함으로써 펼쳐질 것이었다. 이런 의미에서 영화계의 신세 대 등장과 조선 유성영화의 도입은 다음 시대의 맹아를 품고 있었다. 영 화인들은 외국에서 새로운 기술을 배워서 돌아왔고, 보다 전문적인 교 육을 받은 배우들이 활동하기 시작함으로써 세대교체를 이룩하고 있었 다.[41] 영화 제작의 침체는 유성영화를 둘러싼 활발한 토론에 불을 붙이 고 있었다. 1935년에 이르러 유성영화 문제는 해결의 조짐이 보이기 시 작했고, 이는 조선의 영화 제작에 새로운 가능성들이 현실화하는 전기 를 마련하는 것처럼 보였다.

그렇지만 임화는, 앞서 논의했듯이, 다른 논자들과는 달리 기업화 만을 문제 해결의 만병통치약으로 보지 않았다. 그는 나운규 등이 겪고 있던 조선영화의 난국, 그리고 식민지 정책에 국한되지 않는 새로운 조 건이 출현할 가능성이 있었음을 역설하면서, 그 지점에서 조선영화의 고유성을 모색해야 한다고 강조했던 것이다. 따라서 "조선영화발달소 사"라는 제목에서 "발달"이란 단순히 기술과 영화 산업=자본의 발달을 의미하지 않는다. 조선영화의 "발달"이란 조선영화에 '고유한' 예술성의

---

41 일본 등지에서 영화 유학 이후 돌아온 식민지 조선의 영화인 2세대의 경험과 그들이 영화신체제에서 담당한 역할에 대해서는 다음을 참조하라. 정종화, 「해제-조선영화의 전시체제: 2세대 조선영화인과 영화 국책」, 한국영상자료원 한국영화사연구소 엮음, 『일본어 잡지로 본 조선영화 3』, 313~332쪽.

성취를 통해서만 도모될 수 있는 것이었다. 그 고유성은 결코 자본주의적·제국주의적 영화담론이 압도하던 시대라 할지라도 결코 백안시되어서는 안 될 것이었다. 조선영화의 고유성은 역사의 시간에 내재한 현실성과 가능성의 교차 속에서 발견되어야 했다. 즉 임화는 역사기술을 통해 조선영화의 고유성을 발견하려 했고 또 발견할 수 있다고 주장했던 것이다.

도래(해야)하는 조선영화

임화는 보편과 특수 사이의 이분법적 관계에 참여하는 것이 어떠한 함의를 갖는지 예리한 관점으로 접근하고 있었다. 보편주의와 특수주의, 혹은 제국의 구상과 식민지의 현실이 서로를 필요로 하는 공모 관계에 놓여 있었다. 더구나 제국 일본이 아시아-태평양 전쟁으로 나아감에 따라 보편의 구상이 모든 여타의 상상력을 환수하던 1930년대 후반부터 1940년대 초반, 조선영화를 제국 바깥에서 상상하는 것은 거의 불가능에 가까웠다. 임화의 조선영화론은 바로 그 불가능의 지점에 천착했다. 그가 주장한 조선영화의 고유성이란 곧 대동아공영권하에서 구축되던 보편주의에도, 그 보편주의와의 긴장 속에서만 존재가 확인될 수 있는 특수주의에도 환원되지 않는 —비록 태작을 만들게 될지라도!— 고유한 길이었다.

그렇지만 문제는 다시, 그 불가능에 있다. 고유성을 모색하는 역사기술을 경유한다고 해도 필연코 제국 일본의 네트워크에 포섭되지 않는 미래가 보장되는 것은 아니다. 병약한 사람의 고유한 생리를 말하는 것이야 가능한 일이지만, 그 생리 속에서 어떻게 살아갈 것인가는 보다 직접적인 현실 개입을 통해서만 단초가 발견될 터, 현실에 대한 개입은 매번 장벽에 부딪혔다. 하지만 보편주의-특수주의의 순환 고리 바깥을 말하는 것 자체도 이미 쉬운 일은 아니었다. 임화의 시대는, 주지하듯, 이미 할리우드나 일본 스튜디오 시스템과 같이 합리화된 산업체제가 자임하는 보편에 압도된 시대였다. 또한 바로 미국과 일본이라는 두 거대 영화제국이 세계사의 보편을 두고 경쟁하던 시대이기도 했다. 임화의 조선영화론들 역시 문자 그대로 읽었을 때 영화제국이 경쟁하는 틈바구니에서 조선영화의 자리를 모색하는 것으로 비춰지는 측면이 있다. 하지만 행간을 들여다보면 그것이 임화의 지향이 아니었음은 분명해진다. 임화는 매우 교묘한 언어적 전략들을 취하고 있었고, 그 전략들은 자체로 그가 발화하고 있던 시대의 조건을 함축한다. 이를테면, 임화가 나운규의 영화가 품은 정서를 "내슈낼[national]"이라고 표현했던 것을 상기해보자. 당대에 이미 '네이션(nation)'의 번역어로서 민족과 국민이 존재했다는 점을 고려한다면, 민족도 국민도 아닌 음차어인 '내슈낼'을 취하는 것은 그 자체로 언어의 정치학의 복잡한 사정을 드러낸다. '민족'도 '국민'도 임화에게는 선택지가 될수는 없었다. 전자가 제국 일본의 회로에서 정의되는 지역적 특수를 상징하는 어휘라면, 후자는 당대에 제국적 보편에의 포섭을 통해서만 그 위치가 확보될 수 있는 주체성을 의미했기 때문이다. 그 어느 것을 선택하든, 임화의 결론은 보편과 특수라는 공생 관계의 막다른 골목에 놓일 수밖에 없었다.

하지만 "예술성"이건 "고유성"이건 결국 식민지 말기에 만들어진 영화들 속에서 구체적 표현을 찾아내지는 못했다. 이런 의미에서 임화의 조선영화론들은 설명적(descriptive)이라기보다는 처방적/예기적(pre-scriptive)인 것이었다. 그렇기에 임화에게 조선영화의 고유성이란 영화사 발전에 있어 하나로 고정된 텔로스(telos, 목적인目的因)는 아니었다. 그것은 선험적인 개념들로는 규정되지 않는 다종다양한 식민지 경험의 영화적 표현의 유동을 가리키는 것이었다.

이 작품에 소박하나마 조선 사람에게 고유한 감정, 사상, 생활의 진실의 일단이 적확히 파악되어 있고, 그 시대를 휩싸고 있던 시대적 기분이 영롱히 표현되어 있으며 오랫동안 조선 사람의 전통적인 심정의 하나이었던 페이소스가 비로소 영화의 근저가 되어 표면의 색조가 표현되었었다.[42]

조선영화는 이미 존재하고 있으면서도 동시에 생성 중에 있었다. 이런 의미에서, 임화는 존재했던 영화를 경유하여 존재하지 않는 영화의 도래를 기대하고 있었다. 즉, 김소영이 "보이지 않는 영화를 보자"라고 제안했듯이, 임화는 도래(해야)하는 영화를 보고 있었다. "살아 있는 사람의 활동을 능가"하는 활동사진의 활동이 식민지 지식인의 책상머리 앞에서 정지되었을 때, 영화의 잠재성은 어디서 다시 구해져야 할 것인가. 미래가 사라지고 있을 때, 보이지 않는 조선영화를 어떻게 볼 수 있을까. 김소영은 이를 박태원의 구보와 〈청춘의 십자로〉(안종화, 1934)의 영복으로부터, 그들의 고현학적(古現學的) 방랑과 "장소 치환의 판타지(dislocative fantasy)"가 제공하는 "미묘한 감흥, 피식민자는 물론 모던보이와 도시 프롤레타리아 됨의 이중의식"으로부터 영화이론의 단초를 찾고자 한다.[43] 임화는 여전히 책상머리에 앉아 있었지만, 조선영화

---

42 「조선영화발달소사」, 201쪽.

43 흥미롭게도, 임화 본인은 고현학적 움직임에 대해 상대적으로 비판적인 입장을 취하고 있었다. 그는 박태원의 『천변풍경(川邊風景)』 등과 같은 소설이 세태의 세부 묘사에 집중하는 것을 두고 "세태소설(世態小說)"이라 칭하고, "현실의 어느 것이 중요하고 어느 것이 중요치 않은가—이것을 구별하는 것이 진정한 리얼리즘이다—가 일절로 배려되지 않고 소여의 현실을 작가는 단지 그 일체의 세부를 통하여 예술적으로 재현코자 한다"라고 비판한다. 이는 임화도 직접 밝힌바, "어느 비평가"라고 언급된 죄르지 루카치가 제임스 조이스와 마르셀 프루스트를 비판했던 것과 유사한데, 특히 식민지 조선에서는 문학, 혹은 문학이 상징하는 미래에의 전망이 봉쇄됨에 따라 즉 작가가 "말하려는 것"이 "그리려는 것"과 분리됨에 따라 발생한 산물이라는 것이다. 재닛 풀은 소설가 최명익의 사진적 묘법을 통해 그가 임화의 대척점에서 무질서한 세부 묘사를 통해 드러낸 식민지 부르주아 지식인의 내면 풍경에 대해서 논한다. 임화, 「세태소설론」, 『임화문학예술전집 3: 문학의 논리』, 271~288쪽; Janet Poole, *When the Future Disappears*, 제1장을 참고하라.

의 고유성, 그 결정되지 않은 유동성을 사유함으로써 조선영화의 새로운 시간을 상상하고 있었다. 이 환원되지 않는 고유성, 비록 현실화되지는 못했던 그 미결정성으로부터 우리는 영화이론의 상정된 보편과 엄밀성을 넘어서 운동하는 개념들을 포착할 수 있을 것이다.

참고문헌

임화 저작

「歷史·文化·文學: 혹은 時代性이란 것에의 一覽書」, 『東亞日報』 1939년 2월 18일~3월 3일; 임화문학예술전집 편찬위원회 편, 『임화문학예술전집 3: 문학의 논리』(서울: 소명출판, 2009), 575~592쪽에 재수록.

「朝鮮映畵發達小史」, 『三千里』 제13권 제6호, 1941. 6, 196~205쪽.

「朝鮮映畵論」, 『春秋』 제2권 제10호, 1941. 11, 82~91쪽.

「朝鮮映畵論 (上)」, 『每日新報』, 1942. 6. 28, 조간 2면 5단

「朝鮮映畵論 (中)」, 『每日新報』, 1942. 6. 29, 조간 2면 4단

「朝鮮映畵論 (下)」, 『每日新報』, 1942. 6. 30, 조간 2면 4단.

국문

김윤식, 『임화 연구』, 서울: 문학사상사, 1989.

김희윤, 「〈집 없는 천사〉의 일본 개봉과 '조선영화(朝鮮映畵)'의 위치」, 한국영상자료원(KOFA) 엮음, 『고려영화협회와 영화신체제: 1936~1941』, 서울: 한국영상자료원, 2007, 230~237쪽.

백문임, 「조선영화의 존재론: 임화의 「조선영화론」(1941)을 중심으로」, 『상허학보』 제33집, 상허학회, 2011a, 171~211쪽.

_____, 「林和의 조선영화론: 영화사의 좌표와 '예술성과 기업성'의 변증법을 중심으로」, 『대동문화연구』 제75집, 성균관대학교 대동문화연구원, 2011, 309~342쪽.

정종화, 「조선영화의 전시체제: 2세대 조선영화인과 영화 국책」, 한국영상자료원 한국영화사연구소 엮음, 『일본어 잡지로 본 조선영화 3』, 서울: 한국영상자료원, 2012, 313~332쪽.

「朝鮮映畵의 新出發: 座談會」, 『朝光』(1942. 1)

영문

Aaron Gerow, "Introduction: The Theory Complex," *Review of Japanese Culture and Society* XXII, December 2010, pp. 1~13.

_____, *Visions of Japanese Modernity: Articulations of Cinema, Nation, and Spectatorship, 1895~1925*, Berkeley: University of California Press, 2010.

Eric Cazdyn, *The Flash of Capital: Film and Geopolitics in Japan*, Durham: Duke University Press, 2002.

Janet Poole, *When the Future Disappears: The Modernist Imagination in Late Colonial Korea*, New York: Columbia University, 2015.

Kim Soyoung, "Comparative Film Studies: Detour, Demon of Comparison and Dislocative Fantasy," *Inter-Asia Cultural Studies*, Vol. 14. No. 1, 2013, pp. 44~53.

Naoki Sakai, *Translation and Subjectivity: On "Japan" and Cultural Nationalism*, Minneapolis: University of Minnesota Press, 1997.

Peter B. High, *The Imperial Screen: Japanese Film Culture in the Fifteen Years' War, 1931~1945*, Madison: University of Wisconsin Press, 2003.

Victor Fan, *Cinema Approaching Reality: Locating Chinese Film Theory*, Minneapolis: University of Minnesota Press, 2005.

일문

加藤厚子, 『総動員体制と映画』, 東京: 新曜社, 2003.

「座談会朝鮮映画新体制樹立のために」, 『映画旬報』, 1941. 11. 1, 15~22, 46쪽.

지은이 · 옮긴이 소개(가나다 순)

강진석

독일 베를린자유대학교 영상인류학과 석사과정 중. 성균관대 영상학과에서 학사학위를, 한국예술종합학교 영상이론과에서 석사학위를 취득했다. 아시아 영상문화연구 및 영상인류학을 공부하는 한편, 『망명 삼부작』(연출 김소영) 등 다큐멘터리 영화 프로듀서로 활동했다. 『에로틱 그로테스크 넌센스』(2014)를 공역했다.

김소영

현재 한국예술종합학교 영상이론과 교수. 서강대 영문과, 한국영화아카데미 1기. 뉴욕대 Cinema Studies 박사과정 수료. 비서구 근대성, 한국영화, 아시아영화, 탈식민, 젠더, 이주를 이론과 비평, 영화 만들기를 통해 탐구해오고 있다. 세계예술아카데미 회원(독일), 트랜스: 아시아영상문화연구소 소장, 인터아시아 문화연구 편집진. 듀크대, 버클리대, UC Irvine에서 한국영화를 가르치고, 싱가포르국립대 Asia Research Institute의 연구원을 지냈다. 주요 저서로는 『근대성의 유령들: 판타스틱 한국영화』(2000), 『근대의 원초경: 보이지 않는 영화를 보다』(2010), 『파국의 지도: 한국이라는 영화적 사태』(2014) 등이 있고, 편저로는 『트랜스: 아시아 영상문화』(2006), *Electronic Elsewhere: Media, Technology and the Experience of Social Space*(2010) 등이 있다.

빅터 판(Victor Fan)

현재 킹스칼리지런던 영화연구학과 교수. 서던캘리포니아대에서 석사학위를, 예일대 영화학과와 비교문학과에서 박사학위를 취득했다. 2015년 *Cinema*

*Approaching Reality: Locating Chinese Film Theory*를 출간했으며, *Camera Obscura, Journal of Chinese Cinemas, Screen, Film History* 등의 국제 저널에 다수의 논문을 기고했다. 영화연출 및 연극연출자, 작곡가로도 활동하고 있다.

손이레

미시간대학교 아시아언어문화학부 박사과정 수료(현재 식민지시기 조선영화에 대한 박사논문 쓰는 중). 식민지 시대를 중심으로 동아시아 영화사 및 영화이론, 한국 근현대 문화사를 공부하고 있고, 이외에도 박정희 정권기 영화검열과 장르 형성에도 관심을 갖고 있다. 주요 논문으로는 「Peripheral Visions of Yusin」(2018년 출간 예정), 「『임화의 영화』 대 '임화의 영화'」 등이 있다.

이와사키 아키라(岩崎昶: 1903~1981)

영화 평론가 겸 제작자. 일본프롤레타리아영화동맹(프로키노)의 위원장을 지내면서 자본과 국가에 의한 영화 통제를 비판하는 다수의 비평을 발표했다. 프로키노 해산 이후 만주영화협회에서 활동하기도 했으며, 전후에는 니혼영화사를 비롯해 독립제작사에서 가메이 후미오, 이마이 타다시, 야마모토 사츠오 등의 작품 제작에 관여했다. 『영화와 자본주의(映画と資本主義)』(1931) 외에도 『영화예술사(映画芸術史)』(1930), 『영화론(映画論)』(1936), 『영화의 이론(映画の理論)』(1956), 『일본영화작가론(日本映画作家論)』(1958) 등 다수의 평론집을 남겼다.

이유미

영화연구자. 한국예술종합학교 영상원 영상이론과, 일본 교토대 인간·환경학연구과, 싱가포르국립대 아시아문화연구과에서 수학했다. 영화를 비롯한 동아시아 대중문화와 관객성, 문화 번역을 주제로 연구 중이다.

정충실

현재 한림대학교 일본학연구소 HK연구교수. 한국예술종합학교 트랜스아시아 영상문화연구소 객원연구원을 지냈다. 도쿄대 학제정보학부에서 박사학위를 취득했다. 전공은 한국과 일본의 영화사, 문화사다. 주요 논문으로 「1920~30년대 경성 영화관의 상영환경과 영화문화」, 「1920~30년대 도쿄 영화관과 영화문화」, 「식민지 조선에서의 교육영화 상영을 통해본 식민지 권력의 불완전성」 등이, 저서로 『한국영화사총서 3. 경성과 도쿄에서 영화를 본다는 것: 관객성 연구로 본 제국과 식민지의 문화사』(2018)가 있다.

주은우

현재 중앙대학교 사회학과 및 대학원 협동과정 문화연구학과 교수. 서울대 사회학과에서 학사·석사·박사 학위를 취득했다. 문화사회학, 영상사회학, 사회이론 분야를 가르치고 연구해오고 있다. 주요 저서로는 『시각과 현대성』(2003), 『경계의 섬, 오키나와: 기억과 정체성』(공편저, 2008), 『오키나와로 가는 길』(공저, 2014) 등이, 번역서로는 『당신의 징후를 즐겨라: 할리우드의 정신분석』(1997), 『프로이트와 비유럽인』(2005), 『아메리카: 희망도 매력도 클라이맥스도 없는 낙원, 미국 문명 기행』(2009) 등이 있다.

하승우

현재 한국예술종합학교 영상이론과 조교수. 런던대 골드스미스칼리지에서 박사학위를 취득했다. 한국영화사를 중심으로 연구해 왔으며, 영화이론에도 관심을 가져 왔다. 이와 관련하여 현재 『문화/과학』 편집위원으로 활동 중이다. 주요 논문으로 「비교영화연구의 방법과 과제」, 「영화연구에서 알튀세르 이론의 복원가능성 검토」 등이 있다.

한상언

한국영화사 연구자. 한양대 연극영화학과에서 학사·석사·박사 학위를 취득했다. 일제강점기부터 해방 직후 시기를 중심으로 한국영화사를 연구하고 있다. 주요 관심 분야는 식민과 분단 문제이며 이와 관련해 민족문제연구소에서 발행한 『친일인명사전』의 편찬위원으로 참여한 바 있다. 주요 저서로는 『해방공간의 영화·영화인』(2013), 『해방과 전쟁 사이의 한국영화』(공저, 2017) 등이 있다.

한국영화사총서 2

동아시아 지식인의 대화

영화 이론/비평의 감정 어린 시간

1판 1쇄 2018년 3월 30일

엮은이 김소영
지은이 김소영 빅터 판 손이레 이와사키 아키라 정충실 주은우 하승우 한상언
옮긴이 강진석 이유미

펴낸이 김수기
편집 김주원 강정원 백지윤 | 좌세훈
디자인 김보통 / **제작** 이명혜

펴낸곳 현실문화연구
등록 1999년 4월 23일 / 제25100-2015-000091호
주소 서울시 은평구 통일로 684 서울혁신파크 1동 403호
전화 02-393-1125 / **팩스** 02-393-1128 / **전자우편** hyunsilbook@daum.net
ⓗ hyunsilbook.blog.me ⓘ hyunsilbook ⓘ hyunsilbook

ISBN 978-89-6564-211-4 (94680)
　　　978-89-6564-209-1 (세트)

이 도서의 국립중앙도서관 출판예정도서목록(CIP)은
서지정보유통지원시스템 홈페이지(http://seoji.nl.go.kr)와
국가자료공동목록시스템(http://www.nl.go.kr/kolisnet)에서 이용하실 수 있습니다.
(CIP제어번호: 2018005196)